ISBN 978-0-656-41465-9
PIBN 10417135

EL DONCEL

DE

DON ENRIQUE EL DOLIENTE.

CAPITULO XXXII.

En Castilla está un castillo
que se llama Rocafrida;
tanto relumbra de noche
como el sol á medio dia.

Rom. de Montesinos.

Existe á cinco leguas de Jaen una poblacion pequeña ahora, y pequeña en los tiempos á que se refiere nuestra narracion, que tiene por nombre Arjonilla, ora por haber sido fundacion de algunos habitantes salidos de Arjona, ora por su inmediacion á esta ó por las relaciones que con ella pudo tener en lo antiguo. Pertenecia esta villa al maestrazgo de Calatrava, y era una de las primeras que se habian declarado por don Enrique de Villena, á causa de la influencia que le daban á este en aquel punto varias posesiones que en su territorio tenia. En el siglo XV presentaba el aspecto, que aun en el dia suelen presentar muchos pueblos de nuestra patria. Algunas casas que, mas que viviendas de hombres, parecian cuevas de animales, esparcidas aqui y alli, formaban irregulares callejones. No era sin embargo tan pequeña su importancia que tuviesen que acudir sus habitantes á algun pueblo vecino de mayor cuantía para cumplir con sus deberes espirituales. Poseía una iglesia parroquial, no muy grande en verdad, pero que no dejaba por eso de bastar para su reducido vecindario, y que se hallaba bajo la proteccion y advocacion de Santa Catalina. En el dia será todo lo mas si puede traslucirse su antigua grandeza en los restos míseros que la constituyen en la humilde gerarquía de ermita; pero en el reinado de Enrique III nos dice Jimena en sus anales eclesiásticos de Jaen, no solo era la iglesia parroquial, sino que era una obra moderna que no tenia mas fecha que los años que hacía que habia sido reconquistado aquel pais á los moros.

A cosa de un cuarto de legua del pueblo rivalizaba en grandeza con la iglesia parroquial un castillo sombrio y viejo, que si no era de los mas fuertes y afamados de Castilla, no dejaba por eso de ser sólido, y una de las posiciones militares mas ventajosas de la comarca. Edificado como todos los de aquel tiempo en una eminencia, mejor diremos en la punta de una peña, podia servir de reducto á un tercio militar en retirada, ó de baluarte á un destacamento avanzado de un ejército invasor. Tenia su doble muralla almenada, torres, foso, contrafoso, puente levadizo, en una palabra, cuanto hacia necesario en semejantes edificios la táctica militar de ataque y defensa de aquella época belicosa, y de perpétuo temor y desconfianza. Crecia la yerba tranquilamente en derredor de las almenas, prueba evidente de que hacia mucho tiempo que no oponian obstáculos los artes de la guerra á su abundante vejetacion. Un largo litigio que sobre la pertenencia del tal castillo habia sostenido contra la corona de Castilla la orden de Calatrava habia sido ocasion de hallarse inhabitado algunos años y se habian adherido á él, como en aquellos tiempos de ignorancia solia frecuentemente suceder, mil vagas tradiciones, mil supersticiones fabulosas que habian consolidado algunos malhechores, cobijándose en él secretamente y haciéndole cuartel general y centro de sus operaciones. Era fama por el pais que en tiempos anteriores un moro, mago, si jamas los hubo, habia sido fundador del castillo, cuya construccion se perdia en los tiempos remotos de la conquista y reconquista; opinion á que no daba poco realce el color negruzco de la piedra, y el aspecto todo venerable y misterioso de sus antiquísimas murallas. El mago habia construido el castillo, segun la mas recibida opinion, para satisfaccion de odios y rencores propios suyos: en él habia atormentado durante su vida á muchas hermosas doncellas que no habian querido rendirse á sus brutales deseos, pues todas las tradiciones convenian en que este habia sido el flaco del moro encantador y descomunal. Añadíase á esto que no le habia faltado razon para ello, pues se referia de él la siguiente historia. El moro habia amado en sus lucidos abriles á una

mora llamada Zelindaja, hija de un reyezuelo de Andalucía;
la cual habia correspondido primero á su pasion, pero
le habia dejado despues sin verdadero motivo por otro y
otros moros sucesivamente con la natural facilidad y lije-
reza de su sexo leal y encantador. El moro, que debia de
haber sido hombre de suyo sentado y poco aficionado á
mudanzas, habia tomado la cosa muy á mal y el desaire
muy á pechos, y en vez de volver los ojos á otra Zelindaja mejor que la primera, lo cual hubiera sido determinacion
de hombre prudente, habia jurado vengarse castigando en
el sexo toda la culpa de uno de sus individuos. He aqui la
causa de su odio á las mugeres: para lograr sus fines habíase dado á la magia y á la confeccion de bebidas y filtros
amorosos. Con ellos enquillotraba á las doncellas, las cuales,
al punto que apuraban á poder de engaños la pócima, asi
quedaban del moro enamoradas como si en el mundo no hubiera habido otro hombre ni moro ni cristiano. Entonces entraba la parte de su venganza; entonces el pícaro moro hacíase de pencas y dejábalas llorar y suplicar, suspirar y ge-
mir por los sus encantos, con lo cual íbanse consumiendo y
acabando las enquillotradas doncellas como bujía que se apaga. Conforme las iba el bribonazo del encantador seduciendo,
íbalas encerrando en el castillo, y era todo su placer, cuando
veia á una ya tan madura y encaprichada de él como juzga-
ba necesario, hacerla testigo de los enamorados motetes y
de las apasionadas caricias que á otra fingia, usando despues
con esta y con todas las sucesivas de igual odioso manejo.
Mesábanse los cabellos las infelices, y decíanle injurias y
ternezas; pero el moro habia aprendido tan bien de su Zelindaja, que hacia oidos de mercader, y no parecia sino que
habia nacido hembra y mora mas bien que varon y moro.
Todo lo mas que solia decirlas cuando las veia presas en las
redes de su pérfido amor era contestarlas como le habia contestado á él Zelindaja:—Mi honor, les decia, no lo consiente.—Cede, bien mio, replicaban ellas.—Imposible, reponia él con grave remilgamiento y afectado pudor y compos-
tura. ¡Mi honor es lo primero!—¿Y los juramentos, ingrato,
y las promesas, falso? solian responderle.—¿Yo juré nunca,
prometí yo acaso? añadia el moro haciendo el olvidadizo.
—¿Y los placeres que gozamos?—¡Insolente, qué osadia!
¿cuándo, en dónde? — Ved que mi muerte, moro mio, será obra de tu rigor, acababan ellas.—Podeis hacer lo que

gusteis, concluia entonces el redomado moro cogiendo un abanico, é imitando con él y con el desvio de sus ojos el antiguo sistema de su. pérfida Zelindaja. Con lo cual tenia á las perdidas doncellas en un infierno perpétuo, muy parecido al que pasan voluntariamente en esta vida los incautos que dan en creerse de palabras y juramentos, de prendas, en fin, y de ternezas de moras pérfidas y veleidosas.

No habia parado aquí el rencor del bribon del encantador. Efectivamente, incompleta hubiera sido su venganza si no hubiese caido en sus lazos la misma Zelindaja. Tuvo modo el mágico de engañar á una de sus doncellas, la cual le hizo beber, no se sabe á punto fijo con qué sutil arbitrio, una buena pieza del filtro ponzoñoso: no bien se le hubo echado á pechos Zelindaja, cuando sintió renovarse en sus venas el fuego antiguo en que habia ardido por el moro: desde entonces no perdonó medio alguno de anudar de nuevo sus rotas relaciones. Hízolo tan bien el vengativo, que la obligó á que se decidiese á venir á hacer vida comun con él á su castillo, donde decia los esperaban delicias sin fin, y una vida entera de amor y fidelidad. Cayó en el lazo la incauta cuanto enamorada Zelindaja; pero no bien hubo pasado el rastrillo de la encantada fortaleza, cuando llamándose andana el astuto moro, dió dos zapatetas en el aire, como potro que sale, roto el freno, á gozar al campo de la conquistada libertad, sacudió el amor, y comenzó á dar tal cual leccion de sufrimiento á la desvanecida hermosa, quien aprendió entonces lo que habrian sufrido sus amantes. Lloraba ella y gemia, y volvia siempre al moro, pero decia él:—¡Ay! mora mia, es tarde.—¡Ay moro! le decia Zelindaja.—Es tarde, ¡ay! es tarde, contestaba el moro, afectando dolor y sentimiento. Tal era la esplicacion que se daba á un gran rótulo, labrado en la misma piedra sobre la puerta principal del interior del castillo, que decia efectivamente en letras gordas arábigas, y en árabe dialecto: es tarde.

No habia querido el moro que Zelindaja muriese como las demas á poder de sus desprecios: habia decidido por el contrario que Zelindaja viviese mas que todas, y que á su muerte, la cual él no podia evitar que sucediese algun dia, quedase á lo menos su sombra recorriendo perpétuamente los cláustros y galerías del castillo, pidiendo á las piedras la fidelidad que tanta falta le habia hecho en vida, y á los ecos su esposo; como llamaba en su delirio al rencoroso moro.

De aqui la tradicion misteriosa de que se oía en el castillo, sobre todo en las crudas noches de invierno, ó en épocas de tormentas, una voz de muger que pedia á los elementos todos su esposo; y no faltaba quien añadia haber visto con sus propios ojos, que habian de comer la tierra por mas señas, una sombra blanca, recorriendo, toda pálida y desmelenada, con una antorcha en la mano, las altas bóvedas, como quien busca efectivamente alguna cosa que no encuentra.

Escusado es, pues, decir que no tendria el castillo muchos aficionados, porque era comun opinion que el que llegaba á poner el pie en él, hallándose enamorado, ya nunca habia de oir mas consuelo ni esperanza amorosa que aquel fatal *es tarde*, que á la fundacion y suerte del castillo presidia.

Era igualmente aborrecido el moro, y maldecidos su nombre y su memoria en la comarca, porque no habia amante desairado que no creyese deberle aquel singular favor á la influencia que ejercia todavia en muchas leguas á la redonda, aun despues de su muerte. No habia padre que no creyese deberle la palidez de su hija, esposo que no imaginase obra suya el despego de su esposa, y zagal enamorado que no le pidiese mas de una vez, en sus secretas oraciones, la revocacion de la terrible suerte que habia dejado en herencia al pais en que habia vivido.

Nosotros, sin embargo, habremos de abogar por el moro, en primer lugar porque no creemos que tenga en el dia influencia alguna el tal mago sobre nuestras mugeres, y sin embargo ni dejan de estar pálidas las incautas jovencillas, ni dejan de dar su amor á todos los diablos los enamorados zagales, ni se ha acabado el despego entre los esposos, ni deja de suceder con las Zelindajas, de que se compone el bello sexo, lo que con los hilos de las sábanas de angeo de la venta de Puerto Lápice; de los cuales decia Cide Hamete, que si se quisieran contar no se perderia uno solo de la cuenta.

Si no tenia efectivamente otro delito el moro que engañar á sus amantes, enamorar primero para despreciar despues, y variar de amor como de camisa, mal haya si encontramos porque reconvenirle, en unos tiempos, sobre to-

do, en que cualquiera muger no necesita ser muy mora,
ni muy hechicera por cierto,, para hacer otro tanto cada y
cuando le ocurre, que suele ocurrirles siempre. Somos
demasiado defensores y amigos del bello sexo para hacer
por ello inculpacion alguna al inocente moro.

Enfrente del castillo, pero á mas que respetable distancia, se veia el tercer edificio notable, la tercera maravilla
de Arjonilla. Era esta una casa no muy grande, comparada
con la mas pequeña de las que adornan en el dia la capital
de todas las Españas pósibles, pero verdaderamente régia,
puesta en parangon con la mas espaciosa de Arjonilla.

Una anchísima puerta, cuyo dintel presentaba al espectador la huella antigua y honda de la rueda, y un espacioso
corral, mitad con cobertizo, mitad con el cielo por techo,
hubieran indicado al caminante muy suficientemente que
aquella era la posada, ó parador, ó venta, ó como se quiera,
de la importante villa por donde transitaba, aun sin necesidad de reparar en un empolvado ramo que de una reja
baja salia, inclinando sus secas y marchitadas hojas sobre el
camino.

Entrábase dentro del tal ventorrillo, y siguiendo un callejon, en el cual servia la oscuridad de encubrir la poca
limpieza, se llegaba á una cuadra, pasábase de esta á otra
peor que la primera, y de allí á la gloria, como suele comunmente decirse, es decir, á la cocina, pieza principal
de la casa. Un mal hogar, coronado de una alta y piramidal
chimenea, era todo el mueblage, si se esceptúan dos fe-
mentidas mesas, digámoslo asi, que comparáramos de buena gana en lo largas y estrechas con el alma de un vizcaino, si nosotros hubiéramos visto alguna; estaban clavadas
y arraigadas casi ya en el suelo, como todas las cosas malas
en el pais. Dos bancos, remedos asaz perfectos en su insta-
bilidad de las cosas de esta vida, y que en lo poco firmes
mas que bancos parecian mugeres, tenian cogida en medio
á cada mesa, y hacia cada mesa con sus dos bancos la misma
figura precisamente que haria un galgo grande entre dos
galgos chicos. La superficie de cada mesa era tan desigual,
como la superficie del mar en un dia de tormenta: se tam-
baleaba ademas y cedia al menor impulso con la misma flexi-
bilidad que un periódico ministerial del dia. La construccion
de los bancos era un tanto cuanto picarésca y maliciosa, porque cuando se sentaba una persona sola en una estremidad

levantábase la otra irritada de la presion, como si fuera á hablar con su huésped, y era preciso sujetar al rebelde si no
queria dar consigo en tierra el recien sentado, cualidad en
que parecia cada banco una balanza.

La llama del hogar, oscilante, y tan indecisa como un
gobierno del justo medio, alumbraba á relámpagos los bar-
bados rostros de unos cuantos arrieros y tragineros que
secaban en la brasa sus húmedas alpargatas, ó disponian
su cena en ollas y sartenes, asaineteando su rústica conversacion con mas votos y por vidas que palabras.

Pero como no podia bastar el resplandor intermitente
de la leña para iluminar debidamente á los que ya en las
mesas cenaban, el inteligente dueño del establecimiento,
lleno de prevision, habia provisto á esta necesidad con un
magnífico candil, cuya materia no era facil adivinar al través del ollin y grasa que le enmascaraba, el cual daba de sí
mas aceite que luz. Pendíase unas veces de la misma pared,
asegurando su gancho en un agujero practicado sencillamente al efecto, colgábase otras en una cuerdecita embreada
de manchas de moscas: en el segundo caso columpiábase el
luminar aquel de la noche de tal suerte que de buena gana
le hubiera comparado un poeta del siglo XVI con el aura
meciéndose blandamente en las ondeantes hebras de oro de
Belisa, de Filis, ó de otra cualquiera no menos bella inspirado-
ra. Habia ademas en la misma cocina, y como si dijéramos
ocupando el estrado y sirviendo de divan, un corpulento
arcon que asi era de paja como de cebada, y adonde acu-
dia no pocas veces el mozo de la posada, con detrimento
notable de las ropas de los concurrentes, á los cuales no
podia favorecer gran cosa el polvillo que, al cerner la cebada, del honrado harnero se desprendia. En dias de viento
tenia la cocina la singular ventaja de parecerse al olimpo,
mansion de los dioses, en las densas y misteriosas nubes
que formaba el humo oprimido y rechazado en el cañon de
la chimenea por las corrientes de aire que en la region at-
mosférica discurrian.

Cenaban á un lado dos paisanos que parecian, sino del
pueblo, por lo menos de la tierra, y á otra parte solo, enteramente solo, un individuo muy conocido nuestro y de
nuestros lectores, á quien parecia dedicar mil atenciones
el dueño de la posada. Servíale primeramente en persona,
miéntras que servia á los demas, ó no los servia, una ro-

busta Maritornes, que nada tenia que envidiar á la de Cervantes sino es la pluma de su historiador y cronista. En segundo lugar quitábasele la montera cada vez que aquel le dirigia la palabra, lo cual hacia este siempre, preciso es decirlo todo, con aire imperioso, y hablando como superior á inferior. En tercer lugar reíase á la menor palabra que decia el forastero. Y en cuarto le habia sacado de las provisiones reservadas de su hostaleria unas aceitunas algo aventajadas, y cierto vino, no precisamente puro, pero en fin, del que tenia menos agua en su bodega.

El forastero cenaba mas bien como un gañan que como un señor; pero, fuera de esto, era preciso confesar que entre todos los que formaban aquella escogida reunion no habia nadie que tuviese un interior tan cortesano, ni que mas se apartase del tipo primordial del hombre de la naturaleza, al cual estaban demasiado cerca en honor de la verdad aquellos sencillos arjonillanos. De todo el comportamiento del huésped para con el forastero no era preciso ser un lince para inferir que este era hombre que disponia de mas que de medianas facultades, y que aquel se prometia una lucida paga de sus esmeradas y particulares atenciones.

—Traedme mas vino, dijo el forasterro apurando la primera vasija que á su derecha habia puesto el posadero.

—Como gusteis, dijo este riéndose, y no tardó un minuto en estar servido él huésped. No se bebe mejor, señor caballero, dijo aquel, en toda la tierra.

—El pan es el que es malo, dijo el viajero.

—¡Ah! sí señor, como gusteis, muy malo, repuso riéndose obsequiosamente el hostalero. ¡Ya veis! añadió acercándosele al oido. Esta semana no se ha cocido en casa todavia, y ha cargado tanta gente que he tenido que recurrir á un vecino....

—Bien: basta, dijo con tono imperante el huésped.

—¡Eh! ¡eh! como gusteis, repuso el hostalero.

—Parece que el tiempo está bueno, dijo de allí á un rato el que cenaba.

—¡Ah! ¡ah! sí, como gusteis, señor caballero, respondió con sonrisa agradable el amo.

—¿Teneis mucha familia?

—¡Eh! sí ¡eh! ¡eh! como gusteis, señor caballero; como gusteis, dijo el flexible.

—El hombre es categórico, dijo para sí el pregunton;

no gusta por lo visto de quimeras ni de indisponerse con nadie; y volvió á sepultarse en su distraido cuanto importante y misterioso silencio.

—¿Y vendrá el señor huésped por mucho tiempo? se atrevió á preguntar al hostalero de alli á un momento, viendo que habia caido la conversacion, y creyendo hacer un obsequio á su huésped en renovarla.

—Como gusteis, le contestó secamente el forastero, encargándose á su vez de que no se diese de baja en el diálogo la muletilla del ventero.

—Yo lo creo, repuso el amo. Vuestra señoria fue de los que llegaron ayer...... prosiguió luchando entre el temor de parecer demasiado pregunton é indiscreto, y la curiosidad natural de su oficio; de los que... es decir, de la casa del señor maestre de Calatrava...

—Como gusteis, respondió mas secamante aun nuestro hombre, levantándose y soltando en la mesa con desenfado una moneda de oro. Esta noche dormiré aqui. Me hareis disponer la cama.

—Como gusteis, señor; pero cama, eso no habrá, porque vuesa merced...

—¿No habrá, bellaco? ¿Cómo diablo tengo de gustar entonces...

—Como gusteis, señor caballero; pero es decir que vuesa merced sabe que en estas casas...

—En estas casas... ¡voto va! Quereis cenar, y os dicen: Se guisará lo que traigais de vuestro repuesto. ¿Quereis dormir? Traereis cama. ¿Qué hay, pues, posadero que Dios maldiga, en una posada?

—Lo que gusteis, señor, lo que gusteis... no siendo cosa de comer, ni de cama, ni cuarto, ni...

—Ni diablos que te lleven.

—Como gusteis, señor: ¡eh! ¡eh! repuso el hostalero sopesando en la mano la moneda de oro. Lo mas, señor caballero, que puedo hacer por vos si urge...

—¿No me ha de urgir, pícaro?... Mañana por cierto no dormiré aqui; pero en el castillo parece que están tan provistos como si fuera una posada. No esperaban á nadie, y hasta mañana... Vamos, hablad: ¿no veis que escucho? ¡Voto va!

—Como gusteis... podeis dormir en la cama de mi muger...

—¡Por Santiago! herege... ¿es tu muger esa vieja?

—Es decir, señor, que la cama de mi muger es la misma que la mia : llámola asi porque la trajo ella en dote, y gusto de dar á cada uno lo que es suyo.

—¡Ah! de ese modo... porque de otro...

—Como gusteis; y nosotros dormiremos como podamos.

—Ea, pues, guiad, que he menester madrugar, y voto va que estoy cansado.

—Como gusteis, señor caballero. Señores, con perdon de ustedes, añadió el hostalero echando mano del candil que alumbraba á los que cenaban en la otra mesa, y atizándole con los dedos: bien pueden vuesas mercedes cenar á oscuras, porque hoy no hay mas que un candil en la casa, contando con este.

Dicho esto, echó á andar delante del viajero con su risita y su natural sumision, cuidándose poco de lo que quedaban diciendo las gentes de baja ralea que hospedaba aquella noche en su casa, y á quienes con tan poco comedimiento habia devuelto al caos y á las tinieblas de que el Hacedor Supremo los habia sacado al criarlos.

—¿Habeis visto, Peransurez? dijo al otro uno de los dos que cenaban.

—He visto, he visto, repuso su comensal; y pluguiera al cielo que siguiera viendo.

—Decis bien, porque el bueno de Nuño, atraido sin duda por el color de oro del pelo ensortijado del forastero, nos ha dejado ¡vive Dios! como solemos quedarnos al fin de los sermones de nuestro buen párroco, es decir, á oscuras.

—¿Y sabeis quién sea el forastero?

—Nadie nos lo podrá decir mejor que el mismo Nuño, si es que él ve mas claro en ese asunto que nosotros en nuestra cena.

Volvia á este tiempo Nuño, que asi se llamaba el hostalero : despues de restituido el candil á su primitivo lugar, y de haberse escusado lo mejor que supo con sus huéspedes, comenzó á estregarse las manos con aire importante y misterioso, como de hombre que sabe raros secretos.

—Ya que habeis tenido por conveniente, señor Nuño, dijo Peransurez, llevarnos la luz, que supongo no nos pondreis en cuenta, ¿no nos podriais dar algunas luces, en cambio de la que nos correspondia, acerca de ese misterioso personage que albergais en vuestro bien alhajado establecimiento?

—Alhajado, ó no, señores, como gusteis; es el mejor que de esta especie se conoce, voto á Dios, en muchas leguas á la redonda. Con respecto al forastero, no acostumbro á revelar...

—Vaya, señor Nuño, eche un trago de lo bueno, y siéntese y hable, que no nos dió el Señor en su sabiduría la lengua para callar las cosas que sabemos, dijo el mas arriscado: harto trabajo tenemos con haber de callar por fuerza las que no sabemos. Ese será algun pícaro.

—¡Chiton! dijo el hostalero apurando un vaso. ¡Chiton!

— Dígolo porque en estos tiempos anda el dinero por las nubes, y no se cogen truchas...

— Como gusteis; ¡pero Dios me libre de que se quite en mi casa la honra á nadie! Ademas, yo no suelo tratar de pícaro á un hombre que se ha cenado en menos de un cuarto de hora media despensa, y que paga... y que pagará...

—En hora buena, señor Nuño. ¿Y qué nuevas trae de la corte el hombre honrado que ha cenado media despensa?..

—Que á la hora esta estará ya la corte en Otordesillas, adonde se traslada porque nos ha nacido un príncipe...

—¡Oiga! Tendremos mercedes.

—Sí, algun impuesto nuevo para sufragar á los gastos de las funciones, dijo uno de los huéspedes. ¡Voto va! que para nosotros pecheros...

—Como gusteis, señores; pero mirad que mi casa...

—Voto á la casa, señor Nuño, que hemos de hablar, y no nos habeis de quitar la conversacion como la luz. A oscuras vemos aquí mas claro que todos los hostaleros encandilados y por encandilar de Castilla y Andalucía. Vaya, ¿qué mas dice el forastero? Echad otro trago, que aun queda luz en nuestros bolsillos para aclarar mas de un punto.

— Parece que su alteza ha decidido que en cuanto llegue á Otordesillas se reuna el capítulo de Calatrava y elijan maestre.

— ¡Voto va! Buena estará la eleccion, cuando ha elegido ya su alteza. ¿Y á quién, señor, á quién? A un hechicero mas higromántico que el mismo moro del castillo. ¿Y qué se le ha perdido al señor *pelo rojo* en Arjonilla?

—Mas bajo, señores, dijo el pobre hostalero, que necesitaba vivir con todo el mundo.

—Será de la pandilla que llegó ayer´, y que esperó fuera del pueblo á que anocheciera, sin duda por no enseñar algun punto que traeria en las medias.

—Como gusteis, repuso el hostalero. Lo cierto es que llegaron al castillo, que pertenece en el dia al de Villena; que les fueron abiertas las puertas; que el maldecido alcaide que le guardaba ha cedido las llaves al señor *pelo rojo*, como le llamais, y que ha venido á hospedarse aqui, dejando en el castillo á su gente. Con respecto á ese punto que decís, hay quien asegura que han traido un prisionero...

—¿Un prisionero?

— ¡Chiton!

—Vendrá á hacer compañía á la mora Zelindaja, que anda pidiendo su esposo á las paredes del castillo desde el tiempo de Abderramen...

—¡Bá! dijo el otro comensal: ¿vos os creeis tambien de moros encantados?

— ¡Chiton, señores, chiton! repuso el hostalero; lo que yo sé deciros es, que no pasaria ni una hora, despues de media noche, en el castillo. Mirad: yo habia oido contar á mi abuela muchas veces la historia del moro mago, y de la mora Zelindaja, y del letrero arabé del castillo; y lo que sé decir es, que nunca le dí un noven á mi abuela porque me lo contase, ni sus padres de ella le dieron una blanca porque lo creyese; lo cual digo para probar que nada se echaba ella en el bolsillo por la mayor ó menor certeza del caso. Pero como al hombre le tienta el diablo muchas veces para que dude de las cosas que ve, cuanto mas de las que no ve, ni ha visto, ni verá, yo me tenia mis dudas, pesia á mí. Y era cierto que hacia ya algun tiempo ni se oían ruidos de noche en el castillo, ni voz de mora, ni de cristiana; ni.,.

—Adelante, Nuño, adelante.

—Como gusteis; pero hace cosa de meses comenzó á decirse por el pueblo que se habia oido una noche á deshora rumor de gentes que habian entrado en el castillo, las cuales gentes no se han visto salir; quién sabe si serian gentes de estas que se usan: ello es que nadie los vió: desde entonces ha tornado el run run de las cadenas y de las voces, y de los espantos nocturnos; y lo que sé decir es, que yo me pasaba una noche, no hace muchas, por el castillo, porque venia de trabajar la huerta que tengo mas allá: bien sabe Dios ó el diablo que yo me traia conmigo todas mis dudas; era tarde ya, y oí efectivamente yo mismo una voz lamentable que decia á grandes gritos: «Esposo, esposo mio.» Mirad, aun se me hiela la sangre en las venas: levanté los ojos, y en una de las ventanas mas altas de la torre, de donde parecian salir las voces, se veia una luz, pero una luz pálida y blanquecina que andaba de una parte á otra, y de cuando en cuando parecia ponérsele por delante una sombra, mas larga que una esperanza que no se cumple.

—¿Vos lo vísteis? dijo Peransurez.

—¿No lo creeis? preguntó el hostalero mas espantado de la incredulidad de su huésped que del mismo caso que referia.

—Mirad, contestó Peransurez, toda mi vida tuve grandes deseos de conocer á un encantado, y nunca pude ver la cara á ninguno: desde que fui monacillo, y sacristan despues de la Almudena, tengo ese pio. ¿Sois hombre, compañero, para apurar esta aventura y ver de hacer una visita á ese moro y á esa señora Zelindaja...

—¿Qué decís? interrumpió Nuño. Como gusteis, pero os suplico que mireis...

—¡Quite allá, señor hostalero! ¿Qué decís vos, comensal?

—La verdad, seor Peransurez, contestó su compañero, que en esas materias... bueno es mirar dos veces...

—Vaya, ya veo yo que vos no servís para caballero andante y aventurero. ¡Voto va! ¡que no tuviera yo aqui en Arjonilla á mi amigo Hernando, el montero de su alteza!

—¿Para qué, señor monacillo, y sacristan despues de la Almudena, ahora montero y guardabosques? preguntó Nuño con aire socarron.

—¿Para qué, voto á tal? Desde que me hicieron guarda de los montes de esta comarca por su alteza, no he vuelto á emprender una sola aventura de las que soliamos acometer y vencer en nuestros abriles. Con Hernando al lado, ya me curaria yo de moros y malandrines, de encantadas moras y cristianas. Yo entraria en el castillo, ó quedariamos en él entrambos encantados, ó desencantariamos con la punta de un venablo al mago, y á cuantos magos nos fuesen echando á las barbas...

—¿Entrar en el castillo decís, eh?... preguntó sonriéndose el hostalero.

—¿Y por qué no?

—Mas facil seria entrar en vida en el purgatorio, señor monacillo y sacristan, montero y guardabosques.

—Eso no ¡voto va! que para entrar en el castillo no he menester yo à Hernando, ni á nadie.

—¿Vos? preguntó de nuevo el hostalero, soltando la carcajada; aunque supiérais mas latin que todos los sacristanes juntos de Andalucía.

—Yo: apostemos, repuso Peransurez, picado de la risa del amo y de sus frecuentes alusiones á su sacristanía de la Almudena.

—De buena gana, contestó Nuño.

—Una cántara de vino y media docena de embuchados de jabalí para todos los presentes, gritó Peransurez dando una puñada en la mesa, que estuvo por ella largo rato á pique de zozobrar.

Al llegar aqui la conversacion acalorada del montero Peransurez acercáronse todos los que en el hogar estaban.

—Señores, sean vuesas mercedes testigos, clamó Peransurez; Nuño y yo...

—¡Peransurez! dijo en voz baja al oido del montero exaltado un hombre de no muy buena apariencia que habia entrado no hacia mucho en el meson, y en quien nadie habia reparado, tanto por su silencio, como por hallarse el amo de la venta entretenido en la referida discusion; ¡Peransurez!

—¿Quién me interrumpe? gritó Peransurez, volviéndose precipitadamente al forastero.

—Oid, contestó este apartándole una buena pieza de los circunstantes, que quedaron chichisveando por lo bajo acerca de la apuesta, y de la posibilidad de llevarla á cabo, y del valor de Peransurez, y de la interrupcion del recien venido.—¿Hablais seriamente, seor Peransurez? dijo este tapando todavia su rostro con su capotillo pardo.

—¿Cómo si hablo seriamente? gritó Peransurez.

—Mas bajo, que importa. ¿Insistís en lo que habeis dicho de aquel montero vuestro amigo.

—¡Sí insisto, voto va! Cuando yo he dicho una cosa.... una vez...

—¡Bueno! ¿Quereis montear con un amigo?

—¿Pero á qué viene?...

—Mirad.... dijo el recien llegado desembozándose parte de su cara.

—¿Qué veo? esclamó Peransurez? ¿es posible? ¿vos?

—¡Chiton! Me importa no ser conocido.

—Dejad, pues, que cierre mi apuesta... y esperadme...

—No: ciad en la apuesta. El buen montero ha de saber perder una pieza mediana cuando le importa alcanzar otra mayor. Si quereis entrar en el castillo y desencantar á esa mora, nos importa el silencio.

—Pero, ¡y mi honor!

—¡Voto va! por el Real de Manzanares, algun dia quedará bien puesto el honor de vuestro pabellon. En el ínterin ved que nos ojean, y si no nos hemos de dejar montear, bueno será que no escatimen nuestro rastro. Os espero fuera y hablaremos largo.

—En buena hora, repuso Peransurez. Señor Nuño, añadió volviéndose en seguida á los circunstantes, un negocio urgente me llama. Mañana, si os parece, cerraremos la apuesta. Dijo, y salió.

—¿No decia yo? repuso triunfante Nuño; ¿no decia yo? ¡entrar en el castillo! ¿entrar? Como gusteis, añadió volviéndose hácia la puerta por donde ya habia salido Peransurez con el desconocido, como gusteis, seor guardabosques; pero paréceme que hariais mejor en guardar vuestra lengua para contar esos propósitos á un muñeco de seis años, y vuestro valor para los raposos del monte.

Una larga carcajada de la concurrencia acogió benévolamente el chistoso destello de ingenio del triunfante posadero: en vano quiso el comensal de Peransurez defender á su amigo citando hechos de valor, y atrevimientos suyos de bulto y calibre. Quedó por entonces convenido que el que quisiera beber vino y comer embuchados no debia aguardar á que entrase Peransurez en el castillo, cosa reputada tan imposible realmente, como entrar en vida en el purgatorio, segun la feliz espresion del hostalero, que se repitió de boca en boca, y que hizo reir á todos á costa del montero, que habia abandonado el campo de la apuesta al enemigo con notable descrédito de su honor y de su buena fama y reputacion.

CAPITULO XXXIII.

Bien sabedes, vos, señora,
que soy cazador real;
caza que tengo en la mano
nunca la puedo dejar.
Tomárala por la mano
y para un verjel se van.

Rom. del conde Claros.

—¿Vos, Hernando, en Arjonilla? dijo Peransurez en cuanto se vieron apartados del ventorrillo todo lo que hubieron menester para no ser de nadie entendidos. ¿Podeis esplicarme cómo habeis dejado el lado del doncel Macías, á quien serviais no há mucho, si mal no me acuerdo?

— Largo es de contar, amigo Peransurez, repuso Hernando deteniéndose en un ribazo enfrente del castillo, desde el cual se descubria todo él perfectamente. Pero si no teneis prisa en este instante, si podeis atender á la llamada de mi vocina, os referiré cosas que os admiren, y vereis si tenemos montes y venado en abundancia, lo cual haré con tanto mas gusto, cuanto que me habeis prometido ayudarme en la montería que me trae á este bendito lugar.

Refirió en seguida el montero Hernando, lo mejor que pudo y supo, cuanto dejamos en nuestros tres tomos anteriores relatado, ó á lo menos toda la parte que él sabia, que era lo muy bastante para poner al corriente á cualquiera de los negocios del doncel. Al llegar al punto donde dejamos nosotros á nuestros héroes al fin de nuestro capítulo 31, prosiguió Hernando en la forma siguiente:

—Habeis de saber, Peransurez, que desde el ojeo que dieron á mi amo en el soto de Manzanares aquellos desalmados siervos del conde, recelábame yo de cuanto nos rodeaba, y habíame propuesto no soltar la oreja de mi amo el doncel Macías. Cuando llegó, sin embargo, la nueva del alumbramiento de nuestra señora la reina doña Catalina, un maldecido sarao hubo de darse. Ni podia entrar yo alli, ni mi leal Bravonel. Viendo con todo que tardaba ya el doncel en demasía, salí á esplorar el monte, y á ojear los alredores del alcazar. En ese tiempo, ¡voto va! debió de volver mi amo á nuestra cámara, porque cuando. yo regresé faltaba un tabardo de velarte que primero no llevara y su espada. Volví á salir, y cansado de no hallarle, ocurrióme, que acaso fuera de la villa y debajo de las ventanas de Elvira, que dan sobre la plataforma, podría estár el melancólico caballero tañendo su laud, y cantando alguna balada á la señora de sus pensamientos. Dirigí hácia allá, Peransurez, mi jauría, y al llegar ¡voto á san Marcos! hallé rastro. Un ruido estraño me habia llamado la atencion á alguna distancia : conforme nos acercábamos Bravonel y yo, habíamos oido algunas voces confusas, y pasos luego de caballos. Llegamos, y veíase abierta la reja de la cámara de Elvira. Dos ó tres piedras enormes, y colocadas una sobre otra, parecian indicar que acababan de servir de escala á algun atrevido caballero para alcanzar á la reja. A poco rato de observacion parecióme que andaba alguien en la habitacion con una luz en la mano: oculteme debajo de la reja lo mas arrimado que pude á la pared: el que era se asomó efectivamente, y al resplandor de la luz que llevaba en la mano ví relucir en el suelo dos trozos de una espada rota. ¡Esta era la osera! dije para mí : no bien se hubo apartado el de la luz, que no pude ver quién fuese, reconocí los trozos; era la espada de mi señor. ¿Lo habrian muerto? No, porque estuviera allí su cuerpo, y porque le hubiera olfateado mi leal Bravonel, y hubiera puesto en los cielos el abullido. ¿No es verdàd, Bravonel? preguntó Hernando á su hermoso alano, que echado á su izquierda parecia escuchar atentamente la relacion del montero. Al oir esta pregunta, alzose Bravonel en las cuatro patas, lamió la mano que le acariciaba, como si quisiese dar á entender á su dueño que no se equivocaba en el buen juicio que acerca de su fidelidad acababa de emitir, dió una vuelta en derredor sobre sí mismo, y volvió á colocarse, poco mas ó menos, como estaba antes de la estraña interpelacion. ¡Bravonel! dije entonces á mi alano, el rastro, el rastro del doncel.

Entendióme el animal, Peransurcz; ¡admirable Bravonel! No bien le hube dicho aquella breve exhortacion, comenzó á olfatear la tierra, y antes de dos minutos ya se habia decidido por una senda. Quise probar, sin embargo, la certeza de la huella, y aparenté ir por otra, gritando siempre: «¡El doncel, el doncel!» Viéraisle entonces correr á mí, echar por la otra, ladrar, ahullar, tirarme, en fin, de la ropa con los dientes. ¡Ah! ¡Bravonel, Bravonel, luz de mis ojos! añadió el montero abarcando con la mano el hocico del animal, é imprimiendo en él un beso, mas lleno de amor y de cariño que el primero que da un amante al tierno objeto de su pasion. ¡Bravonel! el que no ha tenido un perro, no sabe lo que es querer y ser querido. ¿Qué sirve la muger? la muger equivoca siempre la senda, la muger empieza por montear al venado de casa, y el perro no engaña nunca como la muger. ¡Bravonel, juntos hemos vivido, y juntos moriremos!

—¿Y seguisteis la huella? preguntó Peransurez impaciente por saber el fin del cuento, que Hernando habia interrumpido con tanto placer por acariciar al animal.

—¿Cómo si la seguí? á pasos precipitados, con toda confianza ya: dos leguas anduvimos. Allí encontramos un pueblo: tomamos lenguas: el herrador nos dijo que acababa de pasar una partida de ginetes; que habian hablado pocas palabras, pero que habian tenido que detenerse á herrar un caballo desherrado; que caminaban de prisa; que debian llevar un preso, segun las señas, y que habian pronunciado en medio de su misterio la villa de Arjonilla. ¡Mia es la pieza! dije yo entonces. Até cabos y dije: «El preso es el doncel, y el que lo prende el conde de Villena.» Efectivamente, el mismo dia se habia servido su alteza señalar el dia quinceno para el combate que debia tener con el doncel Macías. ¡Mas claro, Peransurez! Era fuerza, sin embargo, asegurar mis dudas. ¿Qué hacia yo hasta entonces? y luego quise mas fiar de mi brazo y de mi venablo el logro de mi intento. Volví á Madrid, y supe que la corte salia al otro dia; sabedor de que don Luis Guzman era el que, por su posicion con Villena, debia interesarse mas por mi amo, víme con él y espúsele mis dudas: declaréle mi intento; aprobó mi idea, y yo le confié el cuidado de llevar con su menage á Otordesillas las prendas de mi amo y mias; entre otras la armadura mejor de Castilla, que si se perdiera, nunca de ello me consolara; es, al fin, la que tiene mi amo destinada por su buen temple para el aplazado combate. Armado despues de mi ballesta y dos aguzados venablos, seguido de mi leal Bravonel, y disfrazado lo mejor que pude, púseme la misma noche en camino.

Ayer parece llegaron ellos. Hoy he llegado yo. Hé aquí

Peransurez, la causa de mi venida. En aquel castillo, no hay duda, está el doncel. Hé aqui la presa que habemos menester rastrear. ¿Os acordais, amigo mio, de un juglar de don Enrique de Villena, que Dios maldiga, hombre de pelo crespo y rojo...

—¿Ferrus? Recuerdo su nombre; pero él...

—Ferrus, pues, está aqui, y ese es el guardian de mi amo. Le he visto subir á un camaranchon de arriba, cuando yo entraba en la venta. Por qué duerme en esta encrucijada y no en su osera, eso no lo alcanzo. Lo que entiendo solo, Peransurez, es que ese es el oso que hemos de montear. ¿Insistís en vuestro ofrecimiento, ahora que sabeis cuánto motivo puedo tener de guardar silencio y sigilo, y cuán peligrosa sea la empresa?

—¿Cómo si insisto? Hernando, dijo Peransurez levantándose del suelo en que estaban sentados, no es esta la primera montería en que hemos andado juntos. Amo el peligro como buen montero, y osos mayores que ese, amigo mio, me han prestado amistosamente piel para mas de una zamarra. Examinemos, si os parece, la posicion del castillo, discurramos el medio mas prudente...

—El medio, Peransurez, ¡voto va! es esperar aqui á ese perro de juglar, á esa raposa cobarde y rapaz, y clavarle en tierra con un venablo, como quien bohorda, mas bien que como quien caza. ¿Merece siquiera los honores de ser comparado con una fiera noble y denodada?

—Guardaos, amigo Hernando, de ejecutar tan descabellado propósito. Bien veo que seguís necesitando un consejero prudente que temple el ardor de vuestra imaginacion. Mataréis á Ferrus; pero ¿y luego?

—Luego, voto va, luego... Dirigidme, pues, en hora buena. Bravonel y yo estaremos atentos al ruido de vuestra vocina. Soy yo mejor en verdad para obedecer que para mandar. Pero voto á Dios que os despacheis pronto, y nos digais cuanto antes contra quién he de disparar el venablo, que se me escapa él solo de las manos, y estan ya los dientes de Bravonel deseando hacer presa en el animal.

—Ea, pues, venid: demos disimuladamente la vuelta al castillo: en seguida volveremos á Arjonilla: vendreis á tomar ún bocado conmigo, *que el buen montero, riñon cubierto*, y mañana amanecerá Dios, y con su dedo omnipotente nos señalará el rastro de los malvados.

—A la buena de Dios, replicó Hernando. ¡Bravonel,
Bravonel, vamos! Guiad vos, Peransurez, que conoceis
la tierra.

Dichas estas palabras comenzaron los dos amigos su es-
ploracion, hecha la cual se retiraron á concertar los medios
de introducirse en el castillo por mas guardado que estuviera, y de salvar al doncel, que presumian hallarse dentro, con ne pocos visos y fundamentos de verdad.

CAPITULO XXXIV.

> En una torre fue puesto
> con cadenas á recado.
>
> . . . .
> La condesa entrára dentro
> do está el conde aprisionado.
>
> . . . .
> Ambos hablan en secreto,
> y conciertan en celado;
> que por librar tal persona
> á mas que esto era obligado.
>
> *Rom. de Sepúlveda.*

Cuando Ferrus, encargado por el conde de Cangas y el
astrólogo de la prision del enamorado Macías, pensó albergarse en la hostalería del complaciente Nuño, no fue ciertamente porque no hubiese en el castillo albergue digno
de él.

Es fuerza remontarnos mas al orígen de las cosas para
esplicar de un modo satisfactorio esta singularidad.

Facilmente comprenderá el lector, impuesto ya en los
diversos caractéres sobre que gira nuestra narracion, que
necesitando los dos autores de esta intriga el mayor secreto, solo podia fiar tan importante comision al que ya estaba forzosamente en él: el reparo de la falta de valor no
podia tener en este caso mucho peso, porque habian de
acompañarle otros, los cuales solo sabian qué debian pren-

der á un hombre, sin saber quién fuese; y para mandar
á estos y aprisionar·con ellos á un caballero que salia descuidado de una cita amorosa no se necesitaba un gran fondo de arrojo y determinacion. Por otra parte, Ferrus era
hombre friamente malo y cruel: ¿quién podia, pues,
desempeñar mejor que él la inexorable comision que se le
confiaba? Lográbase ademas de este modo la ventaja de a-
partar de la corte al único hombre que podria en un caso
adverso comprometer al conde, y la de tener en el castillo
un ente capaz de cualquier accion determinada si llegaba
ocasion apurada en que estorbase la existencia del preso.
Combinadas estas diversas circunstancias, solo quedaba que
pensar en ligar el interes de Ferrus al feliz éxito de la espedicion de una manera que hiciese imposible toda traicion.
El conde para esto creyó que no podria haber medios mejores que la gratitud por una parte y la esperanza del premio por otra; asi, decidió hacer libre á su siervo y loco
favorito. Quitóle el collar de metal que en seña de servidum-
bre llevaba, é hízole de su siervo su vasallo. Con estraordinario placer renunció Ferrus á su bonete de sonajas de juglar, y al molesto oficio de divertir con bufonadas á sus superiores; y sus sentimientos de fidelidad llegaron á tocar en
un acendramiento dificil de esplicar, ni menos de igualar,
cuando el conde le manifestó que le hacia libre entonces para
confiarle la alcaidía del castillo de Arjonilla; añadiéndole,
que si desempeñaba fielmente este importante cargo, no pa-
raria en esto solo su favor. Bien entrevió Ferrus, por consiguiente, que toda su prosperidad futura dependia de que
Villena saliese con el maestrazgo; y siendo eso imposible si
se llegaba á probar algun dia que don Enrique habia muerto á su esposa, hizo firme propósito Ferrus de consentir primero en que le hiciesen pedazos que en dejar la menor esperanza de salvacion al asegurado doncel. Su muerte en último caso hubiera sido para él una grandísima friolera puesta
en balanza con su futura grandeza.

El lector sabe que, merced á la tenacidad de Elvira, se
habia logrado la industria del astrólogo con mas felicidad aun
que lo que él podia nunca haber esperado, si bien habia contado siempre con la ventaja que le ofrecia el haber de bajar
el doncel de la reja alta de una manera que impedia toda defensa. Llevó á Arjonilla unas instrucciones del conde, seve-
ras sí, pero no sanguinarias, y otras del judío aplicables á

todas las circunstancias que pudieran ocurrir, y un tanto menos escrupulosas, porque este se hallaba ya tan interesado como Ferrus en la grandeza del conde, y sumamente ligado á sus intrigas por el peligro que corria si llegaba á descubrirse algun dia la horrible maquinacion en que no habia tenido él la menor parte.

No se habia previsto, empero, una circunstancia bien temible. El conde, que habia tenido grande interes en que su castillo de Arjonilla estuviese de algun tiempo á aquella parte bajo la custodia de alguno de sus mas allegados servidores, por razones que él se sabia, y que algun dia sabrán nuestros lectores, habia confiado su alcaidía á su camarero Rui Pero, de quien no hemos vuelto á hablar por esta causa. Este era hombre duro y fiel: por lo tanto suspicaz é irascible. No pudo, pues, sentarle bien la orden que le intimó Ferrus en nombre del conde, su comun señor, ni menos el imperio y mal entendida arrogancia con que se la oía prescribir á un hombre que acababa de salir de la nada; á un siervo cuyo collar de metal acababa de romper su amo, y cuyas sonajas de azofar y bonete de loco estaban todavia demasiado recientes en la memoria del noble camarero para que le pudiese inspirar respeto ni estimacion el que venia á ocupar su mismo destino, con desdoro de su clase y prerogativas. Mandábale á decir el conde que siendo necesaria su asistencia á su lado, solo tardase en ponerse en camino para Otordesillas, donde debia encontrarle con la corte, el tiempo indispensable para hacer entrega del castillo al nuevo alcaide, y enterarle de cuanto él se figurase que conducia á su mejor servicio. Rui Pero, llevado de su mal humor, no perdonó medio alguno de inspirar terror á Ferrus acerca de la responsabilidad que sobre sí acababa de tomar, y de las dificultades que ofrecia la conservacion del secreto de un castillo tan inmediato á poblacion, y en que si era facil impedir la entrada á los estraños, no lo era tanto estorbar que tuvieran los de dentro alguna comunicacion con los de fuera: insistió bastante ademas en la fama que de encantado tenia el castillo, y en lo que de él contaban los habitantes, cosa que no contribuyó en nada á tranquilizar el ánimo de Ferrus, ya de suyo naturalmente enemigo de encantos y prodigios. Deseoso de averiguar si deberia temer ó no cuanto en el particular Rui Pero le referia, determinó dormir una noche en la hostalería del pueblo,

asi para averiguar á punto fijo el fundamento que podrian
tener aquellas tradiciones, que cual telas de araña se adhieren siempre á los edificios viejos, como para escudriñar si
se habia traslucido algo entre los habitantes de Arjonilla
acerca de los misteriosos secretos que encerraba á la sazon la
antigua hechura del amante de Zelindaja, y acerca del objeto de su propio viaje. Esta era la verdadera causa de aquella estravagancia.

No bien se habia dispertado Ferrus, cuando tenia ya á
la cabezera de su cama al complaciente Nuño con la montera en la mano, y con un *como gusteis* siempre asomado
á los labios para salir á la menor indicacion del huésped.
Entablóse entre ambos mientras que Ferrus se vestia un
diálogo, que por lo largo é inútil á nuestro próposito,
perdonamos á nuestros lectores con el interesado objeto de
que nos perdonen ellos á nosotros cosas de mayor monta
y trascendencia. Baste decir que por él pudo Ferrus formar
una-exacta idea de su verdadera posicion, y no le hubo de
parecer tan mala como Rui Pero se la habia pintado porque decidió volver inmediatamente á su castillo; y aun hizo propósito de darse por encargado y enterado de todo lo
mas pronto posible; pues bien se le alcanzaba que el dis-
gusto y mal humor del camarero solo podia resultar en
daño de la intriga de su amo.

Tuvo el hostalero, prevenido por Peransurez en la madrugada del mismo dia, el buen talento de no hablar á Ferrus de la imprudente conversacion tenida en público la noche anterior en su cocina despues de haberse él recojido,
y Hernando, á quien importaba no ser conocido, de Ferrus sobre todo, se mantuvo oculto hasta que supo que habia regresado al castillo el ex-juglar, pagada ya la cuenta
de su gasto, aunque no tan opíparamente como el hostalero esperaba, cosa que se supo porque al despedirse Ferrus de él, díjole:

—Dios os prospere, y os dé, buen Nuño, lo que mas
os convenga. Y se notó que Nuño no le habia respondido el *como gusteis* de ordenanza. Esta observacion de los
historiadores del tiempo, que hablan con toda profundidad del lance, es tan justa, que cuando Nuño habló con
Peransurez despues de la partida de Ferrus no solo no
insistió en la apuesta, sino que se inclinó ya, por cierta
antipatía que habia nacido en su corazon repentinamente

contra Ferrus, á la parte del emprendedor montero; diciéndole entre otras cosas que tendria un placer singular en que se jugase una pasada que metiese ruido al señor alcaide nuevo del castillo del moro, por su arrogancia y su petulante continente.

No echó Peransurez en saco roto esta buena predisposicion al mal del hostalero, y reuniéndose á toda prisa con Hernando, procedieron á dar el paso que en su deliberacion de la noche anterior les habia parecido mas conducente y atinado para el logro de su arrojado intento.

Entre tanto era varia la posicion de los habitantes del castillo. En los patios interiores divertian sus ocios tirando al blanco ó bohordando hombres de armas, á quienes estaba confiada su defensa y custodia; algun grupo de ballesteros ó archeros pacíficos discurrian mas apartados acerca de la singular reserva que reinaba en todas las operaciones de aquel edificio verdaderamente mágico, porque no eran todos sabedores de lo que encerraban sus altas murallas. Algunos sí sabian que habian traido ellos mismos un prisionero por ejemplo, pero ni sabian quién era, ni le habian vuelto á ver. Tales habian sido y eran las precauciones observadas sabiamente por los principales emisarios del conde.

Habia sido colocado el nuevo huésped en una sala baja incrustada, digamoslo asi, en el corazon de una mole de piedra, que esto y no otra cosa era cada paredon del castillo. No tenia mas adornos que el que le proporcionaban algunas telas de araña, indicio de la poca consideracion con que al caballero se trataba, y varios informes lamparones que dibujaba la humedad con caprichosa desigualdad en las desnudas paredes de aquel calabozo. Hacia mas horrorosa la prision un rumor monótono y profundísimo, muy semejante al que produce el brazo de agua que sale de la presa de un molino, que rompe por entre las guijas de una cascada, ó que se desprende de un batan. El que haya tenido alguna vez la desgracia de verse privado de su libertad en una oscura prision, oyendo dia y noche el acompasado golpeo de un reloj de péndola, será el único que pueda apreciar la situacion del doncel, condenado á aquel tristísimo son. No recibia mas luz aquel cavernoso nicho que la que le prestaba en los dias mas claros del año un agujero redondo y cerrado con cuatro hierros cruzados, y practica-

do en la parte mas alta del muro. Hallábase situado á orilla de una zanja, hecha á lo largo de la muralla interior:
por la zanja corria, produciendo el rumor que hemos descrito, un residuo del torrente, que llenaba con sus aguas
el foso esterior del edificio, y entre la zanja y la muralla
interior habia una ancha y espaciosa plataforma. Era preciso, pues, pasar la zanja desde la plataforma para entrar
en la prision destinada al doncel; pero esto solo se podia
verificar bajando el rastrillo que la cerraba sirviéndole de
puerta. La rara colocacion de aquella cueva indicaba que
habia sido construida desde luego para encerrar presos de
importancia, y á quienes se quisiese quitar la vida prontamente como represalia, en caso de hallarse ya tomado el
castillo por el enemigo. La situacion por otra parte, su
hondura, y el ruido del torrente impedian que pudiese ser
oida en ningun caso la voz del prisionero que en aquella caverna se encerrase. Casi enfrente de ella venia á caer entre
las dos murallas la torre principal de la fortaleza. Mirando
oblicuamente por el agujero conductor de la luz, que dejamos descrito, divisábanse con trabajo algunas altas ventanas. Nada se podia ver de dia de lo que dentro de ellas
pasaba; pero de noche, cuando reinaba la mas completa
oscuridad, veia el doncel una luz arder en lo interior de
una habitacion, moverse á ratos, mudar de sitio, desaparecer, y aun producir sombras de diversos tamaños y figuras, bastantes á atemorizar en aquel tiempo de supersticion un corazon menos determinado que el del doncel; sobre todo en un castillo que hacian encantado las tradiciones
mas remotas del pais, y cuyo destino parecia ser realmente
el de pertenecer siempre á seres nigrománticos, como le
sucedia á la sazon, que era dueño de él el conde de Cangas, á quien nadie tenia por menos mago que al amante de
Zelindaja. De noche tambien, y cuando se columbraban
las temerosas sombras, era cuando solia mezclarse con el
silbido del viento y el ruido de la lluvia, ó el estruendo
de la tempestad, una voz aguda y dolorosa, que era la que
tenia espantada la comarca, y la que nuestro buen Nuño
habia oido la noche que se retiraba de su labor, como en
nuestro capítulo anterior dejamos dicho.

Finalmente, otra entrada tenia la prision del doncel.
Una escalerilla de caracol la ponia en comunicacion con
una larga galeria interior del castillo; pero una puerta de

hierro sumamente pequeña y cerrada por defuera con pesados cerrojos y candados, cuyas llaves poseía solo el alcaide, imposibilitaban por esta parte toda esperanza de evasion. Un mal lecho habia sido dispuesto á ruegos del prisionero en la caverna, y habia conseguido por favor singular que le dejasen el pequeño laud que á la espalda como
trovador llevaba cuando su cita amorosa. Con él divertia su
amarga posicion pulsándole blandamente, y regándole con
sus acerbas lágrimas, los ratos que no escribia en las paredes con un punzon alguna tristísima endecha, dirigida á la
ingrata señora de sus pensamientos, cuyo rigor le habia
puesto en tan lastimero trance.

La habitacion que por ser la mejor y la mas espaciosa
se habia reservado el alcaide, y que se habian rapartido á
la sazon Rui Pero y Ferrus, se hallaba en el piso bajo de la
torre de que hemos hablado. Un salon anchuroso, adornado
con varios trofeos y armas suspendidas en las paredes, era
el departamento principal. Una larga mesa estaba clavada
en medio: el hogar ardia en la cabecera de la sala, y en el
estremo opuesto un aparador ó bufete encerraba la vajilla
estilada en aquel tiempo para el servicio de la mesa.

Al anochecer del dia en que nos encuentra nuestra historia, dos hombres arrellanados en dos grandes poltronas
de baqueta española, la mas apreciada entonces en Europa,
conversaban tranquilamente uno enfrente de otro, y sepa-
rados por la mesa como si hubieran necesitado de un cuerpo intermedio para no reñir. Asi parecia indicarlo su gesto
displicente. El uno era Ferrus. En su rostro brillaba la satisfaccion petulante de un hombre que ha llegado á ocupar
un destino superior á sus méritos y esperanzas. El otro era
Rui Pero. Su continente era el de un hombre por el contrario herido en lo mas delicado de su amor propio por un
disfavor no merecido, y habíaselas con el emancipado juglar,
como podria habérselas un general acreditado por sus servicios y conocimientos con un guerrillero á quien hubiese
igualado con él la fortuna.

Una lámpara suspendida del techo iluminaba los rostros
de entrambos, y los iluminaba mejor una alta vasija, cuyo
preñado vientre vaciaba de cuando en cuando en dos anchas
copas cierto jugo vivificador que embaulaban nuestros dos
interlocutores á tragos repetidos en su cuerpo como en un
cubo desfondado.

—¿Cuándo pensais partir, señor Rui Pero? preguntó Ferrus despues de uno de estos tragos, paladeando todavia el licor de Baco.

—¿Habeis tomado ya, señor juglar, repuso Rui Pero, es decir, señor Ferrus, alcaide del castillo de Arjonilla, las instrucciones que habiais menester?

—Estoy tan apto, señor Rui Pero, para desempeñar la alcaidía de este famoso castillo, como el mejor camarero de Castilla, contestó Ferrus picado.

—En ese caso, señor tal alcaide, pasado mañana al lucir el alba me pondré en camino para la corte, si no manda otra cosa vuestra señoría.

—Gracias, señor Rui Pero.

—¿Habeis mandado relevar las centinelas esteriores de la muralla, y las dos de las torres, y de la galeria interior del preso?

—Bien sabeis, contestó Ferrus, que no es ese cargo mio mientras esteis vos en el castillo. Y espero que no me comprometereis con mi amo el señor conde, ni querreis faltar al deber...

—No acostumbro á faltar á mis deberes, señor Ferrus, yo voy por lo tanto á disponer...

—Esperad. Supongo que seguis con el cuidado de emplear en el servicio de centinelas los ballesteros que ignoran completamente la calidad de los prisioneros. De otra suerte...

—No habeis menester suponerlo, dijo apurando su copa Rui Pero; bastará con que lo creais á pies juntillas. Ademas ya habreis conocido que necesita habilidad para escaparse el preso que tal intente hallándose encerrado en la prision de la zanja.

—Sí, segun me babeis dicho, no conociendo el secreto del rastrillo, solo la muerte seria el resultado de la menor tentativa de evasion. Admirable construccion la de ese calabozo. ¿Y quién construyó?...

—¡Silencio! dijo Rui Pero al ver entrar un tercero en la sala, y gozoso de poder dar una leccion de prudencia al inesperto Ferrus. ¿Qué quereis vos? añadió dirigiéndose al estraño.

—Señor alcaide, respondió el faccionario que acababa de entrar, han llamado al castillo dos caminantes fatigados.....

—A nadie se da hospedage, repuso Rui Pero mal humorado.

—Lo sé , señor alcaide. Pero advierta vuestra merced que no son caballeros, ni hombres de guerra. Son dos reverendos padres, que piden albergue por esta noche.

—¿ Y por qué no lo buscan en Arjonilla?

—Párece, señor, que van estraviados, y pasan á estas horas por el castillo, ignorantes del camino que guia á la poblacion. La copiosa lluvia que ha engruesado el torrente les obliga á pedir albergue.

—¡ Voto va! dijo Rui Pero. Lo mas que por ellos podemos hacer es que les enseñe el camino un hombre del castillo.

—Pero ese, señor, no los pasará en hombros á través del torrente, repuso el ballestero, temeroso de ser él elegido para aquella comision.

—Por otra parte, añadió Ferrus, á quien los vapores del vino daban confianza y determinacion, ¿qué peligro hay en albergar dos frailes? Dios sabe de dónde serán. Esos padres suelen venir de lejos é ir de paso; muy forasteros deben de ser, pues ignoran que el castillo es encantado y nada hospitalario. Van de paso.

—Sin embargo, si pudiesen pasar el arroyo.... replicó Rui Pero.

—¿ Y quereis, dijo Ferrus acercándose al oido del camarero, que nos espongamos á que pase un hombre del castillo la noche fuera de él, y suelte la lengua mas de lo preciso? Eso es peor...

—Peor, peor........ refunfuñó entre dientes el camarero.

—Si gustais, señor alcaide, dijo el ballestero, se les contestará que vayan á buscar albergue á otra parte. Ello la noche es terrible.

—¿Terrible decís? repuso Rui Pero asomándose á una ventana. Sí; parece que el cielo se derrite en agua. Seria una inhumanidad por cierto.

—No podemos consentir, añadió Ferrus, que dos ministros del Altísimo queden á la intemperie en una noche...

—En buen hora; que entren, dijo Rui Pero al ballestero, quien se fué á cumplir la orden.

—¡ Voto va! añadió Ferrus; eramos dos y serémos cuatro. Aun queda vino en esa vasija para otros tantos, y los padres no se desdeñarán de hacernos un rato de compañía, yendo sobre todo de camino. Todo el peligro que podemos recelar de los santos varones, señor camarero, es que nos echen algun sermon en latin que no entendamos: y así como así, dentro de un rato ya no nos íbamos á entender nosotros dos segun la faena que damos á nuestras copas.

Una carcajada de Ferrus al concluir estas palabras probó que todavia no habia perdido la costumbre, que se habia hecho en él naturaleza, de decir bufonadas á todo trance, á pesar de su nueva dignidad.

De alli á poco entraron humildemente en el salon dos reverendísimos padres, cuyos hábitos derramaban á hilos el agua, como un paraguas espuesto por gran rato á la lluvia, y que se arrima á un rincon á medio cerrar.

Saludáronlos cortesmente nuestros dos amigos, y despues de los primeros cumplimientos los invitaron á que se acercasen para secar sus hábitos al hogar, donde quedaron mirándose unos á otros largo espacio los dos opuestos alcaides y los dos bien avenidos frailes.

CAPÍTULO XXXV.

> Mentides, fraile, mentides,
> que no decís la verdad.
> . . . .
> Mató el fraile al caballero,
> á la infanta va á librar:
> en ancas de su caballo
> consigo la fué á llevar.
> *Rom. del conde Claros.*

Al entrar los dos modestos frailes en la sala, no habia dejado de llamarles la atencion el agradable pasatiempo en que entretenian sus ratos perdidos el antiguo y nuevo alcaide. Habíanse mirado uno á otro como inspirados de la misma

idea, y este movimiento hubiera sido notado de los defensores del castillo, á no ser porque no habiendo creido estos
que tendrian ya visitas con quien guardar ceremonia, habian
menudeado en realidad del tinto mas de lo que á su prudencia convenia; su misma posicion les habia escitado á beber,
y aun hay cronistas que aseguran que deseosos uno y otro
de no tener compañero en el mando, y demasiado confiado
cada cual en su propia resistencia, se habian animado recí-
procamente á beber por ver si conseguian privar al cólega;
plan que, merced á la igualdad de sus fuerzas, habia resultado en detrimento de la razon de entrambos.

—¡Por San Francisco! perdonen vuestras reverencias,
dijo Ferrus, si les han hecho esperar á la intemperie mas
de lo que ese hábito que visten merece. Pero sepan que á él
solo deben esta acogida, porque el castillo á que han llamado no es en realidad de los mas hospitalarios que pudieran
haber encontrado en su camino.

—*Pax vobiscum*, dijo el menos corpulento de los padres
con voz grave.

—Como gusteis, padres, repuso Ferrus, segun el estribillo de mi huésped de ayer; porque han de saber sus
reverencias que de dos dignos alcaides que tienen en su presencia ahora, ninguno sabe latin.

—En ese caso, *Te Deum laudamus*, repuso el padre respirando como aquel á quien le quitasen de encima una montaña.

—Gracias, contestó de nuevo Ferrus, no queriendo ser
tachado de poco político por dejar sin respuesta una lengua
que no entendia. Dos cosas debemos suplicar á vuestras reverencias, prosiguió; primera, que se quiten esos hábitos
que traen mojados...

—*Et super flumina Babilonis*, dice el salmista: *vetat re-
gula*, la regla nos lo impide.

—Sea en buen hora; pero la regla no impedirá á vuestras reverencias que hagan lo que vieren adonde quiera que
fueren; primera regla de hospitalidad entre caballeros,
añadió Ferrus derramando vino nuevamente en las copas, y
ofreciendo una al padre que habia llevado hasta entonces la
palabra.

Miráronse los padres uno á otro como para consultar entre sí lo que deberian hacer.

—¡Vote va! aquí se ofrece de buena voluntad, añadió

Ferrus viendo su indecision: ¿no es cierto, señor camarero?

—Vos lo habeis dicho, repuso el camarero tomando una copa. Pero si sus reverencias no se atreven por respetos al cielo, nosotros, viles gusanos de la tierra...

—*Vinum lætificat cor hominis*, interrumpió el padre. Nosotros agradecemos á vuestras mercedes la buena voluntad; pero solo beberemos en la refaccion, si teneis por bien hacérnosla servir: vuestras mercedes beban, y mientras, nosotros *exultemus, et lætemur*.

—A la buena de Dios, dijo Ferrus vaciando su copa. ¿Y este padre que nada dice, es que no sabe latin, como si fuera alcaide?

Miraban los dos frailes á Ferrus, como buscando en sus ojos si encerraria alguna intencion ó sospecha aquella pregunta hecha de aquel modo, ó si seria meramente casual ó hija de la poca aprension del que la hacia. Parecióles en conclusion, que no se podia leer en los ojos de Ferrus sino la espresion del mosto, y no dudó en responder con cierta serenidad el mismo padre:

—Mi superior está achacoso; es sordo ademas *tanquam tabula*...

—Sí, que es gran sordera, repuso Ferrus, presumiendo que así se llamaba la enfermedad del padre.

—Y un tanto tierno de ojos, que es la razon de verle la capucha tan sobre ellos como notarán vuesas mercedes. La humedad, sobre todo, de esta noche debe de haberle perjudicado mucho. *Benedictus qui venit*. Venga ó no venga, añadió para sí el padre.

Efectivamente, no se le veía apenas rostro al padre que habia permanecido callado. Ocultábale el medio de abajo una larga barba blanca, y su capucha le envolvia todo el medio de arriba.

—¿Y viajan siempre vuesas reverencias con esos mozos de estribo? preguntó Ferrus, reparando en un hermoso alano que casi detras del padre silencioso reposaba, y que habia entrado sin ser antes de ellos sentido.

—¿Ah? repuso el padre. Dios nos perdone esos medios mundanos de defensa. Aunque *manet nobiscum dominus*, bueno es llevar ademas un amigo consigo. Es el perro del convento: nuestro reverendo abad no quiso que en estos tiempos de salteadores, ni el padre Juan, ni yo, padre Modesto, como me llaman, para servir á Dios y á vuesas mercedes, nos viniésemos sin ese corto ausilio siquiera para nuestra seguridad, si bien *Deus vigilat.*

—¿Y de dónde, bueno padre mio? preguntó Ferrus con audaz curiosidad.

—De Jaen, hijo, repuso con estrema serenidad el padre; sí, hijo, de Jaen. Llevamos una comision secreta, que bajo la fé de la obediencia no podemos revelar, para el reverendo prior del convento de Andujar de nuestra misma orden, que es como veis de San Francisco, hijos mios; pensábamos haber caminado toda la noche, y haber llegado alli antes de la mañana; empero Dios que nos ha enviado esta agua, y los achaques de mi compañero, nos han obligado á pedir hospedage. *Introibo*, dijimos, *ad altare.*

—Y bien dicho, habló por fin el camarero, que habia estado hasta entonces observando al silencioso fraile, muy bien dicho, aunque nosotros no lo entendamos. Pero lo dijo vuestra reverencia, y basta: si les parece á sus reverencias, que vendrán cansados, prosiguió el cortesano camarero, harémosles servir la refaccion para que se retiren, señor Ferrus.

—*Amen*, repuso el padre: tanto mas cuanto que mañana hemos de salir á la madrugada, si dais orden de que nos abran temprano en el castillo.

—Daránse las órdenes todas que fueren necesarias, repuso Ferrus, apartándose y hablando al oido al camarero. Pero ved que las centinelas no se han relevado aun.

—Pudiérais vos mudarlas, le contestó Rui Pero, mientras yo hago disponer la cena; estos buenos padrès nos dispensarán si los dejamos solos un instante por su propio servicio.

—*Ite, misa est,* replicó el padre echando una bendicion gravísima á entrambos alcaides, que se dieron el brazo mútuamente á pesar de sus interiores rencillas, sin duda olvidándolo todo en momentos en que necesitaban tanto de recíproco apoyo, y salieron de la sala.

—¡Cuerpo de Cristo! Por vida de Diego Gil y Martin Bravo, los mas famosos monteros de Castilla, que Dios perdone, esclamó el padre silencioso soltando una carcajada algo reprimida por la prudencia. ¡Voto va! que nunca hubiera dicho, fray Juan ó fray Peransurez, que tañeseis de ladradura con tal primor. Por mi venablo que se os entiende de cazar en latin á las mil maravillas,

—¡Prudencia, Hernando! Sepamos lo que nos hacemos, ya que yo no sé lo que me digo. ¿No os previne de que fuí monacillo y sacristan en cierto tiempo, durante el cual, si mucho escatimé el rastro de las vinageras de la Almudena, no por eso dejé de oir las bocinas de los padres en el coro? Aprendí á tañer la mia en latin como habeis visto, y alguna palabra entiendo voto á tal de cada ciento que digo.

—Pobre venado es este, Peransurez: es nuestro, dijo Hernando. Hace la señal del pezuño chica, y va en la redru fia, ¡voto á tal! No tardaremos en tañer de oscisa. ¿Pondrémosle canes?

—Ved no nos obliguen á tañer de traspuesta: mirad que se levanta ya el venado á la ceba. Yo os avisaré el momento.

—Los tiempos nos dirán, conforme vengan...

—Sí; pero ved, Hernando, que no es lo difícil la entrada; mirad por la salida...

—Dios proveerá, y mi venablo, repuso Hernando componiendo sus hábitos, y echando de nuevo su capucha. Ya vienen hácia el buitron.

Volvian en esto ya los dos alcaides. No tardó mucho tiempo en cubrirse la mesa, á la cual se sentaron los cuatro con la mayor armónia y fraternidad. Poco tiempo hacia que cenaban, con imprudente abandono Rui Pero y Ferrus, con mas reserva y comedimiento los dos frailes, cuando llamó á las puertas del castillo un espreso que enviaba el conde de Cangas y Tineo. Abriéronle inmediatamente, é introducido en la sala, echóse de ver en su traza que habia corrido mucho, y que debia de ser en grande manera interesante su mensage. Tomó Rui Pero el pliego cerrado que para él traía, y apartándose un poco leyóle rápidamente, manifestando bien á las claras en su rostro cuán sorpresa le infundia.

—Señor Ferrus, grandes novedades, dijo despues de haberle recorrido.

—¿Qué decís? preguntó Ferrus tartamudeando.

—Nuestro señor el ilustre conde de Cangas y Tineo, maestre de Calatrava, se halla á pocas leguas de aquí...

—¿Cómo? esclamó Ferrus levantándose.

—Sí; parece que el dia despues de vuestra salida de Madrid llegó á la corte la nueva de los disturbios de Sevilla. Las cartas y pesquisidores que envió su alteza á esa ciudad el mes pasado para poner en paz los bandos que han estallado entre el conde de Niebla, su primo, y el conde don Pedro Ponce y otros caballeros y veinticuatros, no surtieron efecto, y el mal se acrecienta por momentos. Temeroso su alteza de los resultados de tan grave daño, hizo suspender su viaje á Otordesillas: háse contentado con espedir pliegos anunciando á la reina doña Catalina que irá allá desde Sevilla, y mandando disponer para entonces las funciones reales y torneos que se preparaban en solemnidad del nacimiento del príncipe don Juan. Háse traido consigo á los principales señores de la corte, y esta noche debe dormir en Andujar.

—Gran novedad, por cierto, dijo Ferrus.

—Añádeme su señoría que en ese pueblo permanecerán tres dias, por hallarse señalada para mañana la prueba del combate. Encárganos con este motivo, añadió Rui Pero al oido de Ferrus, la mayor vigilancia.

—¡Voto á tal! no hay cuidado, dijo Ferrus dando una carcajada. No vencerá el doncel. ¿Y piensa venir su grandeza por aqui?

—Parece que no, pues de Andujar pasa su alteza á Córdoba; desde alli irá en la barca grande, el Guadalquivir abajo, á Sevilla, pues que está su alteza muy doliente, y no le deja caminar á caballo su físico Abenzarsal. Pero en atencion á todo esto, yo partiré mañana de madrugada.

—Sea en buena hora, como gusteis, repuso Ferrus. Esto entre tanto no altera el orden de nuestra cena. Podeis retiraros, buen hombre, añadió Ferrus al emisario.

—Que os den de cenar, dijo Rui Pero al mismo, y disponeos mañana á venir conmigo á la corte.

Retiróse el emisario, y siguieron cenando nuestros cuatro paladines, y conversando acerca de la determinacion del rey, y del singular acaecimiento que los habia acercado tanto á la corte.

—Bueno fuera, señor alcaide, dijo Peransurez dirigiéndose á Ferrus, que era el mas afectado del licor, bueno fuera que hubiéseis de hospedar en este castillo á la corte...

—¡Bá! dijo Ferrus; no pasa por aqui, y ademas en un castillo encantado...

—¡Encantado! Dios nos perdone, dijo con afectado escrúpulo el padre.

—¿No ha oido hablar nunca el padre de la mora Zelindaja, Zelindaja la mora... siguió Ferrus con dificultad, y riéndose á cada palabra con la estúpida espresion de la embriaguez.

—¡Hola!

—¡Vote va! pues la mora... rico vino es este, padre; ¿no bebeis?

—Proseguid, dijo el padre haciendo con su mano un ademan de agradecer el ofrecimiento.

—La mora, pues... vaya otro trago, señor Rui Pero.

—¿Y la mora? preguntó el padre.

—La morá.... Zelindaja quereis decir, la que está encantada en la torre....

—¿En la torre?

—Sí; aquí arriba sobre nosotros. ¡Pero qué vino! ¡qué paladar! ¿os dormís, señor Rui Pero? ¡vote va!

—¿Con que arriba? preguntó el padre.

—Por ahí la llaman la mora, y dicen que aparece, y qué..... ¡ah! ¡ah! ¡ah! añadió Ferrus soltando una carcajada, y mirando el vino que contenia aun la copa. ¿Qué haceis vos ahí, prosiguió vuelto en seguida á los que le servian la mesa, escuchando, espiando, á ver si se me escapa alguna imprudencia? Belitres. Si esperais á que yo os diga dónde está el preso.... larga la llevais. Fuera de aqui; llamaremos cuando os hayamos menester.

Diciendo y haciendo, levantóse Ferrus con trabajo, y cerró la puerta despues que hubieron salido los sirvientes, espantados de las palabras del alcalde.

—¿Con que el preso.... señor alcaide.... prosiguió Peransurez, que asi como su compañero no pérdia una palabra ni una accion de las que se le escapaban al imprudente mancebo.

—El preso no se escapará mientras pendan de mi cintura las llaves todas del alcázar. ¡Ah! ¡ah! ¡ah! notad, padres mios, la figura que hace un camarero dormido, prosiguió Ferrus riéndose á carcajadas, y señalando con el dedo la boca abierta del buen Rui Pero, á quien la hora, el sueño, el vino y el cansancio tenian cabeceando sobre su poltrona. ¡Ah! ¡ah! ¡ah!

Al llegar aqui tocó Peransurez por bajo de la mesa al pié de Hernando, que de puro impaciente no hacia ya mas que moverse habia gran rato. Levantándose á un tiempo los dos, precipitóse cada uno sobre el que tenia al lado. Tocóle á Peransurez el dormido Rui Pero, que se halló ya maniatado y tapada la boca antes de acabar de despertar : á Hernando Ferrus, cuyo asombro fué tal al ver levantarse de repente, y en aquella tan inesperada forma, á los dos reverendos, que no fué dueño de gritar ni de oponer la menor resistencia al montero, el cual asi lo fajaba con sus poderosas manos, como si fuese un niño. Pusieron nuestros dos amigos á cada uno de los alcaides un palo del hogar atravesado en la boca, y sujeto con cordel que preparado llevaban á manera de mordaza, y atáronlos en seguida fuertemente de pies y manos á sus mismas poltronas, dejándolos conforme se hallaban colocados, es decir, uno enfrente de otro con la mesa en medio y sus copas delante. Era cosa de ver la figura que hacian sin poderse mover ni remover ambos con la boca abierta, y mirándose con ojos aun mas abiertos, sin acabar de comprender si estaban encantados por el moro del castillo, ó si habrian dado hospedage á dos diablos del otro mundo que venian á castigar su descompuesta vida.

Hecho esto por nuestros dos reverendos, y apoderados ya del manojo de llaves que pendia del cinto de Ferrus, fue su primer cuidado recapacitar lo que acababan de oir al ebrio alcaide.

Parecia por el misterio de sus palabras que la torre era el lugar del castillo destinado al prisionero. Estaban en ella, pero era indispensable hallar una subida, y si habia dos, aquella en que estuviesen menos espuestos á ser notados ó á encontrar importunas centinelas. En punto á esto convinieron que era preciso ponerse en manos de Dios, que veia sus intenciones, y no dejaria de favorecerlas; y echáronse á buscar una subida, que no tardaron en encontrar. Probando llaves lograron abrir una puertecita encubierta detras del hogar por un tapiz viejo: empujáronla, y una escalera oscura les probó que habian dado con lo que necesitaban. Armado cada uno de un agudo venablo, y llevando en la mano izquierda Hernando, que iba delante, una linterna sorda de metal, diéronse á subir con la mayor confianza en Dios, donde los dejaremos, ora trepando escaleras, ora recorriendo largas y oscuras galerias, ora, en fin, probando llaves en cada puerta que encontraban, todo con el mayor silencio por no dar la alarma en el castillo.

Hallábase colocado el cuarto, donde se divisaba la misteriosa luz desde los alrededores de la fortaleza, en el estremo de una galeria, y como quiera que las puertas fuesen todas de la mayor seguridad, no se creía prudente establecer centinelas demasiado inmediatas. Al único que hácia aquella parte se oponia, preveníasele de antemano que no se separase del estremo de la galería mas distante de la prision. El que se hallaba á la sazon en aquel punto era un mancebo profundamente ignorante acerca de las circunstancias de los presos que parecian custodiarse con tanto interes en la fortaleza, pero que habia oido hablar lo bastante del encantamiento del castillo, y de la voz nocturna, para no tenerlas todas consigo en aquella incómoda faccion.

—Por Santiago, decia apoyándose en su partesana, que no entré yo al servicio del señor conde para habérmelas con brujas y hechiceros; este instrumento que bastaria para matar millones de moros, unos despues de otros se entiende, acaso no seria suficiente á hacer un ligero rasguño en la mano del moro que fundó este maldito castillo. Dicen que la señal de la cruz es grande arma contra las artes del demonio, añadia en otro paseo de los que daba, sin apartarse mucho de su puesto como el que tiene miedo ó frio; y siendo esto cierto, ¿cómo es que hay cristianos hechizados? Cuerpo de Cristo, si me hechizasen tengo para mí que lo que mas habia de sentir habia de ser aquello del no comer y del no dormir, ¡voto va!

En estas y otras reflexiones cogió entretenido al mancebo cierto profundo gemido que salió al estremo opuesto de la galería.

—¡Santa Maria! esclamó dando diente con diente el faccionario. Asunto concluido. ¿Si será la mora que viene á pedirme su esposo, segun dicen las gentes que lo pide todas las noches á los ecos? Sin embargo, yo no soy eco, añadió lastimeramente como si quisiese conjurar el encanto con esta lógica observacion.

Otro gemido mas prolongado resonó de allí á poco, y el ruido de una cadena arrastrada por el suelo se prolongó hasta el infinito en el oido del infeliz.

—¡Santo Dios! decia el soldado, y persignábase tan de prisa como si fuese la última vez que habia de persignarse en su vida, y sin apartar los ojos del punto de donde él se figuraba que salia el ruido.

En esto estaba, á la orilla de la escalera, y vuelto de

espaldas á ella, cuando dos manos de hierro, apoderándose de sus piernas, le levantaron en alto.

—¡Perdon, señora Zelindaja, perdon! clamó con voz medio ahogada el miserable, y pasando por encima de la cabeza de un padre Francisco á quien no tuvo siquiera tiempo de observar, cayó rodando de espaldas por la escalera, hasta una puerta que habian cerrado tras sí nuestros aventureros, donde quedó casi exánime y sin sentido.

—¿Hay mas? dijo Peransurez mirando á todas partes.

—No, repuso Hernando : aquella debe ser su prision: ¿no ois una cadena?

—El es; apresurémonos. Sacando en seguida el manojo y llegando á la puerta, comenzaron á probar llaves en la cerradura. Abrió, por fin, una de las mas gruesas, y entrambos se precipitaron dentro de la prision, igualmente impacientes de dar libertad al encadenado doncel.

Una lámpara mortecina lucia siniestramente sobre un pedestal.

—¡Basta, crueles, basta ya! esclamó una voz penetrante arrojándose á sus pies al mismo tiempo, con todo el desorden del dolor y de la desesperacion, una figura cadavérica vestida de negras ropas.

Difícil fuera pintar el asombro de nuestros dos reverendos al ver venir sobre ellos aquella estraña sombra, que no era otra cosa lo que á su vista se ofrecia, y el sobrecojimiento de la víctima luego que paró la atencion en sus nuevos huéspedes, de tan distinta especie que los dos hombres que hasta entonces habian solido visitar su encierro para traerla el alimento.

—Religiosos, Santo Dios, religiosos, esclamó esta. Habéis oido, señor, por fin mis oraciones, y el bárbaro me envia estos emisarios de vuestra palabra divina para ausiliarme en los últimos momentos de esta vida miserable. Lo acepto, señor, lo acepto.

Un mar de lágrimas corrió de los ojos hundidos de la encarcelada, que abrazaba con religioso fervor el hábito de Hernando: éste, inmovil en su puesto, no sabia qué interpretacion dar á aquella horrible escena. Todo el valor de Peransurez le habia abandonado; creíase efectivamente delante de la encantadora mora, y estaba ya á dos líneas de maldecir en su corazon su osadía y su malhadada incredulidad.

Repuesto algun tanto Hernando de su primera sorpresa, hízose atras cuanto pudo, desviando su hábito del contacto de la infeliz. Esta, levantando entonces la cabeza, y sacudiendo sobre los hombros una larga cabellera, único resto de su antigua hermosura, quedó mirando largo rato á nuestros amigos sin atreverse á proferir una palabra.

—Quien quiera que seais, dijo por fin animándose Hernando, y descubriendo su rostro; ser de este mundo ó del otro, mora ó cristiana, hablad: ¿qué nos quereis?

—Hernando, ¿sois vos? esclamó la víctima levantándose despues de haber mirado largo rato con la mayor duda y agitacion al montero espantado. ¡Ah! no, continuó ¡Hernando era montero! y volvió á caer en el mismo estupor.

No pudo menos Hernando al oirse nombrar por la fantasma, como un antiguo conocido, de fijar mas en ella la atencion; y agarrando con una mano á Peransurez, que á su derecha y un poco detras de él estaba,—¡ Cielos! esclamó sin apartar los ojos de la figura negra. Dejadme: ¿ seria posible?

—¡Ah! conocedme, sí, gritó levantándose y asiendo la lámpara la infeliz, conocedme, si me habeis visto alguna vez; hé aqui en mi rostro los efectos de su barbarie; no soy la misma ya; no soy hermosa.... el llanto, el dolor me han afeado. Miradme bien, miradme, prosiguió acercando la luz á su semblante.

—¡Ella, ella es! Peransurez, salvémonos, gritó Hernando retrocediendo.

—¿A dónde? no: ¿á dónde? Deteneos. Yo saldré tambien con vosotros. ¡ Vivís aun, señora! esclamó Hernando al sentirse detenido por la víctima: ¿vivís?

—Vivo, sí, vivo para llorar y padecer: tocadme aun si lo dudais.

—¿Es falsa vuestra muerte? ¿Sois vos, señora?

—¿Mi muerte decís? preguntó la desdichada. El bárbaro la ha propalado. ¡ Justicia, señor, misericordia! añadió levantando los ojos al cielo. Por piedad, continuó, ¿quién sois el que tanto os pareceis al montero de don Enrique? ¿ Qué os trae á esta prision?

Hernando, sumido en el mas profundo letargo, apenas reconocia debajo de aquella palidez y cadavérico aspecto á la hermosa que tantas veces habia visto triunfante en el mundo de lujo y de belleza.

—¡Monstruo! dijo por fin para sí, ¡monstruo, monstruo abominable!

—¿Quién sois? acabad; y ¿qué quereis? tornó á preguntar la encerrada: ¿ venís á prolongar mis males, á remediarlos por ventura?

—A salvaros, señora, repuso Hernando. Conocedme, ¡voto va! El montero Hernando, señora, os ha de sacar de esta maleza.

—¿Con que no me habia engañado? ¡Ah! Decidme, ¿por qué feliz azar os veo, y cómo en ese trage?

—El montero de ley, señora, no caza siempre del mismo modo: dejemos para mejor ocasion ese punto. Ved que necesitamos salir del monte. ¡Ea! Venid con nosotros.

—¿Con vosotros? ¿A dónde? ¡ah! no me engañeis. Mas facil es que me mateis aqui. ¿Qué resistencia puedo oponeros? Si sois tan crueles como todos los que hasta ahora he visto en este castillo...

—¿Qué hablais, señora? no veniamos á salvaros: no presumiamos siquiera que viviéseis: el bárbaro que ha osado reduciros á este estremo no se ha contentado con una presa. Sin embargo, en el momento actual vuestra presencia nos hace mas falta de todas suertes que un ojo abezado al cazador. Vuestra presencia va á confundir la iniquidad, y á atajar acaso un torrente de sangre.

Mucho tardaron Hernando y Peransurez en determinar á la desdichada á que los siguiese: sus preguntas exigian larguísimas esplicaciones, que no podian darse en aquel momento sin comprometer la suerte de una espedicion tan incierta y azarosa ya por sí. A poder de ruegos en fin y de observaciones logróse de ella que dejase el satisfacer sus dudas para mejor ocasion; el tiempo urgía: nuestros dos reverendos habian pasado ya gran parte de la noche en dar con la prision, y despues de tantos afanes faltábales aun desempeñar la mision que en tal peligro les habia puesto.

Resolvióse unánimemente que Hernando se despojaria del hábito que sobre su trage traia, y que lo vestiria lo mejor que pudiese la recien libre cautiva, porque si bien su estatura era muy diversa, tambien era de advertir que habian entrado de noche, que iban á salir al rayar el alba, y que probablemente no estarian á su salida de faccion los mismos que lo habian estado á su entrada. Dos frailes habian entrado : dos frailes salian : nada habia que decir, si durante la noche no se descubria su accion, cosa dificil, pues habian quedado cerrados por dentro y amordazados Ferrus y Rui Pero. A la salida ningun obstáculo podrian encontrar dos frailes, pues durante la cena se habia dado la orden de abrirles el rastrillo en cuanto se dejasen ver á la puerta al amanecer.

Cortó, pues, Hernando el hábito con su cuhillo de monte, y dejóle mas adaptado á la estatura de la hermosa. Hecho lo cual trataron de buscar por la parte que no habian recorrido aun, la prision del doncel, dejando para despues de encontrarla el determinar la forma de sacarle y salir, el mismo Hernando del castillo, cosa que á éste le parecia sencillísima ; pues todo se lo parecia cuando era hecho en obsequio de su señor, y cuando tenia en la mano su venablo y al lado su fiel Bravonel; el cual los seguia silenciosamente toda la noche como si estuviera penetrado de lo mucho que convenia el sigilo en aquella peligrosa tentativa.

CAPÍTULO XXXVI.

Ya la gran noche pasaba
é la luna sestendia :
la clara lumbre del dia
radiante se mostraba ;
al tiempo que reposaba
de mis trabajos é pena
oí triste cantinela
que tal cancion pronunciaba.

D. Enr. de Vill. Querella de amor de Mac.

No bien hubieron tomado la determinacion que dejamos referida, echáronse á buscar otra salida, dispuestos siempre á hacer callar con sus venablos á cualquier centinela imprudente que hubiese podido comprometer su

eixstencia. Felizmente no encontraron ninguno en dos escaleras que bajaron. Al fin de ellas una tronera les permitió reconocer la parte de la torre en que se hallaban: estarian como á diez varas del pie de la muralla interior.

Fatigados de la faena que la ignorancia de las llaves
les acarreaba, y aun mas del silencio y cuidado con que
les era indispensable proceder, tomaron alli algun descanso. La cautiva, que acababa de esperimentar una emocion
tan inesperada, y que en medio de su debilidad se hallaba abrumada bajo el peso del hábito desusado, y com-
batido su ánimo de mil dudas y esperanzas, por desgracia
harto inseguras todavia, no pudiendo resistir á tantos afectos encontrados, hubo de apoyarse un momento en un trozo
roto de columna, que felizmente encontró en la pieza en
que á la sazon se hallaban. Perdian ya nuestros paladines
la esperanza de dar con la prision del doncel. Asegurába-
les sin embargo su compañera que en la noche anterior y
á deshoras habia creido oir un laud débilmente pulsado, cosa que no le habia acaecido nunca desde su llegada al castillo; este dato convenia con la fecha de la prision de Macías; y hubiera jurado, les añadió, que salia el eco del pie
de la torre. Esta advertencia solo podia animar á los generosos amigos del prisionero. Sacando, pues, nuevas fuerzas
de flaqueza, trataron de examinar qué hora podia ser. Sacó entonces Hernando la cabeza por la angosta tronera, y
pudo distinguir que el cielo se habia serenado; un viento
fuerte de norte lanzaba hácia las playas africanas algunas
nubes dispersas, restos de la pasada tormenta, y el pálido
resplandor de la luna en su ocaso advirtió á Hernando, asi
como la posicion de algunas estrellas que acertó á ver, que
podria faltar una hora todo lo mas para el alba. Al mismo
tiempo que hizo esta observacion nada favorable, el ruido
acompasado de los pasos de un hombre le hizo sospechar
que debajo de ellos debia haber al pie de la muralla un soldado de faccion. Esta precaucion le confirmó en la idea de
que debia caer hácia aquella parte del castillo la buscada
prision. Resolviéronse, pues, á probar la aventura, poniendo el éxito en manos de Dios, á quien fervorosamente
se encomendaron. Hernando hizo voto á la Virgen de la Almudena de una ofrenda proporcionada á sus cortos medios,
y la cautiva prometió edificarle un santuario suntuoso si la
sacaba con bien de tan peligroso trance. Iban ya á probar

una nueva llave en la puerta que debia conducirlos, segun todas las probabilidades, al pie de la muralla, cuando el rumor del laud, que al punto reconocieron la hermosa y Hernando, los dejaron suspensos.

—¡El es! dijeron á un tiempo los dos, apoyándose con esperanza la blanda mano de la bella en la tosca y curtida del montero. Escuchemos.

Un ligero preludio del trovador se siguió á su suspension, y de alli á un momento una voz, harto conocida para ellos, entonó con lánguido acento una cántica, de la cual pudieron percibir los fragmentos siguientes, en medio de los sollozos que de cuando en cuando la interrumpian, y del monótono rumor del torrente, que á los pies de la torre por la honda zanja se desprendia.

¿Será que en mi muerte te goces impía,
ó pérfida hermosa, muy mas aun ingrata?
¿Asi al tierno amante, mas fino, se trata?
¿Cabrá en tal belleza tan grande falsía?
¡Llorad! ¡ay! mis ojos, llorad noche y dia!
Mis tristes gemidos levántense al cielo,
pues ya en mi tristura no alcanzo consuelo
Dolor hoy se vuelva lo que era alegría.

. . . .

La copa alevosa, que amor nos colmó
tambien heces cria, señora en mi daño.
Sus heces son ¡ay! fatal desengaño.
La copa y las heces mi lábio apuró.
¡Ay triste el que al mundo sensible nació!
¡Ay triste el que muere por pérfida ingrata!
¡Ay mísero aquel, que asi amor maltrata!
¡Ay triste el que nunca su dicha olvidó!

¿Por qué, justos cielos, en pecho amador
tiranos me disteis una alma de fuego?
¿Por qué sed nos disteis, si en tósigo luego,
bebido, en el pecho, se torna el licor?
Contempla, señora, mi acerbo dolor.
¡Ay! torna á mis brazos, ven presto, mi Elvira;
ingrata; aunque sea, como antes, mentira,
la dicha me vuelve, me vuelve tu amor.

No mas á mis ruegos te muestres impia,
ó pérfida hermosa, muy mas aun ingrata.
No asi al tierno amante, mas fino, se trata.
No quepa en tu pecho tan grande falsía.
Dolor no se vuelva lo que era alegría.
Mas ¡ay! si en mi pena no alcanzo consuelo,
si en vano mis quejas se elevan ál cielo,
¡llorad ¡ay! mis ojos, llorad noche y dia!

Callaron al llegar aqui los lúgubres acentos de la cantinela, que habia arrancado lágrimas de los ojos de aquellos que silenciosamente la habian oido.

Seguros de que habian llegado al término de sus esperanzas, diéronse prisa á abrir la puerta que les faltaba traspasar, y en pocos minutos se hallaron al pie de la torre. El primero que salió fue el terrible alano, el cual no bien se halló al aire libre cuando comenzó á ladrar dirigiéndose á un objeto que se hallaba arrimado á la pared.

—¡Bravonel! dijo Hernando. ¡Bravonel! vamos, silencio.

—¿Quién va? preguntó con voz ronca el centinela, enderezando su ballesta contra el montero, que salió primero á contener á su perro.

No tuvo lugar de preguntar segunda vez el centinela.

—¡Ese es quien va! respondió Hernando lazando su venablo, el cual fue recto á clavarse, silbando por el aire, en el pecho del faccionario, que cayó por tierra sin voz y sin aliento.

—¡Ay! gritó la compañera de nuestros aventureros apartando rápidamente los ojos del que acababa de caer.

—Silencio, señora, silencio, dijo Peransurez: dejad la piedad para despues. Plegue al cielo que no hayamos alarmado ya algun otro centinela con este intempestivo ruido.

—Venga en hora buena, dijo Hernando, caliente ya con el feliz éxito de su tiro certero. Inclinándose en seguida sobre el cuerpo del caido, púsole un pie en el pecho, y sacó de él su venablo ensangrentado con la diestra mano. El venablo al salir del cuerpo dejó libre el paso á un surtidor de sangre que salpicó á Hernando; y á poco el infeliz habia ya espirado.

Vencida esta primera dificultad, examinaron la posicion,

y no les quedó duda de que el rastrillo que enfrente veían
servia de puerta á la prision del doncel; pero ¿cómo pasar
la zanja? ¿cómo soltar el rastrillo? Perplejo Hernando miraba á una parte y otra, mordíase los dedos, y daba al diablo todas las fatigas de la noche. Pensar en tomar el opuesto lado del castillo, volviendo por donde habian venido para probar la entrada que debería tener forzosamente la prision, era caso imposible, en vista sobre todo de la hora
avanzada.

— ¡Voto va! dijo por fin Hernando. Déume á mí la fiera en el campo; pero ¿encerrada? ¡Cuerpo de Cristo! ¿Y hemos de quedarnos aqui, para ser presa de esos perros judíos
que quedan en el castillo, en cuanto amanezca?

Su posicion tenia mas dificultades de las que á primera
vista habian creido encontrar. Sin embargo, fue preciso deliberar; y por último, Hernando decidió que lo mas acertado sería probar á salir Peransurez y la bella á favor de su
disfraz, quedando él con su álano en aquella posicion. Opo-
níanse los otros á esta generosa determinacion; pero Hernando los convenció, probándoles que si á la mañana nó habia logrado ponerse en comunicacion con el doncel y salvar-
le, ó saltaría la muralla y pasaria el foso á nado con su perro, ó retrocediendo al salon de la torre se haria rehenes y
prenda de seguridad al mismo Ferrus, que probablemente
debería permanecer en el mismo estado, pues no se había
dado la alarma en el castillo en toda la noche. Fueron tales,
por último, sus ruegos y sus amenazas, que fue preciso
ceder á ellas. Importaba mucho en verdad que saliese alguien
del castillo; fuera ellos, nada les seria mas facil que volver
con socorro; y la presencia sobre todo de la ilustre prisione-
ra en la corte debía hacer variar completamente la posicion
del doncel y de Hernando, aun dado caso que quedase preso. Este, en fin, se aferró en decir que él no saldría del castillo sino muerto ó con su amo; lo mas que pudo conseguir
de él Peransurez fue que quitándose su trage de montero
vistiese la ropa del muerto centinela, y quedase en su lugar.
Si se le relevaba antes del alba, como era de pensar, acaso no
seria reconocido, y entre tanto tenia aquella probabilidad
mas de salvacion. Hízolo asi Hernando, y arrojando sus
vestidos y el cuerpo del vencido en la zanja con un pie, dió
algunas instrucciones á Peransurez acerca de lo que debería
hacer en saliendo del castillo y en llegando á la corte.

Despidiéronse en seguida, como aquellos que acaso no habian de volver á verse. Peransurez y su compañera, ocultando su rostro bajo su capucha, siguieron la senda que debia conducirlos forzosamente á lo largo de la muralla hasta la puerta principal y puente del castillo, donde era mas que probable que no hallasen obstáculos á su salida, siendo como era ya la hora á que habia dejado advertido Ferrus la noche anterior que se abriese á los padres descaminados; y donde los dejaremos para acudir adonde nos llaman otros personages, no menos interesantes de nuestra historia.

Solo podemos añadir para sacar algun tanto á nuestros lectores de la incertidumbre en que los dejamos, bien á nuestro pesar, que hácia aquellas horas, pero sin que hayamos podido averiguar si antes ó despues, el gefe del destacamento, que guardaba la puerta principal del castillo, creyó deber tomar órdenes del alcaide, de cuya ausencia total durante la noche estaba no poco admirado. Subió, pues, al salon que se habian reservado Rui Pero y Ferrus, y en vano llamó repetidas veces. Asombrado de esta circunstancia, no dudó en reunir algunos hombres, los cuales quebrantaron con sus hachas de armas la cerradura, y les dieron entrada en el salon. Allí fueron encontrados amordazados, en la misma forma singular que los dejamos, Ferrus y Rui Pero mirándose todavia, y sin dar otra respuesta á las preguntas del gefe que un sonido desigual ronco y desapacible, muy semejante al ruido gutural que produce un sordo-mudo para mover la pública conmiseracion. Desatóse á los alcaides, diose la alarma, y en pocos minutos era el castillo todo un teatro de actividad dificil de pintar; corrian unos sin saber adonde, ni de qué enemigos se habian de guardar; tocaban algunos bocinas en son de guerra; preparaban otros sus armas; recorrianse las escaleras y galerías; oianse votos y juramentos, pésames y proyectos de venganza. Abríanse unas puertas, derribábanse aquellas cuyas llaves habian echado por dentro nuestros atrevidos paladines..... en una palabra, era el castillo todo desorden y confusion. Nuestras leyendas, empero, tan prolijas por lo regular en todos los pormenores de sus relatos, parecen haberse descuidado sobremanera en esta ocasion; pues ni una sola palabra dicen por la cual podamos inferir, sospechar ó barruntar siquiera si cuando se dió esta alarma en el castillo habian salido ya al campo los fugitivos, ó si fue ocasion de que su intento se malograse. Lo

cual prueba, ademas de otras muchas cosas que no son de
este lugar, que no es tan facil el oficio de historiador y cronista como generalmente se cree, sobre todo si no ha de dejarse olvidada ninguna de las circunstancias que pueda anhelar saber el impaciente lector.

CAPÍTULO XXXVII.

El rey moró de Granada
mas quisiera la su fin;
la su seña muy preciada
entregola á don Ozmin.

El poder le dió sin falta
á don Ozmin su vasallo,
y escusose de batalla
con cinco mil de caballo.

Historia de Alonso XI, escrita en coplas redondillas.

Dos mil vidas diera juntas
por ser el desafiado.

Batalla de Rugéro y Rodamonte.

Curiosos estarán nuestros lectores, si es que hemos sabido hacerles interesantes los personages de nuestra desali-
ñada narracion, de saber el estado de la desdichada Elvira,
á quien dejamos con la reja de su cámara abierta, ella desvanecida en tierra, y abriéndose su puerta para dar entrada al pagecillo, ó á su mismo esposo, únicos poseedores
de la llave. Mucho sentimos que la complicacion de sucesos
que bajo nuestra pluma se aglomeran, no nos haya permitido sacarlos antes de tan incómoda duda; pero todavia sentimos mas que el tiempo, que todo lo devora, nos prive aun
ahora del placer de satisfacerles completamente. Recorda-
rán, sin embargo, en disculpa nuestra, que cuando se abrió
la puerta de la cámara, Elvira estaba desmayada, y nada

por consiguiente pudo ver de lo que en torno suyo pasaba: el
que entró nada contó nunca, razon que tenémos para sospechar que fue Hernan Perez, á quien no le podia convenir que nada de ello se supiese; y el cronista de aquellos
tiempos, el famoso Pero Lopez de Ayala, se hallaba en el
sarao, y nada trae tampoco por consiguiente en sus escritos
de semejante escena. Por los resultados que esta tuvo, vol-
vemos á repetir que debió de ser Hernan Perez. Hubo quien
aseguró que habia visto hablar al astrólogo con él mucho
despues de haber vuelto á entrar este en el alcázar, y como
ya conocemos la mala intencion del judío, es de presumir
que alarmase al marido acerca de lo que en su cámara pasaba; la reja abierta, la puerta cerrada y el estado de Elvira
debieron acabar de abrir los ojos á Hernan Perez acerca de
lo que alli podia haber ocurrido.

Lo único que podremos afirmar es que Hernan Perez de
Vadillo, de resultas sin duda de la violenta escena que debió tener con su esposa, decidió aquella noche misma su separacion; buscó á su alteza, y le espuso con voz trémula y
agitada como sabia que su esposa era la acusadora de don
Enrique de Villena. Añadiole que él habia recibido del conde de Cangas la rara prueba de confianza de que pudiese en
su nombre defender su parte en el combate; suplicole en
vista de ello que tomase á su cargo la acusadora; y por mas
que se hizo para averiguar la causa de tan estraña conducta,
solo se pudo sacar en limpio de las cortadas razones de Hernan Perez que este habia tenido un rompimiento con su esposa; advirtiose desde entonces que cuanto hablaba eran palabras de aborrecimiento y execracion, y dirigidas á adelantar el plazo del combate, de resultas del cual debia él morir
ó morir Elvira. El odio mas reconcentrado y profundo habia sucedido en su corazon al amor conyugal. No se pudo
negar don Enrique el Doliente á la justa demanda del ofendido Hernan, y en consecuencia encargó al judío Abenzarsal de la custodia del Elvira, la cual pasó á poder de este con
su inseparable pagecillo aquella misma noche. Decidiose al
mismo tiempo que se verificaria el combate, donde quiera
que estuviese la corte, al quincemo dia, por cumplirse entonces el plazo que habia dado su alteza al justicia mayor
Diego Lopez de Stúñiga para presentarle el reo de la muerte
doña María de Albornoz. Si este le presentaba con las pruebas
legales del delito, escusaríase la prueba del combate. De lo

contrario, no quedando otro medio que recurrir al juicio de Dios, seria aquel inevitable.

Con respecto á Elvira, solo diremos que desde aquella funesta noche en balde intentó tener con su esposo una esplicacion: negóse este á todas sus demandas, y la infeliz, sumida en la mayor desesperacion, esperó en un continuo llanto y congoja el dia en que habia de desenlazarse tan terrible drama, y en que habia de verse espuesta á los riesgos de un combate por causa suya, y por una imprudente generosidad, que no era tiempo ya de remediar, la vida de su desdichado amante, si es que este no habia perecido ya, como tenia motivos para creerlo, en la funesta noche de su última entrevista.

Puesta á recaudo como estaba, y no permitiéndosele comunicacion alguna sino con el page, solo pudo saber en el particular lo que todo el mundo sabia, esto es, que el doncel habia desaparecido, cosa que no daba poco que decir en la corte. No se le podia ocultar á Elvira que cualquiere que hubiera sido la suerte del doncel, su tenacidad, y el empeño con que á todo trance habia querido defender su moribunda virtud, habia tenido gran parte en ella. No le podia pesar de ello; pero era bien triste reflexionar cuan horrible premio daba el cielo á su conducta. Ora pensando en su esposo, ora en su crítica situacion, ora en un amor desdichado que en vano habia pretendido lanzar de su pecho por todos los medios posibles, pasábase la desgraciada Elvira los dias y las noches de claro en claro sin dar reposo á la lucha de encontrados sentimientos, que tenian dividida su deplorable existencia.

La nueva que llegó á la corte el dia mismo que debia haberse trasladado á Otordesillas, hizo variar de determinacion á don Enrique el Doliente, como ya saben nuestros lectores, y el dia del combate la cogió por tanto en Andujar.

Amaneció este dia, y nadie en la corte pudo dar razon al rey, cuidadoso é impaciente, del ignorado paradero del doncel: don Luis Guzman fue el único que pudo esponer sencillamente como Hernando, fiel criado del doncel, le habia visitado en la noche del sarao, manifestándole sus dudas y temores, y encargándole el equipage de su amo mientras él se dedicaba á averiguar su paradero, de que tenia vagas sospechas. Pero afirmó en seguida que desde entonces no habia vuelto á tener noticia alguna ni del doncel ni de Hernando.

Todos los que conocian, sin embargo, el pundonor caballe-
resco de Macías, no dudaban un punto que se presentaria en
la lid el dia emplazado, tanto mas cuanto que se habian publicado los convenientes edictos y pregones; á no ser que hubiese muerto, acontecimiento que nadie tenia motivos de
sospechar. Muchos achacaron la ausencia del doncel á alguna hechicería de don Enrique de Villena y del judío, pero
desde sospecharlo á saberlo habia tanta distancia como hay de
la mentira á la verdad.

Regocijábanse en tanto secretamente aquellos dos intrigantes del feliz éxito de su manejo; sobre todo Villena, que
habia conseguido llevar á cabo su proyecto sin necesidad de
cargar su conciencia con el peso de sangre agena, descansando en la vigilancia de su emancipado juglar y en la fortaleza
de su castillo, lleno todo de gentes á su devocion, curábase
poco ya del combate, que mal podia verificarse sin la presencia del doncel. Verdad es que debia quedar condenada
Elvira como calumniadora, pero esperaba que su mucho va-
limiento, y el que debia aumentársele sobre todo con el
triunfo que el cielo le preparaba aquel dia, le bastaria para
salvar la vida de la infeliz Elvira; cosa que intentaba pedir
inmediatamente á su alteza, proponiendo la conmutacion de
la pena que imponia la ley en un encierro perpetuo. De esta manera conciliaba el buen don Enrique, con el triunfo de
sus intrigas, la tranquilidad de su conciencia, haciendo por
una y otra parte transacciones con su ambicion, y con la
voz secreta que le gritaba en el fondo de su corazon, que no
dejaba de ser culpable por haber evitado la muerte de Elvira y del doncel.

A pesar de la ausencia de este, anunciaron los farautes el
aplazado combate, y reunida la pequeña córte que llevaba
consigo don Enrique el Doliente, este se constituyó en audiencia sentándose debajo del dosel régio preparado para la
ceremonia que debia verificarse.

Sentado su alteza, y rodeado del buen condestable Rui
López Dávalos, de su físico Abenzarsal, de su camarero mayor, y de las demas dignidades de palacio, compareció ante
el trono, llamado por un faraute, el ilustre don Enrique de
Villena, conde de Cangas y Tineo, precediéndole dos faraut-
tes suyos, y un escudero con el estandarte en que se veia lucir
su escudo de armas ricamente recamado; seguíanle numerosos caballeros y escuderos de su casa, vasallos suyos. Re-

querido por el faraute de su alteza, espuso brevemente la demanda qué de justicia habia hecho en ótra ocasion sobre la muerte de su esposa la condesa doña María de Albornoz. Concluida esta ceremonia, pidió cuenta su alteza á su canciller mayor del sello de la puridad de lo que en el asunto habia determinado: recordó este el cargo que habia dado su alteza de averiguar el hecho al justicia mayor, cometiéndole el cuidado del castigo. Adelantose entonces Diego Lopez de Stúñiga, é hizo breve relacion de los pasos que habia dado para la averiguacion de aquel horrendo crímen, el cual sin embargo habia permanecido oculto, sin duda, añadió, por los incomprensibles juicios de Dios, que se reservaba el castigo de tan gran maldad. Oido el justicia mayor, prosiguó el canciller relatando como en ese tiempo se habia presentado una acusadora del mismo don Enrique de Villena, achacándole aquel propio crímen del que él habia pedido satisfaccion, y lo demas ocurrido en el caso.

Hizo entonces su alteza comparecer á la acusadora, la cual, guiada de Abenzarsal, á cuya custodia estaba confiada, pareció y espuso de nuevo en la misma forma que la habia hecho la funesta acusacion, no sin acompañarla de abundosas lágrimas, que manifestaban bien á las claras el estado en que se hallaba.

Tomósele de ella juramento, asi como á don Enrique de la denegacion del delito, el cual prestaron ambos sobre los santos Evangelios.

Pidiéronse pruebas en seguida á la acusadora; no pudiendo la cual presentarlos, recordó el canciller que fundado en esto mismo se habia dignado su alteza ordenar la prueba del combate.

Álzose en seguida un faraute de su alteza, y en voz alta repitió que era llegado el dia en que aquel debia verificarse; lo cual hizo por medio de largas fórmulas, de que nos dispensarán nuestros lectores.

El canciller en seguida pidió los gajes al acusado y acusadora, que le entregaron, aquel el guante arrojado por Macías el dia de la acusacion, esta el anillo que en prenda de su persona habia entregado al rey en el propio dia. Recojidos ambos por el canciller, fuéles preguntado á los dos si se hallaban prontos para la prueba del combate que su alteza habia ordenado: esta pregunta estremeció á Elvira, que se vió sola en el mundo en aquel tremendo instante; pero

Villena respondió á ella con insolente sonrisa de triunfo y de satisfaccion. Requeridos á presentarse ante su alteza los combatientes ó sus campeones representantes, adelantose el hidalgo Hernan Perez de Vadillo, que se habia mantenido oculto hasta entonces en el grupo de caballeros de la comitiva de don Enrique de Villena; Elvira al verle no fue dueña de sí por mas tiempo, lanzó un agudo chillido, y ocultó su cabeza entre los brazos de una dueña que la seguia. No se alteró el implacable Vadillo; hincándose por el contrario de hinojos ante su señor natural, pidiole la venia, dada la cual anunciose como el campeon de don Enrique.

Este golpe inesperado, y que pocos en la corte sabian, hizo todo el efecto que el lector puede imaginar, reflexionando como reflexionaron los presentes que iba á presentarse un caso singular en semejantes combates. La muger acusadora por una parte, y el marido campeon del acusado por otra. Elvira al recibir tan terrible golpe se precipitó á los pies del trono esclamando:—¡Santo Dios! ¡Rey justiciero, no lo permitirás, señor!....

Era tarde ya, empero, para deshacer lo hecho, y el faraute impuso silencio á la acusadora, con duro gesto y ademan, separándola del trono.

Requiriose entonces á Elvira de que presentase su campeon, y á este requerimiento se sucedió el mas profundo silencio. Leíase en los ojos de Elvira la ansiedad con que esperaba el fin de aquella ceremonia. En aquel momento hubiera dado su existencia porque no compareciese el doncel. Temblaba á cada ruido que se oía; todo era para ella preferible al espantoso espectáculo de ver pelear por su causa á su esposo y á su amante.

Por último, vino á sacarla de su mortal angustia el tercer requerimiento del faraute.

Apenas habia acabado este de pronunciarle, cuando, prosternándose Elvira y elevando al cielo las manos y los ojos:—Nadie, esclamó con loca alegria, nadie. ¡Yo os doy gracias, Dios mio! Señor, continuó, dirigiéndose al rey, no tengo campeon; soy, pues, calumniadora; ¡la muerte presto; la muerte!

—Señor, se adelantó á decir el canciller al rey, que se levantaba para decidir en tan árduo caso, debo hacer presente á tu alteza que antes de declarar infame al doncel tu favorito es fuerza esperarlo en el palenque todo el dia de hoy;

si entonces no comparecière, á pesar de los pregones que habrán de repetirse en ese tiempo tres veces, la acusadora será ejecutada.

—Ya lo oís, señora, continuó su alteza; dentro de una hora concurrirá la corte al sitio del combate.

Una nube de tristeza profundísima enturbió la frente pálida del Elvira, que quedó sumergida en el silencio de la desesperacion. Don Enrique de Villena triunfaba, y una mal reprimida sonrisa se dibujaba en sus labios. Hernan Perez de Vadillo parecia desesperado de no tener contrario, y de la inopinada tardanza.

—Señora, dijo don Luis Guzman, que veía con despecho triunfar á su enemigo, llegándose al oido de la infeliz acusadora; si mi brazo puede seros útil, ved que diera mil vidas por ser el acusador.

—¡Ah! señor, repuso Elvira dirigiendo al caballero una mirada de agradecimiento, dejad morir á una desdichada. Levantó entonces los ojos al cielo, y añadió para sí con dolorosa espresion. ¡El ha muerto tambien! ¡Y mi esposo me desprecia! Bajó en seguida los ojos, y dos farautes, notando el pequeñísimo diálogo que quisiera prolongar don Luis Guzman, la separaron, advirtiendo á este que la ley prevenia toda incomunicacion con la acusadora.

Bajó entre tanto su alteza del trono, y preparose la corte á asistir al sitio del combate, donde debia esperarse el campeon de Elvira.

Don Luis Guzman vió salir á todos con despecho reconcentrado. Su silencio y su gesto manifestaban cuanto destrozaba su alma impetuosa el próximo triunfo que esperaba á su rival, y que él habia tratado en vano de impedir con su intempestiva y no aceptada generosidad.

CAPITULO XXXVIII.

Traidor sois, Payo Rodrigues,
el mayor que ser podia.
Yo vos haré de conocer
ser verdad lo que decia:
Entraré con vos en lid
y en ella vos venderia.
—Mentides, Rui Paez Viedma,
Pai Rodriguez respondia.
Por eso sois vos reptado,
no yo que nada debia.
Diéronse luego sus gages,
y en el campo entrado habian.
Procuran de se matar
muy cruel batalla habian.

Sepúlveda, Rom.

—¿Pararémos aquí, si os parece? decia deteniendo su mula á la puerta de la hospedería de Andujar un hombre de quien ya hemos dado una pequeña muestra en la cena á oscuras que describimos en capítulos anteriores.

—Como gusteis, repuso su compañero de viaje, á quien solo por su muletilla favorita habrán conocido ya nuestros lectores.

—¡Ah, de la hospedería! ¡Buena gente!

—¿Quién es la buena gente? replicó una voz agria y descompasada, semejante al desapacible chirrido de una chicharra, la cual salia del endeble cuerpo de una vieja mal humorada que acababa de asomarse á una fenestra. No hay posada.

—Como gusteis, replicó apeándose Nuño; pero reparad, buena Beatriz, que somos, es decir, que soy vuestro compadre el de Arjonilla...

—¡Si digo que está llena la casa! no hay posada, compadre, tornó á decir la vieja.

—Como gusteis, Beatriz; pero ved que no la pido para mí, sino para esta mi bestia, que es como sabeis la niña de mis ojos; no hay mula mejor en la comarca: miradla despacio; es compra que le hice al prior del convento de Arjonilla; miradla, y compadeceos y hacedla un lugar en la cuadra.

—Os digo, replicó la vieja, que como no querais meterla conmigo en mi camaranchon, no hay dónde. Y no canseis, Nuño, concluyó la vieja; cerró despues de golpe la ventana, y se alejó con un gruñido prolongado, como se aleja tronando la tempestad.

—¡Buenas noches! dijo soltando una carcajada el compañero de viaje de Nuño.

—¡Maldita vieja! dijo Nuño. ¡Cuerpo de Cristo!

—Vaya, Nuño, no os desespereis. Está visto que ha venido media Andalucía á la fama del juicio de Dios que se celebra por la prueba del combate en este pueblo, que Dios bendiga.

—¿Y qué hacemos, señor montero? ¿Os parece que nos recibirá en su audiencia el señor justicia mayor con mulas y todo?

—Paréceme que no; pero pudieran quedar las bestias con el mozo en las afueras del pueblo.

—Como gusteis, repuso el buen Nuño.

Apeáronse nuestros viajeros, y dejadas las caballerías al mozo, dirigiéronse hácia el palacio donde se hallaba la corte hospedada.

—Héaqui lo que digo, iba refunfuñando el montero. Dad el pie, y os tomarán la mano. Ofrecíme á hacer un servicio á Peransurez, y exigiome ciento. ¿No era bastante andar un dia entero tras unos hábitos viejos de nuestro padre San Francisco, que no fue poca fortuna encontrar, merced á las muchas liebres que regala uno al padre sacristan? No, sino venios despues con letras para el señor justicia mayor de no sé que dueña ó que doncella encantada.... ¡Voto va! ¡Muchacho! añadió el montero deteniendo á uno que corria hácia la plaza del pueblo, ¿nos dareis razon del señor justicia mayor?

—¡Ah señor! en mala hora venis, repuso el muchacho; ya no dejan pasar los archeros y ballesteros hácia palacio; la corte va á salir al palenque.... ¿no veis cómo corre todo el mundo? Si venis á ver el duelo, mejor hareis en llegaros á la plaza. Acaso podreis acercaros al señor justicia mayor, que ha de estar alli, dijo el muchacho; y siguió corriendo. Agrupábase la gente cada vez mas por todas partes, y bien vieron nuestros viajeros que no les quedaba mas recurso que seguir el consejo del muchacho.

—¡Ea! vamos, dijo Nuño; si alli le podemos dar alcance, sea en buen hora; sino tenga Peransurez paciencia, y acabada la fiesta hareis su comision: ¿ha de correr tanta prisa?

—Mucho me dijo que urgia, pero á la buena de Dios. El hombre propone...

—Y Dios dispone, concluyó el buen Nuño. Siguieron en seguida el curso de la gente, y no tardaron en llegar á la plaza.

Habíase construido un palenque de ochenta pasos de ancho y de cuarenta de largo: en una estremidad un cadalso se hallaba levantado, y ricamente entapizado de paños negros; en él debian sentarse los jueces del campo. Hácia el comedio de uno de los lados un balconcillo de madera, forrado de paño color de grana bordado de oro, debia servir para el rey y su comitiva. Al uno y otro lado del palenque dos garitas, semejantes á las que se construyen en el dia para los centinelas, estaban destinadas para dos hombres, que debian dar desde ellas lanzas y armas nuevas á los combatientes, en el caso de romper las suyas en los primeros encuentros sin acabarse el duelo.

Al rededor del palenque, y donde habian dejado lugar para ello las bocas-calles, habian arrimado los habitantes carros y carretas para ver mas cómodamente el tremendo combate. Coronaba ya la concurrencia los puntos mas altos de la plaza, y empujábanse las gentes unas á otras en los mas bajos para alcanzar puesto cuando llegaron Nuño y su compañero.

—¿Habeis oido decir por qué es el duelo? preguntaban unos.

—Sí; respondian otros. El nigromante de don Enrique de Villena, que hechizó á su muger, es acusado por ello.

—Bien hecho; no, sino que nos hechicen cada y cuando quieran esas gentes que tienen pacto con el diablo. —

—Callad, maldicientes, gritaba una vieja. ¿Qué sabeis vosotros de lo que decís? No la hechizó, sino que la condesa desapareció, y aseguran que fue muerta por unos bribones pagados, á causa de unos amores, lo cual se supo por que noches antes le habian dado una serenata...

—¡Ah! ¡ah! ¡ah! mirad la madre Susana con lo que nos viene, esclamaba otro. Matóla su marido, sí señor, y hay quien sabe el por qué. ¿Hubiera sino, una dama tan discreta y hermosa como la señora Elvira, muy amiga por cierto de la condesa y que estaba en sus secretos, cometió la ligereza de...

—Eso no, ¡pesia mí! maese Pedro interrumpió un mozalvete mal encarado; que no ha menester una muger muchos motivos para cometer una ligereza!

—¡Calle el deslenguado! gritaba una doncella bien apuesta y ataviada para el combate como para una función; ¿qué sabe él lo que son mugeres? Deje crecer sus barbas y hable de tirar piedras.

—En hora buena, replicó el mozo; pero lo que yo digo es, que el combate no se verificará...

—¿No, eh?

—No señor; porque el campeon de la acusadora no parece.

—Sí parecerá, repuso un recien llegado. En alguna redoma.

—¡Oh! y qué bien decís, ¡voto á tal! hay quien asegura que entre el judio... maldiga Dios á los judios.

—Amen.

—Amen.

—Amen.

—Pues sí; hay quien dice que entre el judio y el de Villena han echado un conjuro al señor doncel, aquel caballero tan cumplido, y le tienen en una redoma mas larga que la cigüeña de la torre, donde ha menester cuarenta dias para convertirse luego en un cuervo como el rey Artus.

—¡Otra tenemos! gritó soltando la carcajada un petimetre incrédulo de aquel tiempo. ¡Buena está la invencion de la redoma! El hecho de verdad es que ese caballero tan cumplido andaba enredado en amores con la dama acusadora; hálos sorprendido el marido, y...

—¡Jesús! ¡Jesús! Dios nos perdone, y qué cosas oye una á los barbilampiños de estos tiempos! esclamó una dueña quintañona, hincando el codo para pasar, y mirando con ojos zainos á un mancebito que parecia mas reservado que el que lleva la palabra. ¡Hé aquí por tierra en un instante el honor de una dueña!

—Vaya, madre, no se enfade, repuso el que habia recibido la repasata, y cuide de su honra, sin andar enderezando la de nadie, que todos habemos menester...

—¿Qué irá á decir el desvergonzado? interrumpió toda azorada y encendida la quisquillosa mogigata.

—¡En hora! dijo Nuño; dejen esas cuestiones, y miren á los trompeteros que se entran ya en el palenque. Señor montero, venios hácia acá, continuó, y veamos de dar vuelta á la plaza, por si podemos llegar á dar esas letras que traeis al señor justicia mayor.

Acababan de entrar efectivamente en el palenque dos trompeteros, anunciando con fúnebre sonido el principio de la ceremonia del combate. Venia detras de las trompetas un rey de armas y dos farautes. Seguian ministriles con instrumentos músicos, y varios ministros del justicia mayor; dos notarios para testimoniar y dar fé de lo que acaeciese; los dos jueces del campo elejidos por su alteza que fueron el muy buen condestable don Rui Lopez Dávalos y el juicioso y entendido en armas y letras don Pedro Lopez de Ayala. Detras el justicia mayor Diego Lopez de Stúñiga, vestido como los demas de gala y ceremonia, cerraba la comitiva. Subió toda al cadalso revestido de paño negro, en el cual se colocó segun la preeminencia de puestos debida al empleo de cada uno, y á ella se agregaron dos persevantes. Entró en seguida en su balconcillo, ó mirador, su alteza acompañado de su físico Abenzarsal, del arzobispo de Toledo, de su confesor frai Juan Enriquez, y de varias dignidades de palacio que á semejantes oficios debian seguirle.

Proveyeron los jueces la liza de gente de armas que asegurase el campo, y fueron treinta buenos escuderos con mas ballesteros y piqueros, de los cuales colocáronse unos en ala bajo el balconcillo de su alteza, y otros en varios puntos estremos de la liza.

Entró en seguida un eclesiástico, y dirigiéndose hácia el estremo enfrente de los jueces, donde habian hecho levantar estos un altar con preciosas reliquias y ricos ornamentos, y en el cual debia celebrarse el santo sacrificio de la misa.

Enfrente del balconcillo de su alteza habianse levantado, bastante apartados entre sí, dos pequeños cadalsos de tablazon revestidos de paños negros bordados de oro; hasta el uno entró conducida y custodiada por cuatro archeros una muger joven cubierta de un velo negro que la tapaba toda, ocultaba su blanca espalda y torneada garganta, su cabellera brillante como el ébano. No era ya aquella perfecta hermosura fresca y lozana que habia deslumbrado tantas veces á la corte toda de don Enrique el Doliente. Su rostro pálido y prolongado por la continua afliccion; sus ojos hundidos

y rodeados de un cerco oscuro ; su frente mancillada por la
adusta mano del dolor ; su mano descarnada y trémula ; su
paso vacilante y sus ardientes lágrimas manifestaban cuán
grande era su pesar. Seguíala al lado, vestido de gala el pagecillo Jaime, que de ver llorar á su prima lloraba tambien, y que la dirigia de cuando en cuando palabras de consuelo, de las cuales no eran contestadas unas, y otras ni
siquiera oidas.

Hasta el otro cadalso ó tablado entró el ilustre conde de
Cangas y Tineo, ricamente vestido, alta la cabeza y arro-
gante el paso. Llevaba rico jubon de raso negro columbino;
calzas justas; un bohemia de paño negro guarnecido del
mismo color; manga larga y angosta, con capilla de boi-
tron; una jaqueta de raja recamada de oro le cubria apenas el jubon; cinto tachonado, de que pendia una rica li-
mosnera; zapatos de seda negros, abiertos y acuchillados;
un camison riquísimo de holanda, labrado, le volvia sobre
el pecho y hombros, y un riquísimo collar de piedras y
oro, de que pendia un San Miguel de este precioso metal,
deslumbraba en su pecho, al lado de la cruz roja de Calatrava. El manto de la orden encima completaba su magnífico arreo.

Precedíanle farautes suyos, su estandarte con el escudo de sus armas, y la caldera de rico-home, y le seguian
escuderos, donceles, pages, caballeros y gentiles homes de
su casa, vasallos suyos, vestidos todos de ceremonia y paz
como su señor.

Un alto crucifijo de plata reflejaba los rayos del sol á
igual distancia de uno y otro cadalso, enfrente mismo del
balconcillo de su alteza, y detras de él se veia sentado sobre
un hapon contiguo ya al palenque un hombre vestido con un
capoton de seda encarnada, y cubierta la cabeza de una
gorra de lo mismo. Un tajo á su lado, y una afilada cuchilla declaraban aun á los que mas de lejos le veían que era
Mateo Sanchez, verdugo de su alteza, pronto á ejecutar á
aquel de los dos que quedase por el combate convencido ó
de calumniador ó de reo.

Dispuesta ya la liza en esta forma, que hemos procurado describir todo lo mas fielmente que nos ha sido posible,
mandaron los jueces al rey de armas y farautes dar una grida, ó pregon anunciando el combate, que iba á verificarse
en comprobacion del juicio de Dios á falta de otras pruebas,

y mandando comparecer á las partes ó á sus campeones.

Presentóse en seguida á la puerta del palenque un caballero, alzada la visera, que todos reconocieron ser el hidalgo Hernan Perez de Vadillo: seguíanle dos pages con las libreas de Villena, llevando el uno la lanza y el otro un caballo de respeto. Venia ginete en un soberbio alazan encubertado con paramentos negros que le llegaban hasta los corbejones, con cortapisa de martas cebellinas, y bordados de muy gruesos rollos de argentería á manera de chapertas de celada, y por divisa las armas de don Enrique de Villena. Traia Hernan Perez vestido sobre su arnés blanco, como de caballero novel, sin empresa ni mote, un falso peto de aceituní vellud bellotado, verde brocado, con una uza de brocado aceituní vellud bellotado azul, calzas de grana italianas, una caperuza alta de grana, y espuelas de rodete italianas; llevaba sus arneses de piernas y brazales con hermosa continencia. Su rostro era el único que estaba en contradiccion con la galana apostura de su arreo. Encendido como la lumbre, lanzaba rayos de sus ojos, y parecia medir con la vista el espacio del palenque, como si viniera estrecho á su cólera y su córage. Tres vueltas dió en derredor con gracia y gentileza, saludando á cada vuelta él y su caballo al mirador de su alteza y al conde su señor; dirigiendo, empero, una mirada de desprecio y de ira, sentimientos que se confundian en la espresion de su semblante, hácia la victima infeliz de su propia virtud y generosidad.

Presente ya en la liza el defensor del acusado, requirieron los faraautes por pregon al campeon del acusador por tres veces consecutivas; el cual no pareciendo, comenzó el oficio de la misa.

Concluida esta, requirieron de nuevo al acusador; igual silencio sucedió, sin embargo, al segundo y tercer pregon.

Elvira alzaba de cuando los ojos al cielo; no se podia distinguir si le daba gracias por la ausencia de su campeon, que de ninguna manera hubiera deseado ver entonces salir, ó si lloraba la ya probable muerte del doncel. Sin creer en esta, ¿cómo concebir que caballero tan generoso y enamorado pudiese dejarla en tan amargo trance desamparada, donde la cuchilla del verdugo esperaba su cabeza si su campeon no venia?

Dos largas horas pasaron en tan cruel espectativa. Impacientábase ya el concurso como si hubiera pagado el dinero por su asiento, y como si fuese aquella una función que estuviese ya su alteza obligado á darle, solo por el hecho de haber él concebido esperanzas de presenciarla. Circunstancia que prueba que el público de Andujar en el siglo XV se parecia á los públicos de todas las épocas y paises. Habia consentido en recrearse con los furibundos mandobles y reveses del combate: habia contado con una diversion, porque generalmente las calamidades particulares son diversiones públicas, y la diversion no llegaba. Comenzaba á levantarse ya un sordo murmullo de descontento y desaprobacion, quién hablaba contra Macias, caballero aleve y descortés que se habia ofrecido al socorro de una dama para faltar despues á su palabra y su fé; quien se indignaba contra Villena achacando á sus cobardes maleficios la desaparicion del pundonoroso doncel.

Habian ganado terreno en este tiempo Nuño y su compañero, portador de las letras, que segun sus propias espresiones le habia confiado Peransurez para el justicia mayor; ora sirviéndose de la persuasion, ora de sus codos, habíanse abierto paso poco á poco hasta llegar á colocarse cerca del tablado de los jueces, dando la vuelta al palenque. Atraido un faraute á las voces de Nuño, no pudo menos de acudir á ver qué pretendia aquel palurdo; espúsole entonces el montero como tenia dos palabras que comunicar á su señoría el justicia mayor.

Miróle de alto á bajo el faraute, y como le vió tan malparado, — No es ocasion, villano, le dijo, de pedir justicia. Id mañana á la audiencia.

—Ved que no es justicia lo que á pedirle vengo, ni son asuntos mios los que tengo que comunicarle.

—¡Calle el villano! repuso el faraute con enojo. ¿Qué asuntos traerá él con su señoria, sino es alguna querella contra el tabernero de la taberna del rincon?

—¡Voto va, señor faraute! replicó el montero al verse tan injustamente maltratado, que le enseñe yo á hablar antes de mucho...

— ¡Favor al rey! gritó el faraute.

—¿Favor al rey? pícaro, contestó el montero montado en cólera, ¿sabes tú, jabalí del soto mas que faraute, que lo que tengo que hablar á su señoría interesa acaso al mismo combate que debia hoy verificarse, y vale de seguro mas que tú, y todas las bestias feroces de tu especie?

Una carcajada del faraute, y un golpe que con la vara de su insignia dió al montero, acabaron de indignar á este, é iba á precipitarse ya sobre su antagonista, cuando un grandísimo rumor de voces y de aplausos resonó por toda la plaza.

—¡Dejadnos ver, dejadnos oir! clamaron á un tiempo mas de veinte curiosos de los que hasta entonces se habian entretenido con la disputa del faurate y del montero. A esta interrupcion inesperada se volvieron las cabezas de todos hácia el parage donde sonaba el mayor alboroto.

Un caballero bien montado y armado de todas armas acababa de entrar en la liza, y dirigiéndose hácia el mariscal del campo, que preguntaba ya á su alteza si habia de procederse á la ejecucion de la acusadora, le hablaba con voz agitada y resuelto continente.

Traía el caballero echada la viscra; sus armas negras, el penacho negro que sobre su reluciente almete ondeaba á la merced del viento, y mas que todo una divisa que en el brazo derecho llevaba ricamente obrada, y que decia en letras de plata *imposible, venganza*, llamaron la atencion general.—¡El es! gritó una voz penetrante que se elevó hasta las nubes desde el cadalso de la acusadora.—¡El es! ¡él es! respondieron en el acto mil y mil voces confusas y repetidas.

—¿Habráse salido Hernando con la suya? dijo el montero á Nuño. ¡Háse salvado el doncel!

Proseguia, sin embargo, el altercado del caballero y del mariscal: llegó este al tablado de los jueces, y despues de una corta esplicacion, pareció que estos habian decidido acerca de la duda que tenia el mariscal.

Grande fue el asombro de don Enrique de Villena, y mayor aun su indignacion.

¿Era posible que Ferrus hubiese dado suelta al encerrado doncel? Conocióse su turbacion en toda la plaza, y hubo de parecer buen agüero á los que se inclinaban á la parte de la acusadora.

El rostro de Hernan Perez por el contrario brilló de un resplandor singular. Afirmóse en los estribos, registró con su vista relumbrante á su contrario, y dando con el cuento de la lanza en el suelo, «¡Venganza, sí! clamó: ¡venganza!» Dió en seguida media vuelta á su caballo, y ocupó el lado izquierdo del palenque en la terrible actitud ya de acometer.

Otro tanto hizo el recien venido, y tomó de mano de uno de sus dos pages una ponderosa lanza.

El rey de armas, acompañado de dos farautes, descendió entonces del tablado; midieron en seguida el suelo, dividieron el sol, é indicaron su debido puesto á ambos combatientes.

Dirigiéndose en seguida Hernan Perez de Vadillo, conducido por el rey de armas, hácia el crucifijo, y tocándole con la diestra mano, juró á fé de cristiano y de caballero, por su alma y la vida que iba á perder acaso en aquel trance, que su demanda era justa y buena, y que no traía sobre sí ni sobre su caballo armas ocultas, ni yerbas, ni hechizos, ni piastron, ni ventaja alguna de las reprobadas por la orden de caballería: vuelto á su puesto, igual juramento repitió, y en la misma forma, el caballero de las armas negras, colocándose de nuevo en seguida al frente de su adversario.

Al ver tan próximos al último trance á entrambos combatientes, no pudo contenerse por mas tiempo Elvira.

—¡Señor! clamó posternándose con los brazos abiertos y dirigidos en actitud suplicante hácia el mirador de su alteza, ¡basta! quiero ser antes calumniadora. ¡Lo soy, señor, lo soy!

Pero en aquel momento la atencion de todos se hallaba fijada en los gallardos combatientes, y una confusa gritería de aplauso y de temor al mismo tiempo sofocó la débil voz de la acusadora. Desanimada Elvira enteramente, dejó caer su cabeza sobre el pecho, y enagenada desde entonces apenas vió ni oyó lo que en torno suyo pasaba.

Al punto los jueces del campo mandaron al rey de armas y al faraute dar una grida ó pregon que ninguno fuese osado por cosa que sucediese á ningun caballero á dar voces ó aviso, ó menear mano ni hacer seña, so pena de que por hablar le cortarian la lengua, y por hacer seña le cortarian la mano. Sucedióse á este pregon el mas profundo silencio, interrumpido solo por un ligero murmullo que producia el montero irritado todavia, profiriendo entre dientes algunos juramentos contra el faraute; ni atendió al pregon, ni pensaba sino en llevar á cabo la entrega de sus letras, mas bien por terquedad ya que por otra razon cualquiera. Aplacáronle, sin embargo, algun tanto los que le rodeaban.

Al mismo tiempo mandaron los jueces sonar toda la mú-

sica de ministriles con grande estruendo, y en tono rasgado
de romper la batalla; reconoció el rey de armas, acompañado del mariscal, las armas de los desafiados, y hecha la señal soltaron los farautes la brida del bocado de los combatientes que tenian cogida gritando á una voz: «*Legeres aller,
legeres aller, é fair son deber,*» segun la fórmula provenzal
introducida en duelos singulares, justas y torneos.

Arrancaron al punto los caballeros con las lanzas en los
ristres, arremetiendo uno contra otro con singular furia y
denuedo. General fue la espectativa y el ansia al choque de
los combatientes, que se encontraron entre nubes de polvo
en medio de su carrera. Rompieron entrambos sus lanzas.
Hernan Perez encontró al caballero de las armas negras en
el arandela, desguarneciéndole el guardabrazo derecho, y
este encontró á Hernan en la bavera del almete. Vacilaron
entrambos caballos de la sacudida, pero repuestos en el
mismo instante del súbito golpe, concluyeron su carrera ai-
rosamente. Tomaron los caballeros lanzas nuevas, y en tres
carreras sucesivas no se decidió la ventaja por ninguna
parte. Al fin de la tercera, furioso Hernan Perez del poco
efecto de las lanzas, quebró la suya contra el suelo, y revol-
vió desnudando la espada sobre su contrario, que vista la
accion adoptó igual determinacion. No daba Elvira, sumergida en el mas profundo estupor, señal de vida, y mudaba
de colores don Enrique de Villena á cada encuentro, como
aquel cuya fortuna dependia del éxito del combate. A pesar
de las buenas muestras que daba de su persona el novel
caballero, ponian todos por el de lo negro, cuyos altos hechos de armas anteriores eran demasiado conocidos para
osar poner en duda su ventaja.

El que mas animado parecia era nuestro montero, á quien
el corage habia acabado de acalorar; pero cuando no pudo
reprimirse fue cuando despues de un largo rato de incierta
lucha rompió Hernan Perez su espada en el almete del caballero de las armas negras, quedando desarmado. «¡A él!
¡á él!» gritó fuera de sí el aventajado de lo negro, que des-
cargando su acero sobre el indefenso desguarnecióle el brazo, haciéndole una profunda herida á lo largo de él. Apar-
tó Vadillo su caballo como buscando una arma nueva, y tratando de evitar el segundo golpe con que su contrario le
amenazaba ya; accion que puso una pequeña suspension en
el combate, merced á la habilidad con que logró, manejan-

do su bridon, burlar repetidas veces la intencion del enemigo.

Un faurate entre tanto se apoderó del montero, y llevado ante los jueces del campo, íbasele á imponer la pena que
hubiera sufrido á no haber hecho presente que traía letras
para el justicia mayor. Abriólas éste, y recorriólas rápidamente. No bien las hubo leido, cuando se alzó en pie para
mandar la suspension del combate. Era tarde ya, sin embargo. Convencido Vadillo de que podia durar muy poco
lucha tan desigual, decidióse á echar el resto, y asiendo
de su hacha de armas detuvo su caballo y esperó resuelto
al contrario, que le acometió, causándole de nuevo otra
herida en un costado. Aprovechándose Vadillo entonces
del momento, soltó la brida del caballo, y alzando con
ambas manos el hacha y clamando, «¡Venganza! ¡venganza!» descargó tan furioso golpe sobre el caballero de las negras armas, sin darle tiempo de revolver su caballo, que
faltándole el almete hízole dar con la cabeza en el cuello
del animal: aturdido de ambos golpes, el caballero abrió
los brazos, separáronse sus piernas del vientre del caballo, y perdiendo ambos estribos vino al suelo mal parado.
«¡Victoria! ¡victoria!» clamaron á un tiempo los circunstantes, sucediendo á la aclamacion el mas profundo silencio. A este tiempo Vadillo, habiendo echado ya pie á tierra, se precipitó sobre el caido con ánimo de cortarle la
cabeza, idea que llevara á cabo á no detenerle un faraut-
te que de orden de los jueces dió por concluido el combate. Miró Vadillo al cielo despechado, y descansó en seguida sobre su hacha de armas, sin separarse empero de
la víctima, y en la misma actitud en que nos pintan á
Hércules sobre su maza. Elvira al oir el grito de victoria
alzó los ojos, vió el éxito del combate, y cerrándolos hor-
rorizada se lanzó en los brazos de Jaime, ocultando en ellos
su cabeza. Don Enrique de Villena entre tanto ostentaba
en su semblante la alegría del triunfo, que no habia esperado conseguir.

Mientras que el justicia mayor habia llegado á su alteza seguido del montero, y le hablaba cosas sin duda del
mayor interes, el rey de armas se adelantó hasta el vencido, y poniéndole un pie sobre el pecho, y tocándole
con su maza: »¡Hé aquí, clamó en voz alta, *hé aquí
el juicio de Dios!*» Don Enrique de Villena es ino-

cente. Elvira es calumniadora. *Hé aqui el juicio de Dios.*

Un grito de horror resonó por toda la concurrencia, que sabia bien la suerte que esperaba á Elvira. Efectivamente, segun las leyes de semejantes juicios, la acusadora debia ser en el acto degollada :. el campeon vencido, si habia quedado con vida, debia ser desarmado y desnudado; las diversas piezas de sus armas esparcidas aqui y alli en el campo de batalla, y permanecer él en tierra hasta que su alteza declarase si queria ajusticiarlo ó perdonarlo. Sus bienes habian de ser ademas confiscados en favor del erario, despues de reintegrado el vencedor de sus costas y perjuicios; y si quedaba muerto, debia ser entregado al mariscal del campo para ser suspendido por los pies en un patíbulo.

Disponiánse los archeros á conducir á Elvira al suplicio, estaba ya en pie el impasible verdugo, y repetia por tercera vez el rey de armas su grida de ¡ *hé aqui el juicio de Dios!* cuando se notó que su alteza hacia señal de suspension con el pañuelo. Alzado en pie entonces el justicia mayor, «El combate nada puede probar ni decidir, clamó en alta voz. La condesa doña María de Albornoz vive, y don Enrique de Villena es, sin embargo, culpado de felonía, si no de su muerte.»

Estas terribles palabras, que repetian les que estaban mas cerca á los que no las habian oido, estendiéndolas como se estienden á lo lejos las ondas de un estanque donde ha caido una piedra, produjeron la mayor espectativa en la asamblea, y fueron un rayo para don Enrique.—¡Todo es perdido, clamó, todo!

—Sí, continuó Diego Stúñiga. La Providencia es justa; ella ha salvado á la condesa; hé aqui sus letras, y presto acaso su llegada á Andujar confirmará tan alegre nueva.

No bien habia acabado de hablar el justicia mayor, se hendió la multitud, que rodeaba una puerta de la liza, y se vió llegar á rienda suelta una cabalgata que no tardó en entrar en el palenque.

—¿Es posible? se preguntaban unas á otras mil voces confusas y atropelladas; ¿es posible? ¡La condesa! ¡la condesa!

Doña María de Albornoz, pálida como la muerte, revestida aun del negro cendal con que habia salido de su prision, y seguida de Peransurez, y de varios armados, se dirigió á apearse ante su alteza, que la recibió en sus brazos. Don Enrique, confundido, se ocultó entre sus caballeros, y Elvira, luchando entre la duda y la esperanza, permaneció inmóvil, ora clavando los ojos con estúpido terror en el cuerpo del vencido, que yacía en tierra todavia, ora queriendo descifrar si era efectivamente su antigua amiga la que venia á librarla de la muerte que tanto habia deseado.

Informada la condesa anteriormente por Peransurez de cuanto habia ocurrido durante su prision, corrió en seguida á los brazos de Elvira, que la recibió en ellos con la insensibilidad de una estátua para quien nada tenia ya interes en el mundo.

Entre tanto, llegando los jueces y el rey de armas al caido, desenlazáronle el almete: al respirar el aire libre pareció dar señales de vida, volviendo en sí lentamente. Su alteza, que habia bajado de su balconcillo, se encaminó con toda la corte hácia el sitio que habia sido teatro de la batalla, lleno del mas vivo interes por su doncel. La condesa, no menos animada del celo por su defensor, arrastró á Elvira hácia el mismo parage. La sangre que habia vertido el caballero por los oidos y las narices al recibir el golpe de Vadillo, juntamente con el sudor y el polvo, impedian reconocer sus facciones.

—¿Es muerto? gritó don Enrique el Doliente á los que le reconocian. —¿Es muerto? preguntó la condesa.— ¡Macías! gritó Elvira, devorando con sus ojos las facciones del caido. ¡Ah, *no es él!* esclamó con frenética alegría, despues de un momento de duda. ¡*No es él!* y se dejó caer en los brazos de la condesa, que la cubria de cariñosos besos.

Efectivamente, limpióse el rostro del vencido: era el generoso don Luis Guzman. Poseyendo la armadura del doncel, que Hernando le habia dejado, se habia lanzado á la palestra en contra de Villena, logrando persuadir al mariscal del campo y á los jueces de la identidad de su persona, sin quitarse la visera.

CAPÍTULO XXXIX.

Yo malo que obré el pecado,
merecia haber la paga.
Mis ojos sean malditos
que su hermosura miraran,
que á no mirarla ellos
todo este mal se escusaba.
No mireis, justo señor,
su pecado; pues le paga
el cuerpo que lo tal hizo
á ella haced librada.

Rom. del Rey Rod.

Luego que Fernan Perez se hubo repuesto algun tanto
de su primer asombro volvió los ojos hácia su señor y viendo
lo mal parado que estaba entre los suyos, llegóse á él con
aire resuelto.

—¿Qué es esto, señor? le dijo. ¿La condesa aquí? ¿y el
doncel?

—¿Qué ha de ser, Vadillo? repuso Villena: el infierno
todo, que anda mezclado en mis asuntos. Mi castillo está en
manos de traidores. La fuga es nuestra salvacion.

Dichas estas palabras, aprovechóse el conde de Cangas
de la confusion general, y salió del palenque con Vadillo,
y sus caballeros y vasallos, antes que pensara nadie en im-
pedírselo; armándose en seguida y montando precipitadamente á caballo, tomaron á rienda suelta el camino de Arjonilla donde le pareció al conde que debia hacerse fuerte,
y esperar el sesgo contrario ó favorable que quisiesen tomar
las cosas. En el camino hubo de confesar toda su conducta
el intruso maestre á Fernan Perez. A pesar de su nunca
desmentida fidelidad, no pudo disimular este un gesto de
desprecio, hijo de la consideracion del carácter de aquel
hombre, imperfecta mezcla de ambicion y pusilanimidad.
No creyó, sin embargo, oportuno abrumarle con reconvenciones en la hora de su desgracia; desesperado de no haber

acabado como creía con el hombre que le había ofendido
en lo mas delicado de su honor, y cuya muerte había jurado, suplicó al conde le permitiese adelantarse en su escelente caballo, para advertir su llegada al castillo y tomar disposiciones de defensa, segun le dijo, pero en realidad con
ánimo de que no se escapase por esta vez á su furor el doncel, si estaba todavia aprisionado, como debia presumirse
de su ausencia en el combate.

Advertida dé allí á poco en el palenque la fuga del conde y de los suyos, fué tal la indignacion de su alteza al verse
de esta manera burlado por su mismo pariente, á quien tantos favores había dispensado, que á pesar de los ruegos de
doña Maria de Albornoz y de Elvira, pudieron mas con él
las sugestiones del perfido judío Abenzarsal. Este, para
salvarse y no verse arrastrado en la ruina del conde, no halló otro recurso que cortar el cable que unia su suerte á la
del caido maestre, y como buen palaciego, fué el primero
que manifestó la mayor indignacion contra Villena. Despachó, pues, el rey en seguimiento del conde al justicia mayor con numerosa comitiva de caballeros y hombres de armas, dándole orden de traerle á su presencia vivo ó muerto,
y de salvar á toda costa al doncel de su venganza si existia en su poder todavia, como debia sospecharse de las in-
formaciones que dió sobre el caso Peransurez.

Deseosa, sin embargo, la generosa condesa de endulzar
el rigor de la ley por una parte, y por otra de cooperar
á la libertad del doncel, que tan noblemente habia abrazado
su causa desde un principio, y que por ello se veía en in-
minente peligro, se decidió á seguir al justicia mayor á
Arjonilla, acompañándola Elvira, Jaime y Peransures;
aturdida todavia aquella con los singulares y opuestos acontecimientos que por ella habian pasado en aquel dia, y fieles
los otros dos como siempre á la generosa empresa que habian
abrazado. La impaciencia que á los cuatro animaba no les
permitió esperar á la partida mas lenta del justicia mayor y
de su tropa. Llevando ademas mejores caballos, ganáronles
prontamente la delantera.

En el castillo se habia aplacado entre tanto el desorden
y la confusion, producidos por la fuga de la condesa. Ferrus
y Rui Pero se habian cerciorado con satisfaccion, que solo
uno de los prisioneros se habia escapado. Era, en verdad,
el mas importante; pero Rui Pero se puso á la cabeza de

unos cuantos hombres armados con no pocas esperanzas de recobrar á los frailes fugitivos, que habiendo salido á pie no podian haber andado mucho. Hubieran logrado su intento á no haber tenido tiempo Peransurez para llegar á la venta de Nuño; pero una vez allí, desnudáronse su disfraz, tomaron consigo unos cuantos monteros cólegas de Peransurez, y rodeando por el monte y sonando sus bocinas en son de caza, lograron burlar la vigilancia de los emisarios de Rui Pero, que buscaban dos frailes franciscanos, y no una compañia de cazadores. La condesa creyó oportuno avisar de su situacion á su alteza por medio del mismo Nuño, y de su compañero de viaje, por si se frustraba su fuga, ó por si no podia llegar á Andujar tan presto como era su intencion, á pesar de la poca distancia que hasta allí habia. Nuestros lectores han visto cómo desempeñó Nuño su comision, y pueden figurarse que Rui Pero y los suyos recorrian todavia inútilmente los alrededores de Arjonilla. Ferrus, poco militar todavia y aturdido con cuanto le pasaba, no habia pensado en relevar las centinelas; y habiéndose convencido por una rejilla interior de la prision del doncel de que existia en su poder, permanecia Hernando en su puesto con su alano, bien decidido á vender cara su vida si no podia salvar á su señor: viendo que nadie se acordaba de él, se determinó por último á abandonar su guardia, y á buscar alguna otra manera de salvar á Macías. Echó á andar para esto á lo largo de la muralla, calada la visera de la mala celada que habia robado al difunto, y no le costó dificultad introducirse en lo interior del castillo, que por lo desmantelado servia de cuartel á los hombres de armas. No osaba preguntar por no delatarse á sí mismo; pero calculando la forma del edificio, anduvo con aire resuelto como si fuese á cosa hecha ó llevase alguna orden, y se acercó á un corredor ancho adonde caía efectivamente la escalerilla que daba entrada á la prision del doncel. Felizmente conservaba todavia las llaves en su poder, y Ferrus con la mayor parte de su fuerza se ocupaba en distribuir atalayas en las murallas, y en examinar de continuo el campo por ver de divisar á Rui Pero, de quien no dudaba que volviese con su presa.

Quedábale que vencer á Hernando una dificultad. En lo alto de la escalera habia un centinela, á quien Ferrus habia encargado la vigilancia.

—¿Quién va? preguntó este á Hernando luego que le vió acercarse.

—Compañero, repuso Hernando, tratando de ganarle por buenas, y aun de relevarle, si podia, ¿cae hácia esta parte la prision?

—Atras. Parece que es nuevo el compañero segun la pregunta. Aqui cae; pero atras.

—Ved que os vengo á relevar. ¡Voto va! podeis iros á descansar.

—¿A descansar, y hace un cuarto de hora que estoy en esta faccion?

—Malo, dijo para sí Hernando.

—No conozco yo la voz de ese compañero, dijo entre dientes el centinela, armando su ballesta. ¡Ea! atrás digo.

—¡Cuerpo de Cristo! esclamó furioso Hernando, viendo que su astucia no habia surtido efecto; si no conoces mi voz, jabalí, conocerás mi mano. Dijo, y se abalanzó sobre el contrario. Retrocedió este gritando, «¡traicion! ¡traicion!» y disparó su ballesta: recibió Hernando la saeta en el brazo izquierdo; pero no haciendo mas caso de ella que de la picadura de un insecto, levantó su mano de hierro, y asiendo del centinela por la garganta, alzóle del suelo, dióle dos vueltas en el aire con la misma facilidad y desembarazo que da vueltas un muchacho á su honda, y despidiólo contra la pared del corredor, donde produjo el infeliz un chasquido hueco, semejante al de una inmensa vejiga que revienta, cayendo despues al suelo sin mas accion que un costal, ó un haz de fagina. Arrancóse en seguida la saeta del brazo Hernando, y pasándola por los talones del vencido, colgólo en la pared de una fuerte escarpia que servia para suspender de noche una lámpara, donde le dejó cabeza abajo en la misma forma que hubiera hecho con un venado. Sin reparar en la sangre que de su herida corria, abalanzóse despues Hernando con las llaves á la escalera, la cual bajó con la misma prisa y ansiedad y latiéndole el corazon con la misma fuerza que si le esperase abajo una querida que fuese á ver solo por primera vez.

El desdichado doncel, que ningun ruido habia vuelto á oir desde su encierro en aquel subterráneo, sino era el monótono rumor del torrente, que casi debajo de sus pies corria, paseaba entre tanto su estancia con paso largo y precipitado, indicio de la agitacion de su alma.

—¡Elvira, decia hablando con su señora, Elvira, hé aqui el estado infeliz á que ha reducido tu obstinacion á tu amante desdichado! ¡Te lo predige! ¡No oiste mi voz! ¡No creiste mis palabras'! Goza ahora, goza tranquila en los brazos de tu esposo esa felicidad maldecida que yo solo perturbaba. ¡Ah! ¡Traidor Villena! ¡Ah fementido Hernan Perez! ¡De esta suerte me vencereis! ¡Yo siento su mano aun dentro de la mia! ¡Siento su corazon latir fuertemente contra el mio; la veo, la oigo; sus lágrimas ardientes corren aun á lo largo de mis mejillas! Su voz trémula y agitada, su voz ronca de pasion, ahogada por el amor, pidiendo piedad y misericordia, resuena aun en mis oidos. La estrecho entre mis brazos. Dia y noche desde entonces siento sobre mis labios la opresion dulcísima, el calor inmenso de los suyos. ¿No lo sientes, Elvira, tú tambien? ¡Nunca se apagará este ardor y esta memoria! ¡Es fuego, es fuego, es el amor entero, es el infierno todo sobre mis labios desde entonces!

El mayor abatimiento sucedió á este corto estravío de la razon del doncel. Una llave sonó de repente en la cerradura de su prision, y un momento despues se hallaba en los brazos de Hernando. No acababa el prisionero de creer á sus ojos.

—Ea, señor, dijo Hernando despues de una breve pausa, conoce á tu montero. Toma esta espada. No es la tuya, señor; es la de un villano; pero en tus manos será la dél Cid. A mí me basta un venablo. Salgamos.

—¿Adónde, Hernando? ¿Quién te trajo? ¿dónde estoy?

—Despues, despues, repuso Hernando mirando á todas partes con la mayor inquietud. El grito del centinela puede haber dado la alarma y urge el tiempo.

—No, Hernando; déjame morir en esta soledad, repuso el doncel con dolor. No la veré aqui al menos acariciando á otro.

—Te ciega tu pasion, Macías, contestó el montero. Huyamos. Ven de grado, si no quieres venir á tu pesar.

—Disponíase el montero á cumplir su amenaza apoderándose á viva fuerza del doncel, proyecto que hubiera llevado á cabo facilmente, ayudado de su robusto brazo, cuando un sordo estruendo de armas se dejó oir en el corredor.

—¡Voto á tal! esclamó Hernando aplicando el oido.

Me han descubierto los traidores; vendámosles caras nuestras vidas.

Dichas estas palabras asió el montero de un brazo del
doncel, y obligóle á subir con él la escalera.

—¡Traicion! ¡Traicion! gritaban en lo alto de ella varios
soldados que se preparaban á impedir la evasion de los fugitivos. De allí á poco se trabó un combate encarnizado en
el corredor. Cargaba mas gente por momentos, y Ferrus,
que habia reconocido al montero, animaba á los suyos con
promesas y amenazas.

—Ven, villano, gritaba Hernando á Ferrus, ven juglar
infame: yo soy el que ha librado á la condesa, yo el que habia de librar á mi señor. Llega, y probarás mi venablo.

—A él, amigos, á él, gritaba Ferrus sin dar reposo á
los suyos: él es el traidor; ¡muera Hernando, muera!

Macías, animado con la pelea, se defendia valiente-
mente haciendo prodigios de valor, y derribando cuanto
se ponia á su paso; pero era evidente que hallándose como
se hallaba desarmado, no podia resistir por mucho tiempo
al número de sus contrarios. El y Hernando se vieron precisados despues de haber derribado inútilmente á algunos
de sus enemigos á refugiarse bácia la prision. Acababa de
entrar Macías en ella, cuando se abrió paso por entre los
que le acosaban un caballero gritando con la espada desnuda:

—¡Ténganse todos! ¡fuera villanos! ¡A mí! ¡dejádmele á
mí! El doncel me pertenece.

—¡Fernan Perez! gritó fuera de sí el doncel cobrando
nuevo valor, y dirigiéndose hácia el enemigo que acababa
de llegar.

Suspendiéronse á la voz de entrambos los combatientes,
y Hernan Perez solo se precipitó tras Macías en la prision.
No pudo evitar esto Hernando, ni menos que Fernan Perez, dentro ya con su rival, corriese un enorme cerrojo que
por dentro la cerraba. Agobiado por el número de los que
le rodeaban y querian rendirle, quedó en la escalera jurando
y blasfemando de su mala suerte, que le impedia ayudar á
su señor. Haciendo entonces el último esfuerzo, atravesó
con el venablo á dos de los que mas cerca tenia, y abrióse
paso por entre los demás, aterrados dé la muerte de sus
compañeros. Precipitóse en seguida sobre Ferrus, que buia
despavorido por el corredor seguido de su alano, el cual

amenazaba con los dientes hacer presa en el primero que to-
case á su amo; y asiendo al juglar de la garganta,

—Villano, le gritó, condúceme á las cadenas del rastrillo
de la prision, ó eres muerto.

—No osaba llegar á Hernando ninguno de los del castillo, temerosos de que clavase el venablo en su alcaide á la
menor contradiccion; Ferrus entretanto aterrado, —¡Ah,
señor! clamó, si me perdonais la vida, yo os llevaré donde
gusteis.—Ea, pues, vamos, replicó Hernando, y llevándole
siempre asido de la garganta le siguió adonde Ferrus todo
trémulo le guiaba.

Entre tanto luchaban animados de igual furor Hernan
Perez y Macías, cerrados en la prision. Pocos golpes habrian dado y recibido, cuando resonó por todo el castillo el
rumor de varias trompetas, y el estruendo de muchas gentes de armas que llegaban nuevamente. Don Enrique de
Villena y los suyos acababan de entrar en él. Casi al mismo
tiempo llegó doña Maria de Albornoz y Elvira, y al nombre de la condesa fuéles abierto el puente.

Dirigiéronse los primeros, informados de cuanto ocurria,
hácia la prision del doncel, y hallándola cerrada por dentro,
mandó el conde que se forzase la puerta, operacion á que se
dió principio con la mayor actividad.

Doña Maria de Albornoz y Peransurez, no conociendo
mas camino á la prision del doncel que aquel que ellos habian andado antes de la fuga, se dirigieron por el contrario
entre la muralla y la zanja, llegaron al frente de la prision,
oyeron el ruido de las armas de los combatientes, y el estruendo de los que por el opuesto lado forzaban la puerta
que habia cerrado Vadillo; pero cuál fue su sorpresa cuando vieron el espectáculo que se ofreció á sus ojos. Hernando
asomado á una galeria sobre la prision, desde donde se sol-
taban las cadenas del rastrillo, tenia asido aun al juglar y lo
ahogaba casi con su mano intimándole que le ayudase á sol-
tarlas. Ferrus, sin embargo que sabia el horrible secreto
del rastrillo, por el cual no podia pasar nadie sin caer en la
zanja y hacerse pedazos en los muchos pinchos de hierro
de que estaba erizada, lleno de pavor queria esplicarse,
porque no tomase luego Hernando mayor venganza de la
catástrofe que debia seguirse á la bajada del rastrillo. No
concediéndole, empero, Hernando parlamento, y viéndose
Ferrus ahogar hubo de ceder, y ayudó á Hernando como

pudo á soltar las cadenas.—¡Sálvate, Macías, sálvate! gritó
desde arriba Hernando con voz que retumbó en todo el
castillo, y entonces se ofreció á los ojos de doña Maria y de
Elvira el horroroso combate.

—¡Cielos! esclamó Elvira. ¡Bárbaros, teneos! ¡Tomad
mi vida, tomadla! Precipitóse Elvira bácia la prision, y
puesta en el borde del abismo,—¡Macias! clamó sin podér-
selo nadie impedir. ¡Hernan Perez! ¡Cesad, bárbaros, en
tan cruel combate, ó este precipicio será mi tumba!

No volvió siquiera Hernan Perez la cabeza; antes mas
encarnizado que nunca al oir la que causaba su implacable
rencor, redobló sus golpes. No sucedió asi al doncel; volvió
la cabeza rápidamente, y al ver á orillas de la zanja á Elvira,
pronta á precipitarse en ella, desasiose del hidalgo, á tiempo que caía hecha pedazos la puerta de la prision con horrible fragor, y que se entraban dentro don Enrique y los
suyos.

—¡Elvira! gritó Macías saliendo de la prision. ¡Elvira!
Lanzóse en seguida al rastrillo.—¡Perdon! gritó con vez desesperada Ferrus á Hernando, y al mismo tiempo, cediendo
la trampa del rastrillo al peso del caballero que la oprimia,
hundióse el doncel súbitamente, y su cuerpo destrozado
llegó á lo profundo de la sima, dando de hierro en hierro,
y profiriendo sordamente *¡es tarde! ¡es tarde!*

Un chillido agudo y desgarrador, lanzado del pecho de
Elvira resonó hasta el mismo corazon de los espectadores
espantados. Un momento de pausa y de terror se siguió.

—¡Malvado! ¿lo sabias? gritó únicamente Hernando desesperado, y se precipitó sobre Ferrus, que exánime no le
ofrecia resistencia alguna. Asiéndole entonces de su cabellera
roja..... ¡Bravonel! gritó, ¡Bravonel! ¡al oso! ¡al oso! y
lanzó en medio de la galería al juglar, que corrió un momento huyendo del animal. Pero Bravonel furioso se arrojó
sobre él, y haciendo presa en su garganta, destrozólo en
minutos, al mismo tiempo que Hernando le animaba gritando: ¡Pieza! ¡pieza! No era digno el infame de morir por
mi mano. ¡Pieza! ¡pieza!

Quedó Hernan Perez mirando cruzado de brazos á la
profunda sima, envidioso de que le hubiese robado la dicha de
acabar con el doncel. Furioso como aquel que no habia satisfecho toda su ira, lanzose por el borde que habia quedado en el rastrillo á uno y otro lado de la trampa hundida,

bastante ancho todavia para andar por él una persona. Elvira en tanto miraba la sima con ojos vidriados, en que se
veia la fijacion del estupor y el estravío de la demencia.
Habíase secado ya para siempre el manantial de sus lágrimas.

—¡Héle ahí! le gritó Hernan Perez señalando la zanja:
¡héle ahí!

—¡Es tarde, es tarde! repuso Elvira dando una horrorosa carcajada.

—¡Bárbaro! gritó el pagecillo echándose al paso de Hernan Perez: ¡Bárbaro! y se dispuso á defender á su prima
con un denuedo ageno de su edad. En aquel momento pareció Elvira volver en sí para reconocer á su esposo, y so-
brecogida de terror, huyó despidiendo del pecho agudos
alaridos.

—Precipitáronse los circunstantes sobre el hidalgo; no
pudiendo este llegar á Elvira.—¡Maldicion sobre tí, y desprecio! la gritó; ¡y entre nosotros eterna separacion!

Al mismo tiempo se oyeron por el castillo voces de ¡arma! ¡arma! ¡Santiago!

De allí á poco las murallas eran el teatro de un san-
griento combate. Despues de una hora de refriega, y de
muy entrada la noche, replegáronse por fin las gentes de
Villena, acaudilladas por el hidalgo, que habia peleado con
desesperacion, y el justicia mayor clavó el pendon real en
una almena.

Hernando, que habia tomado á su cargo dañar á los si-
tiados en compañia de Peransurez, para facilitar la entrada
á las tropas reales y defender á la condesa, peleó como
aquel que acababa de perder el único interés que le ligaba
á la sociedad, y logró mantener ilesa á doña María hasta el
momento de la victoria. Restituida aquella al justicia mayor,
no se volvió á ver á Hernando ni á su alano. Se presume
que privado de su amo, que era el único que podia hacerle
soportable la existencia en la corte, se hundió para siempre
en los montes, y hay cronista que afirma que años adelante
murió á manos de un oso mas feroz que él.

Don Enrique de Villena fue llevado ante el rey Doliente, y el impudente medio de que se valió para conservar,
aun despues de lo ocurrido, su maestrazgo, diciéndose en
público impotente, solo contribuyó á dar á todos una idea
mas clara de su baja ambicion. Los ruegos, sin embargo, de

la generosa condesa, que se retiró á sus estrados á llorar su desdichada boda y la suerte de Elvira, salvaron la vida al conde, quien desde entonces vivió en retiro filosófico entregado á las letras, para las cuales habia nacido, mas bien que para las armas ó la corte. Es cosa sabida que despues de su muerte quedó hecho trozos en una redoma, como hechicero que habia sido.

Don Luis de Guzman, restablecido de sus heridas, fue elegido maestre de Calatrava por el capítulo de la orden.

Nadie entretanto habia visto á Elvira desde el momento en que empezó el combate y la confusion. Buscósela de orden de la condesa muchos dias, porque el rencoroso Fernan habia jurado no volver á recordar nunca su nombre; fue imposible, empero, dar jamás con ella; tanto, que el fiel pagecillo desesperado de la pérdida de su hermosa prima, no pudo resistir á su dolor, y tomó de allí á poco el hábito en una orden religiosa.

Es fama únicamente que durante el combate se vio en diversos puntos de la muralla, sin temor alguno ni á las armas, ni á los combatientes, ni á las llamas, que consumieron aquella noche el castillo sin saberse quien las hubiese prendido, una muger desmelenada, agitando con ademan frenético una antorcha en medio de las tinieblas, y gritando con feroz espresion ¡es tarde! ¡es tarde! lema antiguo del fatal castillo.

No faltó en la comarca quien creyó que solo podia ser la mora encantada la que parecia triunfar con bárbaro regocijo de la destruccion de su antigua cárcel, repitiendo el fatídico ¡es tarde!

CAPITULO XL.

¡Tarde acordaste!!!....
Rom. del conde Clares.

Algunos años habian pasado ya desde los sucesos que dejamos referidos. Ocupaba el trono de Castilla el señor don Juan II, hijo del muy ínclito y poderoso rey don Enrique

el Doliente, y ocupábale en su menor edad, regido y dominado por unos y otros bandos y parcialidades.

Dos caballeros, ricamente ataviados y montados, pasa-
ban una tarde por la plaza de Arjonilla. Brillaba en el semblante del mas lujosamente vestido la satisfaccion que da
el poder y la riqueza: distinguíase en el ceño y en la oscura
frente del otro la huella de antiguos pesares.

—Si no fuese detenernos mucho, dijo el primero al segundo, veria de buena gana qué turba es aquella que se
agita en el estremo de la plaza. ¿Llegamos?

—Como gusteis, señor don Luis de Guzman, repuso
secamente su compañero; si bien yo no puedo parar mucho
en este pueblo maldito sin agravarse mis males.

Llegáronse, efectivamente, al grupo. Una infinidad de
muchachos le formaban, y algunos habitantes de Arjonilla
con ellos. Una muger en medio parecia querer huir de la
importuna concurrencia. Sus vestiduras se hallaban man-
chadas y rotas por diversas partes; su pelo suelto y descuidado parecia haber sido hermoso; sus facciones flacas y
descompuestas debian haber tenido en su juventud propor-
ciones agradables. Esto era todo lo mas que se podia decir.
Sus ojos hundidos en el cráneo, brillaban con un fuego
estraordinario, y parecian querer devorar al que la miraba;
sus ojeras negras; sus mejillas descarnadas; su frente sur-
cada de arrugas, y sus manos de esqueleto, manifestaban
que alguna enfermedad crónica y terrible consumia su existencia.

Arrojábanla pellas de barro los muchachos y corrian
tras ella.—¡La loca! ¡la loca! gritaban. ¿Cómo te llamas?
¿Nos dices la hora que es? ¡La loca! ¡la loca!

A toda esta algazara respondia la desdichada con una feroz y estraviada sonrisa; parábase, escuchaba un momento, y soltando una estúpida y horrible carcajada,—¡Es tarde!
gritaba con voz ronca; ¡es tarde! despedazábase al mismo
tiempo las manos, y dábase golpes en el pecho.

—¿Qué es eso? preguntó don Luis á un muchacho.

—¡Ah! señor maestre, contestó el muchacho, que parecia conocer al caballero, ¡es la loca!

—¿Y quién es la loca?

—Aqui, repuso el muchacho, solo por ese nombre la
conocemos; de temporada en temporada se aparece por el
pueblo: otras veces vive por el monte, y dicen los pastores

que gusta mucho de pasar los dias enteros mirando á los barrancos. No habla mas que dos palabras. No llora nunca: ¿ois esa carcajada? Eso es lo que hace; aqui siempre estamos deseando que venga, porque es para todo el pueblo una diversion.

—¡Infeliz! dijo don Luis: ¿no quereis verla, señor Hernan Perez?

—No; esos espectáculos me ponen de mal humor. ¡Miserable! será acaso alguna madre que haya perdido á su hija. Vamos de aqui, señor don Luis.

—O alguna amante desdichada, señor Hernan Perez, dijo riéndose con indiferencia don Luis, y picando espuelas á su caballo. De alli á poco ambos caballeros desaparecieron, apartándose de la turba que seguia ostigando á la demente, la cual solo respondia de cuando en cuando con su acostumbrada carcajada y su desdichado estribillo: ¡es tarde! ¡es tarde!

Pocos años despues entró una madrugada el sacristan de la parroquia de santa Catalina de Arjonilla en la iglesia, y parecióle ver un bulto estraordinario al lado de un sepulcro. Efectivamente, era la loca.

—Loca, le dijo dándole con el pie. ¡Pues está bueno! Esta se quedaria aqui ayer en la iglesia cuando la cerré. Vamos, buena muger. ¡Estará borracha!

Dábale con el pie, pero el bulto no se movia. Acercóse el sacristan, y vió que la loca tenia un hierro en la mano, con el cual habia medio escrito sobre la piedra: ¡es tarde! ¡es tarde! Pero ella estaba muerta. Sus labios frios oprimian la fria piedra del sepulcro. Un epitafio decia en letras gordas sobre la losa:

AQUI YACE MACÍAS EL ENAMORADO.

COLECCION DE ARTICULOS.

..... On me dit qu'il s'est établi dans Madrid un sistème de liberté, qui s'étend même á la prese; et que pourvu que je ne parle en mes écrits, ni de l'autorité, ni du culte, ni de la politique, ni de la morale, ni des gens en place, ni des corps en crédit, ni de l'opéra, ni des autres spectacles, ni de personne qui tienne á quelque chose; je puis tout imprimer librement, sous l'inspection de deux ou trois Censeurs. Pour profiter de cette douce liberté, j'anonce un ecrit. .....

BEAUMARCHAIS. *Le mariage de Figaro* 1784.

COLECCION

DE

ARTÍCULOS DRAMÁTICOS, LITERARIOS, POLÍTICOS Y DE COSTUMBRES,

PUBLICADOS

EN LOS AÑOS 1832, 1833 Y 1834 EN LA REVISTA ESPAÑO-
LA Y EL OBSERVADOR.

IGNORO qué especie de interes puede tener para el público
la coleccion que le ofrezco. Sea el que fuere, mis lectores conocerán facilmente que si esa consideracion hubiese de entrar en la publicacion de los libros, apenas se imprimiria.
Personas harto indulgentes acaso con mi corto talento, ó demasiado amigas mias para conocer los defectos de mis escritos, me han asegurado que esta idea no carecia de oportunidad. No se mire, pues, bajo el punto de vista de su mérito ó su démerito: no se le dé otra importancia que la que
debe tener para el observador una serie de artículos que,
habiéndose publicado durante épocas tan fecundas en variaciones políticas, puede servir de medida para compararlas.
Con la publicacion del *Pobrecito Hablador* empecé á cultivar este género arriesgado bajo el ministerio Calomarde; la
Revista Española me abrió sus columnas en tiempo de Cea,
y he escrito en el *Observador* durante Martinez de la Rosa.
Esta coleccion será, pues, cuando menos un documento histórico, una elocuente crónica de nuestra llamada libertad
de imprenta.

Hé aquí la razon por qué no he seguido en ella otro orden que el de las fechas. Esto presenta ademas cierta variedad al lector que quisiera leerla de seguido, pues encontrará un artículo grave de literatura entre otro de costumbres,
y otro de política.

La precipitacion con que se escribe en un periódico, y la
influencia que ejercen las circunstancias en los redactores y

en los lectores, son causa de que no pocas veces adquieran cierta efímera aceptacion en el momento de ver la luz, algunos artículos, que, examinados detenidamente á sangre fria algun tiempo despues, mal pudieran resistir la crítica mas indulgente. Por eso he desechado sin piedad varios de aquellos mismos que habian parecido agradar, y que en el dia ni aun á mí mismo me agradan ya.

He escogido los que presentan un interes general, los que aluden á circunstancias muy notables, los que pueden, en una palabra, dar una idea del estado de nuestras costumbres, de nuestra literatura, de nuestros teatros, y por fin de nuestras vicisitudes y parcialidades políticas durante los años 32, 33 y 34.

Los demas, al escribirse con destino á un periódico, obra que nace y muere en el mismo dia, llevaban ya en su mismo objeto el castigo de su poca importancia.

Al formar esta serie he tratado de acrecentar su interes añadiéndole algunos artículos nuevos é inéditos, que someto como los demas al juicio de mis lectores.

Por último, he pensado que si existen efectivamente personas que dispensen alguna prediteccion á mis escritos, siempre les ofrece esta coleccion suficiente interes, en el hecho de tener en ella reunidos los artículos de Fígaro que han visto la luz, diseminados en tres obras periódicas distintas, y cuyas colecciones es dificil que posea todas é integras una persona misma.

Nada me queda que añadir. Si no he acabado de escribir, si nuevos artículos de esta misma especie salen de mi pluma en lo sucesivo, y si el público, con la acogida que dé á esta coleccion, me prueba que no me he equivocado en creerlo siempre indulgente para mí, acaso se añada con el tiempo algun otro tomo á los que en el dia con la mayor desconfianza le presento.

MI NOMBRE Y MIS PROPÓSITOS.

Fig... Enouyé de moi , degouté des autres... superieur aux événements , loué par ceux-
ci , blamé par ceux-là ; aidant au bon temps,
supportant le mauvais ; me moquant des sots,
bravant les mechants... vous me voyez enfin...
Le Comte. ¿Qui t'a donné une philosophie aussi gaie ?
Fig. L'habitude du malheur. Je me presse de rire de
tout , de peur d'étre obligé d'en pleurer.

Beaumarchais. *Le Barbier de Seville , Act. premier.*

Mucho tiempo hace que tenia yo vehementísimos deseos
de escribir acerca de nuestro teatro, no precisamente porque
mas que otros le entienda, sino porque mas que otros quisiera que llegasen todos á entenderle. Helo dejado siempre,
porque dudaba las unas veces de que tuviésemos teatro, y
las otras de que tuviese yo habilidad: cosas ambas á dos que
creia necesarias para hablar de la una con la otra.

Otras dudillas tenia ademas: la primera, si me querrian
oir: la segunda , si me querrian entender: la tercera , si
habria quien me agradeciese mi cristiana intencion, y el
evidente riesgo en que claramente me pusiera de no gustar
bastante á los unos y disgustar á los otros mas de lo preciso.

En esta no interrumpida lucha de afectos y de ideas me
hallaba, cuando uno de mis amigos (que algun nombre le he
de dar) me quiso convencer no solo de que tenemos teatro,
sino tambien de que tengo habilidad: mas facilmente hubiera creido lo primero que lo segundo, pero él me concluyó
diciendo: que en lo de si tenemos teatro, yo era quien habia de decírselo al público ; y en lo de si tengo habilidad para ello, que el público era quien me lo habia de decir á
mí. Acerca del miedo de que no me quieran oir, aseguró-
me muy seriamente que no seria yo el primero que habla-
se sin ser oido, y que como en esto mas se trataba de hablar que de escuchar, mas preciso era yo que mi auditorio
Ridículo es hablar, me añadió, no habiendo quien oiga:

pero todavia seria peor oir sin haber quien hable. Acerca de si me querrian entender, me tranquilizó afirmándome: que en los mas no estaria el daño en que no quisiesen, sino en que no pudiesen. Y en lo del riesgo de gustar poco á unos, y disgustar mucho á otros, «¡pardiez! me dijo, que os embarazais en cosas de poca monta. Si hubieren cuantos escriben de pararse en esas vicocas, no veríamos tantos autores que viven de fastidiar á sus lectores: á mas de quedaros siempre el simple recurso de disgustar á los unos y á los otros, dejándolos á todos iguales; y si os motejan de torpe, no os han de motejar de injusto.»

Desvanecidas de esta manera mis dudas, quedábame aun que elejir un nombre muy desconocido que no fuese el mio, por el cual supiese todo el mundo que era yo el que estos artículos escribia; porque esto de decir: *yo soy fulano* tiene el inconveniente de ser claro, entenderlo todo el mundo y tener visos de pedante: y aunque uno lo sea, bueno es y muy bueno no parecerlo. Díjome el amigo que debia de llamarme Fígaro, nombre á la par sonoro y significativo de mis hazañas, porque aunque ni soy barbero, ni de Sevilla, soy, como si lo fuera, charlatan, enredador y curioso ademas, si los hay. Me llamo, pues, Fígaro; suelo hallarme en todas partes; tirando siempre de la manta y sacando á la luz del dia defectillos leves de ignorantes y maliciosos; y por haber dado en la gracia de ser ingenuo y decir á todo trance mi sentir, me llaman por todas partes mordaz y satírico; todo porque no quiero imitar al vulgo de las gentes, que ó no dicen lo que piensan, ó piensan demasiado lo que dicen.

Paréceme que por hoy habré hecho lo bastante si me doy á conocer al público yo y mis intenciones. El teatro será uno de mis objetos principales, sin que por eso reconozca límites ni mojones determinados mi inocente malicia, y para que se vea que no soy tan satírico como dan eñ suponerlo, mil pequeñeces habrá que deje á un lado continuamente, y que muy de tarde en tarde haré entrar en la jurisdiccion de mi crítica.

Con respecto por ejemplo á los actores, y sobre todo á los nuevos que nos van dando continuamente, y los cuales todos daria el público de buena gana por uno solo mediano, ya me guardaria yo muy bien de fundar sobre ellos una sola crítica contra nuestro ilustrado Ayuntamiento.

Acaso rija en los teatros la idea de aquel famoso general, de cuyo nombre no me acuerdo, si bien he de contar el lance que los actores, muchos, pero malos, me recuerdan.

Hallábase con su gente este general en su posicion, y recibió aviso de que se acercaba á mas andar el enemigo. —Mi general, le dijo su edecan, ¡El enemigo!—¿El enemigo, eh? preguntó el general. Déjele usted que se acerque. — ¡Señor, que ya se le ve! dijo de allí á un rato el edecan. — Cierto ¡ya se le ve!—¿Y qué hacemos, mi general? añadió el edecan. — Mire usted, contestó el general como hombre resuelto, mande usted que le tiren un cañonazo, veremos como lo toma. — ¿Un cañonazo, mi general? dijo el edecan. Estan muy lejos aun.—No importa, un cañonazo he dicho, repuso el general.—Pero señor, contestó el edecan despechado, un cañonazo no alcanza.—¿No alcanza? interrumpió furioso el general con tono de hombre que desata la dificultad, ¿no alcanza un cañonazo?—No señor, no alcanza, dijo con firmeza el edecan.—Pues bien, concluyó S. E., que tiren dos.

Eso decimos por acá. Darle un actor malo al público á ver como lo toma. ¿No alcanza, no gusta? darle dos.

Menos diré por consiguiente que tanto los nuevos como los viejos creen que su oficio es oficio de memoria, y que puede asegurarse sin escrúpulo de conciencia que los mas dicen sus papeles, pero no los hacen, porque acaso nuestros actores se lleven la idea de un loco que vivia en Madrid no hace mucho, solo en su cuarto y sin consentir comunicacion con su familia. Movido de los ruegos de esta, fuele á visitar un amigo, y en el desorden de su cuarto notó entre otras cosas que no debia de hacer nunca su cama; tal estaba ella de mal parada. ¿Pero es posible, señor don Braulio, le dijo el amigo al loco, es posible que ni ha de consentir usted que hagan su cama, ni la ha de hacer usted, ni...—No, amigo, no; es mi sistema.—¿Pero qué sistema?—Tengo razones.—¿Razones?—No, amigo, respondió el loco, no haré mi cama, no la haré; y acercándosele al oido añadió con aire misterioso: « no la hagas y no. la temas. » A este refran se atienen sin duda nuestros cómicos cuando no hacen una comedia. No hacemos la comedia, dicen como el loco, porque: *no la hagas y no la temas.*

Pues tan comedido como con los teatros, he de ser poco mas ó menos con todas las demas cosas. Ni pudiera ser de otra suerte: en política sobre todo, y en puntos que atañen al gobierno ¿qué pudiera hacer un periodista sino alabar? Como suelen decir, esto se hace sin gana, y si ya desde hoy no nos soltamos á encomiarlo todo de una vez, es porque somos como cierto sugeto de Ubeda, cuyo caso no he de callar por vida mia, mas que en cuentos y relatos me llame el lector pesado.=Habia llamado el tal á un pintor, y mandádole hacer un cuadro de las once-mil vírgenes, y el contrato habia sido darle un ducado por virgen, que por cierto no fue caro. Llevó el pintor el cuadro al cabo de cierto tiempo, pero era claro que ni cupieran once mil cuerpos en un lienzo, ni habia para qué ponerlas todas: habia, pues imaginado el pintor de Ubeda figurar un templo de donde iban saliendo, y asi solo podrian contarse alguna docena en primer término, dos ó tres docenas en segundo, é infinidad de cabezas que de las puertas salian; contó callandito el aficionado á vírgenes las que alcanzaba á ver, y preguntóle en seguida al artista cuánto valia el cuadro conforme al contrato.—Respondióle aquel, que claro estaba; que once mil ducados.—¿Cómo puede ser eso? le repuso el que habia de pagar, si aqui no cuento yo arriba de cien cabezas.—¿No ve vuestra merced, contestó el pintor, que las demas estan en el templo y por eso no se ven? Pero...—¡Ah! pues entonces, concluyó el aficionado, tome vuestra merced por hoy esos cien ducados que corresponden á las que han salido, y con respecto á las demas yo se las iré pagando á vuestra merced conforme vayan saliendo.

Vaya, pues, haciendo nuestro ilustrado gobierno de las suyas, que conforme ellas vayan saliendo, nosotros se las iremos alabando.

Asi que, me iré muy á la mano en estas y en todas las materias, y antes de pronunciar que hay una sola cosa reprensible, veré cómo y cuándo, y á quién lo digo, asegurando desde ahora que no sé qué angel malo me inspira esta maldita tentacion de reformar, y que entro en esta obligacion con la misma disposicion de ánimo que tiene el soldado que va á tomar una bateria.

REPRESENTACION

de los *Zelos infundados*, ó el *Marido en la chimenea*,
comedia en dos actos y en verso, de don Francisco
Martinez de la Rosa.

La pasion de los zelos, tratada ya por otros en el teatro
con mas ó menos felicidad, ha sujerido al señor Martinez
de la Rosa esta produccion de que presentamos á nuestros
lectores un rápido análisis.

Don Anselmo, hombre entrado ya en la edad madura
y enlazado en matrimonio con doña Francisca, joven y hermosa, sufre el tormento de los zelos, y como dice el autor
en su bella esposicion :

> *Marido entrado en edad*
> *y muger de pocos años,*
> *¿qué había de suceder?*

Don Eugenio, hermano de esta, que acaba de llegar de
la Habana, acompañado de su primo Carlos, intenta, á ins-
tancia de este joven atolondrado, corregir á don Anselmo
de su mania, que alimenta diariamente con chismes y en-
redos un bribon de criado de estos que

> *Son como perros de puerta ;*
> *á una sombra, á un espantajo*
> *le ladron, se avanzan, muerden :*
> *viene un ladron disfrazado,*
> *les echa un poco de pan,*
> *y le dejan libre el paso.*

Don Anselmo no conoce á los recien llegados, y así es
muy facil hacer pasar al primo por el hermano, pónese el
plan en ejecucion, y don Anselmo cree tener en su casa en
el amigo de su cuñado, que se finge sordo para poder ejecutar su parte mas á la libertad, al seductor mas perfecto
de la tierra. Inútil es advertir que un hombre, ya por sí
zeloso, no puede vivir tranquilo con semejante huésped, y
mas si á esto se agregan los continuos avisos del redomado
sirviente. Préstase, pues, á una infinidad de ridiculeces
que pone en práctica para averiguar las intenciones de su
natural enemigo, y desciende hasta el estremo de esconder-

se en la chimenea para oir sus galanteos á su propia esposa.

Don Eugenio, como es de esperar, carga la mano en sus requiebros, y el marido sale de la chimenea cubierto de hollin, y decidido á echar de su casa al que, segun él, intenta deshonrarle, lo cual pone en práctica por medio de una esquela.

Pero el seductor fingido, fuera ya de la casa, soborna fácilmente al criado, y se hace introducir en la habitacion de doña Francisca durante la ausencia de su esposo: es de presumir que ha de dejarse sorprender para la realizacion de su plan. Vuelve don Anselmo, escóndese en una despensa á don Eugenio: de allí á poco un ruido estraordinario alarma al marido: su muger tiembla las consecuencias de su inocente intriga, y se arroja á sus pies toda turbada. Don Anselmo corre en busca del escondido, y en el momento en que una trágica aventura hubiera podido desgraciar todas las benéficas intenciones de nuestros intrigantes, don Cárlos descubre apresuradamente el enredo: le pone ante la vista la inocencia de su esposa, la identidad de sus personas, como hermano y primo, la índole del criado en que ponia su confianza, y que tantas veces ha dado lugar con falsas sugestiones á sus infundados zelos, y lo ridículo, en fin, de la posicion de un marido que cree ver un seductor en todo hombre, y de la manía que le espuso á tener zelos de su mismo cuñado. El zeloso queda convencido, reconocidos los parientes, despedido el tunante del criado; y mas enamorado don Anselmo que nunca de su virtuosa consorte, promete no volver á importunarla con nuevas sospechas injustas.

Un lenguaje puro, y hábilmente manejado, un estilo decoroso, un diálogo bien cortado, lleno de viveza y donaire, una versificacion robusta, un conocimiento estremado de los recursos dramáticos, y de los efectos teatrales, y el hombre reducido á la conviccion por medio del ridículo nos revelan al filósofo, al autor cómico, al poeta. Nuestra posicion nos impone, sin embargo, el deber de entrar en pormenores mal nuestro grado. Primeramente, estos planes, como este (y como el de la *Indulgencia para todos* por ejemplo), en que no nacen los incidentes y la conviccion de la naturaleza de las cosas y de los acontecimientos que ocurren diariamente al protagonista, sino en que los demas personages producen los sucesos á placer por medio de disfraces ó ficciones, no nos parecen los mas seguros, porque de su naturaleza ha

de resultar necesariamente que al descubrir al sugeto á quien
se quiere corregir que todo ha sido un artificio, su conviccion se ha de debilitar y se ha de volver en contra precisamente del fin que se desea. Un zeloso, que duda de la virtud de su muger, y que escondido la oyó quedar triunfante,
se tranquiliza; pero si se le descubre que el seductor era
hermano de su muger, y que esta lo sabia, el hombre dará
por nula esta prueba, y querrá justamente recurrir á otra:
el demostrarle que su criado era capaz de soborno, no solo
no puede tranquilizarle sino que debe hacer renacer en él
mil dudas antiguas acaso ya desvanecidas. Este zeloso, por
otra parte, á quien se le presenta una nueva seduccion de su
muger para hacerle ver que sus zelos son infundados, no es
ningun visionario, no tiene tales infundados zelos, supuesto que él mismo la oye requebrar. El único medio de corregir á un zeloso, si hay alguno, es demostrarle hasta la evidencia que su muger es virtuosa, y al zeloso de Martinez de
la Rosa solo se le demuestra que el que galanteaba á su esposa es su hermano. Asi que, solo quedará para corregirle
el cuadro fuertemente coloreado de las ridiculeces á que se
entrega el que vive de esta manera dominado de una manía
de semejante especie. Baron en su zeloso incurrió, si mal
no nos acordamos, en el mismo defecto de hacer galantear
á su esposa por un su hermano: el zeloso dirá siempre una
vez descubierto el estrecho parentesco, ¿era su hermano?
cierto: soñé ofensas, ¿pero y cuándo no lo sea?

Nos parece algo traido por los cabellos el modo de ente-
rarse el criado de la conversacion de los dos hermanos, y el
señor Martinez de la Rosa hubiera podido encontrar un medio mas dramático y motivado. ¿No podria haberse justifica-
do algo mas la mudanza repentina del criado, á quien vemos
en el primer acto tan adicto á su amo? No basta siempre el
soborno, es preciso antes que el espectador esté convencido
de que es sobornable el criado. Hemos creido notar algun
trozo en que el autor ha remedado algun otro del *Viejo y la
Niña*, sobre todo en el papel de Juan.

Algunas otras observaciones hariamos, si no nos detuvie-
se una reflexion que no podemos desechar, cuando se trata
de un autor como el señor Martinez de la Rosa. ¿Serán estos que nos parecen defectos realmente defectos, ó nos lo harán parecer tales nuestros cortos conocimientos? Mucha
fuerza nos hace esta consideracion, y mas si recordamos las

bellezas de los Zelos infundados: la esposicion, la escena cómica de la chimenea y la cinta, la sordera tan oportunamen-
te imaginada, de que ha sacado el autor tanto partido, el
empeño de don Anselmo de hacer borracho al criado, su co-
jera supuesta y la manera original con que en esta escena
aclara sus dudas el zeloso &c. &c., y el final, en fin, tan
rápida como aguda y delicadamente concluido.

YO QUIERO SER CÓMICO.

Anchè io son pittore.

No fuera yo Fígaro, ni tuviera esa travesura y maliciosa índole que malas lenguas me atribuyen, si no sacara á
luz pública cierta visita que no ha muchos dias tuve en mi
propia casa.

Columpiábame en mi mullido sillon, de estos que dan
vueltas sobre su eje, los cuales son especialmente de mi gusto por asemejarse en cierto modo á muchas gentes que conozco, y me hallaba en la mayor perplegidad sin saber cuál
de mis numerosas apuntaciones elegiria para un artículo
que me correspondia ingerir aquel dia en la Revista. Queria yo que fuese interesante sin ser mordaz, y conocia toda
la dificultad de mi empeño, y sobre todo qué fuese serio,
porque no está siempre un hombre de buen humor, ó de
buen talante para comunicar el suyo á los demas. No dejaba de atormentarme la idea de que fuese histórico, y por
consiguiente verídico, porque mientras yo no haga mas que
cumplir con las obligaciones de fiel coronista de los usos y
costumbres de mi siglo, no se me podrá culpar de mal intencionado, ni de amigo de buscar pendencias por una sátira mas ó menos.

Hallábame, como he dicho, sin saber cuál de mis notas
escogeria por mas inocente, y no encontraba por cierto
mucho que escoger, cuando me deparó felizmente la casualidad materia sobrada para un artículo, al anunciarme
mi criado á un jóven que me queria hablar indispensablemente.

Pasó adelante el joven haciéndome una cortesía bastante zurda, como de hombre que necesita y estudia en la fisonomía del que le ha de favorecer sus gustos é inclinaciones, ó su humor del momento para conformarse prudentemente con él; y dando tormento á los tirantes y rudos músculos de su fisonomía para adoptar una especie de careta que desplegase á mi vista sentimientos mezclados de afecto y de deferencia, me dijo con voz forzadamente sumisa y cariñosa.

—¿Es usted el redactor llamado Fígaro?..

—¿Qué tiene usted que mandarme?

—Vengo á pedirle un favor... ¡Cómo me gustan sus artículos de usted!

—Es claro... Si usted me necesita...

—Un favor de que depende mi vida acaso... ¡Soy un apasionado, un amigo de usted!

—Por supuesto... siendo el favor de tanto interes para usted...

—Yo soy un joven...

—Lo presumo.

—Que quiero ser cómico, y dedicarme al teatro...

—¿Al teatro?

—Sí señor... como el teatro está cerrado ahora...

—Es la mejor ocasion.

—Como estamos en Cuaresma, y es la época de ajustar para la próxima temporada cómica, desearia que usted me recomendase...

—¡Bravo empeño!—¿A quién?

—Al ayuntamiento.

—¡Hola! ¿Ajusta el ayuntamiento?

—Es decir, á la empresa.

—¡Ah! ¿Ajusta la empresa?

—Le diré á usted... segun algunos, esto no se sabe... pero... para cuando se sepa.

—En ese caso no tiene usted prisa, porque nadie la tiene...

—Sin embargo, como yo quiero ser cómico...

—Cierto. ¿Y qué sabe usted? ¿Qué ha estudiado usted?

—¿Cómo? ¿se necesita saber algo?

—No; para ser actor, ciertamente, no necesita usted saber cosa mayor...

—Por eso; yo no quisiera singularizarme; siempre es malo entrar con ese pie en una corporacion.

—Ya le entiendo á usted: usted quisiera ser cómico aqui,

y asi será preciso examinarle por la panta del país. ¿Sabe usted el castellano?

—Lo que usted ve... para hablar, las gentes me entienden...

—Pero la gramática, y la propiedad, y...

—No señor, no.

—Bien, ¡eso es muy bueno! Pero sabrá usted desgraciadamente el latin, y habrá estudiado humanidades, bellas letras...

—Perdone usted.

—Sabrá de memoria los poetas clásicos, y los comprenderá, y podrá verter sus ideas en las tablas.

—Perdone usted, señor. Nada, nada. ¡Tan poco favor me hace usted! Que me caiga muerto aqui si he leido una sola línea de eso, ni he oido hablar tampoco... mire usted...

—No jure usted. ¿Sabe usted pronunciar con afectacion todas las letras de una palabra, y decir unas veces por otras, *actitud* por *aptitud*, y *aptitud* por *actitud*, *diferiencia* por *diferencia*, *háyamos* por *hayamos*, *dracmático* por *dramático*, y otras semejantes?

—Sí señor, sí, todo eso digo yo.

—Perfectamente; me parece que sirve usted para el caso.

—¿Aprendió usted historia?

—No señor; no sé lo que es.

—Por consiguiente, no sabrá usted lo que son trajes, ni épocas, ni caractéres históricos...

—Nada, nada, no señor.

—Perfectamente.

—Le diré á usted... en cuanto á trages, ya sé que en siendo muy antiguo siempre á la romana.

—Esto es: aunque sea griego el asunto.

—Sí señor: si no es tan antiguo, á la antigua francesa ó á la antigua española; segun... ropilla, trusas, capacete, acuchillados, &c. Si es mas moderno ó del dia, levita á la Utrilla en los calaveras, y polvos, casacon y media en los padres.

—¡Ah! ¡ah! Muy bien.

—Ademas, eso en el ensayo general se le pregunta al galan ó á la dama, segun el sexo de cada uno que lo pregunta, y conforme á lo que ellos tienen en sus arcas, asi...

—¡Bravo!

—Porque ellos suelen saberlo.

—¿Y cómo presentará usted un carácter histórico?

—Mire usted : el papel lo dirá, y luego como el muerto no se ha de tomar el trabajo de resucitar solo para desmentirle á uno... ademas que gran parte del público suele estar tan enterado como nosotros...

—¡Ah! ya... usted sirve para el ejercicio. La figura es la que no...

—No es gran cosa; pero eso no es esencial.

—¿Y de educacion, de modales y usos de sociedad? ¿á qué altura se halla usted?

—Mal; porque si va á decir verdad, yo soy pobrecillo: yo era escribiente en una mala administracion; me echaron por holgazan, y me quiero meter cómico; porque se me figura á mí que es oficio en que no hay nada que hacer...

—Y tiene usted razon.

—Todo lo hace el apunte, y... por consiguiente no conozco esos señores usos de sociedad que usted dice, ni nunca traté á ninguno de ellos.

—Ni conocerá usted el mundo, ni el corazon humano.

—Escasamente.

—¿Y cómo representará usted tantos caractéres distintos?

—Le diré á usted: si hago de rey, de príncipe ó de magnate, ahuecaré la voz, miraré por encima del hombro á mis compañeros, y mandaré con mucho imperio...

—Sin embargo, en el mundo esos personages suelen ser muy afables y corteses, y como estan acostumbrados, desde que nacen, á ser obedecidos á la menor indicacion, mandan poco y sin dar gritos...

—Sí, pero ¡ya ve usted! en el teatro es otra cosa.

—Ya me hago cargo.

—Por ejemplo; si hago un papel de juez, aunque esté delante de señoras ó en casa agena, no me quitaré el sombrero, porque en el teatro la justicia está dispensada de tener crianza; daré fuertes golpes en el tablado con mi baston de borlas, y pondré cara de caballo, como si los jueces no tuviesen entrañas...

—No se puede hacer mas.

—Si hago de delincuente, me haré el perseguido, porque en el teatro todos los reos son inocentes...

—Muy bien.

—Si hago un papel de pícaro, que ahora estan en boga, cejas arqueadas, cara pálida, voz ronca, ojos atravesados, aire misterioso, apartes melodramáticos... Si hago un calavera, muchos brincos y zapatetas, carreritas de pies y lengua, vueltas rápidas y habla ligera... Si hago un barba, andaré á compas, como un juego de escarpias, me temblarán siempre las manos como perlático ó descoyuntado; y aunque el papel no apunte mas de cincuenta años, haré del tarato y decrépito, y apoyaré mucho la voz con intencion marcada en la moraleja, como quien dice á los espectadores: «allá va estó para ustedes.»

—¿Tiene usted grandes calvas para los barbas?

—¡Oh! disformes; tengo una que me coge desde las narices hasta el colodrillo; bien que esta la reservo para las grandes solemnidades. Pero aun para diario tengo otras, tales que no se me ve la cara con ellas.

—¿Y los graciosos?

—Esto es lo mas fácil: estiraré mucho la pata, daré grandes voces, haré con la cara y el cuerpo todos los raros visages y estupendas contorsiones que alcance, y saldré vestido de arlequin...

—Usted hará furor.

—¡Vaya si haré! Se morirá el público de risa, y se hundirá la casa á aplausos. Y especialmente, en toda clase de papeles, diré directamente al público todos los apartes, monólogos, gracias y parlamentos de intencion ó lucimiento que en mi parte se presenten.

—¿Y memoria?

—Nó es cosa la que tengo; y aun esa no la aprovecho, porque no me gusta el estudio. Ademas que eso es cuenta del apuntador. Si se descuida se le lanzan de vez en cuando un par de miradas terribles, como diciendo al público: ¡Ven ustedes qué hombre!

—Esto es; de modo que el apuntador vaya tirando del papel como de una carreta, y sacándole á usted la relacion del cuerpo como una cinta. De esa manera, y hablando él altito, tiene el público el placer de oir á un mismo tiempo dos ejemplares de un mismo papel.

—Sí señor; y, en fin, cuando uno no sabe su relacion se dice cualquier tontería, y el público se la rie. ¡Es tan guapo el público! ¡si usted viera!

—Ya sé ¡ya!

—Vez hay que en una comedia en verso se añade un párrafo en prosa: pues ni se enfada, ni menos lo nota. Así es que no hay nada mas comun que añadir...

—¡Ya se ve, que hacen muy bien! Pues señor, usted es cómico, y bueno. ¿Usted ha representado anteriormente?

—¡Vaya! En comedias caseras. He alborotado con el García y el Delincuente Honrado.

—No mas, no mas; le digo á usted que usted será cómico. Dígame usted, ¿sabrá usted hablar mal de los poetas y despreciarlos, aunque no los entienda; alabar las comedias por el lenguaje, aunque no sepa lo que es, ó por el verso mas que no entienda siquiera lo que es prosa?

—¿Pues no tengo de saber, señor? eso lo hace cualquiera.

—¿Sabrá usted quejarse amargamente, y entablar una querella criminal contra el primero que se atreva á decir en letras de molde que usted no lo hace todas las noches sobresalientemente? ¿sabrá usted decir de los periodistas que quién son ellos para?...

—Vaya si sabré; precisamente ese es el tema nuestro de todos los dias. Mande usted otra cosa.

Al llegar aqui no pude ya contener mi goze por mas tiempo, y arrojándome en los brazos de mi recomendado: «Venga usted acá, mancebo generoso, esclamé todo alborozado; venga usted acá, flor y nata de la andante comiqueria: usted ha nacido en este siglo de hierro de nuestra gloria dramática para renovar aquel siglo de oro, en que solo comian los hombres bellotas y pacían á su libertad por los bosques, sin la distincion del tuyo y del mio. Usted será cómico en fin, ó se han de olvidar las reglas que hoy rigen en el ejercicio.»

Diciendo estas y otras razones, despedí á mi candidato; prometiéndole las mas eficaces recomendaciones.

YA SOY REDACTOR.

¿Por qué estraña fatalidad ha de anhelar el hombre siempre lo que no tiene? Preguntémosle á un joven barbilucio qué desea? ¿Cuándo tendré barbas? esclama en su interior. Nácenle las barbas, y héle allí maldiciendo ya del barbero y de ja navaja. ¿Cuándo hallaré en mi Filis correspondencia, le grita en el fondo de su corazon un deseo innato de amar y de ser amado? Ya oyé el sí. ¡Gozó el bien que deseaba! Y ya maldice del amor y sus espinas. ¿Le prefiere Laura? Pues todo su deseo se cifra en conquistar á Amira que le desprecia. ¿De qué nace esta sed insaciable, este deseo vividor, reemplazado por otros y otros deseos que rápidamente se suceden sin encontrar jamás sino imperfecta satisfaccion? El P. Almeida, si mal no me acuerdo, dice entre otras cosas curiosas, y aun lo afianza, que la Providencia quiso poner en nosotros este deseo implacable, para que nos atestiguase eternamente que no hacemos en este mundo transitorio sino una corta peregrinacion, y que la satisfaccion de nuestros deseos no está en esta vida, sino en otra mas perfecta y duradera. Asi debe de ser, y cierto, que vivimos de todas suertes agradecidos á la prevision y ardiente caridad con que el reverendo padre nos quiso sacar de esta peregrina duda. Yo que no tengo un ápice de metafisico, y que dejo la resolucion de estos problemas á aquellos que tienen mas noticias ciertas que yo de nuestro destino, me ciño á decir que el deseo existe, y esto basta para mi propósito.

Yo Fígaro, soy de ello una viva prueba: no bien me habia tentado el enemigo malo, y sentí los primeros pujos de escritor público, cuando dieron en írseme los ojos tras cada periódico que veía, y era mi pio por mañana y noche: *¿Cuándo seré redactor de periódico?* Figurábaseme, sí, desde luego obra de romanos el llenar y embutir con verdades luminosas las largas columnas de un papel público; pero en cambio era para mí de la mayor consideracion el imaginarme á la cabeza de una seccion literaria, recibiendo comunicados atentos y decorosos, viendo diariamente consignadas en indelebles caracteres de imprenta mis propias ideas y las de mis amigos, y sin mas trabajo, á mi parecer, que el haber de contar y recontar al fin del mes los sonantes doblones que el público desinteresado tiene la bondad de depositar en cambio de papel en los arcones periodísticos de una empresa, luz y antorcha de la patria, y órgano de la civilizacion del pais.

Dejemos aparte las causas y concausas felices ó desgraciadas que de vicisitud en vicisitud me han conducido al auge de periodista: lo uno porque a público no le importarán probablemente, y lo otro porque á mí mismo podria serme aca-

so mas dificil de lo que á primera vista parece el designar-
las. El hecho es que me acosté una noche autor de folletos y
de comedias agenas, y amanecí periodista: mireme de alto
abajo, sorteando un espejo que á la sazon tenia, no tan grande como mi persona, que es hacer el elogio de su pequeñez,
y dime á escudriñar detenidamente si alguna alteracion notable se habria verificado en mi físico; pero por fortuna eché
de ver que como no fuese en la parte moral, lo que es en la
esterior y palpable, tan persona es un periodista como un
autor de folletos. *Ya soy Redactor*, esclamé alborozado, y
echeme á fraguar artículos, bien determinado á triturar en
el mortero de mi crítica cuanto malandrin literario me saliese al camino en territorio de mi jurisdiccion. Pero ¡ay de
mi! insensato, que chasco sobre chasco, vivo hoy tan desengañado de periodista como de autor de comedias. Diré brevemente lo que me aconteció, sin descubrir por otra parte los recursos ocultos que mueven la gran máquina de un
periódico, ni romper el velo del prestigio que cubre nuestros altares, que eso fuera sobrado é inoportuno desinterés;
y juzgue el lector si no es preferible vivir tranquilamente
suscrito á un periódico, que haberle sábia y precipitadamente de componer.

¡Señor Fígaro! un artículo de teatros.—¿De teatros? Voy
allá.— Yo escribo para el público, y el público, digo para
mí, merece la verdad: el teatro, pues, no es teatro: la comedia es ridícula: el actor A. es malo, y la actriz H. es peor.
¡Santo cielo! Nunca hubiera pensado en abrir mi boca para hablar de teatros. Comunicado á renglon seguido en mi
papel y en todos los contemporáneos, en que el autor de la
comedia dice que es escelente, y el articulista un *acéfalo*: se
conjuran los actores, cierran la puerta del teatro á mis comedias para lo sucesivo, y ponen el grito en los cielos. ¿Quién
es el fátuo que nos critica? ¡Pícaro traductor, ladron, pedante!!! ¿Y esto logra el pobre amigo de la verdad y de la
ilustracion? ¡Oh que placer el de ser redactor!

Precipíteme huyendo del teatro en la literatura. Un señoron encopetado acaba de publicar una obra indigesta. «Señor redactor, me dice en una carta seductora, confio en el
talento de usted y en nuestra amistad, de que le tengo dadas
bastantes pruebas (por desgracia suele ser verdad), que hará un juicio crítico de mi obra, imparcial (imparcial llama
él á un juicio que le alabe), y espero á usted á comer para

que juntos departamos acerca de algunas ideas que convendria indicar &c. &c.» Resista, usted á estas indirectas , y opte usted entre la ingratitud y la mentira. Ambos vicios tienen sus acerbos detractores, y unos ú otros se han de ensangrentar en el triste Fígaro. ¡Oh qué placer el de ser redactor!

¡Bueno! Traduciré noticias; al trabajo; corto mi pluma, desenvuelvo el inmenso papel estrangero ; ahi van tres columnas. — ¿Tres columnas he dicho? Al dia siguiente las busco en la Revista, pero inútilmente.—Señor director: ¿qué se hicieron mis columnas?—¡Calle usted (me responde), ahí están; no han servido: esta noticia es inoportuna; esa arriesgada : la otra no conviene ; aquella de mas allá es insignificante ; estotra es buena , pero está mal traducida! —Considere usted que es preciso hacer ese trabajo en horas, replico lleno de entusiasmo; el hombre llega á cansarse..—Si usted es hombre que se cansa alguna vez, no sirve usted para periódicos...— Me dolia ya la cabeza...—Al buen periodista nunca le debe doler la cabeza...— ¡ Oh qué placer el de ser redactor !

Dejémonos de fárrago ; yo no sirvo para él. Vaya un artículo profundo; ojeo el Say y el Smith ; de economía política será. —Grande artículo (me dice el editor,) pero amigo Fígaro, no vuelva usted á hacer otro. —¿Por qué?—Porque esto es matarme el periódico. ¿Quién quiere usted que le lea, si no es jocoso , ni mordaz , ni superficial ? Si tiene ademas cinco columnas... todos se me han quejado; nada de artículos científicos, porque nadie los lee. Perderá usted su trabajo. —¡ Oh qué placer el de ser redactor!

—Encárguese usted de revisar los artículos comunicados, y sobre todo las composiciones poétieas de circunstancias... —Ay , señor editor, pero habrá que leerlas...—Preciso, señor Fígaro... — Ay , señor editor , mejor quiero rezar diez rosarios de quince dieces... — ¡ Señor Fígaro!... — ¡ Oh qué placer el de ser redactor !

Política y mas política. ¿Qué otro recurso me queda? Verdad es que de política no entiendo una palabra. ¿Pero en qué niñerías me paro? ¡Si seré yo el primero que escriba política sin saberla ! Manos á la obra ; junto palabras y digo: conferencias , protocolos, derechos, representacion, monarquía, legitimidad, notas, usurpacion, cámaras , cortes, centralizar , naciones , felicidad, paz, ilusos , incautos , seduccion , tranquilidad , guerra , beligerantes , armisticio, contraproyecto, adhesion, borrascas políticas, fuerzas, unidad, gobernantes, máximas, sistemas, desquiciadores, revolucion, orden, centros, izquierda, modificacion, bill, reformas &c. &c. Ya hice mi artículo, pero ¡ oh cielos! El editor me llama.—Señor Fígaro, usted trata de comprometerme con las ideas que propala en ese artículo...—¿ Yo propalo ideas, señor editor? Crea usted que es sin saberlo. ¿Con qué tanta malicia tiene?...—Si usted no tiene pulso...—Perdone usted; yo no crei que mi sistema político era tan... yo lo hice jugando...—Pues si nos para perjuicio, usted será el responsable...—¿ Yo, señor editor? ¡Oh qué placer el de ser redactor !

¡Oh, si esto fuese todo, y si solo fuera uno responsable, pobre Fígaro, de lo que escribe! Pero ¡ah! tocamos á otro inconveniente; supongo yo que no apareció el autor nécio, ni el actor ofendido, ni disgustó el artículo, sino que todo fue dicha en él. ¿Quién me responde de que algun maldito yerro de imprenta no me hará decir disparate sobre disparate? ¿Quién me dice que no se pondrá *Camellos* donde yo puse *Comellas*, *torner* donde escribí yo *Forner*, *ritómico* donde *rítmico*, y otros de la misma familia? ¿Será preciso imprimir yo mísmo mis artículos? ¡Oh qué placer el de ser redactor! ¡Santo cielo! ¿Y yo deseaba ser periodista? Confieso como hombre débil, lector mio, que nunca supe lo que quise; juzga tú por el largo cuento de mis infortunios periodísticos, que mucho procuré abreviarte, si puedo y debo con sobrada razon esclamar ahora que ya lo soy, ¡oh qué placer el de ser redactor !

DON CANDIDO BUENAFÉ

ó

EL CAMINO DE LA GLORIA.

Don Cándido Buenafé es un escelénte sugeto, de estos de

quienes solemos decir con envidiable conmiseracion: «Es un
infeliz.» Empleado desde pequeño en un ramo de no mucha
importancia, es todo lo más si sabe leer la Gaceta, y redactar, con mala sintaxis y peor ortografía, algun oficio sobre-
cargado de fórmulas y traslados, ó hacer un estracto largo
de algun-espediente corto; pero en medio de su escasa ciencia, es bastante modesto para desear que su hijo Tomasito
sepa mas que él, para lo cual no le es necesario felizmente
estraordinarios esfuerzos ni sacrificios. En el tiempo de la
libertad de la imprenta, leia ó devoraba don Cándido los
muchos papeles públicos que veian la luz, y llegó á formar
alta idea de todo hombre capaz de escribir para el público;
cosa que él vea por consiguiente en letra de molde, tiene
para él una autoridad irrecusable, porque cuando ve que hay
quien se toma la pena de imprimirla, mecanismo de que no
tiene idea alguna, dice para sí, sabido se lo tendrá! Por lo
tanto era de buena fé liberal en los años nulos, porque acababa de leer y esclamaba, tiene razon; y despues ha sido
realista de buena fé en los años válidos, porque lee la Gaceta y esclama: ¡ya se ve! que dicen bien. Un partidario de
este temple es una alhaja impagable para toda especie de gobiernos mientras haya imprenta; y mas si añadimos que cree
como en su salvacion en los partes de los encuentros y esca-
ramuzas que en los papeles públicos suelen venir consignados, y se estasia de placer cuando se encuentra con aquello de
que: « de los enemigos murieron tantos centenares de hombres, y nosotros no hemos tenido mas que un contuso y algun
sargento desmayado» ó cosa semejante. Daria yo, dice algunas veces, la mitad de mi sueldo por poder escribir un artículo de esos retumbantes de política. ¡Voto va! ¡qué hombres
esos, y qué talentos! Y como le convenzen á uno con sus discursos. ¡Media vida diera yo, y la mitad de la otra media porque mi hijo Tomasito pudiera el dia de mañana hacer otro
tanto. Llevado de esta idea ha hecho aprender latin al muchacho, y en el dia le ha dado un maestro de francés, porque dice que en sabiendo francés ya se sabe todo lo que hay
que saber; y que él conoce á no pocos sabios de campanillas
en esta tierra que no saben otra cosa. Como dos meses llevaria el angelito, que tiene á la sazon catorce años, de traducir mal y leer peor el *Calipso se trouvoit incosolable du dé-
part d' Ulysse*, cuando me lo trajo una mañana su papá, y
ambos á dos me hicieron una visita, cuyos interesantes de-

talles no quiero en ninguna manera perdonar á mis curiosos lectores.

—Señor Figaro, me dijo don Cándido abrazándome, aquí le presento á usted á mi hijo Tomas, el que sabe latin; usted no ignora que yo le crio para literato; ya que yo no pueda serlo, que lo sea él y saque de la oscuridad á su familia. ¡Ay, señor Fígaro, como yo le vea famoso, muero contento! Hízome á esta sazon Tomasito una cortesía tan zurda que no pude menos de fundar grandes esperanzas en sus disposiciones literarias. Su esterior y sus palabras estaban en armonía con las de casi todos los jóvenes del dia ; díjome que era verdad que no tenia sino catorce años; pero que él conocia el mundo y el corazon humano, *comme ma poche* ; que todas las mugeres eran iguales, que estaba muy escarmentado, y que á él no le engañaba nadie ; que Voltaire era mucho hombre , y que con nada se habia reido mas que con el *compère Matthieu*, porque su papá, deseoso de su ilustracion, le dejaba leer cuanto libro en sus manos caia. En cuanto á política me añadió: «yo y Chateaubriand pensamos de un mismo modo;» y á renglon seguido me habló de los pueblos y de las revolunes como pudiera de sus amigos de la escuela. Confieso que se me figuró el muchacho esa fruta que suelen vender en Madrid , que arrancada verde aun del árbol, y madurada por el traqueteo y la prisa del viaje , tiene todo el esterior de la pasada madurez , sin haber tenido nunca la lozanía ni el sabor de la juventud y de la sazon. Los muchachos del ilustrado siglo XIX, dije para mí , llegan á viejos sin haber sido nunca jóvenes. —Sentáronse mis amigos , el viejo joven y el joven viejo, y sacó don Cándido de su faltriquera un legajo abultado.

Dos objetos tiene esta visita , me dijo: primero, para que Tomasito se vaya soltando en el francés, le he dicho que traduzca una comedia; hála traducido, y aqui se la traigo á usted.

—¡Hola!

—Sí señor; algunas cosillas ha dejado en blanco, porque no tiene alli mas diccionario que el de Sobrino... y...

—Sí...

—Usted tendrá la bondad de enmendar lo que no le parezca bien; y como usted entiende eso de darla al teatro..... y las diligencias que hay que practicar...

—¡Ah! ¿Usted quiere que se represente?

—Sin duda... le diré á usted: el dinerillo que saque es para él...

—Sí señor, dijo el muchacho, y papá me ha prometido hacerme un vestido negro para cuando acabe una tragedia escelente que estoy haciendo...

—¡Tragedia!

—Sí señor, en once cuadros... ya sabe usted que en París no se hacen ya esas obras en actos... sino en cuadros...

—Es una tragedia romántica. El clasicismo es la muerte del genio, como usted sabe... ¿Le parece á usted que se podrá representar?

—¿Y qué inconveniente ha de haber?

—¿Le diré á usted, interrumpió don Cándido, tiene dada ya una comedia de costumbres.

—Con perdon de usted, se apresuró á decir Tomasito: cuando la hice no habia leido á Victor Hugo: ni tenia los conocimientos que tengo en el dia...

—¡Ah! ya.

—Pues mi hijo dió esa comedia, y verá usted lo que sucedió, á mi entender. Entregámosle á un sugeto que corré con recibir las comedias: dijo que era corriente; y que la enviaria á censura: la envió, pues.

—Papá, perdone ustad, primero se perdió...

—Cierto... se perdió, y nunca se pudo encontrar, y hubo que sacar otra copia, y pasó á censura.

—Papá, perdone usted; que antes fue al corregimiento.

—Es verdad: fue al corregimiento, y de alli... pasó despues á la censura eclesiástica; por mas señas que fue á un escelente padre, y en un momento, esto es, en un par de meses, la despachó: volvió al corregimiento y fue de alli á la censura política: en una palabra, ello es que en menos de medio año salió prohibida.

—¡Prohibida!

—Sí señor, y yo no sé á la verdad... porque mi comedia...

—Diga usted que hicieron bien, señor Fígaro: ¡este escribe siempre con una intencion!!! lo que ha mamado en sus libros.., baste con decirle á usted que su madre se moria de risa al leerla, y yo lloraba de gozo... hubo que rehacerla... y por fin se logró que pasara la nueva.

—¡Hola!

—Pero aguarde usted: como los señores que dirigen la cosa no están muy allá que digamos en eso de comedias, la hubieron de enviar á un cómico que dicen que es hombre que lo entiende, y tiene gran mano en las compañias: este dijo que no valia cosa, y todo fue, según yo pude averiguar, porque no tenia él un buen papel para lucirse: recogimos la comedia, y este le puso un papel que era lo que habia que ver; volvió y dijo que tampoco valia nada, y fue segun me digeron, porque él papel era muy largo y él no debe de tener, muchas ganas de trabajar. Dímosla al otro teatro, mas alli contestaron que ellos no eran menos que los del otro coliseo, y que no tomaban sobras: á fuerza, sin embargo de emplear mas empeños que para lograr una prebenda, se consiguió una orden á rajatabla de los señores que estaban á la cabeza del teatro: pero ya era tema: una actriz, sobre si la habian dado el papel de segunda siendo ella la primera, se puso mala la víspera; otro actor, tambien por etiquetas y rencillas, armó una intriga de todos los diablos: se pagó gente para el efecto, y si una noche se representó, una noche se silbó...

—¿Se silbó?

—¡Ya ve usted! intrigas.

—¡Picardía!

—Con que yo quisiera que no sucediese otro tanto con la traduccion esta y la tragedia. El segundo objeto que nos trae es el de que usted le dirija, dándole algunos consejos á mi Tomasito, porque yo ya le he dicho que no debe limitarse al teatro... que el campo de la literatura es muy vasto, y que el templo de la fama tiene muchas puertas.

—Dice usted muy bien, señor don Cándido. Aqui recapacité, coordiné mis ideas un momento, y de la manera que el lector va á ver, enderecé poco mas ó menos á mi joven cliente por la via de la gloria literaria, á la cual, si él sigue y observa mi reglamento, temprano ó tarde debe sin duda llegar. Supongo, dije por último, dirigiéndome á mi Tomasito, que usted no querrá abarcar honra y provecho: esas estupendas rarezas que por acá nos vienen contando los viajeros de los Walter Scot, los Casimir de la Vigne, los Lamartine, los Scribe y los Victor Hugo, de los cuales el que menos tiene, amen de su correspondiente gloria, su palacio donde se da la vida de un príncipe, son cosas de por allá y estravagancias que solo suceden en Francia y en Inglaterra; verdad es que no tenemos tampoco hombres de aquel temple, pero si los hubiera sucederia probablemente lo mismo.

No habiendo usted de reunir, pues, honra y provecho, querrá uno ú otro. Si quiere honra paréceme que está en camino de lograrla : en primer lugar usted no tiene sino catorce años; esa es la edad en el dia, ó poco mas : *la valeur n' attend pas le nombre des années.* En cuanto á saber, usted no sabe sino francés, y como dice muy bien el señor don Cándido, tiene usted solo con eso andada ya la mitad del camino. Haga usted unas cuantas poesías fugitivas; tal cual soneto, muy sonoro y lleno de pámpanos poéticos; no se apure usted si no dice nada en él: corra entre los amigos, saque usted mismo copias furtivas, y repártalas como pan bendito ; sean destinadas sobre todo sus poesías á las mugeres, que son las que dan fama : haga usted correr la voz de que está haciendo una obra grande, cuyo título se sabrá con el tiempo : procure usted á fuerza de trasposiciones y de palabras desenterradas del diccionario, no sabidas de nadie, que digan de él: ¡ Cómo maneja la lengua! ¡es hombre que sabe el castellano! Porque aunque lo menos que puede saber un literato es saber su lengua, este es, sin embargo, el ápice de la ciencia en el pais : y en cuanto usted vea que pasa por muchacho de esperanzas, vaya usted á viajar: esté usted fuera diez ó doce años, en los cuales puede vivir seguro de que se hablará de usted mas de lo que sea menester. Vuelva usted entonces ; reuna usted en un tomo alguna comedia; media docena de odas y un romancito: diga usted en el prólogo que las hizo en los ratos perdidos que sus desgracias le dejaron libres; que las publica por haber sabido que algunas composiciones de ellas se han impreso en Amberes ó en América, sin su licencia y con faltas, hijas de la incuria de los copiantes, y que dedica usted á su cara patria aquel corto obsequio, y déjelas usted correr. No vuelva usted á escribir nada : silencio y aristocracia literaria, y yo le respondo á usted de que llegará á una edad provecta oyendo repetir á los pájaros : *don Tomás, don Tomás, don Tomás es un sábio;* y entonces ya puede usted con seguridad darle al público comedias, folletos, comentarios: todo será bueno ¡ que es de don Tomás!

Si usted no quiere honra, y sí solo el corto provecho que de aqui puede sacarse, es preciso tomar otro camino : póngase usted bien con los cómicos; mantenga usted un corresponsal en Paris, y cada correo una comedia de Scribe, que aqui las reciben con los brazos abiertos: busque usted medios de ingerirse en las columnas de un periódico, y diga usted que todo va bien, y que todos somos unos santos; ajústese usted con un par de libreros, los cuales le darán á usted cuatro ó cinco duros por cada tomo de las novelas de Walter Scot, que usted en horas les traduzca; y aunque vayan mal traducidas, usted no se apure, que ni el librero lo entiende, ni ningun cristiano tampoco. *Sic itur ad astra*, señor don Tomás.

Aquí se arrojó don Cándido en mis brazos; y tomando de la mano á Tomasito, ya se ve que dice bien el señor; ¡llega hijo mio, le decia, y da las gracias á tu protector: ya lo ves, nada necesitas saber mas de lo que sabes ya! ¡qué fortuna, señor Fígaro! ¡ya tiene hecha mi hijo su carrera! Folletos, comedias, novelas, traducciones... ¡y todo con solo saber francés! ¡Oh francés, francés! ¡Ah! ¿Y periódicos? ¿No es verdad señor Fígaro, que tambien ha dicho usted periódicos?—Sí, amigo mio, lo he dicho; concluí conduciéndolos hasta la puerta y despidiéndolos; pero le aconsejaria de buena gana que en eso de los periódicos no se fijase mucho, porque ya sabe usted que aquí no los hay siempre...—Sí, es verdad, es una casualidad el haberlos. — Asi lo mejor será que se atenga á mis demas consejos. Este es el camino.

EN ESTE PAIS.

Hay en el lenguaje vulgar frases afortunadas que nacen en buena hora y que se derraman por toda una nacion, asi como se propagan hasta los términos de un estanque las ondas producidas por la caida de una piedra en medio del agua. Muchas de este género pudiéramos citar en el vocabulario político sobre todo; de esta clase son aquellas que halagando las pasiones de los partidos, han resonado tan funestamente en nuestros oidos en los años que van pasados de este siglo, tan fecundo en mutaciones de escenas y en cambios de decoraciones. Cae una palabra de los labios de un perorador en un pequeño círculo, y un gran pueblo ansioso de palabras la recoge, la pasa de boca en boca, y con la rapidez del golpe eléctrico un crecido número de máquinas vivientes la repite y la consagra, las mas veces sin entenderla, y siempre sin calcular que una palabra sola es á veces palanca suficiente á levantar la muchedumbre, inflamar los ánimos y causar en las cosas una revolucion.

Estas veces favoritas han solido siempre desaparecer con las circunstancias que las produjeran. Su destino es, efectivamente, como sonido vago, que son, perderse en la lontananza, conforme se apartan de la causa que las hizo nacer. Una frase empero sobrevive siempre entre nosotros, cuya existencia es tanto mas dificil de concebir cuanto que no es de la naturaleza de esas de que acabamos de hablar; estas sirven en las revoluciones á lisonjear á los partidos, y á humillar á los caidos, objeto que se entiende perfectamente, una vez conocida la generosa condicion del hombre; pero la frase que forma el objeto de este artículo se perpetúa entre nosotros, siendo solo un funesto padron de ignominia para los que la oyen y para los mismos que la dicen; asi la repiten los vencidos como los vencedores, los que pueden como los que no quieren estirparla; los propios, en fin, como los estraños.

En este pais.... esta es la frase que todos repetimos á porfia, frase que sirve de clave para toda clase de esplicaciones, cualquiera que sea la cosa que á nuestros ojos choque en mal sentido. ¿Qué quiere usted? decimos ¡en este pais! Cualquier acontecimiento desagradable que nos suceda, creemos esplicarle perfectamente con la frasecilla: ¡*cosas de este pais!* que con vanidad pronunciamos, y sin pudor alguno repetimos.

¿Nace esta frase de un atraso reconocido en toda la nacion? No creo que pueda ser este su origen, porque solo puede conocer la carencia de una cosa el que la misma cosa conoce: de donde se infiere que si todos los individuos de un pueblo conociesen su atraso, no estarian realmente atrasados. ¿Es la pereza de imaginacion ó de raciocinio que nos impide investigar la verdadera razon de cuanto nos sucede, y que se goza en tener una muletilla siempre á mano con que responderse á sus propios argumentos, haciéndose cada uno la ilusion de no creerse cómplice de un mal, cuya responsabilidad descarga sobre el estado del pais en general? Esto parece mas ingenioso que cierto.

Creo entrever la causa verdadera de esta humillante es-

presion. Cuando se halla un pais en aquel crítico momento
en que se acerca á una transicion, y en que saliendo de las
tinieblas comienza á brillar á sus ojos un ligero resplandor,
no conoce todavía el bien, empero ya conoce el mal de donde pretende salir para probar cualquiera otra cosa que no sea
lo que hasta entonces ha tenido. Sucédele lo que á una joven bella que sale de la adolescencia; no conoce el amor
todavía ni sus goces; su corazon sin embargo, ó la naturaleza por mejor decir, le empieza á revelar una necesidad
que pronto será urgente para ella, y cuyo germen y cuyos
medios de satisfaccion tiene en sí misma, si bien los desco-
noce todavia; la vaga inquietud de su alma, que busca y an-
sía, sin saber qué, la atormenta y la disgusta de su estado
actual y del anterior en que vívia; y vésela despreciar y
romper aquellos mismos sencillos juguetes que formaban
poco antes el encanto de su ignorante existencia.

Este es acaso nuestro estado, y este á nuestro entender
el origen de la fatuidad que en nuestra juventud se observa:
el medio saber reina entre nosotros; no conocemos el bien,
pero sabemos que existe y que podemos llegar á poseerle,
si bien sin imaginar aun el cómo. Afectamos, pues, hacer
ascos de lo que tenemos para dar á entender á los que nos
oyen que conocemos cosas mejores, y nos queremos engañar
miserablemente unos á otros, estando todos en el mismo
caso.

Este medio saber nos impide gozar de lo bueno que
realmente tenemos, y aun nuestra ansia de obtenerlo todo
de una vez nos ciega sobre los mismos progresos que vamos
insensiblemente haciendo. Estamos en el caso del que teniendo apetito desprecia un sabroso almuerzo con la esperanza de un suntuoso convite incierto, que se verificará ó
no se verificará mas tarde. Sustituyamos sabiamente á la
esperanza de mañana el recuerdo de ayer, y veamos si tenemos razon en decir á propósito de todo: *¡ Cosas de este
pais!*

Solo con el ausilio de las anteriores reflexiones puedo
comprender el carácter de don Periquito, ese petulante joven, cuya instruccion está reducida al poco latin que le quisieron enseñar y que él no quiso aprender; cuyos viajes no
han pasado de Carabanchel; que no lee sino en los ojos de
sus queridas; los cuales no son ciertamente los libros mas
filosóficos; que no conoce, en fin, mas ilustracion que la

suya, mas hombres que sus amigos, cortados por la misma tijera que él, ni mas mundo que el salon del Prado, ni mas pais que el suyo. Este fiel representante de gran parte de nuestra juventud desdeñosa de su pais, fue no ha mucho tiempo objeto de una de mis visitas.

Encontréle en una habitacion mal amueblada y peor dispuesta, como de hombre solo; reinaba en sus muebles y sus ropas, tiradas aqui y alli, un espantoso desorden de que hubo de avergonzarse al verme entrar.

—Este cuarto está hecho una leonera; me dijo.—¿Qué quiere usted? en este pais.....—Y quedó muy satisfecho de la escusa que á su natural descuido habia encontrado.

Empeñóse en que habia de almorzar con él, y no pude resistir á sus instancias; un mal almuerzo mal servido reclamaba indispensablemente algun nuevo achaque, y no tardó mucho en decirme:—Amigo, en este pais no se puede dar un almuerzo á nadie; hay que recurrir á los platos comunes y al chocolate.

Vive Dios, dije yo para mí, que cuando en este pais se tiene un buen cocinero y un esquisito servicio y los criados necesarios, se pueda almorzar un escelente beefstek con todos los adherentes de un almuerzo á *la fourchette*; y que en Paris los que pagan ocho ó diez reales por un *apartement garni*, ó una mezquina habitacion en una casa de huéspedes, como mi amigo don Periquito, no se desayunan con pavos trufados ni con Champagne.

Mi amigo Periquito es hombre pesado como los hay en todos los paises, y me instó á que pasase el dia con él; y yo, que habia empezado ya á estudiar sobre aquella máquina, como un anatómico sobre un cadáver, acepté inmediatamente.

Don Periquito es pretendiente á pesar de su notoria inutilidad. Llevóme, pues, de ministerio en ministerio: de dos empleos con los cuales contaba, habíase llevado el uno otro candidato que habia tenido mas empeños que él.— ¡Cosas de España! me salió diciendo, al referirme su desgracia.—Ciertamente, le respondí, sonriéndome de su injusticia, porque en Francia y en Inglaterra no hay intrigas; puede usted estar seguro de que allá todos son unos santos varones, y los hombres no son hombres.

El segundo empleo que pretendia habia sido dado á un

hombre de mas luces que él.—¡Cosas de España! me repitió.

Sí, porque en otras partes colocan á los necios, dije yo para mí.

Llevóme en seguida á una librería, despues de haberme confesado que habia publicado un folleto, llevado del mal ejemplo. Preguntó cuántos ejemplares se habian vendido de su peregrino folleto, y el librero respondió: ni uno.

—¿Lo ve usted, Fígaro? me dijo: ¿lo ve usted? En este pais no se puede escribir. En España no se puede escribir. En Paris hubiera vendido diez ediciones.

—Ciertamente, le contesté yo, porque los hombres como usted venden en París sus ediciones.

En París no habrá libros malos que no se lean, ni autores necios que se mueran do hambre.

Desengáñese usted: en este pais no se lee, prosiguió diciendo.—Y usted que de eso se queja, señor don Periquito, usted, ¿qué lee? le hubiera podido preguntar. Todos nos quejamos de que no se lee, y ninguno leemos.

—¿Lee usted los periódicos? le pregunté sin embargo.

—No señor, en este pais no se sabe escribir periódicos. ¡Lea usted ese Diario de los Debates, ese Times!!!

Es de advertir que don Periquito no sabe francés ni inglés, y que en cuanto á periódicos, buenos ó malos, en fin, los hay, y muchos años no los ha habido.

Pasábamos al lado de una obra de esas que hermosean continuamente este pais, y clamaba: ¡qué basura! en este pais no hay policía.

En París las casas que se destruyen y reedifican no producen polvo.

Metió el pie torpemente en un charco. ¡No hay limpieza en España! esclamaba.

En el estrangero no hay lodo.

Se hablaba de un robo.—¡Ah! ¡pais de ladrones! vociferaba indignado. Porque en Londres no se roba; en Londres donde en la calle acometen los malhechores á la mitad de un dia de niebla á los transeuntes.

Nos pedia limosna un pobre.—¡En este pais no hay mas que miseria! esclamaba horripilado. Porque en el estrangero no hay infeliz que no arrastre coche.

Ibamos al teatro, y—¡Oh qué horror! decia mi don Periquito con compasion, sin haberlos visto mejores en su vida. ¡Aqui no hay teatros!

. Pasábamos por un café.—No entremos. ¡Qué cafés los de este pais! gritaba.

Se hablaba de viajes.—¡Oh! Dios me libre; ¡en España no se puede viajar! ¡qué posadas! ¡qué caminos!

¡Oh infernal comezon de vilipendiar este pais que adelanta y progresa de algunos años á esta parte mas rápidamente que adelantaron esos paises modelos para llegar al punto de ventaja en que se han puesto!

¿Por qué los don Periquitos que todo lo desprecian en el año 33, no vuelven los ojos á mirar atras, ó no preguntan á sus papás acerca del tiempo que no está tan distante de nosotros, en que no se conocia en la corte mas botillería que la de Canosa, ni mas bebida que la leche helada; en que no habia mas caminos en España que el del cielo; en que no existian mas posadas que las descritas por Moratin en el Sí de las Niñas, con las sillas desvencijadas y las estampas del Hijo Pródigo, ó las malhadadas ventas para caminantes asendereados; en que no corrian mas carruajes que las galeras y carromatos catalanes; en que los *chorizos* y *polacos* repartian á naranjazos los premios al talento dramático, y llevaba el público al teatro la bota y la merienda para pasar á tragos la representacion de las comedias de figuron y dramas de Comella; en que no se conocia mas ópera que el Malboroug (ó Mambruc, como dice el vulgo) cantado á la guitarra; en que no se leia mas periódico que el Diario de Avisos, y en fin.... en que....

Pero acabemos este artículo, demasiado largo para nuestro propósito: no vuelven á mirar atras porque habrian de poner un término á su maledicencia, y llamar prodigiosa la casi repentina mudanza que en este pais se ha verificado en tan breve espacio.

Concluyamos sin embargo de esplicar nuestra idea claramente, mas que á los don Periquitos que nos rodean pese y avergüence.

Cuando oimos á un estrangero que tiene la fortuna de pertenecer á un pais donde las ventajas de la ilustracion se han hecho conocer con mucha anterioridad que en el nuestro, por causas que no es de nuestra inspeccion examinar, nada estrañamos en su boca, sino es la falta de consideracion y aun de gratitud que reclama la hospitalidad de todo hombre honrado que la recibe; pero cuando oimos la espresion despreciativa que hoy merece nuestra sátira en bocas de españoles, y de españoles sobre todo que no conocen mas pais que este mismo suyo que tan injustamente dilaceran, apenas reconoce nuestra indignacion límites en que contenerse.

Borremos, pues, de nuestro languaje la humillante espresion que no nombra á este pais sino para denigrarle; volvamos los ojos atras, comparemos y nos creeremos felices. Si alguna vez miramos adelante y nos comparamos con el estrangero, sea para prepararnos un porvenir mejor que el presente, y para rivalizar en nuestros adelantos con los de nuestros vecinos; solo en este sentido opondremos nosotros en algunos de nuestros articulos el bien de fuera al mal de dentro.

Olvidemos, lo repetimos, esa funesta espresion que contribuye á aumentar la injusta desconfianza que de nuestras propias fuerzas tenemos. Hagamos mas favor ó justicia á nuestro pais, y creámosle capaz de esfuerzos y felicidades. Cumpla cada español con sus deberes de buen patricio, y en vez de alimentar nuestra inaccion con la espresion de desaliento: *¡Cosas de España!* contribuya cada cual á las mejoras posibles; entonces este pais dejará de ser tan mal tratado de los estrangeros, á cuyo desprecio nada podemos oponer, si de él les damos nosotros mismos el vergonzoso ejemplo.

REPRESENTACION

de la comedia nueva de don Manuel Eduardo Gorostiza, titulada *Contigo pan y cebolla.*

Es un error en nuestro entender bastante general creer que las novelas tienen la culpa de las locas bodas y desatinados enlaces que en el mundo se hacen y se han hecho. No está todo el daño en las novelas: la mayor parte está en el corazon humano; el amor, ora le llamemos como nuestros abuelos, que no veían mas que el lado hermoso de las cosas, una noble pasion; ora le llamemos como nuestros despreocupados del dia, que solo ven el lado feo de las co-

sas, una vil necesidad rebozada, el amor existe en la naturaleza, y mientras exista, podrá ocurrir en la vida frecuentemente que no se halle de acuerdo con el interés. Desde los
tiempos fabulosos que se remontan á la mas atrasada antigüedad, desde Piramo y Tisbe, desde Leandro y Hero, que
ciertamente no habian leido ninguna novela moderna, son
conocidos estos desastrados amores. La organizacion de una
muger es la verdadera novela perniciosa, y por desgracia
es la que no se le puede quitar; este es el libro donde aprende á amar: á una belleza fria, de quien nada reclame su
insensible corazon, dénsele todas las novelas del mundo, y
dénselas sin cuidado; nosotros respondemos de su inaltera-
ble tranquilidad y de su eterna sensatez: aquella empero,
que ha recibido de la naturaleza el funesto don de una estrema sensibilidad, quítensele las novelas y será en balde;
mientras no se le quiten los ojos respondemos de que hará
todas las locuras del mundo por seguir el objeto que una vez
la haya deslumbrado; por este estilo creemos que son la mayor parte de las locuras que hacen los hombres miserables;
imperiosas leyes que impone la naturaleza y que paga el
hombre. Los autores dramáticos van sin embargo con los
tiempos: la recogida educacion de los jóvenes del siglo pasado, autorizaba la tiranía de los padres, y Moratin creyó
hacer un señalado servicio á su pais dando el *Sí de las Niñas*. De entonces acá hemos andado con pasos agigantados: y
las costumbres del dia, mas que de la tiranía de los padres,
resiéntense de la licencia é insubordinacion de los hijos. Esto no es debido tampoco únicamente á las novelas. Otros
muchos libros ha sido preciso escribir; muchas revoluciones
de todas especies han debido pasar por los pueblos; otros
hombres, á mas de los novelistas, habian tenido que nacer
antes para dar este impulso estraordinario en poco mas de
medio siglo al entendimiento humano. El hecho es con todo positivo; el abuso existe y reclama urgentemente la fé-
rula del poeta cómico. En el siglo actual se pueden contar
tantas desgraciadas víctimas de los enlaces poco meditados,
como en el pasado de las obligadas reclusiones de entonces.
Era, pues, preciso sacar á la plaza toda la ridiculez de
aquellos jóvenes irreflexivos que todo lo abandonan por el
amor, las mas veces sin considerar si se hallan verdaderamente enamorados, ó si solo creen estarlo cuando esclaman: *Contigo pan y cebolla*.

El señor de Gorostiza, poeta ya conocido en nuestro teatro moderno, se ha apoderado de una idea feliz y ha escogido un asunto de la mayor importancia. ¿Hálo desempeñado como de su talento nos debiamos prometer? Oiga el lector el argumento, y podrá responder á tan atrevida pregunta.

Matilde, hija de un padre, que segun de la comedia resulta, no conoce sus inclinaciones ni su carácter, ama á don Eduardo de Contreras, joven de talento, rico, y que ocupa un puesto distinguido en la sociedad; pero ignora estas circunstancias sin embargo de que entra en su casa con frecuencia. Anímase don Eduardo á pedir la mano de Matilde á don Pedro, quien gustosisimo se la concede, pero en el momento de convenir en tan deseado enlace, sabe la heroina que don Eduardo no es pobre, nota que no hay en esta boda los obstáculos que en las de sus novelas ha leido, desama de pronto á quien tanto amó y despide á don Eduardo. Este, que conoce de donde le viene el golpe, propone al padre, aturdido de tal mudanza, una ingeniosa ficcion que ha de llevar á cabo sus deseos. Fíngese desheredado de un tio suyo, y desairado por don Pedro: aparenta la novelesca desesperacion de un amante despedido, y estos estraordinarios medios hacen renacer el acomodaticio cariño de Matilde, que por lo visto solo ama en casos dados. El padre sigue haciendo del negado, y cuando vienen segunda vez entrambos á importunarle, se lleva la niña de un brazo y despide para siempre al amador. Con esto por fuerza ha de subir de punto la frenética pasion de Matilde: inténtase una escapotoria, la cual se verifica sin maldita la oposicion del padre, que está él mismo en el complot que se le arma, y cooperando á ella un pobre criado á quien no le vale su honradez. El padre no ha querido oirle por no verse comprometido á impedir el rapto, y le amenaza por una parte don Eduardo con tirarse un pistoletazo, y por otra Matilde con tragarse un veneno que posee, si no abre una reja, por donde se escapa nuestra deslumbrada, sin embargo de hallarse la puerta libre y desembarazada; y en atencion, segun dice ella misma, á ser de rigor el salir en semejantes casos por la ventana.

En el cuarto acto, que parece un acto de otra comedia, Matilde se halla el dia de tornaboda en una miserable boardilla, pero en compañía de su constante esposo; no han

comido la víspera , no se han desayunado aquel dia : medios , Dios los dé ; dinero , por las nubes : en una palabra,
pobres de solemnidad y solemnes pobres ; la infeliz Matilde
tendrá que levantar la cama, que por mas señas está á la vista del espectador en un estado de desorden propio del dia;
tendrá que barrer , que jabonar , que pasar hambres , que
estar sola, porque su marido habrá de salir á buscar dinero. Matilde comienza ya á padecer los inconvenientes de
su posicion: humíllala el casero , humíllala una antigua
compañera de colegio , marquesa , que vive en la misma
casa , y que dice que una cosa es casarse, y otra enamorarse; en lo cual nos parece su señoría un si es no es
verde y alegre de cascos : humíllala , en fin , una vecini-
lla ordinaria entre cotorra y contrabandista : llora Matilde y conoce su yerro. Vuelve entonces su esposo , y vienen impacientes papá y el criado honrado , descúbrese la
ficcion , y se van todos muy convencidos de que para quererse mucho es indispensable por lo menos haber comido
algo ; verdad indisputable de todos los tiempos y paises , y
que no bastarán á echar por tierra todas las pasiones reunidas que pueden agitar á un mísero mortal.

Ya puede inferir el lector qué de escenas cómicas ha tenido el autor á su disposicion. El señor Gorostiza no las ha
desperdiciado ; rasgos hemos visto en su linda comedia que
Moliere no repugnaria , escenas enteras que honrarian á
Moratin. El carácter del criado y las situaciones todas en
que se encuentran son escelentes y pertenecen á la buena
comedia: del padre pudiéramos decir lo que dice la marquesa de su marido; ni es feo, ni es bonito : es un hombre pasi-
vo , es un instrumento no mas del astuto don Eduardo. Este es un bello carácter : la carta que escribe es del mayor
efecto y pertenece á la alta comedia. El lenguage es castizo
y puro; el diálogo bien sostenido y chispeando gracias, si bien
no quisiéramos que le desluciesen algunas demasiado chocar-
reras , como la de los malhadados *fetos* por *efectos* ; la de la
cebolla que *repite* &c. , y otras que no queremos citar porque no se nos tache de rigorosos. Estas gracias son de mal
tono , de no muy buen gusto, y de baja sociedad, por mas
que el público las ria y las aplauda en el primer momento.

Despues de haber tributado el debido homenage de elogios que de nuestra pluma reclamaba imperiosamente la
divertida comedia del señor Gorostiza , ¿nos será permitido

indicar algunos de los defectos de que rara obra humana consigue verse completamente purgada? Se dirá que nos ensangrentamos, que somos parciales, si ponemos al lado del elogio el grito de nuestra conciencia literaria? Quisiéramos equivocarnos, pero el caracter de la protagonista nos parece por lo menos llevado á un punto de exageracion tal, que seria imposible hallar en el mundo un original siquiera que se le aproximase. Estas niñas románticas, cuya cabeza ha podido exaltar la lectura de las novelas, no reparan en clases ni en dinero; este podrá ser su yerro; enamóranse de un hombre sin preguntarle quien es; esta es su imprudencia: si sale pobre, verdad es, nada les arredra, y en las aras del amor sacrifican su porvenir; mas si sale rico, como ya estan enamoradas, por esta sola circunstancia.no se desenamoran. Por la misma razon, si tratan de escaparse, y no tienen otro recurso, se arrojan por una ventana; mas si tienen la puerta franca, aquel paso ya no es ni medio verosímil. Esta exageracion hace aparecer á Matilde loca las mas veces; quiere ser el don Quijote de las novelas. Pero acordémonos de que Cervantes para huir de la inverosimilitud que de la exageracion debia resultar, hizo loco realmente y enfermo á su héroe, y una enfermedad no es un carácter. Si la comedia pedia un carácter, era preciso no haber pasado los límites de la verosimilitud, pues pasándolos, Matilde no resulta enamorada sino maniática; por eso en varias ocasiones parece que ella misma se burla de sus desatinos: lo mismo hubiera sucedido con don Quijote si no nos hubiera dicho Cervantes desde el principio: *miren ustedes que está loco.* Peca ademas el plan por dónde los mas del mismo poeta: ya en otra ocasion hemos dicho que estos planes en que varios personages fingen una intriga para escarmiento de otro, son incompletos y conspiran contra la conviccion, que debe ser el resultado del arte.

En Moliere y en Moratin no se encuentra un solo plan de esta especie: el poeta cómico no debe hacer hipótesis; debe sorprender y retratar á la naturaleza tal cual es: esta comedia hubiera requerido una muger realmente enamorada, y que realmente hubiera hecho una locura, como en el *Viejo y la niña* sucede; verdad es que entonces no hubiera podido ser dichoso el desenlace, y acaso habrá huido de esto el señor Gorostiza; este era defecto del asunto, asi como lo es tambien la aglomeracion en horas de tantas cosas distintas, importantes, y regularmente mas apartadas entre sí en el discurso de la vida. Si Matilde no se ha de casar mas de una vez con Eduardo, si esa vez que se ha casado, no ha hecho realmente locura alguna, supuesto que Eduardo es rico, ¿de qué puede servirle el escarmiento y el ver lo que le hubiera sucedido si hubiera hecho lo que no ha hecho? A ella no, nos contestarán, á los demas que ven la comedia. Tampoco, responderemos, porque las que crean en novelas al pie de la letra, creerán al pie de la letra en la comedia, que es otra nueva novela para ellas; en la novela leen que aquel que se presentó incógnito se descubre ser luego hijo de algun señoron oculto, y en la comedia se descubre ser rico luego el pobre. Se enamorarán, pues, sin cuidado, seguras de que hácia el fin de su boda se ha de descubrir la riqueza del marido, asi como creian que debian salir por la ventana por decirlo las novelas.

A pesar de estas observaciones, que no podemos menos de hacer, nos complacemos en repetir que es mayor la suma de las bellezas que la de los defectos de la comedia. El señor de Gorostiza ha adquirido un nuevo laurel, y nosotros quisiéramos que la obligacion de periodista se limitara á alabar: mucho nos daria que hacer aun en este caso esta composicion dramática.

En cuanto á la representacion, podemos asegurar que no nos acordamos de haber visto en Madrid nada mejor desempeñado en este género.

Sepan los actores que ningun placer podemos tener mayor que el que nos proporcionan el dia en que solo elogios tenemos que escribir de ellos. Para el elogio corre nuestra pluma rápidamente. Cuando se trata empero de vituperar, solo á fuerza de horas podemos dar concluido á la prensa el artículo mas conciso.

D. TIMOTEO Ó EL LITERATO.

Genus irritabile vatum ha dicho un poeta latino. Esta espresion bastaria á probarnos que el amor propio ha sido en todos tiempos el primer amor de los literatos, si hubié-

semos menester mas pruebas de esta incontestable verdad
que la simple vista de los mas de esos hombres que viven
entre nosotros de literatura. No queremos decir por esto que
sea el amor propio defecto esclusivo de los que por su talento se distinguen : generalmente se puede asegurar que no
hay nada mas temible en la sociedad que el trato de las personas que se sienten con alguna superioridad sobre sus semejantes. ¿Hay cosa mas insoportable que la conversacion y
los dengues de la hermosa que lo es á sabiendas? Mírela usted á la cara tres veces seguidas ; diríjala usted la palabra
con aquella educacion , deferencia ó placer que difícilmente
pueden dejar de tenerse hablando con una hermosa ; ya le
cree á usted su *don Amadeo* , ya le mira á usted como
quien le perdona la vida. Ella sí, es amable, es un modelo
de dulzura ; pero su amabilidad es la afectada mansedumbre
del leon , que hace sentir de vez en cuando el peso de sus
garras; es pura compasion que nos dispensa.

Pasemos de la aristocracia de la belleza á la de la cuna.
¡ Qué amable es el señor marqués , qué despreocupado , qué
llano ! Vedle con el sombrero en la mano , sobre todo para
sus inferiores. Aquella llaneza, aquella deferencia, si ahon-
damós en su corazon , es una honra que cree dispensar, una
limosna que cree hacer al plebeyo. Trate este diariamente
con él, y al fin de la jornada nos dará noticias de su amabilidad: ocasiones habrá en que algun manoplazo feudal le haga recordar con quién se las há.

No hablemos de la aristocracia del dinero , porque si alguna hay falta de fundamento es esta : la que se funda en
la riqueza , que todos pueden tener : en el oro, de que solemos ver henchidos los bolsillos de este ó de aquel alternativamente, y no siempre de los hombres de mas mérito; en el
dinero, que se adquiere muchas veces por medios ilícitos, y
que la fortuna reparte á ciegas sobre sus favoritos de capricho.

Si algun orgullo hay, pues, disculpable, es el que se funda
en la aristocracia del talento , y mas disculpable ciertamente donde es á toda luz mas facil nacer hermosa , de noble
cuna , ó adquirir riqueza , que lucir el talento que nace entre abrojos cuando nace, que solo acarrea sinsabores ; y que
se encuentra aisladamente encerrado en la cabeza de su dueño como en callejon sin salida. El estado de la literatura entre nosotros , y el heroismo que en cierto modo se necesita

para dedicarse á las improductivas letras, es la causa que hace á muchos de nuestros literatos mas insoportables que los de cualquiera otro pais: añádese á esto el poco saber de la generalidad, y de aqui se podrá inferir que entre nosotros el literato es una especie de oráculo que, poseedor único de su secreto y solo iniciado en sus misterios recónditos, emite su opinion oscura con voz retumbante y hueca, subido en el trípode que la general ignorancia le fabrica. Charlatan por naturaleza, se rodea del aparato ostentoso de las apariencias, y es un cuerpo mas impenetrable que la célebre cuña de la milicia romana. Las bellas letras, en una palabra, el saber escribir es un oficio particular que solo profesan algunos, cuando debiera constituir una pequeñísima parte de la educacion general de todos.

Pero, si atendidas estas breves consideraciones es el orgullo del talento disculpable porque es el único modo que tiene el literato de cobrarse el premio de su afan, no por eso autoriza á nadie á ser en sociedad ridículo, y este es el estremo por donde peca don Timoteo.

No hace muchos dias que yo, que no me precio de gran literato, yo que de buena gana prescindiria de esta especie de apodo, si no fuese preciso que en sociedad tenga cada cual el suyo, y si pudiese tener otro mejor, me vi en la precision de consultar á algunos literatos con el objeto de reunir sus diversos votos y saber que podrian valer unos opúsculos que me habian traido para que diese yo sobre ellos mi opinion. Esto era harto dificil en verdad, porque, si he de decir lo que siento, no tengo fijada mi opinion todavia acerca de ninguna cosa, y me siento medianamente inclinado á no fijarla jamás: tengo mis razones para creer que este es el único camino del acierto en materias opinables: en mi entender todas las opiniones son peores; permítaseme esta manera de hablar antigramatical y antilógica.

Fuime, pues, con mis manuscritos debajo del brazo (circunstancia que no le importará gran cosa al lector) deseoso de ver á un literato, y me pareció deber salir para esto de la atmósfera inferior donde pululan los poetas noveles y lampiños, y dirigirme á uno de esos literatazos abrumados de años y de laureles.

Acerté á dar con uno de los que tienen mas sentada su reputacion. Por supuesto que tuve que hacer una antesala digna de un pretendiente, porque una de las cosas que mejor se saben hacer aqui es esto de antesalas. Por fin tuve el placer de ser introducido en el oscuro santuario.

Cualquiera me hubiera hecho sentar; pero don Timoteo me recibió en pie, atendida sin duda la diferencia que hay entre el literato y el hombre. Figúrense ustedes un ser enteramente parecido á una persona; algo mas encorvado hácia el suelo que el género humano, merced sin duda al hábito de vivir inclinado sobre el bufete; mitad sillon, mitad hombre; entrecejó arrugado; la voz mas hueca y campanuda que la de las personas; las manos *mijt* y *mijt*, como dicen los chuferos y valencianos, de tinta y tabaco; gran autoridad en el decir; mesurado compas de frases; vista insultantemente curiosa, y que oculta á su interlocutor por una rendija que le dejan libres los párpados fruncidos y casi cerrados, que es manera de mirar sumamente importante y como de quien tiene graves cuidados; los anteojos encaramados á la frente; calva, hija de la fuerza del talento, y gran balumba de papeles revueltos y libros confundidos que bastaran á dar una muestra de lo coordinadas que podia tener en la cabeza sus ideas; una caja de rapé y una petaca: los demas vicios no se veian. Se me olvidaba decir que la ropa era adrede mal hecha, afectando desprecio de las cosas terreñas, y todo el conjunto no de los mas limpios, porque este era de los literatos rezagados del siglo pasado, que tanto mas profundos se imaginaban cuanto menos aseados vestian. Llegué, le ví, y dije: este es un sábio.

Saludé á don Timoteo y saqué mis manuscritos.

—¡Hola! me dijo ahuecando mucho la voz para pronunciar.

—Son de un amigo mio.

—¿Si? me respondió. ¡Bueno! ¡Muy bien! Y me echó una mirada de arriba abajo por ver si descubria en mi rostro que fuesen mios.

—¡Gracias! repuse, y empezó á hojearlos.

—«Memoria sobre las aplicaciones del vapor.»

—¡Ah! esto es acerca del vapor, ¿eh? Aqui encuentro ya... Vea usted... aqui falta una coma: en esto soy muy delicado. No hallará usted en Cervantes usada la voz *memoria* en este sentido, el estilo es duro, y la frase es poco robusta... ¿Qué quiere decir *presion* y...

—Sí; pero acerca del vapor... porque el asunto es saber si...

—Yo le diré á usted; en una oda que yo hice allá cuando muchacho, cuando uno andaba en esas cosas de literatura... dije... cosas buenas...

—Pero, ¿qué tiene que ver?...

—¡Oh! ciertamente ¡oh! Bien, me parece bien. Ya se ve; estas ciencias exactas son las que han destruido los placeres de la imaginacion : ya no hay poesía.

—¿Y qué falta hace la poesía cuando se trata de mover un barco, señor don Timoteo?

—¡Oh! cierto... pero la poesía... amigo... ¡oh! aquellos tiempos se acabaron. Esto.... ya se ve.... estará bien, pero debe usted llevarlo á un físico, á uno de esos...

—Señor don Timoteo, un literato de la fama de usted tendrá siquiera ideas generales de todo, demasiado sabrá usted.....

—Sin embargo...... ahora estoy escribiendo un tratado completo con notas y comentarios, mios tambien, acerca de quien fue el primero que usó el asonante castellano.

—¡Hola! Debe usted darse prisa á averiguarlo: esto urge mucho á la felicidad de España y á las luces..... Si usted llega á morirse, nos quedamos á buenas noches en punto á asonantes... y...

—Sí, y tengo aqui una porcion de cosillas que me traen á leer; no puedo dar salida á los que... ¡Me abruman á consultas!..... ¡Oh! estos muchachos del dia salen todos tan... ¡Oh! ¿Usted habrá leido mis poesías? Alli hay algunas cosillas...

—Sí; pero un sábio de la reputacion de don Timoteo habrá publicado ademas obras de fondo y...

—¡Oh! no se puede... no saben apreciar... ya sabe usted... á salir del dia... Solo la maldita aficion que uno tiene á estas cosas...

—Quisiera leer con todo lo que usted ha publicado : el género humano debe estar agradecido á la ciencia de don Timoteo... Dicteme usted los títulos de sus obras. Quiero llevarme una apuntacion.

—¡Oh! ¡Oh!

¿Qué especie de animal es este, iba yo diciendo ya para mí, que no hace mas que lanzar monosílabos y hablar despacio, alargando los vocablos y pronunciando mas abiertas las *aes* y las *oes*?

Cogí sin embargo una pluma y un gran pliego de papel

presumiendo que se llenaria con los títulos de las luminosas obras que habria publicado durante su vida el célebre litera-to don Timoteo.

—Yo hice, empezó, una oda á la *continencia*... ya la conocerá usted... alli hay algunos versecillos.

—*Continencia*, dije yo repitiendo. Adelante.

—En los periódicos de entonces puse algunas anacreón-ticas; pero no con mi nombre.

—*Anacreónticas*; siga usted; vamos á lo gordo.

—Cuando los franceses escribí un folletito que no llegó á publicarse... ¡como ellos mandaban!...

—*Folletito* que no llegó á publicarse.

—He hecho una oda al Huracan, y una silva á Filis.

—*Huracan, Filis.*

—Y una comedia que medio traduje de cualquier modo; pero como en aquel tiempo nadie sabia francés, pasó por mia: me dió mucha fama. Una novelita traduje tambien...

—¿Qué mas?

—Ahí tengo un prólogo empezado para una obra que pienso escribir, en el cual trato de decir modestamente que no aspiro al título de sábio: que las largas convulsiones políticas que han conmovido á la Europa y á mí á un mismo tiempo, las intrigas de mis émulos, enemigos y envidiosos, y la larga carrera de infortunios y sinsabores en que me he visto envuelto y arrastrado juntamente con mi patria, han impedido que dedicara mis ocios al cultivo de las musas; que habiéndose luego el gobierno acordado y servídose de mi poca aptitud en circunstancias críticas, tuve que dar de mano á los estudios amenos que reclaman soledad y quietud de espíritu, como dice Ciceron; y en fin, que en la retira-da de Vitoria perdí mis papeles y manuscritos mas impor-tantes; y sigo por ese estilo...

—Cierto... Ese prólogo debe darle á usted estraordina-ria importancia.

—Por lo demas, no he publicado otras cosas...

—Con que una oda y otra oda, dije yo recapitulando, y una silva, anacreónticas, una traduccion original, un folletito que no llegó á publicarse, y un prólogo que se publicará....

—Eso es. Precisamente.

Al oir esto no estuvo en mí tener mas la risa, despedi-me cuanto antes pude del sábio don Timoteo, y fuime á sol-tar la carcajada al medio del arroyo á todo mi placer.

—¡Por vida de Apolo! salí diciendo. ¿Y es este don Timoteo? ¿Y cree que la sabiduría está reducida á hacer anacreónticas? ¿Y porque ha hecho una oda le llaman sábio? ¡Oh reputaciones fáciles! ¡Oh pueblo bondadoso!

¿Para qué he de entretener á mis lectores con la poca diversidad que ofrece la enumeracion de las demas consultas que en aquella mañana pasé: apenas encontré uno de esos célebres literatos, que asi pudiera dar su voto en poesía como legislacion, en historia como en medicina, en ciencias exactas como en... Los literatos aqui no hacen mas que versos, y si algunas escepciones hay, y si existen entre ellos algunos de mérito verdadero que de él hayan dado pruebas positivas, no son escepciones suficientes para variar la regla general.

¿Hasta cuándo, pues, esa necia adoracion á las reputaciones usurpadas? Nuestro país ha caminado mas de prisa que esos literatos rezagados; recordamos sus nombres que hicieron ruido cuando, mas ignorantes, éramos los primeros á aplaudirlos; y seguimos repitiendo siempre como papagayos: *D. Timoteo es un sábio.* ¿Hasta cuándo? Presenten sus títulos á la gloria y los respetaremos y pondremos sus obras sobre nuestra cabeza. ¿Y al paso que nadie se atreve á tocar á esos sagrados nombres que solo por antiguos tienen mérito, son juzgados los jóvenes que empiezan con toda la severidad que aquellos merecerian? El mas leve descuido corre de boca en boca; una reminiscencia es llamada robo; una imitacion plagio, y un plagio verdadero intolerable desvergüenza. Esto en tierra donde hace siglos que otra cosa no han hecho sino traducir nuestros mas originales hombres de letras.

Pero volvamos á nuestro don Timoteo. Háblesele de algun joven que haya dado alguna obra. No lo he leido........ ¡Como no leo esas cosas! esclama. Hable usted de teatros á don Timoteo.—No voy al teatro; eso está perdido... porque quieren persuadirnos de que estaba mejor en su tiempo; nunca verá usted la cara del literato en el teatro. Nada conoce, nada lee nuevo; pero de todo juzga, de todo hace ascos.

Veamos á don Timoteo en el Prado; rodeado de una pequeña corte que á nadie conoce cuando va con él: vean ustedes cómo le oyen con la boca abierta; parece que le han sacado entre todos á paseo para que no se acabe entre sus

investigaciones acerca de la ruina que á nadie le importa.
¿Habló don Timoteo? ¡Qué algazara y qué aplausos! ¿Se
sonrió don Timoteo? ¿Quién fue el dichoso que le hizo desplegar los labios ? ¿ Lo dijo don Timoteo, el sábio autor de
una oda olvidada ó de un ignorado romance? Tuvo razon
don Timoteo.

Haga usted una visita á don Timoteo; en buena hora;
pero no espere usted que se la pague. Don Timoteo no visita á nadie. ¡Está tan ocupado! El estado de su salud no le
permite usar de cumplimientos ; en una palabra, no es para don Timoteo la buena crianza.

Veámosle en sociedad ¡Qué aire de suficiencia, de autoridad, de supremacía! Nada le divierte á don Timoteo. ¡Todo es malo! Por supuesto que no baila don Timoteo, ni habla don Timoteo, ni rie don Timoteo, ni hace nada don
Timoteo de lo que hacen las personas. Es un eslabon roto en
la cadena de la sociedad.

¡Oh sábio don Timoteo! ¿Quién me diera á mí hacer
una mala oda para echarme á dormir sobre el colchon de
mis laureles; para hablar de mis afanes literarios , de mis
persecuciones y dè las intrigas y revueltas de los tiempos;
para hacer ascos de la literatura; para recibir á las gentes
sentado ; para no devolver visitas; para vestir mal ; para no
tener que leer; para decir del alumno de las musas que mas
haga : «es un mancebo de dotes muy recomendables, es
mozo que promete ;» para mirarle á la cara con aire de proteccion y darle alguna suave palmadita en la megilla, como
para comunicarle por medio del contacto mi saber; para
pensar que el que hace versos, ó sabe donde han de ponerse las comas, y cual palabra se halla en Cervantes, y
cual no, ha llegado al *summum* del saber humano; para llorar sobre los adelantos de las ciencias útiles; para tener orgullo y amor propio ; para hablar pedantesco y ahuecado;
para vivir en contradiccion con los usos sociales; para ser en
fin rídículo en sociedad sin parecérselo á nadie.

LA POLÉMICA LITERARIA.

... á Madrid la republique des lettres
etait celle des loups, toujours armés les
uns contre les autres; et livrés au mépris
où ce visible acharnement les conduit,
tous les insectes, les moustiques, les
cousins, les critiques, les maringouins,
les envieux, les feuillistes, les libraires,
les censeurs, et tout-ce qui s'attache á
la peau des malheureux gens de lettres,
achevait de dechiqueter et de sucer le
peu de sustance qui leur restait.

Beaumarchais. Le Barbier de Seville. Act. premier.

Muchos son los obstáculos que para escribir encuentra
entre nosotros el escritor, y el escritor sobre todo de costumbres que funda sus artículos en la observacion de los diversos caracteres que andan por la sociedad revueltos y des-
parramados: si hace un artículo malo, ¿quién es él, dicen,
para hacerle bueno? Y si le hace bueno, *será traducido*,
gritan á una voz sus amigos. Si huyó de ofender á nadie, son
pálidos sus escritos, no hay chiste en ellos ni originalidad;
si observó bien, si hizo resaltar los colores, y si logra sacar
á los lábios de su lector tal cual picante sonrisa, «es un pa-
yaso,» esclaman, como si el toque del escribir consistiera
en escribir serio; si le ofenden los vicios, si rebosa en sus
renglones la indignacion contra los necios, si los malos escritores le merecen tal cual varapalo, «es un hombre feroz,
á nadie perdona. ¡Jesus qué entrañas!» ¡Habrá pícaro que
no quiere que escribamos disparates! ¿Dibujó un caracter,
y tomó para ello toques de este y de aquel, formando su bello ideal de las calidades de todos? ¡Qué picarillo, gritan,
cómo ha puesto á don fulano! ¿Pintó un avaro como hay
ciento? Pues ese es don Cosme, gritan todos, el que vive
aqui á la vuelta.—Y no se desgañite para decirle al público:
—«Señores: que no hago retratos personales, que no critico á uno, que critico á todos. Que no conozco siquiera á ese
don Cosme.»—¡Tiempo perdido! Que el artículo está hecho
hace dos meses, y don Cosme vino ayer.—Nada.—Que
mi avaro tiene peluca y don Cosme no la gasta.—¡Ni por
esas!—Púsole peluca, dicen, para desorientar; pero es
él.—Que no se parece á don Cosme en nada.—No im-

porta; es don Cosme, y se lo hacen creer todos á don Cosme por ver si don Cosme le mata; y don Cosme, que es ca-viloso, es el primero á decir: «ese soy yo.» Para esto de entender alusiones nadie como nosotros.

¿Consistirá esto en que los criticados que se reconocen en el cuadro de costumbres se apresuran á echar el muerto al vecino para descartarse de la parte que á ellos les toca? ¡Quién sabe! Confesemos de todos modos que es pícaro oficio el de escritor de costumbres.

Con estas reflexiones encabezamos nuestro artículo de hoy, porque, no nos perdone Dios nuestros pecados, si no creemos que antes de llegar al último renglon han de haber encontrado nuestros perspicaces lectores el original del retrato que no hacemos. Como cosa de las doce serian cuando cavilaba yo ayer acerca del modo de urdir un artículo bueno que gustase á todos los que le leyesen, y encomendábame á toda priesa, con mas fe que esperanza, á Santa Rita, abogada de imposibles, para que me deparara alguna musa acomodaticia, la cual me enviase inspiraciones cortadas á medida de todo el mundo. Pedíale un modo de escribir que ni fuese serio, ni jocoso, ni general, ni personal, ni largo, ni corto, ni profundo, ni superficial, ni alusivo, ni indeterminado, ni sabio, ni ignorante, ni culto, ni trivial; una quimera, en fin, y pedíale de paso un buen original francés de donde poder robar aquellas ideas que buenamente no suelen ocurrirme, que son las mas, y una baraja completa de trasposiciones felices, de estas que el diablo mismo que las inventó no entiende, y que por consiguiente no comprometen al que las escribe... Pero estoy para mí que no debia de hacer mas caso de mis oraciones la santa que el que hacen los cómicos de los artículos de teatros, porque ni venia musa, ni yo acertaba á escribir un mal disparate que pudiese dar contento á necios y á discretos. Mesábame las barbas, y renegaba de mi mal cortada pluma, que siempre ha de pinchar, y de mi lengua que siempre ha de maldecir, cuando un cariacontecido mozalvete con cara de literato, es decir, de envidia, se me presentó, y mirándome zaino y torcido, como quien no camina derecho ni piensa hacer cosa buena, díjome entre uno y otro piropo, que yo eché en saco roto, como tenia que consultarme y pedirme consejos en materias graves.

Invitéle á que se sentara, lo cual hizo en la punta de una

silla, como aquel que no queria abusar de mi buena crianza, poniendo su sombrero debajo de una mesa á modo de
florero ó de escupidera.

—¿Y qué es el caso? le pregunté; porque ha de advertir el lector que yo me perezco por los diálogos.

—Qué ha de ser, señor Fígaro, sino que yo he puesto
un artículo en un periódico, y no bien le habia leido impreso, cuando zás, ya me han contestado.

—¡Oh! Son muy bien criados los periodistas, le dije:
no saben lo que es dejar á un hombre sin contestacion.

—Sí señor; pero de buenas á primeras, y sin pedirme
mi parecer, dan en la flor de decirme que es mi artículo un
puro disparate. Es el caso que yo tambien quiero contestar,
porque ¿qué dirá el mundo, y sobre todo la Europa, si yo
no contesto?

—Cierto: no se piensa en otra cosa en el dia sino en Portugal y en su artículo de usted.

—Ya se ve: y como usted entiende de achaque de con-
testaciones, y de cómo se lleva por aqui eso de polémica literaria, vengo á que me endilgue usted, sobre poco mas ó
menos, cuatro consejos oportunos, de modo que la materia
en cuestion se dilucide, se entere el público de quién tiene
razon, y quede yo encima, que es el objeto.

—¿Y de qué habla el artículo?

—Le diré á usted: de nada: el hecho es que en la cuestion no nos entendemos ni él ni yo, porque como la mitad
de las cosas que podrian decirse en la materia, uno y otro
las ignoramos, y la otra mitad no se puede decir...

—Sí... pues eso es muy facil... ¿pero trata de...?

—De tabacos, sí señor. Con que yo quisiera que usted
me indicase todos los hombres que han tenido que ver con
tabacos desde Nicot que los descubrió hasta Tissot, por lo
menos, que está contra su uso. Con la vasta erudicion que
usted me va á proporcionar yo haré trizas á mi contrario...

—¡Ay, amigo, le interrumpí, y qué poco entiende usted de polémica literaria! En primer lugar, para disputar
de una materia lo primero que usted debe procurar es igno-
rarla de pe á pa. ¿Qué quiere usted? asi corren los tiempos. En segundo lugar, ¿usted sabe quién es el autor del
artículo contra usted?

—¿Y qué falta hace para aclarar la cuestion al público saber quién sea el autor del artículo?

—¡Hombre, usted está en el cristus de la polémica literaria del pais! ¿De dónde viene usted? Usted no lee. En vez de buscar libros que confirmen la opinion de usted, la primera diligencia que ha de hacer es saber quién es el autor del artículo contrario.

—Bueno: pues ya lo sé. Pero el caso no es ese, sino que un periódico dice que mi artículo es malo.

—Calle usted. Somos felices.

—Yo pensaba dar razones y probar...

—No señor, no pruebe usted nada. ¿Usted se quiere perder? Diga usted, ¿qué señas tiene el adversario de usted? ¿Es alto?

—Mucho; se pierde de vista.

—¿Tendrá seis pies?

—Mas, mas: hágale usted mas favor... pero ¿qué tiene que ver eso con la cuestion de tabacos?

—¿No ha de tener? Empiece usted diciendo que su artículo de usted es bueno: primero porque él es alto.

—¡Hombre!

—Calle usted. ¿Ha escrito algunas obras?

—Sí señor: en el año 97 escribió una comedia que no valia gran cosa.

—Bravo: añada usted que usted entiende mucho de tabacos, fundado en que él hizo el año 97 una comedia...

—Pero, señor, haremos reir al público...

—No tenga usted cuidado: el público se morirá de risa, y la palestra queda por el que hace reir. ¿Qué mas tiene el adversario? ¿Tiene alguna verruga en las narices, tiene moza, debe á alguien, ha estado en la cárcel alguna vez, gasta peluca, ha tenido opinion nula?...

—Algo, algo hay de eso.

—Pues bien: á él: la opinion, la verruga: duro en sus defectos. ¿Qué entenderá él de achaque de tabacos, si escribió en los periódicos de entonces, y si el año 8 jugaba á la pipirijaina ó á la pata coja?

—¿Pero adónde vamos á parar?...

—A la tetilla izquierda, señor: usted no se desanime: ¿le coje usted en un plagio? El testo en los hocicos, el original, y ande. ¿Sabe usted algun cuento? á contársele.

—¿Y si no vienen á pelo los cuentos que yo sé?

—No importa; usted hará reir, y ese es el caso. ¿Dice él que usted se equivoca una vez? Dígale usted que él se equivoca ciento , y pata. Usted es una tal; y usted es mas : este es el modo.

—Pero, señor Fígaro, ¿y dónde dejamos ya la cuestion de tabacos?

—¿Y á usted qué le importa ni á nadie tampoco? Déjela usted que viaje. Por fin luego que usted haya agotado todos los recursos de la personalidad, concluya usted apelando al público y diciendo que él sabrá apreciar la moderacion de usted en la cuestion presente: que se retira usted de la polémica; en primer lugar, porque ha probado suficientemente su opinion acerca de tabacos con las poderosas razones antedichas de la estatura , de la verruga, de la comedia del año 97 , de las deudas y de la opinion del adversario: y en segundo lugar porque habiendo usado el contrario de mala fé y de indecorosas personalidades (y eso dígalo usted aunque sea mentira), de que usted no se siente capaz en atencion á que usted respeta mucho al público respetable , la polémica se ha hecho asquerosa é interminable. Aqui dice usted una gracia ó dos si puede acerca del mayor número de suscriciones que reune el periódico en que usted escribe, que es razon concluyente, y que le piquen á usted moscas.

—Señor Fígaro, ese plan será bueno; mas yo le encuentro el inconveniente de que si en un pais en que tan poco prestigio tienen la literatura y los literatos, en vez de darnos honor unos á otros nos damos mutuamente en espectáculo, derribamos nosotros mismos nuestros altares, y nos hacemos el hazme—reir del público... y á mí me da vergüenza....

—¡Ay! ¡ay! ¡ay! ¿Ahora salimos con que tiene usted vergüenza?... y... ¡voto va! Dijéralo usted al principio. Usted es incorregible. Pues , amigo , voy á concluir : hace muchos años que ando por este mundo , y las mas de las polémicas que he visto se han decidido por ese estilo. Fuera, pues, razones, señor mio: látigo y mas látigo : no sé qué sabio ha dicho que las mas de las cuestiones son cuestiones de nombre : aqui , amigo mio , las mas son cuestiones dé personas.—Y con esto despedí á mi cliente, quien no sé si habrá aprovechado mis consejos. Una cosa tan solo le supliqué al salir por el umbral de mi puerta.—Si acaso , le dije , oye usted decir á las gentes cuando le vean por el mundo: «ahí va el cliente de Fígaro : ese es el del artículo,»—no lo creo , responda usted: el cliente de Fígaro es un ente ideal que tiene muchos retratos en esta sociedad, pero que no tiene original en ninguna.

LA FONDA NUEVA.

Preciso es confesar que no es nuestra patria el país donde viven los hombres para comer: gracias por el contrario si se come para vivir: verdad es que no es este el único punto en que manifestamos lo mal que nos queremos: no hay género de diversion que no nos falte: no hay especie de comodidad de que no carezcamos. «¿Qué país es este?» me decia no hace un mes un estrangero que vino á estudiar nuestras costumbres. Es de advertir, en obsequio de la verdad, que era francés el estrangero, y que el francés es el hombre del mundo que menos concibe el monótono y sepulcral silencio de nuestra existencia española.—Grandes carreras de caballos, habrá aqui, me decia desde el amanecer: no faltaremos.—Perdone usted, le respondia yo; aquí no hay carreras.—¿No gustan de correr los jóvenes de las primeras casas? ¿No corren aqui siquiera los caballos?.....—Ni siquiera los caballos.—Iremos á caza.—Aqui no se caza: no hay dónde, ni qué.—Iremos al paseo de coches.—No hay coches.—Bien: á una casa de campo á pasar el dia.—No hay casas de campo, no se pasa el dia.—Pero habrá juegos de mil suertes diferentes, como en toda Europa.... habrá jardines públicos donde se baile; mas en pequeño, pero habrá sus *tivolis*, sus *ranelagh*, sus *campos eliseos*... habrá algun juego para el público.—No hay nada para el público: el público no juega.—Es de ver la cara de los estrangeros cuando se los dice francamente que el público español, ó no siente la necesidad interior de divertirse, ó se divierte como los sabios (que en eso todos lo parecen) con sus propios pensamientos: creía mi estrangero que yo queria abusar de su credulidad, y con rostro entre desconfiado y resignado, «paciencia, me decia por fin: nos contentaremos con ir á los bailes que den las casas del buen tono y las suarés....»—Paso, señor mio, le interrumpí yo: ¿con que es bueno que

le dije que no habia gallinas y se me viene pidiendo.... **En**
Madrid no hay bailes, no hay suarés. Cada uno habla ó reza, ó hace lo que quiere en su casa con cuatro amigos muy
de confianza, y basta.

Nada mas cierto sin embargo que este tristísimo cuadro de nuestras costumbres. Un dia solo en la semana, y
eso no todo el año, se divierten mis compatriotas : el lunes,
y no necesito decir en qué: los demas dias examinemos cuál
es el público recreo. Para el pueblo bajo el dia mas alegre
del año redúcese su diversion á calzarse las castañuelas (digo calzarse porque en ciertas gentes las manos parecen
piés), y agitarse violentamente en medio de la calle, en corro, al desapacible son de la ágria voz y del desigual pande-
ro. Para los elegantes todas las corridas de caballos, las partidas de caza, las casas de campo, todo se encierra en dos ó
tres tiendas de la calle de la Montera. Allí se pasa alegremente la mañana en contar las horas que faltan para irse á
comer, si no hay sobre todo gordas noticias de Lisboa, ó si
no dan en pasar muchos lindos talles de quien murmurar,
y cuya opinion se pueda comprometer, en cuyos casos varia
mucho la cuestion y nunca falta que hacer.—¿Qué se hace
por la tarde en Madrid?—Dormir la siesta.—¿Y el que no
duerme, qué hace?—Estar despierto; nada mas. Por la noche, es verdad, hay un poco de teatro, y tiene un elegante el desahogo inocente de venir á silbar un rato la mala
voz del bufo caricato, ó á aplaudir la linda cara de la *altra*
prima donna; pero ni se proporciona tampoco todos los dias,
ni se divierte en esto sino un muy reducido número de personas, las cuales, entre paréntesis, son siempre las mismas, y forman un pueblo chico de costumbres estrangeras,
embutido dentro de otro grande de costumbres patrias, como un cucurucho menor metido en un cucurucho mayor.

En cuanto á la pobre clase media, cuyos límites van perdiéndose y desvaneciéndose cada vez mas, por arriba en la
alta sociedad, en que hay de ella no pocos intrusos, y por
abajo en la capa inferior del pueblo, que va conquistando
sus usos, esa solo de una manera se divierte. ¿Llegó un dia
de dias? ¿Hubo boda? ¿Nació un niño? ¿Diéronle un empleo al amo de la casa? que en España ese es el grande ale-
gron que hay que recibir. Solo de un modo se solemniza.
Gran coche de alquiler, decentemente regateado; pero mas
gran familia: seis personas coge el coche á lo mas. Pues en-

tra papá, entra mamá, las dos hijas, dos amigos íntimos convidados, una prima que se apareció alli casualmente, el cuñado, la doncella, un niño de dos años y el abuelo; la abuela no entra porque murió el mes anterior. Ciérrase la portezuela entonces con la misma dificultad que la tapa de un cofre apretado para un largo viaje, y á la fonda. La esperanza de la gran comida, á que se va aproximando el coche mal que bien, aquello de andar en alto, el rubor de las jóvenes que van sentadas sobre los convidados, y la ausencia sobre todo del diurno puchero alborotan á nuestra gente en tal disposicion, que desde media legua se conoce el coche que lleva á la fonda á una familia de enhorabuena.

Tres años seguidos he tenido la desgracia de comer de fonda en Madrid, y en el dia solo el deseo de observar las variaciones que en nuestras costumbres se verifican con mas rapidez de lo que algunos piensan, ó el deseo de pasar un rato con amigos, pueden obligarme á semejante despropósito. No hace mucho sin embargo que un conocido mio me quiso arrastrar fuera de mi casa á la hora de comer.—Vamos á comer á la fonda.—Gracias; mejor quiero no comer.—Comeremos bien; iremos á Genyeis: es la mejor fonda.—Linda fonda: es preciso comer de seis ó siete duros para no comer mal. ¿Qué aliciente hay alli para ese precio? Las salas son bien feas: el adorno ninguno: ni una alfombra, ni un mueble elegante, ni un criado decente, ni un servicio de lujo, ni un espejo, ni una chimenea, ni una estufa en invierno, ni agua de nieve en verano, ni.... ni Burdeos, ni Champagne.... Porque no es Burdeos el Valdepeñas, por mas raiz de lirio que se le eche.—Iremos á los Dos Amigos.—Tendremos que salirnos á la calle á comer, ó á la escalera, ó llevar una cerilla en el bolsillo para vernos las caras en la sala larga.—A cualquiera otra parte. Crea usted que hoy nos van á dar bien de comer. —¿Quiere usted que le diga yo lo que nos darán en cualquier fonda á donde vayamos? Mire usted, nos darán en primer lugar mantel y servilletas puercas, vasos puercos, platos puercos y mozos puercos: sacarán las cucharas del bolsillo, donde estan con las puntas de los cigarros; nos darán luego una sopa que llaman de yerbas, y que no podria acertar á tener nombre mas alusivo; estofado de vaca á la italiana, que es cosa nueva; ternera mechada, que es cosa de todos los dias; vino de la fuente; aceitunas magulladas;

frito de sesos y manos de carnero, hechos aquellos y estos á fuerza de pan : una polla que se dejaron otros ayer, y unos postres que nos dejaremos nosotros para mañana.—Y tambien nos llevarán poco dinero, que aqui se come barato.— Pero mucha paciencia, amigo mio, que aqui se aguanta mucho.

No hubo sin embargo remedio: mi amigo no daba cuartel, y estaba visto que tenia capricho de comer mal un dia. Fue preciso, pues, acompañarle, é ibamos á entrar en los dos Amigos, cuando llamó nuestra atencion un gran letrero nuevo que en la misma calle de Alcalá y sobre las ruinas del antiguo figon de Perona dice: *Fonda del Comercio.*—¿Fonda nueva?—Vamos á ver. En cuanto al local, no les da el naipe á los fondistas para escoger local; en cuanto al adorno, nos cogen acostumbrados á no pagarnos de apariencias: nosotros decimos : ¡como haya que comer, aunque sea en el suelo! Por consiguiente nada nuevo en este punto en la fonda nueva.

Chocónos sin embargo la diferencia de las caras de ahora, y que hace medio año se veian en aquella casa. Vimos elegantes, y diónos esto escelente idea. Realmente hubimos de confesar que la fonda nueva es la mejor ; pero es preciso acordarnos de que la Fontana era tambien la mejor cuando se instaló : esta será, pues, otra Fontana dentro de un par de meses. La variedad que hoy en platos se encuentra cederá á la fuerza de las circunstancias; lo que nunca podrá perder será el servicio : la fonda nueva no reducirá nunca el número de sus mozos, porque es dificil reducir lo poco: se ha adoptado en ella el principio admitido en todas; un mozo para cada sala, y una sala para cada veinte mesas.

Por lo demas no deja de ofrecer un cuadro divertido para el observador oscuro el aspecto de una fonda. Si á su entrada hay ya una familia en los postres, ¿qué efecto le hace al que entra frio y sereno el ruido y la algazara de aquella gente toda alborotada porque ha comido? ¡Qué miserable es el hombre! ¿De qué se rien tanto? ¿Han dicho alguna gracia? No señor; se rien de que han comido, y la parte física del hombre triunfa de la moral, de la sublime; que no debiera estar tan alegre solo por haber comido.—Allí está la familia que trajo el coche..... ¡Apartemos la vista y tapemos los oidos por no ver, por no oir !!!

Aquel joven que entra venia á comer de medio duro;

pero se encontró con veinte conocidos en una mesa inmedia-
ta: dejóse coger tambien por la negra honrilla, y solo por
los testigos pide de á duro. Si como son solo conocidos fuera una muger á quien quisiera conquistar, la que en otra
mesa comiera, hubiera pedido de á doblon: á pocos amigos
que encuentre, el infeliz se arruina. ¡Necio rubor de no ser
rico! ¡Mal entendida vergüenza de no ser calavera!

¿Y aquel otro? Aquel recorre todos los dias á una misma hora varias fondas: aparenta buscar á alguien: en efecto, algo busca; ya lo encontró: allí hay conocidos suyos: á
ellos derecho: primera frase suya:—¡Hombre! ¿Ustedes
por aqui?—Coma usted con nosotros, le responden todos.
—Escúsase al principio; pero si habia de comer solo.... un
amigo á quien esperaba no viene.... Vaya, comeré con ustedes. Dice por fin, y se sienta. ¡Cuán agenos estaban sus
convidadores de creer que habian de comer con él! El sin
embargo sabia desde la víspera que habia de comer con ellos:
les oyó convenir en la hora, y es hombre que come los mas
dias de oidas, y algunos por haber oido.

¿Qué pareja es la que sin mirar á un lado ni á otro pide un cuarto al mozo y?... Pero es preciso marcharnos, mi
amigo y yo hemos concluido de comer: cierta curiosidad nos
lleva á pasar por delante de la puerta entornada donde ha
entrado á comer sin testigos aquel oscuro matrimonio... si;
duda... Una pequeña parada que hacemos alarma á los que
no quieren ser oidos, y un portazo dado con todo el mal humor propio de un misántropo nos advierte nuestra indis-
crecion y nuestra impertinencia. Paciencia, salgo diciendo:
todo no se puede observar en este mundo; algo ha de quedar oscuro en un cuadro: sea esto lo que quede en negro en
este artículo de costumbres de la Revista Española.

POESÍAS

DE

DON FRANCISCO MARTINEZ DE LA RÓSA.

Es tan conocido el mérito del autor de esta nueva coleccion poética, son tan justamente apreciados en España y fuera de ella los varios ensayos didácticos y composiciones dramáticas que en anteriores tomos ha publicado, que no es mucho que entremos con respeto y miedo á juzgar al que puede juzgar á los demas. El justo criterio, el gusto depurado son las dotes que mas brillan en sus escritos; pero no contento el señor Martinez de la Rosa con haber indicado el camino que deben trillar los que á la gloria inmortal de poetas aspiren, nos quiere dar el ejemplo al lado de la admonicion. Harta empresa es esa para un solo hombre. No presta el cielo al mismo tiempo la fria severidad del crítico y la ardiente imaginacion del vate, y mal pudiera prestarlas sin contradecir sus propias leyes. Si alguna vez, pues, se ven ambas calidades reunidas puede reputarse fenómeno. Recorramos la lista de los primeros poetas; no hallaremos en esa á los grandes didácticos: preceptos será lo que en sus obras encontraremos, preceptos de inspiracion; rara vez preceptistas. Homero, Virgilio, Anacreonte, Píndaro, Taso, Milton, &c. &c., se contentaron con la parte que les tocó; verdad es que les tocó lo mas, porque nunca harán los preceptos un poeta. Recorramos por otra parte las obras de los grandes maestros del arte. Aristóteles hubiera probado á entonar la trompa épica; en balde hubiera ensayado á observar sus mismas reglas. Longino, que tan bien entendió el sublime, no hubiera dado nunca con él. El severo Boileau quiso pulsar la lira, y Apolo la rompió en sus débiles manos, toda su oda á la toma de Namor puede darse por el peor concepto de su arte poética. La Harpe dió modelos; pero modelos de escuela. En una palabra, la cabeza puede aventajarse en el hombre, pero es por lo regular á costa del corazon. Dos nombres colosales, que son los que mas acaso á la perfeccion en distintos géneros se han acercado, pudieran citarse como poderosas escepciones de nuestro aserto. Horacio y Voltaire. Esto sin embargo podria ser objeto de larga discusion en que no podemos entrar ahora; en ella apareceria tal vez que el Horacio del arte poética y de las sátiras no es el Horacio de las odas, que el Voltaire prosista es infinitamente superior al Voltaire autor cómico, trágico y épico.

En beneficio del señor don Francisco Martinez pueden solo resultar estas breves observaciones, á que la lectura grata de su libro da lugar. Nadie puede dudar del alto puesto que entre los preceptistas ocupa; y de su talento poético no seremos ciertamente nosotros los que dudemos. Y no decimos tampoco que el señor Martinez es poeta·porque creamos que otros lo duden, sino porque en decirlo gozamos y en repetirlo, nosotros sobre todo, que juzgaremos al autor con sus mismas leyes, y que abundamos afortunadamente en sentadas opiniones suyas. Sentimiento, intencion, es lo que buscamos en el poeta: sentimiento, intencion, encontramos en el señor Martinez de la Rosa. «No remontemos, dice el autor en su prólogo, tan desacordadamente el concepto y la frase que cueste trasudores el entendernos.» «No recuerdo un solo rasgo sublime, dice en otra parte, en cualquiera lengua que sea, que no esté espresado con sencillez.» Esta idea, adoptada por nuestro poeta y tan bien seguida en su Edipo; esta imitacion de la griega sencillez es la que distingue sus obras poéticas de las demas de su época: la oscura ampulosidad es una montaña que abruma nuestra poesía, nada mas necesario que el que se resuelvan los jóvenes en fin á segregar del fruto precioso el lujurioso pámpano que le ahoga. No es la palabra la sublime; séalo el pensamiento; parta derecho al corazon; apodérese de él, y la palabra lo será tambien. «Hágase la luz, dijo Dios, y fue la luz.» Nada hay escrito mas sublime, nada sin embargo menos ampuloso. Oigamos otra espresion grande y sencilla. Muere una muger, y esclama su amiga: «¡Con que esta es la primera noche que vas á pasar en la tierra!» ¡Qué apóstrofe hay mas enérgico! ¡Qué formas sin embargo mas sencillas! Todas las palabras son sublimes cuando la pasion las emplea. Siguiendo estos principios, es dificil ser á veces mas poeta que el autor de esta coleccion. ¡Hay ternura en sus composiciones, sentimiento en sus ver-

sos, profundidad á veces! Dulce y melancólica filosofía.
Bien quisiéramos citar algunos trozos de los que han seño-
reado en su lectura nuestro corazon. Pero el público se hará con estas poesías, y citar fragmentos fuera imponernos la
difícil tarea de la eleccion. Respondemos que serán leidas
con placer por los que abriguen sentimiento; con entusiasmo por los que recibieron del cielo la sensibilidad como primera condicion de su existencia.

Una cosa confesarémos á nuestro pesar: uno de los géneros á que mas lugar ha dado en su tomo el señor Martinez de la Rosa ha sido un género desgastado ya; un género
en que tanto y tan bueno se ha escrito, que es harto difícil
sobresalir en él. No es decir esto que sus composiciones ligeras no puedan competir con las de Anacreonte, con las de
Gesner, con las de Melendez; pero la tendencia del siglo es
otra: si las sociedades nacientes alimentan su imaginacion
con composiciones ligeras, las sociedades gastadas necesitan
sensaciones mas fuertes. Acaso en esto lleve el poeta ventaja á la sociedad en que vive; acaso las causas de la decadencia de este género no hacen favor á los adelantos de la
civilizacion; pero no por eso es menos cierto que buscamos
mas bien en el dia la importante y profunda inspiracion de
Lamartine, y hasta la desconsoladora filosofía de Byron que
la ligera y fugitiva impresion de Anacreonte.

Los versificadores que solo hacer versos saben, mas no
sentirlos, podrán tachar de poco robustos algunos del autor;
nosotros aunque conocemos la nécesaria cooperacion de la
mas completa armonia posible en la poesía, pasamos ligeramente sobre ese reproche, y siempre daremos la prefe-
rencia en todo caso á las ideas.

Concluiremos dando el parabien al señor Martinez de la
Rosa por su nueva publicacion, y deseando que la juventud
estudiosa saque tanto partido de su ejemplo como de las lecciones con que en sus obras anteriores ha sabido hacerse el
órgano del buen gusto, y el honor de su patria, que colocará su nombre en la corta lista de los que en el dia, pueden retribuirla gloria sólida é imperecedera.

LAS CASAS NUEVAS.

La constancia es el recurso de los feos, dice la célebre Ninon de Lenclos en sus lindas cartas al marqués de Sevigne; las personas de mérito, que saben por donde quiera han de encontrar ojos que se prenden de ellas, no se curan de conservar la prenda conquistada; los feos, los necios, los que viven seguros de que dificilmente podrán encontrar quien llene el vacío de su corazon, se adhieren al amor, que una vez por acaso encontraron, como las ostras á las peñas que en el mar las sostienen y alimentan.

Estos son generalmente los que temerosos de perder el bien, que conocen no merecer, preconizan la constancia, la erigen en virtud, y hacen con ella el tormento de una vida que deben llenar la variedad y la sucesion de sensaciones tan vivas como diferentes.

Aquella máxima de coqueta, al parecer ligera, si no es siempre cierta, porque no á todos les es dado el poder ser inconstantes, es sin embargo profunda y filosófica, y aun puede, fuera del amor, encontrar mas de una exacta aplicacion. Pero mi propósito no es hundirme en consideraciones metafisicas acerca del amor; tengamos lástima al que le ha dejado tomar incremento en su corazon, y pasemos como sobre ascuas sobre tan quisquilloso argumento. El hecho es que no tenia yo la edad todavia de querer ni de ser querido, cuando entre otras varias obras francesas que en mis manos cayeron, hacia ya un papel muy principal la de la famosa cortesana citada. Chocóme aquella máxima, y fuese pueril vanidad, fuese temor de que por apocado me tuviesen, adoptela por regla general de mis aficiones. Tuve que luchar en un principio con la costumbre, que es en el hombre hija de la pereza y madre de la constancia. El hombre efectivamente se contenta muchas veces con las cosas tales cuales las encuentra, por no darse á buscar otras, como se figura acaso dificil encontrarlas; una vez resignado por pereza, se afíciona por costumbre á lo que tiene y le rodea; y una vez acostumbrado, tiene la bondad de llamar constancia á lo que es en él casi naturaleza. Pero yo luché, y al cabo de poco tiempo de ese empeño en cerrar mi corazon á las aficiones que pudieran llegar á dominarle, agregado esto á la necesidad de viajar y variar de objetos, en que las revoluciones del principio del siglo habian puesto á mi familia, lograron hacer de mí el ser mas veleidoso que ha nacido. Pesándome de ver á las mismas gentes todos los dias, no hay amigo que me dure una semana; no hay tertulia á donde pueda concurrir un mes entero; no hay hermosa que me lo parezca todos los dias, ni fea que no me encante una vez siquiera al mes: esto me hace disfrutar de inmensas ventajas, porque solo se puede soportar á las gentes los quince primeros dias que se las conoce. ¡Qué de atenciones en ellas! ¡Qué de sinceros ofrecimientos! ¿Pasaron aquellos? ¿Se intimó la amistad? ¡A Dios! como ya de cualquier modo tienen cumplido con usted; todos son desaires, todas crudas y acedas respuestas. Pesándome de comer siempre los mismos alimentos, hoy como á la francesa, mañana á la inglesa, un dia ceno y otro meriendo: ni tengo horas fijas, ni hago comida con-concierto. Y esto tiene la ventaja de predisponerme para el cólera. Pesándome de hablar siempre en español, tengo amigos franceses solo para hablar en francés una hora al dia: me trato con los operistas para hablar una vez á la semana en italiano: aprendí griego por conocer una lengua que no habla nadie; y sufro las impertinencias de un inglés, á quien trato, por darme á entender en el idioma en que decia Carlos V que hablaria á los pájaros. Pesándome de que me llamen todos los dias desde el año 9 en que nací, por el mismo apellido, cien veces dejé aquel con que vine al mundo, y ora fuí el *Duende satírico*, ora el *Pobrecito hablador*, ora el *Bachiller Munguía*, ora *Andrés Niporesas*, ora *Figaro*, ora... y qué sé yo los muchos nombres que me quedarán aun que tomar en los muchos años que, Dios mediante, tengo hecho propósito de vivir en este bajo suelo; porque si alguna cosa hay que no me canse es el vivir, y si he de decir la verdad, consiste esto en que á fuerza de meditar he venido á conocer que solo viviendo podré seguir variando. Por último, y vengamos al asunto, pesándome de vivir todos los dias en una misma casa, la vista de un cuarto desalquilado hace en mi ánimo el mismo efecto que produce la picadura del pez en el corazon del anhelante pescador que le tiende el cebo. Corro á mi casa, pongo en movimiento á mi familia, hágome la ilusion de que emprendo un viaje, y de cuartel en cuartel, de calle en calle, de manzana en manzana, y hasta de piso en piso, recorro alegremente y reconozco los mas recónditos escondrijos y rincones de esta populosa ciudad. Si la casa es grande:—«¡Qué hermosura ! esclamo; esto es vivir con desahogo, esto es lujo y magnificencia.» Si es chica: «Gracias á Dios, me digo, que salí de esos eternos caserones que nunca bastan muebles para ellos; esta es á lo menos recogida, reducida, propia, en fin, del hombre tan reducido tambien y limitado.» Si es cuarto bajo; «No tiene escalera, digo, y el hombre no ha nacido para vivir en las estrellas.» Si es alto el piso: «¡Bendito sea Dios, qué claridad, qué ventilacion, y qué pureza de aires!» Si es caro: «¿Qué importa? lo primero es tener buena habitacion.» Si es barato: «Mejor; con eso emplearé en galas lo que habia de invertir en mi vivienda.»

Nadie, pues, mas feliz que yo, porque en cuanto á las habladurías y murmuraciones del mundo perecedero, asi me cuido de ellas como de ir á la Meca. Pero es el caso que tengo un amigo que es de esos hombres que se dejan impresionar facilmente por la última persona que oyen, de esos caracteres débiles, flojos, apáticos, irresolutos, de reata, en fin, que componen el mayor número en este mundo, que nacieron por consiguiente para obedecer, callar y ser constantemente víctimas, y cuya debilidad es la mas firme columna de los fuertes.

Oyóme este amigo las reflexiones que anteceden, y vean ustedes á mi hombre descontento ya con cuanto le rodea: ya que no lo puede mudar todo, quiere cuando menos mudar de casa, y hétele buscando conmigo papeles en los balcones de barrio en barrio, porque esta es muy de antiguo la señal que distingue las habitaciones alquilables de esta capital, sin que yo haya podido dar hasta ahora con el origen de esta conocida costumbre, ni menos con la de poner los papeles en las esquinas de los balcones cuando la casa es solo alquilable para huéspedes.

Las casas antiguas, dijimos, que van desapareciendo de Madrid rapidisimamente, estan reducidas á una ó dos enormes piezas y muchos callejones interminables; son demasiado grandes; son oscuras por lo general á causa de su mala reparticion y combinacion de entradas, salidas, puertas y ventanas.

Dirijímonos, pues, á ver las casas nuevas; casas que

surgen de la noche á la mañana por todas las calles de Madrid; esas que tienen mas balcones que ladrillos y mas pisos que balcones; esas por medio de las cuales se agrupa la poblacion de esta coronada villa, se apiña, se sobrepone y se aleja de Madrid, no por las puertas, sino por arriba, como se marcha el chocolate de una chocolatera olvidada sobre las brasas. La poblacion que se va colocando sobre los límites que encerraron á nuestros abuelos, me hace el efecto del helado que se eleva fuera de la copa de los sorbetes. El caso es el mismo: la copa es pequeña y el contenido mucho.

Muchas casas y muy lindas vimos. Mi amigo observó con razon que se sigue en todas el método antiguo de construccion: sala, gabinete y alcoba pegada á cualquiera de estas dos piezas; y siempre en la misma cocina, donde se preparan los manjares, colocado inoportuna y puercamente el sitio mas desaseado de la casa. ¿No pudiera darse otra forma de construccion á las casas, de suerte que este sitio quedase separado de la vivienda, como en otros paises lo hemos visto constantemente observado? ¿No pudieran llegarse á desusar esos vidrios horribles, desiguales, pequeños, unidos por plomos, generalmente invertidos en las vidrieras? ¿No se les podrian sustituir vidrios de mejor calidad, de mas tamaño, y unidos entre sí con sutiles listones de madera, que harian siempre mejor efecto á la vista y darian mas entrada á la luz? ¿No convendria desterrar esas pesadas maderas que cierran los balcones, llenas de inútiles rebajos y costosas labores, sustituyéndoles puertas ventanas de hojas mas delgadas y lisas? ¿No pudiera introducirse el uso de las comodísimas chimeneas para las casas sobre todo mas espaciosas, como se hallan adoptadas en toda Europa? ¿Tanto perderíamos en olvidar los mezquinos y miserables braseros que nos abrasan las piernas, dejándonos frio el cuerpo y atufándonos con el pestífero carbon, y que son restos de los sahumadores orientales introducidos en nuestro pais por los moros? ¿Qué mal hariamos en desterrar los canalones salientes, cuyo objeto parece ser el de reunir sobre el pobre transeunte, ademas del agua que debia naturalmente caerle del cielo, toda la que no debia caerle, y en sustituirles los conductos vertederos semejantes á los de Correos, pegados á la pared?

Los caseros mas que al interés público consultan el suyo

propio: *aprovechemos terreno*; ese es su principio: *apiñe-nos gente en estas diligencias paradas*, y *vivan todos como de viaje*: cada habitacion es en el dia un baul en que es-tan las personas empaquetadas de pie, y las cosas en la posicion que requiere su naturaleza: tan apretado está to-do, que en caso de apuro todo podria viajar junto sin rom-perse. Las escaleras son cerbatanas, por donde pasa la per-sona como la culebra que se roza entre dos piedras para soltar su piel. Un poco mas de hombre ó un poco menos de escalera, y serán una sola cosa hombre y escalera.

Pero sigamos la historia de mi amigo. No bien hubo visto la blancura de una de las casas nuevas, la monería de las acomodadas piececitas, el estado de novedad de las ha-bitaciones del piso tercero, alborózase y: *¡este cuarto es mio!* esclama.—Pero acabemos de ver.—Nada; inútil, quie-ro casa nueva, casa nueva; no hay remedio.—De allí á me-dia hora estábamos ya en casa del casero. Inútil es decir que el casero tenia mala cara; todos la tienen: es la primera co-sa que hacen en comprando casa; á lo menos tal nos parece siempre á los inquilinos, sin que esto sea decir que no pue-da ser ilusion de óptica.—¿Qué tiene usted que mandarme?..
—¿Usted es el dueño de la casa que se está haciendo?....—Sí señor.—Hay varios cuartos en la casa.—Estan dados.—¡Có-mo! si no estan hechos....—Ahí verá usted.—¿Pero no ha-bria?....—Un tercero queda.—Bueno; he dicho que quiero casa nueva.—No es tampoco de los mas altos, caballero: no tiene mas que noventa y tres escalones y un tramito.—Ya se ve que no es mucho: se baja uno á Madrid en un momen-to; quiero casa nueva.—¿Pagará usted adelantado?—Hom-bre, ¿adelantado? A mí nadie me paga adelantado.—Pues déjelo usted.—¡Ah! no, eso no; bien; pagaré ¿un mes?—Tres meses ó seis.—Pero hombre....—Dejarlo.—No; bien, bien; ¿cuánto renta? Es tercero y tiene pocas piezas y es·· trechas, y....—Diez reales diarios; dé usted gracias que no se le pone en doce.—¡Diez reales!—Si no acomoda....—Sí señor, sí. ¡Cómo ha de ser! ¡Casa nueva!—Fiador.—¿Fia-dor?—Y abonado.—Bueno; ¡paciencia! Tengo amigos; el marqués de....—¿Marqués? no, no señor.—El coronel de...
—¿Militar? menos.—Un Mayordomo de semana.—¿Tiene fuero? no señor.—Pero hombre, ¿adónde he de ir á bus-car?....—Ha de tener casa abierta.—Pero si yo no me tra-to con taberneros, ni......—Pues dejarlo.—¡Voto va!

No hubo mas remedio que buscar el fiador: ya daba mi amigo la mudanza á todos los diablos. Venciéronse por fin las dificultades; ya cogió las llaves, y cogió al celador, y cogió el padron, y cogió.... ¿qué habia de coger por último? el cielo con las manos, lectores mios. Comenzó la mudanza: el sofá no cupo por la escalera; fué preciso izarle por el balcon, y en el camino rompió los cristales del cuarto principal, los tiestos del segundo, y al llegar al tercero, una de sus propias patas, que era precisamente la que le habia estorbado; si se hubiera roto al principio, pleito por menos; fué preciso pagar los daños: el bufete entró como taco en escopeta, haciendo mas allá la pared á fuerza de rascarle el yeso con las esquinas: la cama del matrimonio tuvo que quedarse en la sala, porque fue imposible meterla en la alcoba: el hermano de mi amigo, que es tan alto como toda la casa, se levantó un chichon, en vez de levantar la cabeza, con el techo que estaba hombre en medio con el piso. En fin, mal que bien, estuvo ya la casa adornada; pero ¡oh desgracia! Mi amigo tiene un suegro sumamente gordo: verdad es que es monstruoso; y es hombre que ha menester dos billetes en la diligencia para viajar: como á este no se le podia romper pata como al sofá, no hubo forma de meterlo en casa. ¿Qué medio en este conflicto? ¿Reñir con él y separarse porque no cabe en casa? no es decente.—¿Meterlo por el balcon? no es para todos los dias. ¡Santo Dios! ¡que no se hagan las casas en el dia para los hombres gordos! En una palabra, desde ayer estan los trastos dentro: mi amigo en la escalera mesándose los cabellos, luchando entre la casa nueva y el amor filial; y el viejo en la calle esperando, ó á perder carnes, ó á ganar casa.

REPRESENTACION

DE

LA FONDA, Ó LA PRISION DE ROCHESTER,

COMEDIA EN UN ACTO,

Y DE LAS ACEITUNAS,

Ó UNA DESGRACIA DE FEDERICO II. — Idem.

Era tiempo de peste en Cádiz, y daba su parte á la autoridad un sargento que estaba de faccion en Puerta de tierra, diciendo en los términos siguientes: «Sin novedad: hoy han salido por esta puerta veinte muertos con sus respectivos cadáveres. Sargento fulano.»—Eso mismo decimos hoy nosotros al público al darle parte de las dos funciones nuevas que acabamos de ver desaprobadas con tanta razon por el auditorio. «Sin novedad: se han representado en este teatro dos comedias con sus respectivas silbas:» que silbas y comedias son cosas ya tan inseparables como cadáver y muerto.

Pero vamos á la primera cosa que se representó en esta funesta noche. Casóse un labrador, y proponíase tener muchos hijos; tantos que le pareció venir alli de molde un libro de memorias, donde pudiera ir apuntando sus nombres y no confundirse el, ni confundirlos jamás. Encuadernó, pues, su libro en blanco, é iba apuntando asi: «Hijos del labrador Anton Antunez: el primer hijo, no fue hijo sino hija.»

Lo mismo decimos nosotros: comedias del 24: la primer comedia, no fue comedia, sino farsa. Júzguelo sino el lector, El caso ocurre en Lóndres en tiempo de no sé qué príncipe, que acaba de desterrar á su favorito el conde de Rochester, por ciertas sátiras que el señor conde se ha tomado la libertad de escribir en mala hora, en peor sazon, y en aciago dia. El conde, que es hombre taimado, asi se cuida de cumplir su destierro como de adorar el zancarron de Mahoma.

El príncipe le destierra; pero él no se da por desterrado. Todo lo contrario; quédase el conde escondído; y ¿ dónde les parece á ustedes que se esconde? En alguna guardilla ó sótano, en algun... nada de eso: escóndese en medio de una fonda pública que ha arrendado y beneficia en persona: ¿quién le ha de conocer alli? En las fondas de Lóndres no se conoce á nadie. Esto parece una paradoja; pero el hecho es que un constable encargado de prender al desterrado, y que lleva sobre sí todas sus señas, le ve, le habla, y no le conoce. Entretanto el príncipe, que está cansado de los pesados cargos del gobierno, ó que acaso ha encontrado alguna mosca en la sopa y anda torcido con su cocinero, coge la capa y el sombrero, y vase á comer á la fonda como si fueran los dias de su muger. ¿ Y á qué fonda ha de ir el príncipe? á la misma que ha arrendado Rochester. El príncipe acaba de comer, y como habia de tomar café para despejarse la cabeza, se pone á hacer versos, como chico que acaba su plana, porque el príncipe es poeta, por mas que parezca imposible. Acaba su composicion este, que deberá ser alguna anacreóntica, y consulta á un muchacho de paja y cebada de la fonda, que hace tambien versos. En tanto Rochester soborna al ayuda de cámara del príncipe, el cual no hace versos, pero hace cuanto le mandan, que es mucho mejor. De alli á poco viene el constable y quiere prender al príncipe creyéndole Rochester. El príncipe, temblando que le lleven á la cárcel y le den azotes por haber hecho novillos de su oficio de gobernar y haber traido la vida del hombre malo comiendo de figon en figon, imagina la idea de darle al constable un papel con su firma, donde está el perdon del conde. Este, que anda á caza de descuidos por este estilo, atrapa el papel, y con esta superchería queda perdonado. En celebridad se casa la muchacha de la fonda con el mancebo de los versos, porque ya hemos dicho que en esta farsa todos son poetas menos el autor. Casada la chica, perdonado el conde, se acaba la comedia y empieza la silba.

Seguía la apuntacion del labrador Anton Antunez, y decia: «El segundo hijo murió al nacer, por lo cual no fue hijo ni hija.» La segunda comedia, pues, fue todo mentira: ni fue cierta ni verosimil. Federico de Prusia acaba de ser derrotado por los rusos, gente descomunal ya desde aquellos tiempos: y se echa á buscar solo y de incógnito casa de huéspedes por los pueblos de la comarca. Llega á uno donde mete mucho ruido un pleito sobre unas aceitunas (que por lo malas deben de ser de la fonda de Rochester arriba espresada). Un sargento prusiano dejó al partir para la guerra ocho años antes, un barril de aceitunas en depósito á un vecino del pueblo, pero dejó tambien oculta en el barril una suma de dinero. El taimado depositario le vuelve á su regreso las aceitunas mas no las monedas. En el momento en que acaba de llegar Federico, ha sentenciado el pleito en favor del infiel depositario un majadero, es decir, un alcalde del pueblo. El rey, que está desocupado, ya que no pudo ganar la batalla, se empeña en ganar el pleito: un muchacho que es muchacha, y á quien le sucede lo mismo que al hijo de Anton Antunez, porque le representa la señora Castillo vestida de hombre, da en conocer la falsedad del depositario al notar que las aceitunas son frescas, cosa imposible llevando ocho años de depósito; lo cual es una prueba convincente de que anduvo en las aceitunas la mano del gato, ó la del depositario, que gatos y depositarios se van allá. El rey, pues, hace justicia seca, entre polvo y polvo, porque Federico tomaba mucho tabaco; y castigado el vicio, y recompensada la virtud, y dicha la moraleja, de la cual se deduce que es muy peligroso cambiar las aceitunas cuando se trata de robar, y comenzada de nuevo la batalla, que suena en el teatro á vejigas reventadas, y descubierto el rey, y quedándose solo en majadero el que era antes majadero y alcalde todo junto, cae la cortina; lo que comunicamos al público para su satisfaccion. Aqui vuelve á empezar el estrivillo de la silba con que rematan ahora todas las piezas.

¿Dónde hemos leido nosotros que poseía el teatro tantas comedias nuevas para la próxima temporada cómica? Por la cruz que tenemos á cuestas con este teatro, no lo creemos, y no lo creemos porque recordamos cierto caso que queremos contar á nuestros lectores, ya que con tanta comezon de contar nos encontramos hoy. Reñian un andaluz y otro andaluz, el uno mas feo que el otro, y echábanse á la cara mil denuestos, cuando cansado ya el uno del mucho vocear, y del no decirse nada en limpio, empínase en las puntas de los pies, y dícele á su adversario:—Pero ¿qué habla usted ahí, compadre? si todo el mundo sabe que usted es hombre de dos caras. A lo que repuso el menos feo, no bien lo hubo oido:—Amigo, siento mucho no poder decir á usted otro tanto.—¿Y por qué? diga usted, preguntó el feo.—Porque si usted tuviera otra cara, repuso el chulo, no le veriamos nunca esa que trae hoy.

Si tuviera el teatro buenas comedias, ¿cómo le habiamos de ver nunca esos harapos de farsa que nos enseña?

VARIOS CARACTERES.

No siempre está en mano del hombre el coordinar sus ideas y formar con ellas una obra arreglada, con principio, medio y fin. ¿A quién no le habrá sucedido repetidas veces abrir un libro, leer maquinalmente y no poder establecer entre lo escrito y su cabeza ninguna especie de comunicacion, cerrar el libro y no poderse dar cuenta de lo que ha leido? En estos casos, que muy á menudo me suceden, suelo echar mano del sombrero y la capa, y no pudiendo fijar mi atencion en una sola cosa, trato de fijarla en todas: sálgome á la calle, éntrome por los cafés, vóime á la Puerta del Sol, á Correos, al Museo de pinturas, á todas partes, en fin, y en ninguna puedo decir que estoy en realidad. Cualquiera me conocerá en estos dias en que el fastidio se apodera de mi alma, y en que no hay cosa que tenga á mis ojos color, y menos, color agradable. En estos dias llevo cara de filósofo, es decir, de mal humor; una sonrisa amarga de indiferencia y despego á cuanto veo se dibuja en mis labios; llevo conmigo un lente, no porque me sirva, pues veo mejor sin él, sino para poder clavar fijamente el objeto que mas me choca, que un corto de vista tiene licencia para ser desvergonzado; no saludo á ningun amigo ni conocido que encuentro, porque esto sería hacer yo tambien un papel en la comedia de que pretendo ser únicamente espectador, y que solo para divertirme á mí creo por entonces que representa el mundo entero. Mala crianza será, pero me acerco á escuchar conversaciones de corrillos: es de advertir que cuando el tedio me abruma con su peso, no puedo tener mas que tedio. Recibo insensible las impresiones de cuanto pasa á mi alrededor; á todas me dejo amoldar con indiferencia y abandono; en semejantes dias no hay hermosas para mí, no hay feas, no hay amor, no hay odio.

Esta es la razon por que me fuera imposible hacer hoy un artículo de costumbres medianamente coordinado: si ha menester plan, si necesita reflexion la cosa que hoy emprenda inútil me es emprenderla; conozco que no he de poder llevarla á cabo.—Acaso encontraria, investigando metafísicamente mi corazon, la causa que ha podido ponerme hoy en esta estraña disposicion de ánimo; pero este trabajo me cansaria, y he dicho que no quiero hacer hoy impresiones sino recibirlas. En estos dias es, sin embargo, cuando colocado detras de mi lente, que es entonces para mí el vidrio de la linterna mágica, veo pasar el mundo todo delante de mis ojos; é imparcial, ageno de consideracion que á él me ligue véole tal cual se presenta en cada fisonomía, en cada accion que observo indolentemente.

—¿Qué hace don Julian en ese café? Todos los dias viene al dar las cuatro : el mozo no ha menester que le hablen una palabra : apenas se ha colocado aquel en su silla, ya tiene la cafetera encima de la mesa. Toma, paga, y se duerme. Esa es la principal ocupacion de don Julian. Tomar café una vez cada dia.

—¿Y qué hace en el café aquel viejo? Treinta años ha que viene : todas las tardes juega su partida de agedrez: todas las tardes se la ven jugar aquellos cuatro originales qué tiene en derredor : ni él hace mas en la vida, ni ellos ven otra cosa. Eso es lo que se llama aislarse en medio del mundo.

—¿Quién es aquel que cruza por aquella esquina? ¡Bello muchacho! Pero no ; conforme se acerca cuento las arrugas del rostro. ¡Ah! es un joven de sesenta años. A las ocho de la mañana sale vestido ya y ceñido, prendido y ajustado: ni una mota, ni una arruga lleva el frac: la bota es un espejo: el guante blanco como la nieve: la corbata no hace un pliegue: el pelo rizado, mejor diremos pintado: en todos los conciertos, en todos los bailes, en el paseo, en la luneta, erguido siempre, bailando, coqueteando. ¿Nunca se descompone, nunca se ensucia? ¿Qué secreto posee? ¿No le crece nunca la barba? Jamas. Es solo de estrañar que vaya solo; ó acaba de dejar algunas señoras, ó va á buscarlas. Las hablará de la ópera, del figurin, de lo mal que bailó el solo Gasparito; esta es la existencia del viejo verde : miradle contraerse y revolcarse en su vanidad al lado de una hermosa: ¿es una serpiente que se roza contra un árbol? No; el viejo verde al lado de las bellas es una oruga que se desliza por entre las rosas.

—¿Han visto ustedes unas caras paradas, unos ojos mudos, unos corbatines siempre iguales, un vestido regular y uniforme, unos cuerpos, ni elegantes ni mal vestidos, unos brazos que se balancean monótonos, siempre con la regularidad y compas de las aspas de un molino? ¿Saben ustedes que los hombres de esas señas hablen nunca nada que pueda ser referido, escriban nada que deba ser leido, hagan una accion digna de ser imitada? No; esos son oficinistas ó propietarios. Se levantan, fuman, dicen palabras, dan pasos, saludan, entran, salen, se rien (estos nunca lloran) son hombres entre otros hombres. En una palabra, duermen despiertos.

—¿Cómo hace aquel original para llevar hace diez años el mismo frac, abrochado siempre del mismo modo, los mismos guantes, el mismo pañuelo blanco al cuello con el mismo lazo, el mismo pantalon, la misma postura de sombrero... ¿No se desnuda ese hombre? ¿No envejece? Ese es el judío errante.

—¿De qué habla don Cosme? Lo diré: don Cosme viene de la calle de la Paz: alli acude todos los dias á las ocho de la mañana: alarga una mano á la banasta de los periódicos: es un parroquiano á la lectura de papeles á cuarto. Hoy la Revista, mañana el Boletin.... Gran noticioso. Ese sabe siempre á punto fijo, de muy buena tinta, los pormenores de la última batalla: sabe si don Miguel está en Coimbra, en Lisboa ó en Badajoz: entiende muy bien la marcha de Nicolás, que asi llama él con franqueza al autócrata ruso. Suele sucederle luego que los que él supuso entrar vencedores en un punto, entraron en él prisioneros: pero todo es entrar. Estos hombres hablan siempre al oido: contraen la costumbre de suponerse espiados por las grandes cosas que creen decir: de resultas, si le encuentran á usted, le dirán al oido muy secretamente:—Buenos dias: beso á usted la mano.

—¿Hay nada mas torpe en estos hombres amigos de usted que le ven parado en una calle, y no conocen que cuando está usted parado es que no quiere andar, que cuando está callado es que no quiere hablar?

—¡Dios me libre de un hombre amable! No iré á su casa, porque me convidará. No le encontraré en la calle, por-

que vendrá á mí con los brazos abiertos aunque me haya
visto ayer; se enganchará de mí, me preguntará de mi salud, de mis hijos, de mis comedias, de mis artículos, de
mis... Pero líbreme, aunque sea el diablo, de una muger
amable; nunca sabré si me quiere ó si me estima, si es bien
criada ó tierna, si... ¡Válgame Dios! y líbreme, aunque sea
el diablo, de una muger amable: esa me volvería loco.

   —Oigan ustedes á don Lucas Mentirola. Ese viene siempre de donde sucede algo. ¿Ha habido fuego? Vengo de
alli: hace estragos horrorosos.—¿Ha llegado el tenor nuevo?
—Sí, responde, le acabo de dar un abrazo: viene gordo, y
su voz es un portento; le hice entrar en un portal y cantar
un rato... por mí lo hizo. Es gran muchachon, rubio, alto
¡estrangero!—Al otro dia se sabe que el tenor no ha llegado, y si ha llegado es chiquito, negro, bizco... ¿Esta malo algun sugeto marcado?—Hoy está mejor, dice; se ha
reido mucho conmigo; una hora he estado con él.—Luego
se averigua que el que tanto se ha reido estaba ya enter-
rado.—¿Quién es aquel botarate?—¿Aquel? un monstruo;
aquel se prevale de la bondad, del candor de la casa donde
le reciben; hay una muger hermosa; nada la dice; sin embargo afecta ir á la casa á horas de franqueza; la acompaña
al Prado; en baile ó sarao donde está ella está él; siempre
al lado de la hermosa, siempre baila con ella; cuando ella
no le ve, finge mirarla con zelos de algun otro; afecta disimulo, que en realidad no puede existir, pues nada hay que
disimular. ¿Se retiran? Siempre da el brazo á la hermosa.
Ella en tanto, á quien nada dice, que nada nota en él de
galanteo, está bien lejos de creer que el público malicioso
no habla de otra cosa sino de sus amores con fulanito. Fulanito tiene amor propio, no amor. Se contenta con que las
gentes crean que es feliz; para él no hay otro modo de serlo.
¡Qué horrible carácter! ¡Qué triste buena fé la de su víctima que no lo conoce!

NADIE PASE SIN HABLAR AL PORTERO,

ó

LOS VIAGEROS EN VITORIA.

¿Por qué no ha de tener España su portero, cuando no hay casa medianamente grande que no tenga el suyo? En Francia eran antiguamente los suizos los que se encargaban de esta comision; en España parece que la toman sobre sí algunos vizcainos. Y efectivamente, si nadie ha de parar hasta hablar con el portero, ¿cuándo pasarán los de allende si se han de entender con un vizcaino? El hecho es, que desde París á Madrid no habia antes mas inconveniente que vencer que 365 leguas, las landas de Burdeos y el registro de la puerta de Fuencarral. Pero héte aqui que una mañana se levantan unos cuantos alaveses (Dios los perdone) con humor de discurrir, caen en la cuenta de que estan en la mitad del camino de París á Madrid, como si dijéramos estorbando, y hete que esclaman:—Pues que, ¿no hay mas que venir y pasar? *Nadie pase sin hablar al portero.* De entonces acá cada alaves de aquellos es un portero, y Vitoria es un cucurucho tumbado en medio del camino de Francia : todo el que viene entra; pero hácia la parte de acá está el fondo del cucurucho, y fuerza es romperle para pasar.

Pero no ocupemos á nuestros lectores con inútiles digresiones. Amaneció en Vitoria y en Alava uno de los primeros dias del corriente, y amanecia poco mas ó menos como en los demas paises del mundo ; es decir, que se empezaba á ver claro, digámoslo asi, por aquellas provincias, cuando una nubecilla de ligero polvo anunció en la carrera de Francia la precipitada carrera de algun carruaje procedente de la vecina nacion. Dos importantes viajeros, francés el uno, español el otro, envuelto éste en su capa, y aquel en su capote, venian dentro. El primero hacia castillos en España, el segundo los hacia en el aire, porque venian echando cuentas acerca del dia y hora en que llegar debian á la villa de Madrid, leal y coronada (sea dicho con permiso del padre Vaca). Llegó el veloz carruaje á las puertas de Vito-

ria , y una voz estentórea , de estas que salen de un cuerpo
bien nutrido , intimó la orden de detener á los ilusos viajeros.—¡Hola ! ¡ eh ! dijo la voz , nadie pase.—¡Nadie pase!
repitió el español.—¿*Son ladrones* ? dijo el frances.—No señor , repuso el español asomándose, *son de la aduana.* Pero ¿cuál fue su admiracion cuando sacando la cabeza del
empolvado carruaje, echó la vista sobre un corpulento religioso , que era el que toda aquella bulla metía ? Dudoso
todavia el viajero estendia la vista por el horizonte por ver
si descubria alguno del resguardo; pero solo vió otro padre
al lado y otro mas allá , y ciento mas, repartidos aqui y alli
como los árboles en un paseo.—¡Santo Dios! esclamó : ¡cochero ! este hombre ha equivocado el camino ; ¿ nos ha traido usted al yermo ó á España?—Señor , dijo el cochero , si
Alava está en España , en España debemos estar.—Vaya,
poca conversacion, dijo el padre, cansado ya de admiraciones
y asombros: conmigo es con quien se las ha de haber usted,
señor viajero.—¡ Con usted , padre! ¿Y qué puede tener
que mandarme su reverencia ? Mire que yo vengo confesado desde Bayona, y de allá aqui maldito si tuvimos ocasion
de pecar , ni aun venialmente, mi compañero y yo, como
no sea pecado viajar por estas tierras.—Calle , dijo el padre,
y mejor para su alma. En nombre del Padre, y del Hijo...
—¡Ay Dios mio ! esclamó el viajero, erizados los cabellos,
que han creido en este pueblo que traemos los malos y nos
conjuran. — Y del Espíritu Santo , prosiguió el padre,
apéense , y hablaremos.—Aqui empezaron á aparecerse algunos facciosos y alborotados , con un Carlos V cada uno en
el sombrero por escarapela.

Nada entendia á todo esto el frances del diálogo ; pero
bien presumia que podia ser negocio de puertas. Apeáronse, pues, y no bien hubo visto el frances á los padres in-
terrogadores ,—¡ Cáspita! dijo en su lengua, que no sé como lo dijo , ¡ y qué uniforme tan incómodo traen en España
las gentes del resguardo , y qué sanos estan , y qué bien
portados ! Nunca hubiera hablado en su lengua el pobre
frances.—¡ Contrabando ! clamó el uno; contrabando clamó
otro ; y contrabando fue repitiéndose de fila en fila. Bien
como cuando cae una gota de agua en el aceite hirviendo de
una sarten puesta á la lumbre, álzase el líquido hervidor, y
bulle , y salta , y levanta llama , y chilla , y chisporrotea , y
cae en el hogar , y alborota la lumbre, y subleva la ceniza,

espelúznase el gato inmediato que descansando junto al res-
coldo dormia, quémanse los chicos, y la casa es un infierno:
asi se alborotó, y quemó, y se espeluznó y chilló la retahila
de aquel resguardo de nueva especie, compuesto de facciosos y de padres, al caer entre ellos la primera palabra
francesa del estrangero desdichado.

—Mejor es ahorcarle, decia uno, y servia el español
al frances de truchiman.—¡Cómo ha de ser mejor! esclamaba el infeliz.—Conforme, reponia uno, veremos.—¿Qué hemos de ver, clamaba otra voz, sino que es frances?

Calmóse, en fin, la zalagarda; metiéronlos con los equipages en una casa, y el español creía que soñaba y que lu-
chaba con una de aquellas pesadillas en que uno se figura
haber caido en poder de osos, ó en el pais de los caballos,
ó Houinhoins, como Gulliver.

Figúrese el lector una sala llena de cofres y maletas, provisiones de comer, barriles de escabeche y botellas, repartidas aqui y alli, como suelen verse en las muestras de las
lonjas de ultramarinos. ¡Ya se ve! era la intendencia. Dos
monacillos hacian en la antesala con dos voluntarios facciosos el servicio que suelen hacer los porteros de estrado en
ciertas casas, y un robusto sacristan, que debia de ser el
portero de golpe, los introdujo. Varios carlistas y padres
registraban alli las maletas, que no parecia sino que buscaban pecados por entre los pliegues de las camisas, y otros
varios viajeros, tan asombrados como los nuestros, se hacian cruces como si vieran al diablo. Allá en un bufete, un
padre mas reverendo que los demas, comenzó á interrogar
á los recien llegados.

—¿Quién es usted? le dijo al frances, y el frances callado, que no entendia. Pidiósele entonces el pasaporte.

—¡Pues! francés, dijo el padre. ¿Quién ha dado este pasaporte?

—S. M. Luis Felipe, rey de los franceses.

—¿Quién es ese rey? Nosotros no conocemos á la Francia, ni á ese don Luis. Por consiguiente, este papel no vale.
¡Mire usted, añadió entre dientes, si no habrá algun sacerdote en todo París que pueda dar un pasaporte, y no que
nos vienen ahora con papeles mojados!!!

—¿A qué viene usted?

—A estudiar este hermoso pais, contestó el francés con
aquella afabilidad tan natural en el que está debajo.

—¿A estudiar? ¿eh? Apunte usted, secretario: estas gentes vienen á estudiar : me parece que los enviaremos al tribunal de Logroño...

—¿Qué trae usted en la maleta? Libros.... pues... *Recherches sur... al sur* ¿eh? este *Recherches* será algun autor de marina : algun herejote. Vayan los libros á la lumbre. ¿Qué mas? ¡Ah! una partida de relojes; á ver... *London...* ese será el nombre del autor. ¿Qué es esto?

—Relojes para un amigo relojero que tengo en Madrid.

—*De comiso*, dijo el padre, y al decir *de comiso*, cada circunstante cogió un reloj, y metiósele en la faltriquera. Es fama que hubo alguno que adelantó la hora del suyo para que llegase mas pronto la del refectorio.

—Pero, señor, dijo el francés, yo no los traía para usted...

—Pues nosotros los tomamos para nosotros.

—¿Está prohibido en España el saber la hora que es? preguntó el francés al español.

—Calle, dijo el padre, si no quiere que se le exorcice, y aqui le echó la bendicion por si acaso. Aturdido estaba el francés, y mas aturdido el español.

Habíanle entre tanto desvalijado á este dos de los facciosos, que con los padres estaban, hasta del bolsillo, con mas de tres mil reales que en él traia.

—¿Y usted, señor de acá? le preguntaron de alli á poco ¿qué es? ¿quién es?

—Soy español y me llamo don Juan Fernandez.

—Para servir á Dios, dijo el padre.

—Y á S. M. la reina nuestra señora, añadió muy complacido y satisfecho el español.

—*A la carcel*, gritó una voz, *á la carcel*, gritaron mil.

—Pero señor, ¿por qué?

—¿No sabe usted, señor revolucionario, que aqui no hay mas Reina que el señor don Carlos V, que felizmente gobierna la monarquía sin oposicion ninguna?

—¡Ah! yo no sabia...

—Pues sépalo, y confiéselo, y...

—Sé y confieso, y... dijo el amedrentado dando diente con diente.

—¿Y qué pasaporte trae? Tambien francés... Repare usted, padre secretario que estos pasaportes traen la fecha del año 1833. ¡Qué deprisa han vivido estas gentes!

—¿Pues no es el año en que estamos? ¡Pesi á mí! dijo Fernandez, que estaba ya á punto de volverse loco.

—En Vitoria, dijo enfadado el padre, dando un porrazo en la mesa, estamos en el año 1.º de la cristiandad, y cuidado con pasarme de aqui.

—¡Santo Dios! en el año 1.º de la cristiandad. ¿Con que todavía no hemos nacido ninguno de los que aqui estamos? esclamó para sí el español. ¡Pues vive Dios que esto va largo!—Aqui se acabó de convencer, asi como el francés, de que se habia vuelto loco, y lloraba el hombre y andaba pidiendo su juicio á todos los santos del Paraiso.

—Tuvieron su club secreto los facciosos y los padres, y decidiéronse por dejar pasar á los viajeros: no dice la historia por qué; pero se susurra que hubo quien dijo, que si bien ellos no reconocian á Luis Felipe, ni le reconocerian jamás, podria ocurrir que quisiera Luis Felipe venir á reconocerlos á ellos, y por quitarse de encima la molestia de esta visita, dijeron que pasasen, mas no con sus pasaportes, que eran nulos evidentemente por las razones dichas.

Díjoles, pues, el que hacia cabeza sin tenerla: supuesto que ustedes van á la revolucionaria villa de Madrid, la cual se ha sublevado contra Alava, vayan en buen hora, y cárguenlo sobre su conciencia. El gobierno de esta gran nacion no quiere detener á nadie; pero les daremos pasaportes válidos; estendióseles en seguida un pasaporte en la forma siguiente:

AÑO PRIMERO DE LA CRISTIANDAD.

NOS Fr. Pedro Jimenez Vaca.=Concedo libre y seguro pasaporte á don Juan Fernandez, de profesion católico, apostólico y romano, que pasa á la villa revolucionaria de Mádrid á diligencias propias: deja asegurada su conducta de catolicismo.

—Yo, ademas, que soy padre Intendente, habilitado por la Junta suprema de Vitoria, en nombre de S. M. el Emperador Cárlos V, y el padre Administrador de correos que está ahí aguardando el correo de Madrid, para despacharlo á su modo, y el padre capitan del resguardo, y el padre gobierno que está alli durmiendo en aquel rincon, por quitarnos de quebraderos de cabeza con la Francia, quedamos fiadores de la conducta de catolicismo de ustedes; y como no somos capaces de robar á nadie, tome usted, señor Fernandez, sus tres mil reales en esas doce onzas de oro, que es cuenta cabal, y se las dió el padre efectivamente.

Tomó Fernandez las doce onzas, y no estrañó que en un pais donde cada 1833 años no hacen mas que uno, doce onzas hagan tres mil reales.

Dicho esto, y hecha la despedida del padre Prior, y del desgobernador gobierno que dormia, llegó la mala de Francia, y en espurgar la pública correspondencia, y en hacernos el favor de leer por nosotros nuestras cartas, quedaba aquella nacion poderosa y monástica ocupada á la salida de entrambos viajeros, que hácia Madrid se venian, no acabando de comprender si estaban real y efectivamente en este mundo, ó si habian muerto en la última posada sin haberlo echado de ver; que asi lo contaron en llegando á la revolucionaria villa de Madrid, añadiendo que por alli *nadie pasa sin hablar al portero.*

LA PLANTA NUEVA,

Ó EL FACCIOSO.

HISTORIA NATURAL.

Razon han tenido los que han atribuido al clima influencia directa en las acciones de los hombres; duros guerreros ha producido siempre el norte, tiernos amadores el mediodía, hombres crueles, fanáticos y holgazanes el Asia, héroes la Grecia, esclavos el Africa: seres alegres é imaginativos el risueño cielo de Francia, meditabundos aburridos e nebuloso Albion. Cada pais tiene sus producciones parti-

culares : hé aqui por qué son famosos los melocotones de
Aragon, la fresa de Aranjuez, los pimientos de Valencia y
los facciosos de Roa y de Vizcaya.

Verdad es que hay en España muchos terrenos que
producen ricos facciosos con maravillosa fecundidad; pais
hay que da en un solo año dos ó tres cosechas; puntos conocemos donde basta dar una patada en el suelo, y á un
volver de cabeza nace un faccioso. Nada debe admirar por
otra parte esta rara fertilidad, si se tiene presente que el
faccioso es fruto que se cria sin cultivo, que nace solo y sil-
vestre entre matorrales, y que asi se aclimata en los llanos
como en los altos: que se trasplanta con facilidad y que es
tanto mas robusto y rozagante cuanto mas lejos está de poblacion: esto no es decir que no sea tambien en ocasiones
planta doméstica: en muchas casas los hemos visto y los
vemos diariamente, como los tiestos, en los balcones, y aun
sirven de dar olor fuerte y cabezudo en cafés y paseos; el
hecho es que en todas partes se crian; solo el orden y el esmero perjudican mucho á la cria del faccioso, y la limpieza, y el olor de la pólvora sobre todo, le matan: el faccioso
participa de las propiedades de muchas plantás; huye, por
ejemplo, como la sensitiva al irle á echar mano; se encierra y esconde como la capuchina á la luz del sol, y se des-
parrama de noche; carcome y destruye como la ingrata yedra el árbol á que se arrima, tiende sus brazos como toda
planta parásita para buscar puntos de apoyo; gústanle sobre todo las tapias de los conventos, y se mantiene como
esos frutos, de lo que coge á los demas; produce lluvia de
sangre como el polvo germinante de muchas plantas, cuando lo mezclan las auras á una leve lluvia de otoño; tiene el
olor de la asafétida, y es vano como la caña ; nace como el
cedro en la tempestad, y suele criarse escondido en la tierra como la patata; pelecha en las ruinas como el jaramago;
pica como la cebolla, y tiene mas dientes que el ajo, pero
sin tener cabeza; cría, en fin, mucho pelo como el coco,
cuyas veces hace en ocasiones.

Es planta peculiar de España, y eso moderna, que en
lo antiguo, ó se conocia poco, ó no se conocia por ese nombre: la verdad es que ni habla de ella Estrabon, ni Aristóteles, ni Dioscórides, ni Plinio el jóven, ni ningun geógra-
fo, filósofo ni naturalista, en fin, de algunos siglos de
fecha.

En cuanto á su figura y organizacion, el faccioso es en el reino vegetal la línea divisoria con el animal, y asi como la mona es en este el ser que mas se parece al hombre, asi el faccioso en aquel es la produccion que mas se parece á la persona; en una palabra, es al hombre, y á la planta lo que el murciélago al ave y al bruto; no siendo, pues, muy esperto, cualquiera lo confunde; pondré un ejemplo: cuando el viento pasa por entre las cañas silba; pues cuando pasa por entre facciosos habla: hé aquí el origen del órgano de la voz entre aquella especie. El faccioso echa tambien, á manera de ramas, dos piernas y dos brazos uno á cada lado, que tienen sus manojos de dedos, como puas una espiga; presenta faz y rostro, y al verle, cualquiera diria que tiene ojos en la cara, pero sería grave error; distínguese esencialmente de los demas seres en estar dotado de sinrazon.

Admirable es la naturaleza y sabia en todas sus cosas: el que recuerde esta verdad y considere las diversas calidades del hombre que andan repartidas en los demas seres, no estrañará cuanto de otras propiedades del faccioso maravillosas vamos á decir. ¿Hay nada mas singular que la existencia de un enjambre de abejas, la república de un hormiguero, la sociedad de los castores? ¿No parece que hay inteligencia en la africana palma, que ha de vivir precisamente en la inmediacion de su macho, y que arrancado éste, y viuda ella, dobla su alta cerviz, se marchita, y perece como pudiera una amante tórtola? Por eso no se puede decir que el faccioso tenga inteligencia, solo porque se le vean hacer cosas que parezcan indicarlo; lo mas que se puede deducir es que es sábia, admirable, incomprensible la naturaleza.

Los facciosos, por ejemplo, sin embargo de su gusto por el despoblado, júntanse, como los lobos, en tropas, por instinto de conservacion, se agarran con todas sus ramas al perdido caminante ó al descarriado caballo; le chupan el jugo y absorven su sangre, que es su verdadero riego, como las demas plantas el rocío. Otra cosa mas particular. Es planta enemiga nata de la correspondencia pública; donde quiera que aparece un correo, nacen en el acto de las mismas piedras facciosos por todas partes; rodéanle, enrédanle sus ramas entre las piernas, súbensele por el cuerpo como la serpentaria, y le ahogan; si no suelta la balija muere co-

mo Laomedonte, sin poderse rebullir; si ha lugar á soltar-
la, sálvase acaso. Diránme ahora, ¿y para qué quieren la
balija, si no saben leer? Ahí verán ustedes, respondo yo, si
es incomprensible la naturaleza; toda la esplicacion que puedo dar es que se vuelven siempre á la balija como el helió-
tropo al sol.

Notan tambien graves naturalistas de peso y autoridad
en la materia, que asi como el feo pulpo gusta de agarrarse
á la hermosa pierna de una muger, y asi como esas desagradables florecillas, llenas de puas y en forma de erizos que
llamamos comunmente amores, suelen agarrarse á la ropa,
asi los facciosos, sobre todo los mas talludos y los vástagos
principales, se agarran á las cajas de fondos de las adminis-
traciones; y plata que tiene roce con facciosos pierde toda su
virtud, porque desaparece. ¡Rara afinidad química! Asi que,
en tiempos revueltos suélese ver una violenta ráfaga de aire
que da con un gran manojo de facciosos, arrancados de su
tierra natural, en algun pueblo, el cual dejan exhausto,
desolado, y lleno de pavor y espanto. Meten por las calles un
ruido furioso á manera de proclama, y es niñería querer
desembarazarse de ellos, teniendo dinero, sin dejársele; bien
asi como fuera locura querer salir de un zarzal una persona vestida de seda sino desnuda y arañada.

Muchas de las calidades de esta estrambótica planta pasamos en silencio, que pueden fácilmente de las ya dichas
inferirse, como son las de albergarse en tiempos pacíficos
entre plantas mejores, como la cizaña entre los trigos, y
pasar por buenas, y tomar sus jugos de donde aquellas los
toman, y otras.

Planta es, pues, perjudicial, y aun perjudicialísima, el
faccioso; peró tambien la naturaleza, sábia en esto como en
todo, que al criar los venenos, crió de paso los antídotos,
dispuso que se supiesen remedios especiales á los cuales no
hay mata de facciosos que resista. Gran vigilancia sobre todo, y donde quiera que se vea descollar uno tamaño como
un cardillo, arrancarle: hacer ahumadas de pólvora en los
puntos de Castilla, que como Roa y otros, los producen tan
esquisitos, es providencia especial: no se ha probado á que-
marlos como los rastrojos, y aunque este remedio es mas
bien contra brujas, podria no ser inoportuno, y aun tengo
para mí que habia de ser mas eficaz contra aquellos que
contra estas. El promover un verdadero amor al pais en to-

dos sus habitantes, abriéndoles los ojos para que vean á los facciosos claros como son y los distingan, sería el mejor antídoto; pero esto es mas largo y para mas adelante, y ya no sirve para lo pasado. Por lo demas podemos concluir que ningun cuidado puede dar á un labrador bien intencionado la acumulacion del faccioso, pues es cosa muy esperimentada que en el último apúro la planta es tambien de invierno, como si dijéramos de cuelga; y es evidente y sabido que una vez colgado este pernicioso arbusto y altamente separado de la tierra natal que le presta el jugo, pierde como todas las plantas su virtud, es decir, su malignidad. Tiene de malo este último remedio que para proceder á él es necesario colgarlos uno á uno, y es operacion larga. Somos enemigos ademas de los arbitrios desesperados, y asi en nuestro entender, de todos medios contra facciosos parécenos el mejor el de la pólvora, y mas eficaz aun la aplicacion de luces que los agostan, y ante las cuales perecen corridos y deslumbrados.

LA JUNTA

DE CASTEL-O-BRANCO.

No hay cosa como una Junta, si se trata sobre todo de juntarse aquellos á quienes Dios crió. Podrán no hacer nada las gentes en una Junta, podrán no tener nada que hacer tampoco, pero nada es mas necesario que una Junta; asi que, lo mismo es nacer un partido, pónenle al momento en Junta como lo habian de poner en nodriza, y no bien abre los ojos á la luz se encuentra ya juntado, que no es poca ventaja. La Junta, pues, es el precursor de un partido por lo regular, y esta clase de Juntas andan siempre por esos caminos interceptando, ó interceptadas, cuando no estan fuera del reino tomando aires, ó tomando las de Villadiego, que de todo toman las Juntas.

La que en el dia llama nuestra atencion es la de Castel-o-Branco. Empezaria á anochecer en Castel-o-Branco, y po-

níase por consiguiente oscuro el horizonte, cuando acertó
á pasar por allí un español de estos sanos de los del siglo
pasado, y que poco ó nada se curan del gobierno ; de estos
que dicen: á mí siempre me han de gobernar, tómelo por
donde quiera. A qué iba el español á Castel-o-Branco, eso
seria averiguacion para mas despacio. Basta saber que iba y
que ya llegaba, cuando se halló detenido en medio de su
camino por un portugués, que con voz descompuesta y cara de causa perdida: « Casteçao, le dijo, ¿ es vasallo deu
senhor emperante Cárlos V? ¿Vien de Castella?»—Enten-
díasele un poco mas al castellano de gallego que de achaque
de gobiernos, y con voz reposada y tranquilo continente:
«Yo no sé de quien soy vasallo, contestó, ni me urge saberlo, sino que voy á mis negocios: yo ni pongo rey ni qui-
to rey: quien anda el camino tenga cuidado...» Enfadábase
ya el portugués, y era cosa temible. Conociólo el labriego,
y antes de que echase la casa por la ventana, si bien allí no
habia casa ni ventana: «No se enfade vuestra merced, señor portugués, le dijo, que yo siempre seré vasallo de quien
mande; sabido es que yo y los mios nunca descomponemos
partido. ¿Pero quién es mi rey en esta tierra?—Eu senhor
Cárlos V.—Vaya, sea en hora buena, contestó el castellano, porque yo por ahí atras me dejaba reinando á mi Señora la Reina....—¡Casteçao!—No se enfade vuestra merced....» y de allí á poco entraban ya compadres por el
pueblo el portugnés de la mala cara y el español de las
buenas palabras.

Pocos pasos habrian andado, cuando se esparció la noticia por todo Castel-o-Branco de como habia llegado un
vasallo de S. M. I. Es de advertir que como todos los dias
no tiene S. M. I. proporcion de ver un vasallo suyo, porque andan para él los vasallos por las nubes, decidióse lo
que era natural y estaba en el orden de las cosas; y fué,
que asi como un pueblo de vasallos suele solemnizar la entrada de un rey, asi pareció justo que un pueblo de reyes solemnizase la entrada de un vasallo. Echáronse, pues,
á vuelo las campanas: con este motivo hubo quien dijo:
principio quieren las cosas, y quien añadió: *que el reinar
no quiere mas que empezar.* Digo, pues, que se echaron á
vuelo las campanas, y el labriego se aturdia; verdad es que
el ruido no era para menos.

—¿Qué fiesta es mañana? preguntaba el buen hombre.

—Festéjase la llegada de vuestra merced, señor casteçao.

—¿Mi llegada? ¡ Vea usted qué diferencia ! Allá en España nunca festejó nadie mis idas y mis venidas, y eso que siempre anduve de ceca en meca ; ya veo que en este pais se ocupan mas en cada uno...

En estos y otros propósitos entretenidos llegaron á una casa que tenia una gran muestra, donde en letras gordas decia:

JUNTA SUPREMA DE GOBIERNO

DE TODAS LAS ESPAÑAS, CON MAS SUS INDIAS.

No quisiera entrar el labrador ; pero hízole fuerza el portugués. Agachó, pues, la cabeza, y hallose de escalon en escalon en una sala grande como un reino, si se tiene presente que alli los reinos son como salas.

Hallábase la tal sala alhajada á la espartana, porque estaba desnuda : en torno yacian los señores de la Junta sentados, pero mal sentados ; sea dicho en honor de la verdad. Luces habia pocas y mortecinas. Un mal espejo les servia para dos fines; para verse muchos siendo pocos, y consolar de esta manera el ánimo aflijido, y para decirse de cuando en cuando unos á otros: «Mírese S. E. en ese espejo.» Porque es de advertir, que se daban todos unos á otros dos cosas, á saber: las buenas noches y la excelencia.

Portero no habia, verdad es que tampoco habia puertas, por ser la casa de estas malas de lugar que, ó no las tienen, ó las tienen que no cierran. Una mala mesa en medio, y un mal secretario, eran los muebles que componian todo el ajuar.

No sé dónde he leido yo que en cierta tierra de indios el congreso supremo de la tribu se reune para deliberar en grandes cántaros de agua fresca, donde se sumergen desnudos sus individuos, dejando solo fuera del cántaro la cabeza para deliberar. No se puede negar que existe gran semejanza entre la Junta de Castel-o-Branco y el congreso de los cántaros, y que los carlistas que componen la una y los salvages que forman el otro estan igualmente frescos.

Dominaba en el testero de la sala de Juntas el tesorero general del Pretendiente don Matías Jarana, porque en tiempos de apuro el que tiene el dinero es el empleado principal; el cual si no era gran tesorero, era gran canónigo. Dicho esto, me parece escusado detenernos mucho en describirle; estamos seguros de que el inteligente lector se lo habrá figurado ya tal como era. Oprimia á su lado el ministro de hacienda una mala banqueta, que gemia no tanto por el noble peso que sostenia, como por el mal estado en que se encontraba. Tambaleábase por consiguiente S. E. á cada momento: figurósele al labriego temblor el movimiento oscilante de S. E.; pero está averiguado que era el mal asiento. Flaco, seco, y con cara de contradiccion, hacia de notario de reinos don Jorge Ganzúa, que lo habia sido de Coria.

Veíase á otra parte de pie, y en actitud de huir á la primera orden, á un cabo del resguardo, partidario que fue del año 23. Representaba este al ministro de la guerra, y llamábase Cuadrado, ademas de serlo.

Un dependiente del cabildo de Coria y dos personages mas, en calidad de consejeros supremos de la Junta, hacian como que meditaban, por el buen parecer, en un rincon de la sala.

Indecible fue la alegría de la Junta suprema cuando el portugués hubo presentado á nuestro pobre labriego en calidad de vasallo de S. M. I.

—Excelentísimos señores, esclamó el señor tesorero en altas voces, reconozcamos en ese vasallo el dedo del Señor: ya ha llegado el dia del triunfo de S. M. I., y ha llegado al mismo tiempo un vasallo: todo ha llegado. Opino que en vista de esta novedad deliberemos.

—En cuanto á lo de deliberar, dijo entonces el señor notario, recuerdo al señor presidente que esto es una junta.

—No me acordaba, dijo entonces el presidente; nótese que esta es la primera Junta de que tengo el honor de ser individuo.

—Se conoce, dijo el notario: y lo apuntó en el acta.—Hable, pues, si sabe y si tiene de qué el excelentísimo señor ministro de hacienda.

—Dispiértele usted, dijo entonces el presidente al portugués que hacia de Ugier, dispiértele usted, pues parece que S. E. duerme.

Llegose el portugués á S. E., que efectivamente dormia, y díjole en su lengua:—No haga caso S. E. de que está en Junta, que es llegado el momento de hablar.—Soñaba á la sazon S. E. que se le venian encima todos los ejércitos de la Reina, y volviendo en sí de su pesadilla con dificultad:

—¿Hablo yo? dijo, vamos á ver. Las mejoras, pues aunque no nos toque el decirlo, las mejoras...

—Al orden, al orden, interrumpió el presidente: ¿qué es eso de mejoras?

—Soñaba que estábamos en España, contestó S. E. turbado. Perdone la Junta. Por consiguiente hable otro, que yo no estoy para el paso. Mi intermision por otra parte no urge. Mi ministerio...

—Excelentísimo señor, dijo el presidente, cierto; pero acaba de llegar...

—¿Ha llegado la hacienda, ha llegado mi ministerio? preguntó azorado el señor Tallarin, buscando con los ojos por todas partes si llegaria á ver un peso duro...

—Todavia no; pero...

—¡Ah! pues entonces, repuso el ministro, repito que no corro prisa, y volviéndose en la banqueta y hácia el portugués: avíseme usted, señor don Ambrosio de Castro y Pajarez, Almendrudo, Oliveira y Caraballo de Alburquerque y Santaren, en cuanto llegue la hacienda. Dicho esto, volvió S. E. á anudar el roto hilo de su feliz ensueño, donde es fama que soñó que era efectivamente ministro.

—Yo hab... b... blaré, dijo entonces uno de los consejeros supremos que era tartamudo, yo hablaré que he s.... s... s... ido por... pr... pr... pro... curador...

—Mejor será que no hable nadie, dijo entonces el notario al oido del presidente, si ha de hablar el señor...

—Di... di... dice bien el señor not... notarie, dijo entonces el consejero sentándose, p... p... por... porque no acabaríamos nunca.

—Pido la palabra, dijo el qué estaba á su lado.

—¿Quién diablos se la ha de dar á V. E., dijo entonces el presidente amoscado, si nadie la tiene?

—Recuerdo á S. E., dijo el notario, que en el orden del gobierno de S. M. I. no se puede pedir la palabra, y que es frase mal sonante: ó hablar de pronto, ó no hablar.

—Si el señor Cuadrado no está para hablar, dijo entonces el presidente, nos iremos á casa.

—Mas estoy para obrar que para hablar, contestó S. E.; pero fuerza será, pues no hay quien hable. Digo en primer lugar, que yo no doy un paso mas adelante sino se convie-

ne en presentar mañana á la firma de S. M. I. un decreto...
¿Eh?

—Adelante.

—Bueno. Y declaro como fiel y obediente vasallo de
S. M. I. el señor Carlos V, por quien derramaré desinteresadamente hasta la primera gota de mi sangre, que no sigo en el partido si S. M. no lo firma.

—Mal pudiera oponerse la Junta á tanta generosidad.

—Propongo, pues, continuó el excelentísimo señor cabo, ministro de la guerra, el siguiente decreto que traigo
para la firma. «Yo, don Carlos V, por la gracia del reve-
rendísimo padre Vaca, y del excelentísimo señor Cuadrado,
emperador de &c. &c. (Aquí los reinos todos.) Sin entrar en
razones quiero y mando que queden suprimidos los carabi-
neros de costas y fronteras, y se reorganice el antiguo resguardo: quedando todos los fondos á disposicion del excelentísimo señor Cuadrado.—Yo el Emperador.—Al ministro
de la guerra Cuadrado.» — Y por el pronto será del resguardo el señor vasallo que está presente, encargado por
ahora, y hasta que haya mas, de obedecer las órdenes del
gobierno.

—Alto, dijo al llegar aquí el señor canónigo presidente,
que yo traigo tambien mi decreto, y dice asi el borron
mutatis mutandis.

(No hemos podido haber á las manos ninguna copia de
este borron por mas esquisitas diligencias que hemos practicado; pero ya se deja inferir poco mas ó menos su tenor.
¡Válgame Dios, y qué cosas se pierden en este mundo!)

Anotó el notario en el acta el segundo decreto, y pasó
á proponer el siguiente que acababa de redactar como ministro de gracia y justicia, dejando aparte la gracia y la justicia: decia asi el borron:

«Artículo 1.º En atencion á la tranquilidad con que posee y gobierna S. M. I. el señor don Carlos V estos sus reinos, todos los que las presentes vieren y entendieren, se
entusiasmarán espontáneamente y se llenarán de sincera y
voluntaria alegría, pena de la vida, en cuanto llegue á su
noticia este decreto: debiendo durar el entusiasmo tres dias
consecutivos sin intermision, desde las seis de la mañana en
punto, en que empezará, hasta las diez de la noche por lo
menos en que podrá quedarse cada cual sereno.

Art. 2.º No pudiendo concebir la Junta suprema de

Castel-o-Branco el abuso de las luces introducido en estos reinos de algun tiempo á este parte, suprime y da por nulas todas las iluminaciones encendidas y por encender, en atencion á que solo sirven para deslumbrar las mas veces á sus amados vasallos, y manda que no se solemnice ninguna victoria, aunque la llegara á lograr algun dia casualmente, con esa especie de regocijo, en que nadie se divierte sino los cosecheros de aceite.

Art. 3.º Quedan prohibidas como perjudiciales todas las mejoras hechas, debiendo considerarse nula cualquiera que se biciese sin querer, pues queriendo no se hará.

Art. 4.º Convencida la Junta de que nada se saca de las escuelas sino ruido, y que se calienten la cabeza los hijos de los amados vasallos del señor don Carlos V, quedan cerradas las que hubiese abiertas: debiendo olvidar cada vecino en el término improrogable de tres dias, contados desde la fecha, lo poco ó mucho que supiese, sopena de tenerlo que olvidar donde menos le convenga.

Art. 5.º Siendo de algun modo necesario hacerse con vasallos para ser obedecido de alguien, la Junta suprema perdona é indulta á todos los españoles que hubiesen obedecido á la Reina Gobernadora, si bien reservándose, para cuando los tenga debajo, el derecho de castigarlos entonces uno á uno ó in solidum, como mejor le plazca.

Art. 6.º No siendo regular que el supremo gobierno se esponga al menor percance, tanto mas cuanto que hay en España, segun parece, españoles que se hacen matar por su señor Carlos V, sin meterse á averiguar si S. M. y sus adláteres pasan como ellos trabajos, y dan su cara al enemigo, ó si esperan descansadamente jugando á las bochas ó al gobierno, á que se lo den todo hecho á costa de su sangre para agradecérselo despues como es costumbre de caballeros pretendientes, es decir, á coces; la Junta suprema y el gobierno de S. M. I. permanecerán en Castel-o-Branco; tanto mas cuanto que hay en Portugal muy buenos vinos y otras bagatelas precisas para la sustentacion de sus desinteresados individuos; y solo entrará en España, si entra, á recibir enhorabuenas y dar fajas y bastones á los principales facciosos y cabecillas que para lograrlos pelean desinteresadamente por el señor Carlos V, y bastonazos á los demas.»

¡Viva! ¡viva! esclamó al llegar aqui toda la Junta, y es fama que dispertó entonces el ministro de hacienda, y aun

hay quien añade que echó un cigarro á pesar del mal estado de su ministerio.

Temblaba á todo esto el buen labriego, pues ya había
caido él en la cuenta de que si todos aquellos señores habian
de mandar, y no habia otro sino él por alli que obedeciese,
era la partida mas que desigual. Calculando, pues, que un
pueblo donde no habia mas que la justicia y él, él había de
ser forzosamente el ajusticiado, andaba buscando arbitrios
para escaparse del poder de la Junta; la cual asi pensaba en
soltarle, como quien lo consideraba en aquellos momentos
un cacho de la apetecida España, que la Providencia tiene
guardada felizmente para mas altos fines.

Pero Dios, que no se olvida nunca de los suyos, aunque ellos se olviden de él, lo habia dispuesto de otro modo:
no bien se habia leido el último renglon del decreto del notario, cuando se oyó en la calle un espantable ruido.—Estos son tiros, esclamó Cuadrado, que era el único que alguna vez los habia oido desde lejos.—¡Tiros! dijo el presidente, ¿á que estamos ganando una batalla sin saber una
palabra?...

—No corremos ese riesgo, entró gritando el portugués:
sálvense vuestras excelencias, sálvense: aqui quedo yo, que
soy portugués y basto para cien casteçaos.—Os perdono,
dijo entonces volviéndose á los que ya entraban, os perdono, casteçaos: daos, que no os quiero matar.

Pero ya en esto diez y nueve robustos contrabandistas
habian entrado á dar sus diez y nueve votos en la Junta, y
echándose cada uno un argumento á la cara: ¡Viva Isabel
II! dijeron. Hacíase cruces el presidente, escondíase debajo de la banqueta el excelentísimo señor ministro de hacienda, tapaba el notario de reinos el acta, no salia el tartamudo de la p... inicial de perdon, y hacian los demas un
acto de atricion con mas miedo del infierno, que amor de
Dios. El labriego solo era el que bendecia su estrella, y
quien echando mano de un cordel que para otros usos traia,
dispuso á la Junta en forma de trailla; la cual en la misma
y mas custodiada que tabaco en rama, por los diez y nueve
votos de contrabando que habian levantado la sesion, se entró por los términos de España, á las voces del portugués,
que casi desde Castel-o-Branco les gritaba todavia en mal
castellano: «No tehan miedo vuestras excelencias, aunque
les aforquen los casteçaos; que yo, en acabando de pelear

aqui por S. M. don Miguel I, que es cosa pronta, he de pasar la raya; y ó me llevo allá al emperador Carlos V, ó me traigo acá á Castilla.»

LAS CIRCUNSTANCIAS.

Las circunstancias, he pensando muchas veces, suelen ser la escusa de los errores y la disculpa de las opiniones. La torpeza ó mala conducta hallan en boca del desgraciado un tápalo-todo en las circunstancias que, dice, le han traido á menos. En estas reflexiones estaba ocupada mi fantasía no hace muchos dias, cuando recibí una carta, que por confirmar mis ideas sobre el particular y venir tan oportuna á este objeto, de que pensaba hacer un artículo de costumbres, quiero trasladar *ad pedem litteræ* á mis lectores. Decia asi la carta:

«Señor Fígaro.—Muy señor mio: A ustéd, señor Fígaro, observador de costumbres, me dirijo con dos objetos. Primero, quejarme de mi mala estrella. Segundo, inquirir de su esperiencia, pues le imagino á usted por sus escritos hombre de esos que han vivido mas de lo que les queda que vivir, si hay efectivamente de tejas abajo una fatalidad que persigue á los humanos, y una desgracia en el mundo que se asemeje á la desgracia mia. Soy un verdadero juguete de las circunstancias, cuyo torrente no pude nunca resistir, y que asi me envolvieron como envuelven los violentos remolinos de una olla al inexperto nadador que se arrojó incauto en la pérfida corriente del caudaloso rio.

Mi padre era inglés y rico, señor Fígaro, pero hallábase aislado en el mundo: era naturalmente metido en sí, y solo un amigo tenia: antojósele á este amigo entrometerse en una conspiracion; confió á mi padre varios papeles importantes; descubrióse la conspiracion, y ambos tuvieron que huir. Vinose mi padre á España, reducido á oro lo que pudo realizar de sus cuantiosos bienes; vió una linda gaditana, prendóse de ella, casóse, y antes de los nueve meses murió inconsolable, dando y tomando siempre en lo de la

conspiracion, que hubo de volverle el juicio. Vea usted aqui,
señor Fígaro, á Eduardo Priestley, humilde servidor de usted, cuyo destino debia haber sido sin duda ser inglés, pro-
testante y rico, español, católico y pobre, sin que pudiese
encontrar mas causa de este trastrueque que las circunstancias. Ya usted ve que la tomaron conmigo desde pequeñito.
Mi madre era muger de rara penetracion y de ilustradas
ideas. Crióme lo mejor que supo, y en darme toda la educacion que se podia dar entonces en España, consumió el poco caudal que la dejara mi padre. Lleno yo de entusiasmo
por la magistratura, y aborreciendo la carrera militar á que
querian destinarme, estudié leyes en la universidad; pero
puedo asegurar á usted que á pesar de eso hubiera salido
buen abogado, pues era raro mi talento, sobre todo para
ese estudio. Probablemente, señor Fígaro, despues de haber sido gran abogado, hubiera vestido una toga, hubiera
calentado acaso una silla ministerial, y el consejo de Castilla me hubiera recogido al fin de mis dias en su seno, donde hubiera muerto descansadamente, dejando fama imperecedera. Las circunstancias sin embargo me lo impidieron.
Habia un Napoleon en el mundo, y fue preciso que éste
quisiera ser emperador, y emplear á sus hermanos en los
mejores tronos de Europa, para que yo no fuese, ni buen
abogado, ni mal ministro.

Yo tenia sentimientos generosos; mis compañeros tomaron las armas y dejaron el estudiar nuestras leyes para de-
fenderlas, que urgia mas. ¿Qué remedio? Dejé como fray
Gerundio los estudios y me metí á predicador; es decir, me
hice militar en obsequio de la patria. En la campaña perdí
mi carrera, la paciencia y un ojo; y las circunstancias me
dejaron tuerto y capitan: sabe el cielo que para ninguna de
estas dos cosas servia. Yo, señor Fígaro, era impetuoso y
naturalmente inconstante; menos servia, pues, para casado, ni nunca pensara en serlo; pero de resultas del bombar-
deo de Cádiz murió mi madre, que gozando por sus relaciones de familia de algun favor, hubiera adelantado mi carrera. Otro favor que me hicieron las circunstancias. Víme solo en el mundo, y en ocasion en que una linda aragonesa,
hija de un diputado de las Cortes de Cádiz, recogiéndome
y ocultándome en su casa, cubierto de heridas, me salvó la
vida por una rara combinacion de circunstancias; caséme de
honrado y agradecido, que no de enamorado, es decir, que

me casaron las circunstancias. En mi segunda carrera debiera haber llegado á general segun mis servicios, que á otros
fajaron haciéndoselos muy flacos á la patria; pero era yerno
de un diputado: quitáronme las charreteras, envolviéron-
me en la comun desgracia, y las circunstancias me llevaron
á Ceuta, adonde bien sabe Dios que yo no queria ir; allí
hice la vida de presidario y de mal casado, que cualquiera
de estos dos dogales por sí solo bastara para acabar con un
hombre. Ya ve usted que yo no tenia la culpa. ¿Quién dia-
bles me casó? ¿Quién me hizo militar? ¿Quién me dió opiniones? En presidio no se hace carrera, pero se hace mucho rencor. Sin embargo, salimos de presidio, y como yo
era hombre de bien contúveme; pretendí, pero como no anduve por los cafés, ni peroré, medios que exigian entonces
las circunstancias para prosperar, no sólo no me emplearon,
sino que me cantaron el *trágala.* Irritéme: el cielo es testigo que yo no habia nacido para periodista; pero las circunstancias me pusieron la pluma en la mano: hice artículos contra aquel gobierno; y como entonces era uno libre para pensar como el que estaba encima, recogí varias estocadas de
unos cuantos aficionados, que se andaban haciendo motines
por las calles. Esta fue la corona de laurel que dieron las
circunstancias á mi carrera literaria. Escapéme, y fuí á reu-
nirme con los de la fé: dijéronme allí que las circunstancias
no permitian admitir en las filas á un hombre que habia sido marido de la hija de un diputado de las Cortes de Cádiz,
y no me ahorcaron por mucho favor.

No pudiendo vivir como realista, fuíme á Francia, donde en calidad de liberal me colocaron en un depósito, con
seis cuartos al dia. Vino por fin la amnistía, señor Fígaro,
¡Eh! Gracias á una Reina clemente, ya no hay colores, ya
no hay partidos. Ahora me emplearán, digo yo para mí;
tengo talento; mis luces son conocidas, soy útil... Pero, ¡ay!
señor Fígaro, ya no tengo madre, ya no tengo muger, ya no
tengo dinero, ya no tengo amigos; las circunstancias de mi
vida me han impedido adquirir relaciones. Si llegara á hacerme visible para el poder, acaso lograria: sus intenciones
son las mejores del mundo; mas ¿cómo abrirme paso por entre la nube de porteros y ugieres que parapetan y defienden
la llegada á los destinos? Las solicitudes que se presentan solas son papeles mojados. ¡Hay tantos que piden por pedir!
¡Hay tantos que niegan por negar!—Cien memoriales he da-

do, otras tantas espaldas he visto.—Deje usted; verémos si estas circunstancias se fijan, me dicen los unos.—Espere usted, me responden los otros: hay tantos pretendientes en estas circunstancia. Pero, señor, replico yo, tambien es preciso vivir en estas circunstancias. ¿Y no hay circunstancias para los que logran?

Esta es, señor Fígaro, mi posicion: ó yo no entiendo las circunstancias, ó soy el hombre mas desdichado del mundo, El hijo del inglés, el que debia haber sido rico, magistrado, literato, general, hombre ageno de opiniones, acabará probablemente sus tres carreras distintas en un solo hospital verdadero, merced á las circunstancias; al mismo tiempo que otros que no nacieron para nada, y que han tenido realmente todas las opiniones posibles, anduvieron, andan y andarán siempre levantados en zancos por esas mismas circunstancias.—De usted, señor Fígaro.—Eduardo de Priestley, ó el hombre de circunstancias.»

No puedo menos de contestar al señor de Priestley que el daño suyo estuvo, si hemos de hablar vulgarmente, en nacer desgraciado, mal que no tiene remedio; si hemos de raciocinar, en traer siempre trocadas las circunstancias, en no saber que mientras haya hombres la verdadera circunstancia es intrigar; estar bien emparentado; lucir mas de lo que se tiene; mentir mas de lo que se sabe; calumniar al que no puede responder; abusar de la buena fé; escribir en favor, y no en contra del que manda; tener una opinion muy marcada, aunque por dentro se desprecien todas, procurando que esa opinion que se tenga sea siempre la que haya de vencer, y vociferarla en tiempo y lugar oportunos; conocer á los hombres; mirarlos de puertas adentro como instrumentos, y tratarlos como amigos; cultivar la amistad de las bellas, como terreno productivo; casarse á tiempo, y no por honradez, gratitud ni otras ilusiones; no enamorarse sino de dientes á fuera, y eso de las cosas que puedan servir...

Pero, Santo Dios, gritará un rígido moralista. ¡Qué cuadro! ¡Maquiavélicos principios!!!—Fígaro no dice que sean buenos, señor moralista; pero tampoco Fígaro hizo el mundo como es, ni lo ha de enmendar, ni á variar el corazon humano alcanzarán todas las sentencias posibles. Las círcunstancias hacen á los hombres hábiles lo que ellos quieren ser, y pueden con los hombres débiles; los hombres fuertes las hacen á su placer, ó tomándolas como vienen, sábenlas convertir en su provecho. ¿Qué son por consiguiente las circunstancias? Lo mismo que la fortuna: palabras vacías de sentido con que trata el hombre de descargar en seres ideales la responsabilidad de sus desatinos; las mas veces, nada. Casi siempre el talento es todo.

REPRESENTACION

de la comedia original en tres actos y en verso titulada *Un tercero en discordia, de don Manuel Breton de los Herreros.*

Una comedia nueva del aplaudido autor de *A Madrid me vuelvo* y de la *Marcela* no podia menos de llamar la pública espectacion, y aun de prevenirla favorablemente.

En esta composicion dramática como en la *Marcela* se ha propuesto el poeta, no censurar un defecto ridículo determinado, no ridiculizar un vicio feo ó una pasion denigrante; no un objeto moral circunscripto y de general aplicacion. Un cuadro bien presentado, en que se reunen á formar el conjunto varios caracteres sacados de la sociedad, hábilmente colocados en contraste, parece haber sido la idea del autor.

En la *Marcela* es una muger amable, cuya peligrosa amabilidad da esperanzas á tres amantes igualmente indignos de su alto cariño. En *Un tercero en discordia* es una jóven perseguida tambien por tres amadores; los caracteres nuevos que presenta esta composicion dramática son los de los dos amantes mas importunos de Luciana. El uno es un jóven, en demasia desconfiado del cariño y fidelidad de su amada; en una palabra, un hombre zeloso: el segundo es un necio por el contrario harto confiado en el amor de una muger que no le ha dicho siquiera que le ama; pero de cuyo cariño cree poder estar seguro; en una palabra, un presuntuoso. *Un tercero en discordia* que ni es zeloso, ni presuntuoso, sino un tipo de la perfeccion social, un amante que ama sin prisa, sin mal humor nunca, que jamás confia en que es amado, que nunca exige nada, impasible, eterno, imágen del no movimiento y de la no accion, es el justo medio presentado en este carrusel amatorio. A los ojos de una muger sentimental, exaltada, romántica, de pasiones vivas, pudiera no parecer don Rodrigo el mas perfecto ni el mas amante; pero á los ojos de una muchacha bastante fria, como el autor nos la pinta, bien educada, y de suyo sosegada, no hay duda que don Rodrigo debe ser el amante preferido, el esposo. El padre de la niña es un buen hombre, que tiene mas de tonto que de otra cosa, de estos que hablan con las manos, que escriben la conversacion, conforme la van haciendo, en el pecho de su interlocutor, que le desabotonan el chaleco, y le quitan el lazo de la corbata &c. Una ama de gobierno vieja, de estas que hacen oficio de todo en las casas, regañona y entrometida en los intereses de la familia, es el quinto y último personage de la comedia.

De esta construccion del plan se infiere que el contraste que presentan el zeloso y el confiado ha de dar lugar á escenas cómicas: así es; rasgos hay felicísimos que revelan el poeta dramático. El confiado, traduciendo todos los desaires y desprecios por disimulo ó enojo amoroso, es sumamente cómico y lindamente imaginado: el zeloso por el contrario, tratando de luchar inutilmente á cada paso con su indómita pasion y exaltándose á la vista sola de un papel cualquiera, despues de haber jurado la enmienda, escita la risa de la buena comedia. Aqui notaremos la habilidad del poeta. El confiado no necesitaba ser correspondido; de esta manera era mas ridículo, y asi lo ha hecho el autor; el zeloso por el contrario, no podia desarrollar su caracter sin haber recibido pruebas muy grandes de amor: asi que, el autor ha hecho que Luciana le correspondiese en un principio. Verdad es que de aqui nace un gravísimo inconveniente: á saber, que la misma Luciana que tutea al zeloso en el primer acto y le corresponde indudablemente, se halla ya en el tercero, es decir, en horas, tan convencida y fastidiada de la importunidad de su amante, que se echa sin verter una lágrima siquiera, en brazos del justo medio don Rodrigo. Diriamos que este pudiera ser el inconveniente de la rigorosa unidad de tiempo, y diriamos que una muger, que se dice enamorada de un hombre, no le deja por zeloso (porque este es acaso el caracter que menos cho-

ca á la pasion), sino despues por lo menos de haber sufrido mucho y de haber llorado mas ; diriamos que generalmente se observa que los amores mas duraderos son aquellos
en que uno de los dos amantes es estraordinariamente zeloso,
y añadiriamos que no es el destino de los amores arrebatados
el acabarse pronto, sino el acabarse mal. Pero el talento
del autor ha previsto todas estas objeciones, y nos ha presentado desde luego una de esas muchachas que no sienten
ni padecen : que entran en el mundo con un temperamen-
to indiferente, y por consiguiente que se guian en su eleccion por su propia conveniencia, y nunca á ciegas : de esas
que encuentra usted donde quiera, que empiezan á cor-
responder á un amante por hacer algo, por el gusto de
tener amante, por cualquier cosa, y que al volver de una
esquina le dejan plantado con todo su amor, y toman otro:
mugeres, en fin, muy buenas, muy perfectas, muy im-
pasibles. En este género, Luciana y Marcela. son admira-
bles, son dos modelos.

¿Nos permitirá el autor que no convengamos con él en
una cosa? El calor, sin duda, de su imaginacion poética le
lleva á formarse á veces una sociedad ideal, donde solo considera virtudes y vicios, perfecciones y. defectos personifi-
cados, y situaciones posibles de efecto; esto le aparta de
la pintura verdadera de la sociedad en que vivimos : queremos decir, que tanto en la *Marcela* como en esta, los desenlaces no nos parecen naturales. Al fin, en *Marcela*, no
hay otro inconveniente contra los usos sociales que el declarar en público á sus amantes lo que solo puede uno oir
en particular ; porque si una muger tiene derecho á no cor-
responder á un hombre, no le tiene para ponerle en ridículo solo porque la ama. En *Un tercero en discordia* es
menos verosímil, porque al fin, si una muger es tan imprudente que despide en público á sus amantes, ¿qué pueden hacer estos con una señora sino respetarla? Pero Luciana encarga á su elegido, lo cual es poco delicado, que
desengañe á los otros : don Rodrigo lo admite, aunque obligado, y los dos sufren. Esta última parte es la imposible,
y en corazones bien puestos solo de una manera puede desenlazarse. Por otra parte, el señor Breton insiste en colocar siempre á las mugeres en una posicion en que no estan
en el dia en nuestra sociedad : no son ya las reinas del tor-
neo, como en los siglos medios : nadie se sujeta á esos ju-

rados, á esas competencias : mas ; el hombre desama á la muger, como la muger al hombre, y en esto felizmente somos iguales. Todo hombre bien educado es deferente con las señoras ; pero las señoras no estan por eso exentas de guardar consideraciones al sexo fuerte : la sociabilidad es recíproca. Mucho sentiríamos que no fuese el autor de nuestra opinion.

Acabaremos este rápido juicio con una observacion. En nada brilla mas el singular talento poético del señor Breton, que en la sencillez de.sus planes ; en todas sus comedias se conoce que hace estudio y gala de forjar un plan sumamente sencillo ; poca ó ninguna accion, poco ó ningun artificio. Esto es solo concedido al talento, y al talento superior. Una comedia llena de incidentes que cualquiera inventa, es facil de hacerla pasar á un público á quien siempre cautivan el interes y la curiosidad.

El señor Breton desprecia estos triviales recursos, y sostiene y lleva á puerto feliz entre la continua risa del auditorio, y de aplauso en aplauso, una comedia apoyada principalmente en la pintura de algunos caracteres cómicos, en la viveza y chiste del diálogo, en la pureza, fluidez y armonia de su facil versificacion. En estas dotes no tiene rival, si bien puede tenerlos en cuanto á intencion, profundidad ó filosofia.

Alguna palabra exótica tildariamos en *Un tercero en discordia*; pero ¿qué son esos pequeñísimos lunares en una comedia que ha sido muy reida, y que han coronado los aplausos del auditorio? Damos el parabien al Sr. Breton por este nuevo lauro adquirido, y nos le damos á nosotros mismos.

En los actores se ha notado un celo estraordinario ; demasiado celo, si éste puede ser demasiado alguna vez. El artificio del actor consiste en ocultar su celo y su esfuerzo, y dominar su habilidad hasta reducirla al punto de la verdad imitada. En el mundo no se observa nunca que cada uno quiera hablar, andar, reir y manotear para arrancar aplausos á los que van por la otra acera ; todo esto se hace naturalmente, y el no haberlo hecho asi es el defecto general que en toda la comedia hemos notado. ¿ Podriamos decirle al actor encargado del papel del padre, sin que se ofendiese, que cuando uno de esos hombres significativos en su accion desabrocha á otro y le escribe en la ropa, lo hace por un efecto de distraccion, y por consiguiente lo hace como quien no hace nada, no se rie de su misma manía, no escribe en lo interior de la camisa, metiéndole todo el brazo en el cuerpo, sino solo en la solapa; no mira las prendas que aja, sino á los ojos de su interlocutor, porque si las mirara, las veria, le chocarian á él mismo y se avergonzaria? ¿ A su interlocutor don Rodrigo le podriamos decir que cuando un fracaso de esos sucede, no se hacen estremos, sino que solo en la cara se da á entender, lo menos que se puede, la mortificacion? ¿ Llevará á mal que le advirtamos que en la sociedad nunca se vuelve uno al público á decirle lo que piensa, porque en la sociedad no hay público; y que en la comedia, que es un remedo de las costumbres, no se debe declamar como en un melodrama lleno de esclamaciones y asombros, sin hablar naturalmente?

Al zeloso le diriamos que el deseo de marcar su papel le ha hecho confundir alguna vez los arrebatos de un amante desconfiado, con el furor de un marido zeloso: un amante, sobre todo en los principios, aunque tenga muchos zelos, modera algo mas que un marido su genio, porque puede perder la posesion que no ha logrado aun, y que este tiene ya asegurada. No se produce con dominio, sino con reconcentracion; reconviene, vilipendia, injuria, si es preciso, pero nunca habla con los puños cerrados: las transiciones sobre todo del furor al cariño son mas marcadas. Nada mas tierno y sumiso que un amante zeloso en sus lucidos intérvalos.

Hemos dicho ya que los actores no deben acordarse de que existe público; por tanto nos ha chocado estraordinariamente que la actriz ama de gobierno haya hecho cortesías al público al recibir aplausos. Buena es la política, pero á su tiempo.

Hemos notado en general que gritan demasiado algunos actores, sobre todo cuando creen que lo que dicen debe llamar la atencion. En otra ocasion hemos dicho ya que el querer dar valor á las frases suele quitárselo: en realidad es suponer que el público es sordo ó muy torpe: ambas cosas son desagradables. Dolorosísimo nos es haber de encontrar defectos; todo lo mas que podemos hacer es escribir nuestra crítica con decoro, y apoyándola siempre en razones; pero si la obligacion del actor es

representar bien, la del crítico es juzgar bien é imparcialmente. En compensacion diremos con placer que hemos visto á la par aciertos, y que segregados los defectillos que hemos notado, esta comedia se ha representado mejor que otras; el barba sobre todo ha dado el color
verdadero á su carácter, si se le perdona la exageracion;
y los lunares de los demas actores no merecen que alar-
guemos este artículo con nuevas observaciones.

REPRESENTACION

DE LA MOGIGATA,

COMEDIA

DE DON LEANDRO FERNANDEZ DE MORATIN.

Nada mas temible en las conmociones políticas que las
reacciones: ellas hacen desandar á los partidos por lo comun mucho mas camino del que durante su progresivo
movimiento anterior lograron avanzar. La literatura no es
la que menos se ha resentido en nuestro pais y en varias épocas recientes de esta lastimosa verdad. Un nombre solo de un hombre, envuelto en la ruina de su partido, suele bastar á proscribir una obra inocente; al paso
que la suspicacia del vencedor, recelándose de su misma
sombra, suele hallar en las frases mas indiférentes alusiones peligrosas capaces de comprometer su seguridad.
Hé aqui la razon por qué se ha escrito con mas libertad é independencia en épocas ciertamente mucho mas
atrasadas que las que nosotros hemos alcanzado.

La mayor parte de las obras de nuestros autores que
han corrido y corren en manos de todos constantemente,
no hubieran visto jamas la luz pública si hubieran debido
sujetarse por primera vez á la censura parcial y opreso-
ra con que un partido caviloso y débil ha tenido en

nuestros tiempos cerradas las puertas del saber. Y decimos débil, porque sabido es que tanto mas tiránico es un partido, cuanto menos fuerza moral, cuantos menos recursos físicos tiene de que disponer. Desprovisto de fuerzas propias, va á buscarlas en las agenas conciencias, y teme la palabra. Solo un gobierno fuerte y apoyado en la pública opinion puede arrostrar la verdad, y aun buscarla: inseparable compañero de ella, no teme la espresion de las ideas, porque indaga las mejores y las mas sanas para cimentar sobre ellas su poder indestructible.

El teatro es acaso el ramo que mas se ha resentido de estas funestas verdades: por ellas hemos visto interceptadas malamente comedias que respiran la mas pura moral, entre ellas *La Mogigata*. Al verla representar de nuevo en el dia, no sabemos si sea mas de alabar la ilustrada providencia de un gobierno reparador que la ofrece de nuevo á la pública espectacion, que de admirar la crasa ignorancia que la envolvió por tantos años en la ruina de una causa momentáneamente caida. ¿Tan hipócrita es el partido que tiene por enseña el fanatismo, que se creyó atacado en *La Mogigata?* ¡Tanto le ofende la fiel representacion de los estravíos humanos: tan ligada se halla con ellos su existencia!

La Mogigata era conocida y sabida ya de memoria de todo el mundo: por lo tanto, si bien es indudable que tiene mérito suficiente para llamar al teatro numerosa concurrencia, eslo tambien para nosotros, que ha debido á su larga prohibicion la mayor parte de la importancia que en esta ocasion se le ha dado: esto es tanto mas cierto, cuanto que estamos acostumbrados á ver sin entrada otras composiciones del mismo Moratin escapadas de la comun prohibicion. Para hablar literalmente de *La Mogigata*, necesitaríamos estar mas seguros de nuestras propias fuerzas: seríanos indispensable ademas dedicar á su examen un artículo mas estenso de lo que las actuales circunstancias nos permiten; porque en el caso de que nos atreviésemos, como pudiéramos atrevernos tal vez, á hallar en ella lunares, de que no hay obra humana exenta, ¿qué de razones no necesitaríamos acumular para contrarestar la opinion pública tan esclusiva cuando llega á cobijar bajo su proteccion un nombre, una vez proclamado célebre? El mérito de Moratin, por otra parte, es

tan generalmente reconocido, que creemos inútil insistir
en esta ocasion en la ampliacion de sus bellezas; y con respecto á sus defectos, solo diremos que la diferencia que
existe entre los hombres de gran talento y la medianía, es
que de aquellos se puede decir que suelen alguna vez incurrir en faltas, y de esta por el contrario, que puede alguna
vez tener bellezas. Esto es todo lo que nos parece que se
puede decir con respecto á Moratin en parangon con los
que despues de él han escrito comedias del mismo género
en nuestro pais. Agréguese á esto una consideracion: en
todos los paises el primero que se ha elevado, el primer re-
formador ha llevado y ha debido llevar la mejor parte de
reputacion, porque es preciso proceder siempre por comparacion; apénas hay en el mundo otra manera de raciocinar.

Por lo que hace á comparar á Moratin con Moliere,
como han pretendido algunos hacerlo, bueno y justo es
que se diga que Moratin es el Moliere español: esto sin
embargo, creemos, segun nuestras cortas luces, que
La Mogigata no podrá sostener nunca la comparacion al
lado del *Hipócrita* de Moliere, que es la comedia de este
con quien tiene mas relacion; si esceptuamos el desenlace,
que es infinitamente superior en *La Mogigata*, porque pocas veces anduvo feliz Moliere en desenlaces. El mérito principal de Moratin parécenos estribar mas en la pintura local
de las costumbres de su época, y en el manejo de los modis-
mos de la lengua, que en la pintura del corazon humano;
sin que por esto queramos decir que fuese ignorante de él
Moratin: la gracia de Moliere es mas candorosamente cómica, y se trasluce menos al poeta; presenta las situaciones
solas; y esto basta en él para hacer reir. Moratin ayuda á la
situacion con una sátira mas decidida: no se contenta con
esponer el cuadro ridículo sencillamente á la vista del espectador: echa ademas en la balanza para inclinarla á su
favor el peso de su propia opinion; sus gracias toman muchas veces gran parte de realce de su mordacidad. Sea hecho este paralelo de paso con el respeto débido á ambos ingenios peregrinos, y para decir que por las espuestas razones, Moliere es mas universal que Moratin, éste es mas local; su fama por consiguiente mas perecedera é insegura.

REPRESENTACION

DE

EL SÍ DE LAS NIÑAS,

COMEDIA

DE D. LEANDRO FERNANDEZ DE MORATIN.

En el dia podemos decir que han desaparecido muchos de los vicios radicales de la educacion que no podian menos de indignar á los hombres sensatos de fines del siglo pasado, y aun de principios de este. Rancias costumbres, preocupaciones antiguas hijas de una religion mal entendida y del espíritu represor que ahogó en España, durante siglos enteros el vuelo de las ideas, habian llegado á establecer una rutina tal en todas las cosas, que la vida entera de los individuos, así como la marcha del gobierno, era una pauta, de la cual no era lícito siquiera pensar en separarse. Acostumbrados á no discurrir, á no sentir nuestros abuelos por sí mismos, no permitian discurrir ni sentir á sus hijos. La educacion escolástica de la universidad era la única que recibian los hombres: y si una niña salia del convento á los 20 años para dar su mano á aquel que le designaba el interés paternal, se decia que estaba bien criada; era bien criada si sacrificaba su porvenir al capricho ó á la razon de estado, si abrigaba un corazon franco y sensible; si por desgracia habia osado ver mas allá que su padre en el mundo, cerrábanse las puertas del convento para ella, y habia de elegir por fuerza el esposo divino que la repudiaba ó que no la llamaba á sí por lo menos. Moratin quiso censurar este abuso, y asunto tan digno de él no podia menos de inspirarle una gran composicion. De estas breves reflexiones se puede inferir que *El sí de las Niñas* no es una de aquellas comedias de carácter, destinada como el *Avaro* ó el *Hipócrita*, á presentar eternamente al hombre de todos los tiempos y paises un espejo en que vea y reconozca su estravío ó su ridícula pasion; es una verdadera comedia de época, en una palabra, de circunstancias enteramente locales, destinada á servir de documento histórico ó de modelo literario. En nuestro entender es la obra maestra de Moratin y la que mas títulos le granjea á la inmortalidad. El plan está perfectamente concebido. Nada mas ingenioso y acertado que valerse para convencer al tio de la contraposicion de su mismo sobrino. Asi no fuera este teniente coronel, porque por mucha que fuese en aquel tiempo la sumision de los inferiores en las familias, no parece natural que un teniente coronel fuese tratado como un chico de la escuela, ni recibiese las dos, ó las tres onzas para ser bueno. Acaso la diferencia de las costumbres haga mas chocante esta observacion en nuestros dias; y nos inclinamos á creer esto, porque confesamos que solo con mucho miedo y desconfianza, osamos encontrar defectos á un talento tan superior. El contraste entre el carácter maliciosamente ignorante de la vieja y el desprendido y juicioso don Diego es perfecto. Las situaciones sobre todo del tercer acto, tan bien preparado por los dos anteriores, que pudieran llamarse de esposicion, porque toda la comedia está encerrada en el tercer acto, son asombrosas, y desaniman al escritor que empieza. Esta es la ocasion de hacer una observacion esencial. Moratin ha sido el primer poeta cómico que ha dado un carácter lacrimoso y sentimental á un género en que sus antecesores solo habian querido presentar la ridiculez. No sabemos si es efecto del carácter de la época en que ha vivido Moratin, en que el sentimiento empezaba á apoderarse del teatro, ó si es un resultado de profundas y sábias meditaciones. Esta es una diferencia esencial que existe entre él y Moliere. Este habla siempre al entendimiento, y le convence presentándole el lado risible de las cosas. Moratin escoge ciertos personages para cebar con ellos el ansia de reir del vulgo; pero parece dar otra importancia para sus espectadores mas delicados á las situaciones de sus héroes. Convence por una parte con el cuadro ridículo al entendimiento; mueve por otra el corazon, presentándole al mismo tiempo los resultados del estravío; parece que se complace con amargura en póner á la boca del precipicio á su protagonista, como en *El Sí de las Niñas* y en el *Baron*; ó en hundirle en él cruelmente, como en el

Viejo y la Niña, y en el *Café*. Un escritor romántico creeria encontrar en esta manera de escribir alguna relacion con Victor Hugo, y su escuela, si nos permiten los clásicos esta que ellos llamarán blasfemia. En nuestro entender este es el punto mas alto á que puede llegar el maestro; en el mundo está el llanto siempre al lado de la risa; parece que estas afecciones no pueden existir una sin otra en el hombre; y nada es por consiguiente mas desgarrador ni de mas efecto que hacernos regar con llanto la misma impresion del placer. Esto es juzgar con el corazon del espectador; es hacerse dueño de él completamente, es no dejarle defensa ni escape alguno. *El sí de las Niñas* ha sido oido con aplauso, con indecible entusiasmo, y no solo el bello sexo ha llorado, como dice un periódico, que se avergüenza de sentir; nosotros los hombres hemos llorado tambien, y hemos reverdecido con nuestras lágrimas los laureles de Moratin, que habian querido secar y marchitar la ignorancia y la opresion. ¿Es posible que se haya creido necesario conservar en esta comedia algunas mutilaciones meticulosas? ¡Oprobio á los mutiladores de las comedias del hombre de talento! La indignacion del público ha recaido sobre ellos, y tanto en *La Mogigata* como en *El sí de las Niñas*, los espectadores han restablecido el testo por lo bajo: felizmente la memoria no se puede prohibir.

LOS TRES NO SON MAS QUE DOS,

Y EL QUE NO ES NADA VALE POR TRES.

MASCARADA POLÍTICA.

Mil veces les habrá sucedido á mis lectores, y aun á los que no me leen, oir una campana y quedarles una prolongada vibracion en los oidos despues de haber sonado; les habrá sucedido tambien viajando, durarles gran rato despues de apeados ya del carruaje, la sensacion del movi-

miento y traqueteo producida por muchas horas de camino.
Hé aqui precisamente lo que á mí me ha sucedido y me sigue
sucediendo todavia con el fantástico aparato y desigual clamor
que en mis sentidos dejaron las pasadas máscaras. Voy por
la calle y se me antojan aun caretas las caras, y disfraces los
trages y uniformes. Oigo hablar de cosas nuevas, y, acos-
tumbrádo á tanta cosa vieja y á tanta broma, se me figura
aun que me siguen embromando. Pasará sin duda esta sensacion y será preciso creer á todo el mundo; pero mientras
pasa ó no pasa, mientras creo ó no creo, todo el trabajo de
mi entendimiento limitado se reduce por ahora á ver de conocer al que me habla, que no es poco. Con tal rumor en
los oidos, con tal prevencion en la vista, salia yo la última
noche del pasado carnaval de Ábrantes, donde habia co-
deado á la aristocracia, y del teatro, donde me habia co-
deado á mí la democracia. Llena la cabeza con estas dos
ideas, que no podia amalgamar nunca, y que asi se separa-
ban al tocarse como se separan dos bolas de villar al cho-
car una con otra, se me antojó que entraba en un salon
adornado por el orden antico-moderno; toda la parte alta
gótica, góticas las paredes y ventanas; el mueblaje y adorno bajo del último gusto. Tres comparsas le llenaban, á lo
que entonces me pareció. La menos numerosa era compuesta toda de viejos ¡rara aprension! pero gordos y robustos; para hacer gente y engruesarse iban derramando su dinero con
tanto sigilo, como si fuese mal adquirido y peor conservado;
pero á cada moneda que daban ¡cosa rara! perdian carnes
y fuerzas. Toda esta comparsa andaba hácia atras, mas como quien huye que como quien anda; para lo cual traian
la cabeza y los pies vueltos del reves, que hacian rara figura. Andaban desbandados á causa de hallarse su gefe á
diligencias propias; pero en cambio presumian serlo todos.
Seguia á esta comparsa una porcion de pobres, rotos y mal
parados, con una venda en los ojos como pintan á la fé
creyendo á pies juntillas cuanto aquellos les decian, y tomando varios diges de poco valor en cambio de sus servicios.
De cuando en cuando dábanles los magnates de la comparsa un palo, y unos respondian ¡viva! y otros respondian
¡gracias! Raros trages se veian entre ellos, pero ninguno
pasaba del siglo XVIII. Retazos de manteos, cruces y vene-
ras, papel de Italia, espadines de Toledo, tal cual estrella
en la frente, látigo en la mano, calzon, peluquin y hebillas.

Color general blanco como la leche. Conversacion poca; chispa ninguna.

La segunda traia gefe, ó por mejor decir representante; gente nueva, y la mas barbilampiña: flaca aun como muchacho que está creciendo: conocíase á legua que no habian tenido tantas ocasiones de comer como los otros. No andaban, sino corrian: todo eran piernas. Bailaban todos á una, y hacian los mismos pasos: encogíanse los altos, empinábanse los bajos: todo su prurito era andar iguales: al menor desnivel habia gira y algazara. Pedian la palabra, y tomaban lo demas. Venian vestidos de telas de institucion, color de garantía: el disfraz era lo mejor que traian; si bien á muchos se los traslucian por debajo juboncillos de ambicion con tal cual cenefilla de empleo, y se conocia que no estaban hechos á usarlos, porque á los mas les venian anchos. Estos no repartian dinero, sino periódicos; dábanlos con audacia y á venga lo que venga: si alguno se perdia ó se interceptaba malamente, otro al puesto, como quien tenia el molde en casa. Por el contrario de los otros, á cada periódico que daban ganaban carnes y razon. Las caretas eran discursos históricos de sucesion. Iban encendiendo las luces, que la primera comparsa apagaba siempre que podia; pero el salon estaba iluminado, de donde era fuerza inferir que se encendian mas de prisa que se apagaban. Seguia á estos una turba desigual hambrienta de felicidad: verdad es que nunca la habian catado. Unos eran gordos, otros flacos: unos tenian tres piernas, otros una: uno tres ojos, otro medio; quién era gigante, quién lilipuciano. *Se os igualará*, les iban diciendo los magnates, *nada mas facil*, y lo creian sin mirarse despacio unos á otros, el tonto y el discreto, el tullido y el sano, el pobre y el rico. Estos creian en la felicidad de este mundo: los primeros en la del otro. Su conversacion buena, su chispa mucha y mayor el ruido que metian. Color general negro.

Era el resto de la concurrencia la mayoria; pero se conservaba á cierta distancia del que parecia su gefe. Era el color de este un atornasolado claro, que visto de distintos puntos lejanos parecia siempre un color diferente, pero en llegando á él, no se le podia llamar color. Este y los suyos no andaban, aunque lo parecia, porque marcaban el paso: conociendo que no habia para qué, unos no traian pies, y otros los traian de plomo. De medio cuerpo arriba venia

vestido á la antigua española, de medio cuerpo abajo á la
moderna francesa, y en él no era disfraz, sino su trage propio y natural. Ni era alto, ni bajo, ni gordo, ni flaco; sutil
como cuerpo glorioso, y máscara, en fin, racional, si las
hubo nunca. No traía careta, sino que enseñaba una cara de
risa que á todos quería dar contento. Era su comparsa gente pasiva y estacionaria, de esta que tiene y no quiere perder, que no tiene por qué moverse, miedosa que teme per-
niquebrarse á cada paso, escarmentada ya y paralítica, en-
vilecida con el sufrimiento y bien avenida á todo, ó des-
preocupada, que se ríe de los hombres y sus partidos. Estos no decían nada; ni aplaudían, ni censuraban; traían
caretas de yeso, miraban á una comparsa, miraban á otra,
y ora temblaban, y ora reían. En realidad no hacían cuenta con su gefe: éste era el que contaba con ellos; es decir,
con su inercia.

En una palabra, parecían tres las comparsas y no eran
mas que dos. Cuando yo entré en el baile acababan de separarse; hasta entonces habían bailado mezclados, porque
hasta entonces no había faltado bastonero que los había hecho bailar á todos á un mismo son.

Apenas tuve tiempo de reconocer lo que llevo descrito,
cuando se dirigieron á mí varios de la primera comparsa.
—¡Ah, Fígaro maldito! aquí está. *«¡Nadie pase sin hablar
al portero!» «¡La planta nueva!»* ¿Sabes que nos has hecho
mas daño que un cañon?—Mala entrada es esta, dije yo para mí.—Mira, prosiguieron, tú debes ser tonto. ¿Qué provecho has sacado de tus artículos?—El gusto de escribir lo
que pienso, y me sobra.—Eso por un lado y por otro el
que te ahorquemos, si.... ¡desigual es el partido!—Ya me
pondré á distancia respetable.—Vente con nosotros.—Gracias.—Te irá mejor: no hallarás rivales, porque no escribi-
mos; te daremos una prebenda.—Soy casado.—Te daremos
un empleo en Correos y podrás interceptar las cartas.—No
soy curioso.—Andarás por esas breñas.—No soy peregrino.
—Dormirás al sereno.—Mas quiero dormir sereno.—Ten-
drás inquisicion y rey absoluto.—Lo agradezco, pero es
tarde.—¡Matarle! ¡Matarle!

—¡Ea, dejad á Fígaro! dijeron los de la segunda comparsa, sacándome de entre ellos; este es nuestro, enteramente nuestro. ¿No es verdad, Fígaro?—¡De corazon!
—¡Bravo! Tú tambien eres igual.—Y sino soy igual me es

igual todo.—¡Ya! Por eso te descuidas, y haces á veces artículos tan largos y tan pesados, y con tantas digresiones·y atrevimiénto: no teniendo respeto á nadie, fácil es hacer reir...—No hay para qué hablar mas, que ya me habeis conocido, dije yo apresurándome á interrumpir á los mios, que me iban tratando peor que los contrarios.

Mientras esto me pasaba en un rincon de la sala andábanse embromando los principales personages de las dos comparsas. Estas bromas pararán en veras, dije yo para mí, y acerquéme á oir.—Andad, decian unos, hipócritas; á nosotros no nos embromareis, porque os conocemos: ahora andais con careta del pretendiente, pero es mentira: vosotros existiais antes que él. Vosotros triunfásteis malamente en Villalar en nombre de otro Cárlos V: desde entonces no dejó de crecer un punto vuestra audacia: vosotros fuísteis los que el año 14 engañásteis á un rey y perdísteis á un pueblo; vosotros los que el año 23....—¡Silencio! respondieron los otros; ¿qué nos echais en cara? Echaos la culpa á vosotros mismos, que dos veces fuísteis los amos, y dos veces....—Sí, pero no tengais cuidado; á la tercera...—Veremos.—Sí; vosotros lo que quereis es embaucar al pueblo con vuestos sortilegios, cubrirle los ojos y taparle la boca para beber su sangre que os engorda: el favoritismo, el absolutismo, el oscurantismo, el fanatismo, el egoismo..... esas son vuestras virtudes.... ese es el Cárlos V que proclamais; y lo demas es farsa y mascarada. Quitaos esas caretas de ley de Felipe V, que ya os hemos conocido.—¡Miren! contestaban los ofendidos; ¿ y qué quereis vosotros? ¿Quereis hacer felices á lós pueblos? Broma y mas broma. Igualdad, para tener todos derecho á todo, representaciones nacionales para ocupar un puesto en ellas, porque todos haceis oficio de leer y escribir, y pensais que hablando.... y los empleos, en fin, que por tantos años tuvimos nosotros, y las rentas que nos comemos y...—Y bien, y bien; ¿y hay·nada mas justo? Nosotros haremos el bien público, haciendo el nuestro, aun sin querer hacerlo...—¡Careta! ¡pretesto!—Pretesto, sí; pero mas noble que el vuestro. En nosotros tendrá la sucesion directa...—¡Fuera, fuera la careta! ¡Tambien os conocemos!—¡Holgazanes!—¡Ambiciosos!

Al llegar aquí la broma, exasperáronse unas y otras máscaras, y ¡oh! ¡qué noche de horror y de confusion!—

¡A ellos, á ellos! gritaron unos, y otros desenvainando sus
armas. Un paquete de *Boletines de Comercio* atrasados,
lanzado por un brazo vigoroso y jóven, vino á estrellarse
sobre un grupo de peluquines; seis cayeron del golpe.
Diez y nueve *Siglos*, llenos de reconvenciones, se alzaron á
una contra la pandilla blanca; y ¿quién les pudiera resistir?
Tampoco se descuidaban los acometidos: volaban *Estrellas*
por todas parte, pero daban en el aire con los *Siglos* y los
Boletines que iban, y caían desvaneciéndose como los fuegos fátuos del verano. Un discurso parlamentario encontraba en el aire una exhortacion carlista y arrollábala al
punto. ¡Qué furor! Volaban *Tiempos* y *Cínifes*, lanzábanse
Ateneos y *Minervas*, enemigo herido de ellos, enemigo dormido y fuera por consiguiente de combate. Hasta hubo
quien sacó *Correos*, *Crónicas* y *Auroras*, armas prohibidas
porque suelen dispararse contra el mismo que las carga.
¿Quién diria el destrozo y la mortandad? ¿Y quién el fin de
tan sangrienta lucha, si el gefe de la inerte comparsa no se
apareciese con una sonrísa en la boca y una *Revista* en la
mano? Interpúsola el atornasolado como pudiera Mercurio
su caduceo, y cedieron los combatientes al arma mas pesada.
Todos quedaron aplanados. ¡Ay de aquel á quien le cayó encima una noticia diversa! ¡Ay del que tuvo que sufrir el
peso de la crónica de provincias! ¡Mísero el que sintió sobre sí la cámara de los diputados! Quiso la buena suerte que
esto cayese todo sobre la comparsa blanca, y nadie de ella
pudo ya levantar cabeza. Roncaban unos, y otros se queja-
ban amargamente. En la comparsa nueva cayó un artículo
de entrada, y ¡oh prodigio! como el maná, súpole á cada
uno al manjar mas de su gusto; á nadie empero levantó
chichon ni cardenal.

—¡Hola! ¿quién es este? ¿Es vuestro? preguntaron los
jóvenes á sus contrarios.—¿Qué ha de ser nuestro? ¡ay míseros! contestaron los vencidos.—¡Ah! ¡ya! repusieron los primeros. ¿Quién diablos te habia de conocer? Vaya, pase, pase por nuestro; mira, júzganos.

—¿Yo juzgar? dijo el mediador. No lo permita el cielo.
Si fuera conciliar...

—Mira que si no quieres ser nuestro juez, serás su reo.
¡Esos hipócritas!...

—¡Oh! no hipócritas precisamente, no.... seductores....
dijo el mediador.

—¡Revolucionario! gritaron los viejos.

—Revolucionarios, precisamente.... no.... fautores de asonadas.... interrumpió el justo medio.

—¡Fanáticos! gritaron los jóvenes.

—No, fanáticos, no... ilusos, incautos...

—¡Ignorantes!

—¡Incrédulos!

—Señores, todos tienen ustedes razon; la union, la cultura, un justo medio... ni uno ni otro... las dos cosas....

—¡Nosotros queremos todo nuevo!

—No, nuevo no, dijo el justo medio.

—¡Nosotros todo viejo!

—No, viejo no, repuso el atornasolado.

—¡Nosotros lo negro!

—¡Nosotros lo blanco!

—Todo, bien, todo; si se puede todo: está entendido; daremos un blanco que tire á negro, y un negro que tire á blanco.

—¿Con que sí?

—No digo que sí, precisamente;.... mas....

—¿Con que no?

—No digo que no, precisamente;.... pero...

—Eso, eso es ponerse en la razon, dijo á este punto levantándose pausadamente la mayoria hasta entonces inmóvil: nosotros estamos por ese señor de la antigua española y moderna francesa. No somos partido, pero somos los mas. Venga cualquiera cosa, llámenlo como quieran, y vamos viviendo. De cualquier modo hemos vivido hasta ahora, de cualquier modo moriremos.

—La verdadera diversion, señores, si me atrevo á llamarlo asi, dijo entonces animado con su inmensa fuerza el atornasolado de no conocido color, es tomar, permítaseme la frase, de los juegos venerandos antiguos lo preciso, modificándolo segun el humor de los que han de divertirse. Y á propósito de esto diré para convencer á ustedes lo siguiente: *las necesidades y las reformas, las instituciones y garantías, asi como la antigua monarquia de las ideas nuevas, la discordia, la hidra de las revoluciones, y la bondad de arriba abajo, y no de abajo arriba, la legitimidad, los malévolos seducidos, un campo de horror y dulce fraternidad, los sucesos retrógrados y las masas progresivas....*—Otras cosas podria decir;..... pero.... ¡Cuán dulce es la paz, señores! Y por fin el talento es mio, mia la esperiencia, el tacto mio, y la nacion mia, porque no es de nadie, porque es pasiva: al que se oponga á mi justa conciliacion, añadió riéndose con la mas amable y cariñosa sonrisa, al que no quiera ser feliz, como yo entiendo la felicidad, harásele feliz, mal que le pese.

Un prolongado clamor de la multitud inmensa, tan callada toda la noche, pero un clamor no de entusiasmo pasagero, sino tranquilo, sereno, como la voz del poder que no ha menester esforzarse para hacerse oir, aplaudió sordamente la alocucion ambilátera, que traducida al lenguaje inteligible, queria decir á unos: *ya es tarde*; y á otros: *es temprano todavía.*

Restablecida la paz y el silencio, desapareció á mis ojos el baile y ambos partidos con él: halléme en medio de Madrid repitiendo para mí: *los tres no son mas que dos, y el que no es nada vale por tres.*

EL SIGLO EN BLANCO (1).

No sé qué profeta ha dicho que el gran talento no consiste precisamente en saber lo que se ha de decir, sino en saber lo que se ha de callar; porque en esto de profetas no soy muy fuerte, segun la espresion de aquel que miraba detenidamente al Neptuno de la fuente del Prado, y añadia de buena fé enseñándosele á un amigo suyo: aqui tiene usted á Jonás conforme salió del vientre de la ballena.—¿Hombre, á Jonás? le replicó el amigo, si este es Neptuno...—O Neptuno, como usted quiera, replicó el *cicerone*, que en esto de profetas no soy muy fuerte.—El hecho es que la co-

(1)   Antes de ayer apareció en esta corte el número 14 del periódico *El Siglo* con varios artículos en blanco, cuyos epígrafes eran: *De la amnistía; Política interior; carta de don Miguel y don Manuel María Hazaña en defensa de su honor y patriotismo; sobre Cortes, y cancion á la muerte de don Joaquin de Pablo Chapalangarra.* Posteriormente hemos sabido que se ha suprimido la publicacion de este periódico.

sa se ha dicho, y haya sido padre de la iglesia, filósofo ó Dios del paganismo, no es menos cierta ni verosimil, ni mas digna tampoco de ser averiguada en tiempos en que dice cada cual sus cosas y las agenas cómo y cuando puede.

Platon, que era hombre que sabia dónde le apretaba el zapato, si bien no los gastaba, y que sabia asimismo cuánto tenia adelantado para hablar el que no ha hablado nada todavia, habia adoptado por sistema enseñar á sus discípulos á callar antes de pasar á enseñarles materias mas hondas, y en esa enseñanza invertia cinco años, lo cual prueba evidentemente dos cosas: primera, que Platon estaba, como nuestras universidades, por los estudios largos: segunda, que no es cosa tan facil como parece enseñar á callar al hombre; el cual nació para hablar, segun han creido erróneamente algunos autores mal informados, dejándose deslumbrar sin duda por las apariencias de verosimilitud que le da á esta opinion el don de la palabra, que nos diferencia tan funestamente de los mas seres que crió de suyo callados y taciturnos la sábia naturaleza.

De cuanto se pueda callar en cinco años podrase formar una idea aproximada con solo repasar por la memoria cuanto hemos callado nosotros, mis lectores y yo, en diez años, esto es, en dos cursos completos de Platon que hemos hecho pacíficamente desde el año 23 hasta el 33 inclusive, de feliz recuerdo, en los cuales nos sucedia precisamente lo mismo que en la cátedra de Platon, á saber, que solo hablaba el maestro, y eso para enseñar á callar á los demas, y perdónenos el filósofo griego la comparacion. Esto con respecto á dar una idea de lo mucho que se puede callar en cinco ó en diez años; ahora bien, con respecto á lo que se puede callar en un solo dia, basta para formar una idea leer, si es posible, el *Siglo*, periódico que no se ofenderá si aseguramos de él, que trae cosas que no estan escritas; periódico enteramente platónico, pero que no puede haber sacado tanto provecho como honra de su ciencia en el callar.

Confesemos sin embargo que lo que hay que leer es un artículo que no está escrito. Leer palabras y mas palabras lo hace cualquiera, y toda la dificultad, si puede cifrarse en alguna cosa, se cifra evidentemente en leer un papel blanco.

Un artículo en blanco es susceptible de las interpretaciones mas favorables: un artículo en blanco es un artícu-

lo en el sentido de todos los partidos: es cera blanda, á
la cual puede darse á voluntad la forma mas adaptada al
gusto de cada uno. Un artículo en blanco es ademas picante, porque escita la curiosidad hasta un punto dificil de
pintar. ¿Qué dirá? ¿Qué no dirá? En un mundo como este
de ilusion y fantasmagoría, donde no se goza sino en cuanto se espera, es indudable que el hacer esperar es hacer
gozar. Las cosas una vez tocadas y poseidas pierden su mérito; desvanécese el prestigio, rómpese el velo con que nuestra imaginacion las embellecia, y esclama el hombre desengañado: *¿Es estó lo que anhelaba?* Este sistema de hacer
gozar haciendo esperar, del cual pudiéramos citar en el dia
algun sectario famoso, es evidente, y por él nunca podrá
entrar en competencia con un artículo en blanco un artículo en negro: Este ya sabemos lo que puede querer decir,
aunque no sea mas que haciendo deducciones del color.

De esta facilidad con que puede leerse un artículo en
blanco se deduce un principio que desgraciadamente ha sido fin para *El Siglo:* á saber, que se pueden comparar con
las cosas escritas en tinta simpática y con esas pantallas elegantes que toman mas ó menos color segun se acercan mas
ó menos á la lumbre, leidos en un gabinete ministerial naturalmente resguardado de toda intemperie, y en que suele
estar alto el termómetro, toman un calorcito subido que
ofende la vista; y leidos al aire libre se revisten de una tinta suave que da gozo á la multitud. Pero siempre hacen fortuna, porque en el primer caso, y cuando dan con un lector amigo del silencio, suelen dar por gusto al periodista, y
en tal caso se da un privilegio esclusivo al autor de un artículo en blanco, para que puedan tambien quedar en blanco
los números sucesivos.

Bien conocerá el lector, aun sin haber leido *El Siglo*,
como probablemente no le habrá leido por aficionado que
sea á leer, que no es mi intencion defender ni acriminar los
artículos en blanco, ni mucho menos á los gobiernos, que
temo á Dios gracias.

Es únicamente mi objeto apuntar unas cuantas ideas
acerca de la teoria de los artículos en blanco, género nuevo en nuestro pais, y para el cual debió decir Malherbe
aquellos versos:

> *Et rose elle a vecu ce que vivent les roses*
> *l'espace d'un matin.*

Quod scripsi scripsi, dijo un antiguo y famoso magistrado. Hé aqui otra de las ventajas de un artículo en blanco; y si hay quien culpe todavia de poco carácter á la *Revista,* desafiamos por esta vez al *Siglo* á que tenga mas que nosotros. No dirá por esta vez *quod scripsi scripsi.* En tiempo en que es tan de primera necesidad no contradecirse nunca, hé aqui otra ventaja de los escritores en blanco. Ni se crea que es facil tampoco sobresalir en este género : yo confieso en verdad que si es cierto aquello de que *princípio quieren las cosas ,* al ponerme á escribir un artículo en blanco , no sabria por dónde empezar , y en cuanto á lo de prohibirlos, confieso que me habia de ver mas apurado todavia.

El Siglo es mas grande que los hombres; hé aqui una verdad que ha echado por tierra el tiempo. Nosotros en realidad , al condolernos sinceramente de la suerte de nuestro colega, inferimos : ó es el siglo mas chico de lo que habíamos pensado, ó no es este siglo que alcanzamos el que habíamos menester.

Inferimos que no está bastante ilustrado el pais para leer artículos en blanco, y que es mas acertado meter las cosas con cuchara, como lo entiende el *Boletin:* adoptamos el agüero que nos ofrece nuestro silencioso cofrade. A catorce *Siglos* nos ha dejado este periódico; es decir , en la edad media; confesemos francamente que no podemos pasar de aqui , y quedémonos en blanco enhorabuena. Muchos son efectivamente los puntos que ha dejado en blanco nuestro buen *Siglo* en punto á Amnistía, en punto á Política interior , en punto á honor y patriotismo de no sé que hazaña , y en punto, en fin , á Cortes; pero mas creemos que hubieran sido aun los puntos en blanco , si conforme era el 14 el siglo , hubiera sido el 19. Y por último , deducimos de todo lo dicho y de la muerte que alcanza á nuestro buen *Siglo ,* á pesar de toda su ilustracion y grandeza, que el siglo es chico como son los hombres , y que en tiempos como estos los hombres prudentes no deben hablar, ni mucho menos callar.

VENTAJAS

DE LAS COSAS A MEDIO HACER.

Suele decirse que nadie tiene mas edad que la que representa, y esta es una de las muchas mentiras que corren acreditadas y recibidas en el mundo con cierto agradable barniz de verdad, y que entran en el círculo de todo aquello que sin ser *vero*, es sin embargo *ben trovato*. Si una mentira pudiese probar algo, esta probaria una verdad, á saber, que no hay nada positivo, que no hay nada tal cual es, sino tal cual parece. Por el mismo estilo podria decirse que ciertos pueblos no envejecen, porque para envejecer es preciso vivir. Hé aqui la razon por qué siempre que yo me paro á mirar con reflexion nuestra España (que Dios guarde de sí misma sobre todo) suelo dirigirle mentalmente aquel cumplimiento tan usual entre gentes que se ven de tarde en tarde: *¡ Hombre , por usted no pasan dias !* Por nuestra patria efectivamente no pasan dias; bien es verdad que por ella no. pasa nada: ella es por el contrario la que suele pasar por todo. Asi es que despues de sus años mil , vésela de temporada en temporada aparecer joven y rozagante, como quien empieza á vivir de nuevo. Si la hubiésemos de comparar con algo, la comparariamos con esas viejas verdes que unos dias se tiñen las canas y otros no; ó con esos seres que pasan el invierno entre dos piedras en una aparente muerte, y que necesitan todo el sol del mes de julio para empezar á rebullirse; ó con la comparsa del célebre Robinson, silbado años pasados en esta corte, que andaba dos pasos adelante y uno atras; ó con la casta Penélope, que deshacia de noche la tela que tramaba por el dia; ó con los gatos en fin, de los cuales se dice que tienen mil vidas; si bien con una notable diferencia: estos siempre caen de pie, y de la España no nos atreveríamos á decir claramente cómo cae siempre. En una palabra, se la puede comparar con todo y exactamente con nada.

No es esto que queramos hablar mal de España: mala ocasion escogeríamos, sobre todo cuando está casualmente én el dia en que se tiñe las canas, en que se despereza y se rebulle, en que da el paso adelante, en que teje la tela, y en que se levanta renqueando de la última caida. Dios nos libre de semejante intencion como de un manifiesto; nuestro objeto es retratarla, y aun hacerla favor si cabe. Es el mal que se escapa á la observacion como el agua á la presion: piensa usted cogerla por un lado, deslízase por otro; como esos calidescopios fantasmagóricos que á cada movimiento presentan una figura distinta á la vista divertida: asi nuestra patria ofréce unas veces encima unos colores y otras veces otros.

El año 8, segun decia su gobierno, no podia ser feliz sino bajo la ilustrada dominacion del dispensador supremo de la dicha de los pueblos. Poco despues, toda su bienandanza debia consistir en manejarse por sí sola, rechazando la citada ilustrada dominacion. El año 14 era indudable que solo su legitimo rey y su legítima libertad, la podian conducir á la dicha estable y duradera. A mitades del mismo año pendia su salvacion de su legítimo rey, pero sin auxilio ya de la tal libertad, ni maldita la ayuda de vecino. Hecha ya la casa, abajo los andamios. Hasta el año 19 inclusive, el orden y la paz, la gloria y la ventura solo podian apoyarse en la santa inquisicion. El año 20 ya se averiguó que aquella dicha de que habia gozado por tan santo medio, no era la verdadera; la verdadera era la que iba á tener, fundada en la igualdad y en la libertad: entonces se supo á ciencia cierta que iba á ser venturosa. El año 23 sin embargo se vió felizmente restituida á la felicidad verdadera; entonces solo podia esperarla de aquellos mismos franceses, los únicos que el año de 8 podian hacerla feliz, y que el año 9 solo podian hacerla desgraciada. En aquel año 23 recibió, pues, su verdadera dicha del absolutismo, único gobierno capaz de llevar á un pueblo á su esplendor con mano fuerte: entonces abrió los ojos por cuarta vez, y vió palpablemente cómo habia de ser feliz. Y por fin, el año 34, abre los ojos por quinta vez, y se convence de una manera irrecusable, como siempre, de que su felicidad solo puede depender de la representacion nacional, y de que un gobierno absoluto no es la piedra filosofal. Escarmentada como siempre de sus pasados errores, ya no volverá á caer en el lazo que la tienden los malévolos y los ilusos, y todos esos bribonazos que andan siempre engañando y estraviando pueblos; en el año 34 se convence definitivamente de que la verdadera felicidad es la de ahora; todas las demas han sido felicidades de poco momento. Confesemos que esta su conviccion de ahora es la mas fuerte, aunque no sea mas que por haber estado ya otras veces convencida de lo mismo.

Hay quien cree que la felicidad es una de las muchas mentiras *ben trovatas*, como llevamos dicho, para nuestro consuelo: ya nos guardaremos nosotros de creer esto: y si en ninguna parte la vemos mas que escrita, no será sin duda, porque no exista, sino porque no se ha sabido dar con ella hasta la presente. Siempre resulta de lo dicho que por la España no pasan dias: nuestra patria siempre la misma; siempre jugando á la gallina ciega con su felicidad: empeñada en atraparla, por el estilo de aquel loco, maniático por atraparse con la mano izquierda el dedo pulgar de la misma mano que tenia cogido con la derecha; y siempre mas convencido la última vez que todas las anteriores.

Intrincado y oscuro laberinto le pareceria á cualquiera nuestra felicidad. Habrá quien diga que de no haber hecho nunca las cosas claras y terminantes le viene el mal de haberse de contradecir.... Pero réstanos saber si es un mal el contradecirse; esto no está averiguado: decir siempre la verdad nos obligaria á decir siempre una misma cosa; esto sobre ser una pesadez insufrible nos conduciria á decirlo todo de una vez. ¿Y despues? No diriamos nada. Figúrese el lector qué vacío en una larga existencia. Decimos por el contrario una cosa hoy y otra mañana. ¡Figúrese el lector qué variedad! Hay tela cortada para toda la vida. Igual consecuencia sacamos respecto á hacer las cosas claras y terminantes. Nosotros estamos por las cosas oscuras: hablamos seriamente. En primer lugar nadie nos negará una inmensa ventaja que sobre las cosas claras llevan las oscuras, á saber, que estas se pueden aclarar. Hágalo usted todo de una vez; el dia 1.º del año por ejemplo. ¿Y los 364 restantes qué hace usted? Holgar. Dios nos libre: la ociosidad es madre de todos los vicios. Si este es de todos los males el peor, vale mas hacer mal y deshacer bien, que no hacer nada.

Para concluir, figurémonos por un momento que lo que vamos á hacer el año 34, porque yo creo que vamos á hacer algo, lo hubiéramos hecho de primeras el año 9, ó el 14, ó el 20. ¿Qué hariamos el 34? ¿Ser felices? ¡Braba ocupacion! Hubiéramos vivido de entonces acá, hubiéramos envejecido en esta felicidad que vamos á atrapar precisamente ahora; en una palabra, hubieran pasado los dias y las cosas por nosotros, en vez de pasar nosotros por los dias y las cosas, y no estaríamos como estamos, en los principios. ¡Espantosa perspectiva! Mas sabios, por el contrario, nosotros dejamos siempre algo que hacer, algo oscuro que aclarar para mañana. ¡Hay de aquel dia en que no haya nada que hacer, en que no haya nada que aclarar!

HERNAN PEREZ DEL PULGAR,

EL DE LAS HAZAÑAS.

Bosquejo histórico por don *Francisco Martinez de la Rosa.*

Entre los muchos y graves compromisos que rodean por todas partes al periodista, y al lado del riesgo de escribir sin querer, lo que no piensa, ó de no pensar bastantemente lo que escribe; á la par del percance de ir mal espresadas, ó de ser mal entendidas é interpretadas sus frases, de ser responsable de lo que otros escriben, y de verse esclavo de la libertad de sus conciudadanos, que él mismo acaso fundara y constituyera, pudiera campear como grande entre los mayores el compromiso de haber de criticar imparcial y concienzudamente la obra literaria de un ministro. No porque no pueda un ministro escribir una obra buena, sino precisamente por lo mismo que puede escribirla; el elogio que dirigido á un particular, aparece imparcial y generoso en la boca del crítico, encaminado á una excelencia toma para con la opinion pública casi siempre el sabor de lisonja, y adulacion; por justo y merecido que en el fondo sea. Es preciso, pues, que el periodista tenga la grandeza de ánimo suficiente para arrostrar la tacha de adulador, cuando quiere su mala suerte que se reunan en un hombre solo el poder y el mérito. Esto felizmente no sucede todos los dias. Andarse desenterrando por otra parte defectos, ó muy leves ó imaginados, solo para granjearse opinion de fuerte y dé arriscado, sería una pequeñez indigna de quien abrigase un corazon noble y generoso. Puestos nosotros en tan duro trance, tomamos el único partido que parece señalarnos nuestro carácter independiente; y nos limitamos á asegurar con franqueza que si pudiera pesarnos alguna vez de que el señor don Francisco Martinez de la Rosa ocupase el alto puesto en que le han colocado las esperanzas de los españoles, seria en esta ocasion en que quisiéramos tributar nuestra alabanza y respeto al hombre de letras con toda independencia del hombre de estado.

Tiempo hacia ya que esperábamos algun fruto de la pluma del señor Martinez de la Rosa los que de esperar vivimos, y los que ya hemos tomado sabor á los partos de su buen ingenio. La obra que publica en el dia no es acaso la mas importante que de él podiamos esperar; es un simple bosquejo histórico de la vida de Hernan Perez del Pulgar, uno de los héros con que se honra España, segun la misma espresion del autor; es empero en su género un apreciabilísimo trabajo. Gran servicio hace á su patria indudablemente el hombre estudioso que desenterrando en las antiguas crónicas y leyendas los grandes hechos con que la ilustraron sus hijos, los ofrece como modelos á la generacion presente y á las venideras. Don Francisco Martinez de la Rosa, tan justamente aficionado á las cosas de Granada, no podia menos de investigar con diligencia los hechos de Pulgar, por su naturaleza enlazados con la historia de aquella ciudad. La claridad, el orden y gradacion de los hechos, la narracion sencilla, elegante, y no pocas veces florida, y aquellas reflexiones políticas ó morales que suelen nacer tan naturalmente á veces de la misma relacion de los hechos bajo la pluma del historiador, colocan este bosquejo histórico entre lo mejor que poseemos en este género. No luce en él la enérgica concision de Tácito, ni la profunda filosofía de Plutarco; pero puede rivalizar su estilo con lo mejor de nuestro siglo de oro. Tan cierta es esta proposicion, que al leer Hernan Perez del Pulgar, hemos creido mas de una vez tener entre manos un libro desenterrado de aquella época. No faltará quien tachará este cuidado, esta esmerada imitacion del lenguaje de Solís y de Mariana, como una estremada afectacion de purismo; no faltará quien llame á la obra entera un arcaismo; no faltará quien crea, acaso con razon, que se descubre el artificio que en tan escrupuloso remedo ha debido emplear su autor, nosotros nos contentaremos con indicar, que á nuestro débil entender, las lenguas siguen la marcha de los progresos y de las ideas; que pensar fijarlas en un punto dado á fuer de escribir castizo, es intentar imposibles; que es imposible hablar en el dia el lenguaje de Cervantes, y que todo el trabajo que en tan laboriosa tarea se invierta, solo podrá perjudicar á la marcha y al efecto general de la obra que se escriba.

De aqui nazca acaso que el señor Martinez, en quien por otros escritos conocemos una alma inclinada de suyo al entusiasmo y una imaginacion poética, no se deja arrebatar de un arranque solo de calor y patriotismo, él tan ardiente y patriótico al describir los hechos grandiosos y hazañas singulares de su héroe: ni aquella misma Granada de él tan querida y privilegiada, basta á inflamar su acompasado y monótono estilo anticuado. La traba que en su manera de escribir se habia impuesto, ha sido ocasion tal vez de que se halla en la obra este vicio. El bosquejo histórico parecerá en nuestra biblioteca moderna lo que Pompeya y Herculano en la Italia del dia.

Por lo demas échase bien de ver cuánta sea la erudicion del señor Martinez, al advertir que llenan dos terceras partes del tomo las notas y apéndices con que ha creido deber autorizar las increibles hazañas de Pulgar.

En este punto fuerza es respetar la escrupulosa y esquisita erudicion de S. E. Nosotros no concluiremos este juicio crítico sin envidiársela, y sin darle el parabien por su bosquejo histórico, que alternará, en nuestro entender, dignamente con sus escritos anteriores. *Aut agere scribenda, aut legenda scribere*, decia un célebre romano: *ó hacer cosas dignas de ser escritas, ó escribir cosas dignas de ser leidas.* Ya que no podemos ser Hernando del Pulgar, quisiéramos ser su historiador.

REPRESENTACION

DE

UN NOVIO PARA LA NIÑA,

Ó LA CASA DE HUESPEDES.

COMEDIA NUEVA ORIGINAL, ESCRITA EN DIVERSOS METROS.

———◦———

Despues de largos años de asedio, por fin ha tomado una empresa posesion de los teatros de esta corte. No queremos decir con esto que el ayuntamiento, que primero los ha dirigido, no sacase de ellos el partido posible, ni que... nosotros nunca queremos decir mas de lo que decimos; antes si por algo pecamos, es precisamente por decir lo que queremos. En este particular nos bastará contar un caso, que alude á la circunstancia de haber tenido primero los teatros la municipalidad y de tenerlos despues una empresa particular, y le contaremos sin perjuicio del respeto que tenemos al excelentísimo ayuntamiento.

Habia en Barcelona, no podemos decir en qué época, un corregidor celoso del bien público, si los ha habido nunca: y debia haber al mismo tiempo que corregidor bailes de máscaras, porque se acercaba el carnaval. Sabido es que en Barcelona nunca han sido cosa mala las máscaras como en Madrid. Era el tal corregidor hombre sagaz, y habia notado en el año precedente, primero de su corregimiento, que el primer baile de máscaras no habia sido concurrido ni brillante. Llevado, pues, del deseo de que la cosa empezase bien, publicó en un bando la siguiente cláusula.

«Habiendo notado la autoridad en el año anterior que el primer baile que en la Lonja de esta ciudad se dió no fue brillante ni concurrido, y no habiendo podido averiguar la causa de esta estrañeza, ha dispuesto que este año se empiece por el segundo baile.»

Hé aqui precisamente lo que encontramos nosotros aplicable al presente caso. Nada hubiera quedado que desear en materia de teatros, si se hubiera empezado hace muchos años por el segundo baile, es decir, por tener una empresa particular los teatros de esta corte.

Antes de ayer se dió principio á la nueva temporada cómica : es fuerza confesar que es grande el celo de la nueva empresa. Dejando aparte la compañía de ópera que nos tiene preparada, acerca de la cual guardaremos silencio hasta que la esperiencia, confirmando nuestras buenas esperanzas, autorice nuestros elogios, diremos desde luego que empezar dando al público en el primer dia tres novedades dramáticas en solo dos teatros, es empezar con muy buenos auspicios.

El autor de la novedad del Príncipe ha callado en los anuncios su nombre, y nosotros no nos creemos con derecho á revelarle. Parécenos sin embargo modestia inútil y escusada diligencia, porque su facil versificacion y el género á que pertenece, y el sello que lleva, delatan al autor aun á los menos inteligentes, á los menos versados y peritos en el arte, con solo que hayan oido otra produccion del mismo ingenio.

El título nos anunciaba un argumento nuevo original, interesante. El amor mal entendido de una madre que establece una casa de huéspedes con el interesado objeto de hallar un novio para su hija, esponiéndola á los riesgos y humillaciones de tan falsa posicion, bien merecia una comedia, y una comedia buena sobre todo. Don Donato, hombre original, viejo y achacoso, pero rico y pagado, no de su persona precisamente, sino de su dinero, es uno de los huéspedes de doña Liboria y de los amantes de su hija Concha. Hombre intolerable, porque tiene dinero, que insulta, porque paga, y que reconvenido de grosero, responde: «Hago bien, tengo dinero.» Este rasgo maestro es la mejor definicion que se puede hacer de su carácter. Don Fulgencio, fátuo, con sus puntas de caballero de industria, es otro huésped y otro amante; es la manía de éste la de rozarse con grandes, la de vender proteccion, la de comer en todas partes. En una palabra, el convidado de piedra. Don Manuel, pasante de abogado, pobre, pero honrado, á pesar de Cervantes que dice en cierta parte: *Si es que el pobre puede ser honrado*, es el tercer huésped y pretendiente: este es mo-

desto, vive de dar lecciones, y tan corto de genio como de
recursos metálicos, que lo uno suele ir en el mundo con lo
otro. Concha es una niña á quien el viejo rico fastidia, á
quien el fátuo incomoda, y que solo del pasante se enamo-
ra. Doña Liboria es una madre cariñosa, viuda, con pocos
recursos, que llora la ausencia de un hijo, de quien no tiene noticia: busca novio para su niña, y en esto está dicho todo, y aun disculpado su carácter. El primer acto, es un acto por consiguiente de esposicion en que harto tenia que hacer el poeta con presentar al público la galería de caractéres
sobre que gira su obra, y en honor de la verdad no podemos
menos de decir que estan esos caractéres pintados con pincel
maestro. Este es el género de este autor, y es dificil en él
aventajarle. En el segundo acto, la niña, ostigada por doña
Liboria, se ve precisada á elegir, y anduviera mal su amor
y el de don Manuel si no llegara un nuevo huésped joven, rico, que viene de América despues de largos años de espa-
triacion. Tiene su familia en Madrid; pero no dando con ella
se ve precisado á tomar habitacion, en una casa de huéspedes hasta encontrarla. Facilmente conoce el que haya visto
comedias que el recien llegado don Diego es el hijo de doña
Liboria: ha hecho fortuna en América, lo cual es de tradicion:
sabedor del estado de su familia, él se encarga de despedir
á los recien pretendientes: consíguelo en el tercer acto desen-
gañando á doña Liboria acerca de la fatuidad de don Fulgencio, de la loca pretension del viejo, y de los riesgos á que ha
espuesto á su hija. El honrado y modesto don Manuel es finalmente el premiado con la mano de Conchita, despues de
haberse atrevido los dos enamorados á declararse su tierno
pensamiento en unas endechas, harto mas poéticas de lo que
la verosimilitud exigia.

Por este sucinto analisis habrá comprendido el lector el
argumento y plan de la comedia. Con respecto al juicio crítico de ella, confesamos ingenuamente que cuando la amistad
nos une con el autor de una comedia, tememos que este sentimiento nos ofusque, y asi nos oculte los defectos como nos
abulte las bellezas. Solo diremos, con respecto á *Un novio
para la niña*, que tanto las bellezas como los defectos que pudiera encontrar en ella el crítico severo, son los mismos que
en las mas obras de su autor se encuentran. ¿Ofenderíamos
la amistad si aconsejásemos al autor que meditase algun tanto mas sus planes? Este es generalmente el escollo de la abun-

dancia de genio. El autor se deja llevar de su facilidad: en esta no le conocemos rival, asi como tampoco en el chiste y la agudeza: sus descripciones, asi de los bailes como de las casas de huéspedes, son un espejo fiel de las costumbres: su diálogo está lleno de gracias y de viveza. Su versificacion es un modelo; pero donde se prueba cuánto puede el ingenio es en una circunstancia notable. Tres comedias consecutivas nos ha dado este poeta, en las cuales ha sabido hacer tres obras diferentes, repitiéndose á sí mismo. Una joven sencilla y virtuosa y tres pretendientes de diversos caractéres forman el argumento de todas ellas. Otro se hubiera visto apurado para hacer de él una sola comedia. El autor de *Un novio para la niña* ha hecho sin embargo con él tres dramas diferentes.

EL HOMBRE PONE Y DIOS DISPONE,

LO QUE HA DE SER EL PERIODISTA.

Gran cosa dijo el primero que anunció este proverbio, hoy tan trillado. Si hay proverbios que envejecen y caducan este toma por el contrario mas fuerza cada dia. Yo por mi parte confieso que á haber tenido la desgracia de nacer pagano, sería ese proverbio una de las cosas que mas me retraerian de adoptar la existencia de muchos dioses; porque soy de mio tan indómito é independiente, que me asustaria la idea de proponer yo, y de que dispusiesen de mis propósitos millares de dioses, ya que desdichadamente ha de ser hombre un periodista, y lo que es peor hombre débil y quebradizo. Ello no se puede negar que un periodista es un ser muy bien criado, si se atiende á que no tiene voluntad propia; pues sobre ser bien criado, debe participar tambien de calidades de los mas de los seres existentes: ha menester si ha de ser bueno y de dura, la pasta del asno y su seguridad en el pisar, para caminar sin caer en un

sendero estrecho, y como de esas veces fofo y mal seguro;
y agachar como él las orejas cuando zumba en derredor
de ellas el garrote. Necesita saberse pasar sin alimento
semanas enteras como el camello, y caminar la frente
erguida por medio del desierto. Ha de tener la velocidad
del gamo en el huir para un apuro, para un dia en que
Dios disponga lo que él no haya puesto. Ha de tener del
perro el olfato, para oler con tiempo dónde está la fiera, y
el ladrar á los pobres; y ha de saber dónde hace presa, y
dónde quiere Dios que hinque el diente. Le es indispensable la vista perspicaz del lince para conocer en la cara del
que ha de disponer, lo que él debe poner; el oido del jabalí para barruntar el run run de la asonada; se ha de hacer como el topo, el mortecino, mientras pasa la tormenta;
ha de saber andar cuando va delante con el paso de la tor-
tuga, tan menudo y lento que nadie se lo note, que no hay
cosa que mas espante que el ver andar al periodista; ha de
saber como el cangrejo desandar lo andado, cuando lo ha
andado demas, y como de esas veces ha de irse sesgando
por entre las matas á guisa de serpiente; ha de mudar camisa en tiempo y lugar como la culebra; ha de tener cabeza fuerte como el buey, y cierta amable inconsecuencia como la muger; ha de estar en continúa atalaya como el cier-
vo, y dispuesto como la sanguijuela á recibir el tijeretazo del
mismo á quien salva la vida; ha de ser como el músico, inteligente en las fugas, y no ha de cantar de contralto mas que
escriba con trabajo; y á todo, en fin, ha de poner cara de
risa como la mona. Esto con respecto al reino animal.

Con respecto al vejetal parécese el periodista á las plantas en acabar con ellas un huracan sin servirles de mérito
el fruto que hayan dado anteriormente: como la caña ha de
doblar la cerviz al viento, pero sin murmurar como ella; ha
de medrar como el junco y la espadaña en el pantano; ha
de dejarse podar cómo y cuando Dios disponga, y tomar la
direccion que le dé el jardinero; ha de pinchar como el espino y la zarza los pies de los caminantes desvalidos, dejándose hollar de la rueda del poderoso; en dias oscuros ha de
cerrar el cáliz y no dejar coger sus pistilos como la flor del
azafran; ha de tomar color segun le den los rayos del sol; ha
de hacer sombra, en ocasiones dañina, como el nogal; ha de
volver la cara al astro que mas calienta como el girasol, y es
planta muerta si no; seméjase á las palmas en que mueren

las compañeras empezando á morir una; asi ha de servir para comer como para quemar, á guisa de piña; ha de oler á rosa para los altos, y á espliego para los bajos; ha de matar halagando como la yedra.

Por lo que hace al mineral, parece el periodista á la piedra, en que no hay picapedrero que no le quite una esquirla y que no le dé un porrazo; ha de tener tantos colores como el jaspe, si ha de parecer bien á todos; ha de ser frio como el mármol debajo del pie del magnate; ha de ser ductil como el oro: de plata no ha de tener ni aun el hablar en ella; ha de tener los pies de plomo; ha de servir como el bronce para inmortalizar hasta los dislates de los próceres; lo ha de soldar todo como el estaño; ha de tener mas vetas que una mina, y mas virtudes que un agua termal. Y despues de tanto trabajo y de tantas calidades ha de saltar, por fin, como el acero en dando con cosa dura.

En una palabra, ha de ser el periodista un imposible: no ha de contar sobre todo jamas con el dia de mañana: ¡dichoso el que puede contar con el de ayer! No debe por consiguiente decir nunca como El Universal: *este periódico sale todos los dias escepto los lunes;* sino decir: *de este periódico solo se sabe de cierto que no sale los lunes.* Porque el hombre pone y Dios dispone.

———

VIDAS DE ESPAÑOLES CÉLEBRES.

Por don José Quintana, tomo 3.° —Don Alvaro de Luna, condestable de Castilla, y fray Bartolomé de las Casas, obispo de Chiapa y protector de los indios.

———

Triste es por cierto considerar que donde son tan pocas las obras que pueden llamar fundadamente la atencion de los literatos, se atraviesen aun los acontecimientos y las circunstancias á estorbar ó retardar la publicacion de tal cual libro científico, luminoso ó bien escrito. La obra que anunciamos fue comenzada ha muchos años por el señor don

Manuel José Quintana, poeta y literato bien conocido y apreciado entre nosotros bajo un plan perfectamente concebido, y que llevado á cabo con la diligencia que el señor Quintana se prometia emplear en ella, hubiera dado gloria á su autor y lustre á su patria.

Desgraciadamente, los tristes acontecimientos y las revueltas políticas que vinieron poco despues de la publicacion de las cinco primeras vidas á conmover violentamente nuestra patria, y que envolvieron en su torbellino al autor, fueron causa de que se suspendiese este importante trabajo. Restituido á sus hogares, como él mismo dice en el prólogo de este su tercer tomo, lo primero á que atendió fue á revisar los estudios que en esta parte tenia hechos, y poner en orden los mas adelantados para su publicacion. Fruto de estas tareas continuas fueron las dos vidas de Vasco Nuñez de Balboa y de Francisco Pizarro, que se dieron á luz en el año de 30, y las dos que ahora publica de don Alvaro de Luna y fray Bartolomé de las Casas.

No es esta ocasion de hablar ni del primer tomo, ni del segundo de esta obra, que ya en distintas ocasiones han sido juzgados y apreciados justamente por los periódicos y por el público. La diversidad de épocas, empero, en que se han publicado los tomos de las vidas célebres, han debido dar un caracter particular á cada uno, ora por la influencia que ejercen siempre en el escritor las circunstancias que le rodean, ora por el sello que las diversas edades del autor no han podido menos de imprimir á trabajos interrumpidos por muchos lustros. Nótese consiguientemente en las primeras vidas, para servirnos de una espresion del mismo poeta que analizamos, el *hervir vividor* de la juventud, el entusiasmo, el encanto, el color de heroismo con que suele complacerse la primera edad del hombre en revestir todos los objetos que se presentan á su vista. La materia de ellas contribuia tambien en verdad á prestar una tinta mas poética á aquellos hombres cuya historia, perdiéndose en la oscuridad de los tiempos remotos, se clasifica naturalmente entre las tradiciones fabulosas que presiden á la formacion de las sociedades. Por el contrario, conforme se acerca la historia á los tiempos modernos, la multiplicidad de datos que se acumulan en comprobacion ó contradiccion de los hechos, y la mayor importancia que naturalmente damos á los que por mas recientes se enlazan con los nuestros, ó han podido tener influencia en ellos, atan al historiador y tórnanle mas circunspecto, dejando á la par menos libertad á su imaginacion para campear libre y osadamente. Así que, en el primer tomo leemos continuamente al poeta. En el segundo, y aun mas en el tercero, leemos al historiador, si menos galano, mas filósofo. Vamos al hombre que ha pasado por el tamiz de las revoluciones, que ha sufrido, que ha aprendido á conocer á los hombres. El primer tomo descubre en todas sus páginas la espresion noble y generosa de una alma joven y poética, que no ve mas allá de la esterioridad aparente en las acciones. El tercero respira la amargura del desengaño, la triste verdad de la esperiencia. Las dos vidas que encierra este tomo ofrecian á su cronista mas que medianas dificultades, que ni ha desconocido, ni le han arredrado. Don Alvaro de Luna, juguete de los caprichos de la fortuna, víctima de su propia elevacion, y escarmiento de favoritos, es uno de los hombres que mas celebridad han obtenido en nuestra patria; de esa celebridad empero estéril, hija de una existencia tan improductiva como ruidosa. Triste es reflexionar que entre los muchos hombres que han inmortalizado su nombre en las páginas de nuestra historia, es contado el número de los que han influido en su prosperidad. De aqui ha nacido sin duda que la nacion ha permanecido estancada, cuando sus hijos adelantaban su fama particularmente. Harto débiles para sobreponerse á su siglo y á su pais, en vez de prestarles su influencia, la han recibido de ellos : han sucumbido á las circunstancias que los han rodeado, casi siempre, en vez de dominarlas. Considerados políticamente nuestros grandes hombres, han sido bien pequeños. En este número no puede menos de colocarse el condestable; su paso, semejante al de la tempestad, fue ruidoso, sí, pero nada fecundo. La reflexion política que parece deducirse de la narracion de la vida del condestable, es aquella que cita el mismo autor del cronista Perez de Guzman, y en que nos asegura abundar gustosísimo: *La mi gruesa é material opinion es esta : que ni buenos temporales, ni salud son tan provechosos é necesarios al Reino como justo é discreto Rey.*

Fray Bartolomé de las Casas, este hombre tán estraordinario, por las opiniones que osó, casi temerariamente, adoptar en unos tiempos en que creian sus compatriotas que el Hacedor supremo habia hecho á la raza india para uso particular de la Europa, y que no dudó en ver hombres donde solo veían siervos los demas; tan locamente encomiado por los estraños, como injustamente vilipendiado por los propios, es el objeto de la segunda parte del tercer tomo. La vida de fray Bartolomé pertenece mas bien á la humanidad entera que á la España sola. Las Casas no fue un hombre de un talento superior: fue sí un hombre estraordinario por su fanatismo filantrópico, digámoslo así. Este es el juicio que de la lectura de su vida resulta. Arrebatado en sus opiniones esclusivas, si bien justas, su exaltacion inutilizó y malogró casi siempre la pureza de sus intenciones. No bastan estas empero para constituir grande al hombre: es preciso saberlas llevar á cabo y hacerlas triunfar. Dirásenos que la fortuna pudo influir en el mal éxito de los afanes de las Casas: esta es una vulgaridad que nunca entenderemos: el hombre superior hace la fortuna: conocedor de las circunstancias que se oponen al logro de sus planes, las esquiva ó las dírige, y las domina. El que sucumbe á ellas es el hombre vulgar; por mas que haya vencimientos mas gloriosos que la misma victoria, nunca será grande el guerrero constantemente vencido. Todo el mérito, pues, que á las Casas podemos conceder es el de haberse adelantado á su siglo en la manera de considerar á los indios, el de un teson á prueba de todo desaire, el de un celo ejemplar, y el de haber tenido alguna influencia, si bien indirectísima é imperceptible casi, en mejorar la existencia de algunas tribus americanas.—El señor Quintana ha respondido victoriosamente en su prólogo á la acusacion que se le podia hacer de poco afecto al honor de su pais, cuando adopta tan francamente los sentimientos y principios del protector de los indios. α¿Se negará uno, dice en su prólogo, á las impresiones que recibe, y repelerá el fallo que dictan la humanidad y la justicia por no comprometer lo que se llama el honor de su pais? Pero el honor de un pais consiste en las acciones verdaderamente grandes, nobles y virtuosas de sus habitantes: no en dorar con justificaciones ó disculpas insuficientes las que ya por desgracia llevan en sí mismas el sello de inicuas é inhumanas.» Si la noble independencia del señor Quintana, con la cual nosotros simpatizamos, hubiera menester defensa, ¿qué podriamos añadir á tan enérgicos renglones? El escritor no es el hombre de una nacion: el filósofo pertenece á todos los paises: á sus

ojos no hay límites, no hay términos divisorios: la humanidad es y debe ser para él una gran familia.

El señor Quintana, al continuar la vida de los españoles
célebres, hace un servicio señalado á su patria, á la literatura. Su narracion clara y elegante, su estilo conciso y flui-
do, su lenguaje castizo y correcto pueden presentarse en
este género como modelos: y el criterio y la imparcialidad
del historiador dan á su obra un lenguaje distinguido entre
esta clase de libros. Es de desear que este Plutarco español
continúe una obra, que redunda tanto en honor de su pluma, como en gloria de nuestra patria.

———◆———

REPRESENTACION

DE

LA NIÑA EN CASA

Y LA MADRE EN LA MÁSCARA.

COMEDIA ORIGINAL

de Don Francisco Martinez de la Rosa.

———◆———

Uno es el objeto del poeta cómico: la correccion del vicio que se propone por asunto de su obra. Los medios que
pueden conducirle á su único fin son, en nuestro entender,
diversos, porque no creemos en la esclusion de género alguno. Si la ironía ó la parodia de las situaciones de la vida
y de las manías del hombre le presentan el cuadro de su
error y le conducen, avergonzándole de sí mismo, al convencimiento y la correccion, tambien la pintura fiel de
las desgracias á que pueden arrastrarle sus vicios le llevan,
moviendo su corazon, al mismo resultado. Moliere, jugando locamente con los estravíos, y presentándonos el lado
ridículo de nuestras preocupaciones, puede haber corregi-

do á los mas pundonorosos. Kotzebue, desarrollando á
nuestra vista las circunstancias de las pasiones, y arrancan-
do lágrimas al corazon, puede haber corregido á los mas
sensibles. Si Regnard puede haber hecho sonrojarse á un
jugador, Ducange puede haberle hecho arrepentirse. Para
esto basta con que el poeta (adopte el camino que quiera)
presente siempre la verdad y no transija en punto con la
inverosimilitud. Este principio general, que dicta la misma
naturaleza, y que, sancionado por el simple sentido comun,
mal puede ser recusado ni aun por el clásico mas rígido,
parece haber sido reconocido hace ya tiempo por los poetas
modernos; muchos de ellos le han llevado hasta un punto
tal, que no han vacilado en adoptar á un tiempo ambos caminos: refundiendo en uno los dos géneros encontrados, dirigieron contra el vicio moral que se proponian corregir todos los recursos del arte. El primero que entre nosotros ha
dado el ejemplo de esta novedad dramática ha sido el mismo Moratin, en quien encontramos esta diferencia esencial,
si le comparamos con Moliere como creemos haber dicho ya
en otra ocasion. En la comedia nueva aquel poeta no se
contenta con hacer ver á los espectadores cuán ridículo es
un don Eleuterio, sino que escarmienta crudamente á su
protagonista, como desconfiando de que bastase el ridículo
á corregirlo. En el *Viejo y la Niña* no se satisface con escar-
necer la mania de un viejo que se cree capaz de hacer por
fuerza la felicidad de una joven: ésle necesario cebarse
ademas en la desdicha de esta víctima inocente. En el *Sí de
las Niñas*, al paso que libra á la pública diversion el error
de una madre que profesa á su hijá un amor mal entendido,
mueve el corazon con los lamentos de doña Paquita, y se
complace en ponerla á dos dedos del precipicio, por sí, no
bastando á las madres imprudentes la representacion de su
ridiculez; han menester ademas que se les descorra el velo
del funesto porvenir que preparan á sus hijas, violentadas
por su indiscreto cariño. Entre los dramáticos que han sucedido á Moratin, con mas ó menos fortuna, unos han seguido la escuela de Moliere, otros la de Moratin. En la comedia que da motivo á este artículo, ha probado el señor
Martinez de la Rosa, como ya se traslucia en otras obras
suyas, que no es la *vis cómica* del primero su mérito principal. Los escritos de este autor descubren en él, por lo general, un fondo de sensibilidad que debia hacerle adoptar

este género, que de buena gana llamariamos misto, si nos
creyésemos con derecho y autoridad para poner nombres á
las cosas. Admitida esta observacion, ¿cuál era el vicio ó el
estravío que se proponia combatir el poeta cómico en *La
Niña en casa y la Madre en la máscara?* No era una pasion
en general, uno de esos vicios que tienen un nombre y un
carácter circunscrito, y que suelen ser el mejor asunto de
la comedia. El objeto es convencer á las madres locas, á las
viejas verdes, del riesgo á que esponen á sus hijas cuando
descuidan su educacion por el torbellino del mundo, de que
no bastan á hacerlas prescindir ni su edad, ni su responsabilidad doméstica y social. Objeto era este profundamente
moral. El refinamiento de la cultura y sociabilidad moderna no escluyen del mundo edad ni circunstancia alguna;
pero si el mundo no arroja de sí á las madres, si no las encierra en sus casas, la moral y el interés de sus familias ponen ciertos cotos á su disipacion. Para lograr su fin y pre-
sentarnos el cuadro del escarmiento, ya que no habia adoptado de todo punto el arma del ridículo, debia pintar á una
niña inocente y candorosa, porque esta era la única á quien
podia traer funestas consecuencias el abandono de su madre, y esas consecuencias del tal abandono debian ser tales
que la misma madre se avergonzase de ellas y llorase lágrimas amargas de arrepentimiento. Esto es justamente lo que
ha hecho el señor don Francismo Martinez de la Rosa : de
suerte que fuera injusticia negarle que su plan está bien
concebido. Teodoro, joven de perdidas costumbres, solicita
á un tiempo á la madre y á la hija : esto tiene la doble ventaja de probar, que cuando una niña sin esperiencia se halla sola en el mundo, es mas facil que haga una eleccion
poco acertada, y de hacer ver á la madre que una vieja loca
nunca puede ser sinceramente querida. Hasta aqui solo encontramos que admirar en la niña en casa. No nos sucede
lo mismo con respecto á los personages accesorios del tio y
de don Luis. El primero es uno de esos personages que, sin
estar precisamente demas en el argumento, estan sin embargo poco enlazados con él : asi es, que en el tio no hay
accion, no hay movimiento. De estos viejos, echados como
un libro en una comedia para presentar el contraste, no
con su caracter, sino con sus máximas, tiene Moratin algunos. Nosotros entendemos que la moral de una comedia no
la ha de poner el autor en boca de este ó de aquel persona-

ge: ha de resultar entera de la misma accion, y la ha de deducir forzosa é insensiblemente el espectador del propio desenlace. El tio no sirve en *La Niña en casa* sino para hacer
la esposicion, que en este supuesto, resulta no ser muy ingeniosa ni muy nueva; y para el desenlace, que tambien en
rigor pudiera haberse llevado á cabo sin él. Si es episódico
el tio por no tener gran parte en la accion de la comedia,
¿qué diremos de don Luis? De este sentimos, no solo que
está poco enlazado con el argumento; sino que está completamente demas, y que perjudica para el desenlace sobre todo. Es inútil, porque nada hace sino precisamente lo que
no debiera ni pudiera hacer nadie. Es inverosimil que este
hombre, testigo de la pasion de Inés, esté siempre dispuesto á tomarla por esposa. Con respecto al argumento, solo
una observacion nos queda que hacer.

Es lástima por cierto que el señor Martinez de la Rosa,
que maneja el amor y el sentimiento en toda la comedia con
tal tino, que sorprende á la naturaleza y hace suyos los secretos de ella, suponga á Ines que nos pinta tan joven, tan
inesperta, tan apasionada, desimpresionada solo porque
encuentra á su amante en su casa. Esto á sus ojos, no teniendo otros antecedentes de su carácter, no puede ser nunca mas que una falta suficientemente disculpada por el
amor. Era preciso que para desengañarse, Inés tuviese
pruebas de la bajeza de Teodoro, que supiese de él lo que
sabe el tio, y que se le hiciese conocer su doble y baja conducta. Y aun en este caso, si podia renunciar á él, no por
eso podria tolerar siquiera en el momento del desengaño la
perspectiva de otro hombre y otra boda. Ese mismo escarmiento del hombre en quien mas habia confiado debia llevarla á desconfiar doblemente de los otros que le hubiesen
sido indiferentes. Esta es la naturaleza; por otra parte no
era el objeto de la comedia casar á la niña, sino correjir á la
madre; de suerte que desde el momento en que esta se des-
engaña queda concluida la comedia : *qui ne sait se borner ne
sut jamais écrire*, ha dicho un famoso crítico. Sin que queramos hacer una aplicacion exacta de este axioma al señor
Martinez, confesamos que es sensible que se haya dejado llevar de la antigua tradicion de que han de acabar con boda todas las comedias.

La misma inculpacion pudiera hacerse con respecto á
alguna escena harto prolongada : las pasiones tienen un lí-

mite, una espresion última, despues de la cual nada se puede escribir que no sea para descender. Por ejemplo, despues de haberse arrojado Inés á los pies de su amante, despues de hacerle locamente dueño de su albedrío, ¿qué les quedaba que hacer? ¿qué les quedaba que decir? Aquella escena pudiera haberse cortado alli en obsequio del mayor efecto. En el desenláce se olvida el poeta de que tiene esperando á la puerta á la madre, y prolonga igualmente demasiado la escena del descubrimiento del amante y del desmayo de Inés.

Sensible nos es haber de encontrar defectos; pero en primer lugar es sabido que el crítico no puede dejarse alucinar como el espectador por las impresiones fugitivas; su deber es escudriñar, su primera obligacion la imparcialidad. En segundo lugar, si en èsto puede haber algun riesgo para el escritor, no será seguramente cuando recae en un hombre del talento y el buen juicio del señor Martinez. Solo se ofende de la crítica severa el que no es capaz de dejarla de merecer nunca. El talento superior la desprecia cuando es injusta ó parcial, caso de que nos parece estar muy distantes; y sabe darle su valor, y aun apreciarle, cuando es sincera, noble y de buena fé.

Despues de esta breve indicacion de los lunares que, á nuestro modo de entender, oscurecen el mérito de *La Niña en casa*, y que apuntamos con harta desconfianza de nosotros mismos, entraremos con mas placer á encomiar lo mucho que en ella encontramos superior. El carácter de la madre es escelente y sostenido: el de Inés es delicado, tierno, profundo, está tocado con una maestria encantadora: el de Teodoro era el mas facil de escribir, y sin embargo nosotros nos contentáramos con que el actor encargado de él le hubiese representado con igual tino que el autor le ha escrito. Los medios de seduccion empleados por el criado de Teodoro, y sobre todo por la criada de Inés, son un modelo en su género. Del lenguje nada diremos, porque el elogiarle como un mérito estraordinario en el señor Martinez, seria suponer que podia no haber sido escelente: esto seria hacer una ofensa á este poeta, uno de nuestros mejores hablistas, delante de quien hablaremos y escribiremos siempre, en este particular, con respeto y con envidia. La versificacion dificilmente pudiera ser mejor, y el diálogo, generalmente animado y cómico, está salpicado de chistes del mejor gusto. Presiden á él siempre la cultura y el conocimiento de la fina sociedad. En toda la comedia se descubre al filósofo, al poeta cómico, al conocedor del hombre, en fin, á quien pocos pueden igualar en ese tino con que se apodera del corazon y le conmueve con una palabra sola á veces, con un solo ¡ay! El público, al aplaudir esta comedia, no hace mas que tributar una justicia de que ya habia dado pruebas en otras ocasiones.

ESPAGNE POETIQUE.

Choix de poésies castillanes depuis Charles-Quint, jusqu' à nos jours, mises en vers francais, avec une dissertation comparée sur la langue et la versification espagnoles, une introduction en vers et des articles typografiques, historiques et litteraires. Por don Juan María Maury: ouvrage orné de plusieur portraits.

Hubo un tiempo feliz para nuestra patria, en que supo en armas, en política, en letras, dar la ley al mundo. Cuando es llegada para una nacion la hora de la gloria, parece que se complace el cielo en acumular lauros de todas especies sobre su generosa frente. Tocole á la España esta época, y sublimose á un grado de esplendor que ya dificilmente alcanzará ni ella ni pueblo alguno. En un mismo siglo espulsaba heróicamente de su profanado suelo los restos de la opresion dominadora que, por espacio de ocho largos siglos, la avasallara, y hacia ondear el estandarte de la cruz sobre las mezquitas de la media luna: estendia el poder de sus armas victoriosas por gran parte de la Europa: no contenta con tremolar el pabellon español en las tres partes del mundo conocido, vinole este estrecho á su gloria, y lanzose al vago inmenso del Occéano, buscando mundos nuevos que conquistar. Roma, Méjico, Lepanto, inclinaron sucesivamente la cerviz humillada bajo su poderoso cetro: no le bastaba tampoco el dominio de la fuerza; no le satisfacia que el sol no se pusiese nunca en sus dilatados términos, era preciso que el ingenio español desplegase tambien su poderío, y concluyese la conquista de las armas. A la sombra de

los ganados laureles nacieron y crecieron hombres que pre-
vinieron é inutilizaron para la patria los posibles rigores del
olvido. Lope y Calderon no fueron efectivamente nuestras
glorias menores. Si cuando circunstancias de doloroso recuerdo hicieron degenerar despues á la España, quedaron
sus grandes hechos consignados en la historia, para servir
de eterna reconvencion á las degradadas generaciones pos-
teriores, los escritos de nuestros grandes hombres perma-
necieron como blanco perpetuo de envidia para los que despues de ellos habian de venir.

Olvidada luego la antigua influencia nuestra, levantadas
otras naciones á ocupar el puesto privilegiado que vergon-
zosamente les cediamos en el rango de los pueblos, la literatura no podia menos de resentirse de nuestra decadencia
política y militar: callaron los cisnes de España; una nacion vecina, de quien atinadamente dice el señor Maury:
«*Le gout naquit français*,» creó una literatura nueva, que
debia adolecer sin embargo de la influencia regularizadora,
acompasada, filosófica del siglo en que aquella prosperaba.
Millares de preceptistas creyeron leer en Horacio lo que
nunca acaso habia pensado decir: Shakespeare y Lope fueron
sacrificados en las aras de la nueva escuela, y el gusto se
asentó sobre las ruinas del genio: el corto número de sus
apasionados hubo de contentarse con admirarlos en silencio: nadie osó alabarlos sin rubor. Entronizada la nueva escuela, que nada debia en verdad á la España, esta debia quedar borrada del mundo literario, y un célebre crítico pudo
decir de ella impunemente: *un rimeur sans péril de-lá de
Pyrenées* &c:, y llamarla bárbara, sin que nadie se atrevie-
se á sospechar que se podria volver por ella algun dia victoriosamente. Las épocas y los gustos se suceden sin embargo
rápidamente, y el hombre debia volver á conocer que no habia nacido solo para un mundo de amarga y disecada realidad: escritores osados intentaron sacudir el yugo impuesto
por los preceptistas: el mundo debia encontrar al fin, en política como en literatura, la libertad para que nació; la literatura española debia surgir desde este momento y aparecer
mas radiante que nunca, como un inmenso fanal oscureci-
do largo tiempo por una espesa niebla. Los alemanes fueron
los primeros que desenterraron nuestras bellezas, y Calderon vino á serles un objeto de culto. Habia falta sin embargo todavia de una obra que hiciese conocer á la nacion

esclusiva, que los españoles son hombres tambien y poetas. Tan grande empresa debia arredrar al mas osado. No bastaba decir: *aprendan ustedes á leer el castellano.* Esto hubiera sido acaso reproducir la Casandra de Troya, y era preciso decir : *aprendan ustedes en francés á leer el castellano.* Don Juan María Maury, nuestro compatriota, tomó sobre sí la arrojada empresa de convencer al sordo que se negaba á oir, y si es cierto que *in magnis audisse sat est*, la idea sola del señor Maury constituye el mayor elogio de su obra.

Esta idea llevaba empero en sí misma un escollo inevitable : la índole de la lengua y de la poesía francesa, tan opuesta á la española, debia ser un obstáculo invencible. El intentar la perfeccion hubiera, pues, sido desatino : en acercarse á ella estaba la victoria ; admitido este principio, creemos que la ha alcanzado muchas veces el señor Maury, El plan de su obra es el mas á propósito para el objeto que se propone : la coleccion de poesías escogidas hubiera sido incompleta sin una reseña histórica de nuestra literatura; este vacío ha tratado de llenar su introduccion. Convenimos con el *Monitor francés* que al analizar la España poética siente que el autor se haya dejado llevar de su inclinacion y aun de tal cual parte de amor propio al escribirla en verso; amor propio disculpable en un español que ha podido desplegar tales fuerzas en el difícil empeño de poetizar en una lengua estraña. Este plan envuelve el inconveniente que abraza el punto mismo : una historia de literatura llena de fechas y nombres propios es argumento hárto esteril para las musas : al quererlo tratar poéticamente le ha sido forzoso al autor embarazar su lectura con notas históricas, si bien importantes, prolijas, y á veces minuciosas. Una disculpa encontramos con todo á su introduccion poética. Acaso necesitaba el autor captarse la benevolencia de sus lectores creando en ellos hácia él una prevencion favorable de su suficiencia. Si tal fue su objeto, hále conseguido sobradamente. Las noticias biográficas de nuestros poetas era otro punto importante que no podia olvidarse en semejante trabajo.

Con respecto al desempeño de la obra en general, varios críticos franceses se apresuraron á admitir en la literatura francesa al señor Maury, que se habia adquirido indudablemente no pocos títulos, á ocupar en ella un lugar distinguido.

«La espresion de don Juan Maury, dijo un periódico francés haciendo el juicio de esta obra, siempre elegante, anuncia un estudio profundo de la lengua francesa.» Tacháronle otros de una concision harto incorrecta, de licencias inútiles, y de haber españolizado demasiado la poesia francesa. Esto, á nuestro entender, sobre ser lo mas atrevido que ha podido hacer, nos parece un bien hecho á la lengua francesa, harto poco libre y desembarazada, y esta verdad la han confirmado escritores modernos de aquel pais que despues del señor Maury han roto las antiguas cadenas de la sintaxis francesa. Despues de haber leido *Notre Dame de Paris*, obra que ha hecho indudablemente una revolucion en la lengua del Sena, la inculpacion hecha á Maury cae por sí sola.

Mas fundado nos parece el reproche que se le ha hecho de poca fidelidad al testo que traduce: abrevia y suprime á veces con notable perjuicio del original: ejemplo de esto puede ser la égloga de Garcilaso, *Salicio y Nemoroso*; otras amplifica, desliendo un pensamiento enérgico en mas versos franceses de los necesarios. Puédele obligar á lo primero el miedo de verter al francés ideas propiamente españolas, cuya osada energía no consiente la índole de la poesía francesa, y en el segundo, la precision de rimar y redondear los pensamientos en una poesía que apenas admite *les en jambements*. Hay en cambio traducciones bellísimas, y en algunas creemos que ha mejorado el original. Ejemplo de las primeras puede ser la fábula de *El caballo y la ardilla* de Iriarte. Lo mismo puede decirse de la oda *A las estrellas* de Melendez, de la *Rosa* de Rioja &c.

Interminable empeño seria el de presentar en un artículo de periódico acaso ya demasiado largo, los muchos trozos que pueden servir de modelo á traductores, y en que ha sabido vencer el señor Maury la inmensa dificultad que le oponian la diversidad de índoles de las lenguas, de poesias, de giros, de locuciones &c. Contentémonos con que haya dado una idea ventajosa, si á veces incompleta, de nuestros poetas á los estrangeros, y reconozcamos francamente en honor de Maury que los mas de los defectos no son culpa del autor, y que las mas de las bellezas son propias suyas.

Garcilaso, Santa Teresa, Luis de Leon, Herrera, Cervantes, Góngora, Lope de Vega, los Argensolas, Quevedo,

Rioja, Villegas, Luzàn, Cadalso, Iriarte, Melendez, Igle-
sias, Noroña, Cienfuegos, Moratin, Quintana y Arriaza
son los poetas qne el autor ha puesto á contribucion para
formar esta coleccion escogida : no ha olvidado por eso
que poseemos una inmensa riqueza literaria de autores desconocidos, en nuestros romanceros sobre todo: al coger de
ellos los mejores y mas afamados, ha creido deber dar una
idea de este género puramente español, en que se hallan
consignados los hechos principales de nuestra historia, y
que es el verdadero depósito de la tradicion fabulosa é histórica de nuestros tiempos primitivos.

Alguna reconvencion pudiera hacerse al señor Maury
acerca de la eleccion de algunas piezas ; pero es dificil desnudarse de toda prevencion y parcialidad amistosa, sobre
todo cuando ha de hablarse de poetas contemporáneos: desde la dedicatoria se observa una predileccion, que no llamaremos precisamente injusta, hácia las poesías del señor Arriaza ; pero con la cual no convenimos del todo, sin que esto sea negar el sello de picante originalidad y de estro poético que casi siempre caracterizan á este escritor.

Generalmente hallamos mejor traducido el género he-
róico y el de las fábulas. Quevedo, por ejemplo, era in-
traducible, y el señor Maury en una sola composicion
jocosa que de él escoge, lo ha probado. No habiéndole
traducido él victoriosamente, creemos que puede cualquiera renunciar á este empeño. Rioja, Quintana y los romances son los que han encontrado mas simpatías en la
índole de la lengua francesa ; la tendencia fiosófica de los
primeros, y el vigor varonil y sabor anticuado de los
segundos, pueden haber contribuido á esto.

Mucho sentimos no poder citar largamente los elogios
que diversos periódicos franceses tributaron á la *España
poética* á la sazon de su publicacion.

«Si don Juan Maury, dijo uno de ellos, es español de
nacimiento, diríasele francés por el talento con que escribe
la lengua de Racine, ora en prosa, ora en verso, y cosmo-
polita por lo bien que sabe apreciar todas las lenguas de
Europa.» Nosotros diremos mas. Don Juan Maury ha sabido hacerse con dos patrias: ha conquistado con su *España
poética* su naturalizacion en la literatura francesa : no sabemos cuál le debe mas, si esta que ha enriquecido con una
noticia que no podia sin vergüenza ignorar, ó la española,

cuyo mérito ha sabido hacer valer entre los estrangeros.

Sabemos que el señor Maury piensa en introducir y poner en venta en su patria esta obra impresa en París; que solo conocen hasta la presente los mas afectos á la literatura: deseamos ardientemente que la aprobacion de nuestros compatriotas confirme nuestro debil juicio y dé realce al voto que en su favor han emitido los diarios estrangeros. Entre tanto no podemos menos, como españoles, de felicitar al señor Maury por su importante trabajo y su acertado desempeño en general. Y la literatura española que habia tenido un intérprete para los italianos en Conti, y para los ingleses en la Antologia española de Mr. Wiffen y en el informe de lord-Holland sobre Lope de Vega, debe igual servicio con respecto á los franceses el señor Maury. Seria, pues, imperdonable ingratitud en nosotros criticar con mas rigorosa severidad una obra á quien tanto debemos por todos respectos los literatos celosos de la gloria de las letras españolas.

REPRESENTACION

DE

LA CONJURACION DE VENECIA,

AÑO 1310.

DRAMA HISTÓRICO EN CINCO ACTOS Y EN PROSA

de Don Francisco Martinez de la Rosa.

No necesitamos remontarnos al origen del teatro para combatir la vana preocupacion de los preceptistas que han querido reducir á la tragedia, propiamente llamada asi, y á la comedia de costumbres ó de carácter el arte dramático. La razon natural puede guiarnos mejor. Con respecto á la comedia sea en buen hora el espejo de la vida, la fiel representacion de los estravíos, de los vicios ridículos del hombre. Pero con respecto á todo lo que no es comedia, examínemos un momento cuál puede ser el objeto del teatro. En todos los pueblos conocidos debe este su origen al orgullo nacional, que podriamos llamar el amor propio de los pueblos. La vida de sus antiguos héroes, y el recuerdo de sus hazañas, fué en Grecia el primer objeto del teatro. En un pueblo constituido como el griego, que se suponia hijo de dioses y semidioses, los primeros dramas debieron participar de esta grandeza y sublimidad á que debian su origen. No eran los hombres, ni sus pasiones, ni los sucesos hijos de ellas, los representados: eran acciones sobrenaturales las que formaban el argumento; y el cielo y la fatalidad eran su máquina principal. ¿Qué mucho, pues, que los preceptistas, que de aquellos modelos deducian las reglas, fijasen para este género, no pudiendo concebir otro, la precisa condicion de que no hablasen en la tragedia sino héroes y príncipes casi divinos, y de que hablasen en aquel lenguaje, que solo á ellos podia convenir? Entiéndese esto facilmente. Pero, cuando destruidas las antiguas creencias, no se pudo ver en los reyes sino hombres entronizados, y no dioses caidos, no se comprende cómo pudo subsistir la tragedia heróica aristotélica. Para los pueblos modernos no concebimos esa tragedia, verdadera adulacion literaria del poder. Por otra parte, ¿son por ventura los reyes y los príncipes los únicos capaces de pasiones? No solo es este un error, sino que limitando á tan corto círculo el dominio de la representacion teatral, frústrase su objeto principal. Los hombres no se afectan generalmente sino por simpatías: mal puede, pues, aprovechar el ejemplo y el escarmiento de la representacion el espectador que no puede suponerse nunca en las mismas circunstancias que el héroe de una tragedia. Estas verdades generalmente sentidas, si no confesadas, debieron dar lugar á un género nuevo para los preceptistas rutineros; pero que es en realidad el único género que está en la naturaleza. La historia debió ser la mina beneficiable para los poetas, y debió nacer forzosamente el drama histórico. Nuestros poetas, que no sufrieron mas inspiraciones que las de su genio independiente, no hicieron mas que dos clases de dramas: ó comedias de costumbres y carácter, como el *Embustero* de Alarcon, y el *Desden* de Lope y Moreto, ó dramas históricos, como el *Rico hombre*

y el *Garcia.* A este género, fiel representacion de la vida
en que se hallan mezclados como en el mundo reyes y vasallos, grandes y pequeños, intereses públicos y privados,
pertenece la *Conjuracion de Venecia.* Todo lo mas á que está obligado el poeta, es á hacer hablar á cada uno, segun su
esfera, el lenguage que le es propio, y resultará indudablemente doble efecto de esta natural variedad; tanto mas, cuanto que el lenguage del corazon es el mismo en las clases todas, y que las pasiones igualan á los hombres que su posicion aparta y diversifica.

Venecia, ese fenómeno en política, esa escepcion rarísima entre los gobiernos, esa ciudad prodigiosa hasta en su
existencia y construccion, que esclavizó por tantos años los
mares, y que fue la primera esclava de sí misma, presenta
un campo de larga y fecunda recoleccion para el historiador y el poeta. El imperio del terrorismo, por tantos años
triunfante contra las leyes de la naturaleza, ofrece argumentos repetidos de singular efecto teatral, y el autor al escoger la célebre conjuracion de 1310, no hace sino dar una
prueba del tino que le distingue. El gobierno aristocrático
de Venecia, reducido á un corto número de familias pa-
tricias, debia dar lugar á conjuraciones contínuas: el pueblo oprimido no podia menos de aspirar á reconquistar sus
derechos usurpados; y el recelo y la desconfianza, inseparables compañeros de la injusticia y la tiranía, debian hacer
cruel al poder. De aqui el atroz sistema inquisitorial, que
ahogaba en el patíbulo, segun la espresion del señor Martinez, las mismas quejas. Razones de alta política impelieron
al embajador de Génova á proteger aquella famosa conspiracion. Abrese la escena en su casa, donde se reunen los
principales conjurados á convenir en los medios de derribar
la tirania oligárquica de Venecia, durante su famoso carnaval: la libertad y confusion de esta temporada de alegria
y festividad parecen prestarse á las ocultas maquinaciones
de los conjurados. El primer acto, pues, no es mas que la
esposicion del drama, y en él se deja traslucir ya que ha de
ser el protagonista el jóven Rugiero, huérfano, de padres y
patria desconocidos, pero veneciano por posicion y afecto.
En el segundo acto aparece el panteon de la familia de Morosini, á cuya cabeza se hallan dos hermanos, Pedro, primer presidente del tribunal de los diez, y Juan, senador.
Pedro conversa con sus espías acerca de una conjuracion

que sabe tramarse contra la república, y Rugiero es uno de los conjurados acechados. Un rumor estraño interrumpe su conversacion; ocúltase, y sobreviene la jóven Laura, hija del senador Morosini: casada en secreto con Rugiero, viene á esperarle al panteon, donde le ve sigilosamente por tercera vez: en esta escena, Rugiero confia parte de la conjuracion á su amada; uno de los espías apaga la lámpara que los ilumina, y en medio de la oscuridad se apoderan los satélites del tribunal del jóven conjurado, cayendo privada de sentido la infeliz esposa. Laura se halla trasladada á su habitacion á principios del tercer acto sin saber por qué medio: dudosa de la suerte de su esposo, determina confiar el fatal secreto de su boda á Morosini en una escena llena de sentimiento y de interés: el cariñoso padre, despues de perdonar su estravio, le promete emplear su favor en salvar á Rugiero, proyecto que pone por obra con su implacable hermano, del cual solo consigue esta atroz respuesta: — *Di solo una cosa*, pregunta Juan Morosini, *¿Vive Rugiero?—Vive.—¡Gracias á Dios!—¡Pero no lo digas á tu hija!—¿Por qué?—Porque tendria que llorarle dos veces.*

. La plaza de San Marcos, centro de la pública diversion del carnaval, es el lugar de la escena del cuarto acto. Vénse varios conjurados disfrazados y repartidos entre la multitud, que esperan el momento de las doce. Nada mas ingenioso, ni mas dramático, que un acto entero transcurrido en la descripcion de la algazara del carnaval, cuando espera el espectador entre angustias mortales ver estallar de un momento á otro la revolucion y la muerte entre la misma alegría indolente y confiada de un pueblo enloquecido. Suenan las doce, y al grito de *Venecia y libertad*, grito que encontró grandes simpatías en nuestro público, estalla la conjuracion, lucen los aceros, y suceden gritos de muerte á los cantos de regocijo. La república ha tomado sin embargo medidas preventivas: Rugiero preso, no ha podido acudir con sus tropas, y triunfa el gobierno. *¡Al tribunal, al tribunal los que escapen con vida!* clama ferozmente el presidente Morosini, triunfante en la plaza de San Marcos y téndidos ya á sus pies, muertos ó heridos, varios conjurados.

El tribunal de los diez, juzgando á los reos, se presenta en el quinto acto. Tómanse declaraciones; Laura es interrogada; pero su razon está perturbada, y solo pregunta por su esposo; Rugiero es juzgado; y en su interrogatorio reconoce en él el presidente Morosini, que ha de condenarle, á su hijo. Privado de sentido á tan atroz reconocimiento, retírase del tribunal: es condenado Rugiero: en el momento de ir al patíbulo, Laura se arroja á su encuentro. *¡Ya estás aquí!* esclama: frenética alegria se pinta en su semblante; sepáranla sin embargo de su esposo, y la infeliz *¿dónde le llevan?* esclama. De alli á un momento ve la desdichada el patíbulo: entonces sabe qué es de su esposo. *¡Jesus mil veces!!* grita despavorida, cae exánime, y baja el telon á ocultar tan espantoso desenlace.

El plan está superiormente concebido, el interes no decae un solo punto, y se sostiene en todos los actos por medios sencillos, verosímiles indispensables: insistimos en llamarlos indispensables, porque esta es la perfeccion del arte. No basta que los sucesos hayan podido suceder de tal modo; es forzoso, para que el espectador no se distraiga un momento del peligro, que no hayan podido suceder de otro modo, sentadas las primeras condiciones del argumento. La esposicion hecha por medio del embajador de Génova, que dicta una nota á su gobierno, es nueva é ingeniosa, de puro natural. Una conjuracion contra la tiranía creará siempre en el teatro el mayor interés, por lo mismo que es difícil prever su éxito, y que éste se desea feliz. Supone el mayor conocimiento dramático el hacer declarar á Rugiero su conjuracion cuando es oido de sus enemigos y en los brazos de su amada: quisiera uno hacerle callar: es terrible arrojar una escena de amor entre sepulcros: un diálogo de vida en un sitio de muerte, y complicar la mas tierna pasion con los riesgos de una conjuracion; es sublime lanzar la prision entre dos amantes felices que se ven solos por tercera vez. ¿Por qué ha prolongado tanto el señor Martinez la escena de Laura y Rugiero? ¿Por qué pueden hablar una hora sintiendo tanto? El poeta que hace decir á una muger: *«¡Cómo queman tus lágrimas, Rugiero! Deja, déjame: yo las enjugaré con mi mano,»* debiera conocer todo el valor de una escena corta, cuando reina en ella la pasion. Bella es la escena de Laura y su padre, y mas bella sería á nuestros ojos si no adoleciera del mismo empeño de desleir demasiado las ideas tiernas. El sentimiento es una flor delicada: manosearla es marchitarla. Tambien nos parece que podria suprimírse el monólogo del padre al fin del tercer acto, ó al

menos cortarse; ni le creemos necesario ni del mayor
efecto.

Donde reconocemos el mayor mérito de la composicion
es en la disposicion y contraste singulares del acto cuarto y
del final del drama: acaso por esa misma razon no ha sido
lo mas aplaudido: el terror hace enmudecer: las manos no
pueden reunirse y golpear cuando han de acudir á los ojos.
Por otra parte, ¿quién se acuerda en aquellos momentos de
que es una comedia, de que todo es un artificio del poeta y
los actores? Las escenas del interrogatorio son de aquellas
que por tener bulto parece satisfacer mas al público y llevarse la palma. Sin embargo, el crítico no puede mirarlas
bajo este punto de vista. Siempre que un poeta represente
en la escena al opresor y al oprimido, éste interesará fácilmente: el mayor número del público le forman desgraciados, porque ¿quién puede jactarse de no serlo? Simpa-
tizan con el infeliz, y cualquier respuesta enérgica de un
reo inocente á un juez duro será aplaudida en el teatro; no
es esta la principal habilidad del señor Martinez; el elogiarle lo que cualquiera puede hacer sería elogiarle torpemente. Su mérito está en ese conocimiento del corazon humano
con que prepara los efectos, con que se introduce furtiva-
mente en el pecho del espectador, con que le lleva de sentimiento delicado en sentimiento delicado á enmudecer y llorar. Hay sin embargo pasages que no se esperan y sorpren-
den en el interrogatorio de Maffei y Rugiero. Nada mas
sublime que esas respuestas. *¿Y por qué nombraste á esos,
y no á otros?—Porque en aquel instante no me ocurrieron
vuestros nombres.—De lo que he dicho en el tormento responderá el verdugo.* Y aquel:—*Concededme esa gracia y os
perdono,* de Rugiero.

En la respuesta de Juan Morosini.—*Estoy pensando
que no tienes hijos.... y que no vas á comprenderme;* y en la
de Rugiero:—*De cierto es mi padre, cuando no logro ni al
morir el consuelo de verle,* se reconoce al punto al poeta sensible que ha bebido en el cáliz de la desgracia, y que concluia una elegía:

> *Yo aquí no tengo para ornar tu tumba
> ni una flor que enviarte, que las flores
> no nacen entre el hielo, y si naciesen
> solo al tocarlas yo se marchitáran.*

No acabaremos este juicio sin hacer una reflexion ventajosísima para el autor: esta es la primera vez que vemos en España á un ministro honrándose con el cultivo de las letras, con la inspiracion de las musas. ¿Y en qué circunstancias? Un Estatuto Real, la primera piedra que ha de servir al edificio de la regeneracion de España, y un drama lleno de mérito; y esto lo hemos visto todo en una semana: no sabemos si aun fuera de España se ha repetido esta circunstancia particular.

LAS PALABRAS.

No sé quién ha dicho que el hombre es naturalmente malo: ¡grande picardía por cierto! nunca hemos pensado nosotros asi: el hombre es un infeliz, por mas que digan: un poco fiero, algo travieso, eso sí; pero en cuanto á lo demas, si ha de juzgarse de la índole del animal por los signos esteriores, si de los resultados ha de deducirse alguna consecuencia, quisiera yo que Aristóteles y Plinio, Buffon y Valmont de Vaumare, me dijesen qué animal, por animal que sea, habla y escucha. Hé aqui precisamente la razon de la superioridad del hombre, me dirá un naturalista: y hé aqui precisamente la de su inferioridad, segun pienso yo, que tengo mas de natural que de naturalista. Presente usted á un leon devorado del hambre (cualidad única en que puede compararse el hombre al leon), preséntele usted un carnero, y verá usted precipitarse á la fiera sobre la inocente presa con aquella oportunidad, aquella fuerza, aquella seguridad que requiere una necesidad positiva, que está por satisfacer. Preséntele usted al lado un artículo de un periódico el mas lindamente escrito y redactado, háblele usted de felicidad, de orden, de bienestar, y apártese usted algun tanto, no sea que si lo entiende, le pruebe su garra que su única felicidad consiste en comérsele á usted. El tigre necesita devorar al gamo, pero seguramente que el gamo no espera á oir sus razones. Todo es positivo y racional en el animal privado de la razon. La hembra no engaña al ma-

cho, y viceversa; porque como no hablan, se entienden.
El fuerte no engaña al débil, por la misma razon : á la simple vista huye el segundo del primero, y este es el orden,
el único orden posible. Désele el uso de la palabra: en primer lugar necesitarán una academia para que se atribuya el
derecho de decirles que tal ó cual vocablo no debe significar
lo que ellos quieren, sino cualquiera otra cosa: necesitarán
sabios por consiguiente que se ocupen toda una larga vida
en hablar de cómo se ha de hablar: necesitarán escritores,
que hagan macitos de papeles encuadernados, que llamarán
libros, para decir sus opiniones á los demas, á quienes creen
que importan: el leon mas fuerte subirá á un árbol y con-
vencerá á la mas débil alimaña de que no ha sido criada para ir y venir y vivir á su albedrío, sino para obedecerle á
él : y no será lo peor que el leon lo diga, sino que lo crea la
alimaña. Pondrán nombre á las cosas, y llamando á una *robo*,
á otra *mentira*, á otra *asesinato*, conseguirán, no evitar-
las, sino llenar de delincuentes los bosques. Crearán la vanidad y el amor propio: el noble bruto que dormia tranquilamente las veinte y cuatro horas del dia, se desvelará ante la
fantasma de una distincion; y al hermano á quien solo ma-
taba para comer, matarále despues por una cinta blanca ó
encarnada. Déles usted, en fin, el uso de la palabra y men-
tirán: la hembra al macho por amor; el grande al chico por
ambicion; el igual al igual por rivalidad; el pobre al rico
por miedo y por envidia : querrán gobierno como cosa indispensable, y en la clase de él estarán de acuerdo ¡vive
Dios!: estos se dejarán degollar porque los mande uno solo, aficion que nunca he podido entender; aquellos querrán
mandar á uno solo, lo cual no me parece gran triunfo: aqui
querrán mandar todos, lo cual ya entiendo perfectamente:
alli serán los animales nobles, de alta cuna, quiere decir...
(ó mejor, no sé lo que quiere decir) los que manden á los
de baja cuna: allá no habrá diferencia de cunas... ¡Qué confusion! ¡Qué laberinto! Laberinto que prueba que en el
mundo existe una verdad, una cosa positiva, que es la única justa y buena, que esa la reconocen todos y convienen en
ella : de eso proviene no haber diferencias.

En conclusion, los animales como no tienen el uso de la
razon ni de la palabra, no necesitan que les diga un orador
cómo han de ser felices: no pueden engañar ni ser engaña-
dos: no creen ni son creidos.

El hombre por el contrario: el hombre habla y escucha: el hombre cree, y no asi como quiera, sino que cree todo. ¡Qué índole! El hombre cree en la muger, cree en la opinion, cree en la felicidad... ¡Qué sé yo lo que cree el hombre! Hasta en la verdad cree.—Dígale usted que tiene talento. — ¡ *Cierto!* esclama en su interior. — Dígale usted que es el primer ser del universo. — *Seguro*, contesta. — Dígale usted que le quiere. — *Gracias*, responde de buena fé. — ¿Quiere usted llevarle á la muerte? trueque usted la palabra, y dígale: *le llevo á la gloria*: irá. — ¿Quiere usted mandarle? dígale usted sencillamente: yo *debo mandarte.—Es indudable*, contestará.

Hó aqui todo el arte de manejar á los hombres. ¿Y es malo el hombre? ¿Qué manada de lobos se contenta con un manifiesto? Carne pedirán, y no palabras. «*El hambre, ó lobos*, decidles, *se ha acabado: ahogado el monstruo para siempre...* — *Mentira*, gritarán los lobos... *al redil, al redil; el hambre se quita con cordero...—La hidra de la discordia, ó ciudadanos*, dice por el contrario un periódico á los hombres, *yace derribada con mano fuerte: el orden de hoy mas, será la base del edificio social: ya asoma la aurora de. justicia por qué sé yo qué horizonte: el iris de paz* (que no significa paz) *luce despues de la tormenta* (que no se ha acabado): *de hoy mas la legalidad* (que es la cuadratura del círculo) *será el fundamento del procomun...* &c. &c. ¿Ha dicho usted *hidra de la discordia, justicia, procomun, horizonte, iris y legalidad?* Ved en seguida á los pueblos palmotear, hacer versos, levantar arcos, poner inscripciones.—¡Maravilloso don de la palabra! ¡Facil felicidad! Despues de un breve diccionario de palabras de época, tómese usted el tiempo que quiera: con solo decir *mañana* de cuando en cuando y echarles palabras todos los dias, como echaba Enéas la torta al Cancerbero, duerma usted tranquilo sobre sus laureles.

Tal es la historia de todos los pueblos, tal la historia del hombre... palabras todo, ruido, confusion: positivo, nada. ¡Bienaventurados los que no hablan, porque ellos se entienden!

REPRESENTACION

DE NUMANCIA,

TRAGEDIA EN TRES ACTOS.

Hé aqui una de las cosas esceptuadas en el *reglamento para la censura de periódicos*, y de que se puede hablar, si se quiere, por supuesto. Ni un solo artículo en que se prohiba hablar de Numancia. No se puede hablar de otras cosas, es verdad; pero todo no se ha de hablar en un dia. Por hoy, que es lo que mas urge, ¿quién le impide á usted estarse hablando de Numancia hasta que se pueda hablar de otra cosa? Tanto mas ventilada quedará la cuestion. Dado siempre el supuesto de que no ha de haber *borrones*, *pena de dos mil reales;* las cosas limpias: el periódico ha de ser impenitente y pertinaz; sin enmienda como carlista ó pasaporte. Un artículo de periódico ha de salir bien de primera vez, que al fin no es ningun *reglamento de milicia.* Dado tambien el supuesto de que no se deje usted *nada en blanco*, pena de los dichos dos mil reales. No, sino andarse dando á leer al público papelitos en blanco. ¡Sabe nadie lo que se puede aprénder en un papel blanco! ¡Dado el supuesto ademas de que ha de poder usted ser *elector*, porque al fin gran talento tendrá el que no ha sabido hacerse una rentita de seis mil reales!

Abundando en todos estos supuestos, diremos que el teatro estaba casi lleno en su representacion. Parécenos que en decir esto no hay peligro. Igualmente llena estaba la tragedia de alusiones patrióticas. Mucho nos gusta á los españoles la libertad, en las comedias sobre todo. Innumerables fueron los aplausos: tan completa la ilusion, y tantas las repeticiones de *libertad*, que se olvidaba uno de que estaba en una tragedia. Casi parecia verdad. ¡Tanta es la mágia del teatro!—Otra cosa que tampoco esceptúa el reglamento es el señor Luna: de este se puede hablar, en cuanto á actor, atendido que el señor Luna ni es *cosa de religion*, *ni pre-rogativa del trono*, *ni Estatuto Real*, ni su representacion es *fundamental*, ni tiene fundamento alguno, ni perturba tranquilidad, ni infringe ley, ni desobedece á autoridad legítima, ni *se disfraza con alusiones*, sino con muy malos trages antiguos; ni es licencioso y contrario á costumbre alguna, buena, ni mala; ni es *libelo*, ni *infamatorio*, ni le coge por ningun lado ningun *ni* de cuantos *nies* en el reglamento se incluyen; ni menos es *soberano*, ni *gobierno estrangero*. Y á nosotros, si nos atañe, por el contrario, no dejar este punto de nuestro papel en blanco, sopena de la consabida de los *dos mil reales* á la primera, del duplo á la segunda, y de dar al traste la tercera, que va la vencida. Decimos esto, porque no nos ha gustado el señor Luna: triste cosa es, pero no lo podemos remediar. Hay, sí, en él, celo y buena intencion; pero esto, todos sabemos ahora mas que nunca, que no basta siempre. Su declamacion en este papel es enfática y poco natural; sus transiciones son duras, mas duras y crueles que una censura. Sensible nos es haberle de decir nuestra opinion: empero tal es nuestro deber, y en eso no somos mas que los intérpretes del público mismo.

Por lo demas, la tragedia, que literariamente hablando no es de mérito sobresaliente, ha hecho el efecto que debia hacer una composicion, como ella, eminentemente patriótica. Cada cual se fue á su casa con la triste conviccion de que, en política como en tragedia, lo que mas le cuesta á un pueblo es conquistar su libertad. Es de esperar que tenga mejor fin la nuestra, por esta vez, que la de Numancia. A bien que de nosotros depende.

La decoracion última nos pareció muy regular, inclusos los comparsas y aquellas descabelladas doncellas, que chillaban á lo lejos, huyendo de los feroces romanos, y que parecian periódicos perseguidos por algun reglamento.

El telon al caer se detuvo á la mitad del camino á tomar un ligero descanso; no parecia sino que caminaba por la senda de los progresos, segun lo despacio que iba, y los tropiezos que encontraba. Tardó mas en bajar, que han tardado las pátrias libertades en levantarse.

JARDINES PÚBLICOS.

Hé aqui una clase de establecimientos planteados varias veces en nuestro pais á imitacion de los estrangeros, y que sin embargo rara vez han prosperado. Los filósofos, moralistas, observadores, pudieran muy bien deducir estrañas consecuencias acerca de un pueblo que parece huir de toda pública diversion. ¿Tan grave y ensimismado es el carácter de este pueblo, que se avergüence de abandonarse al regocijo cara á cara consigo mismo? Bien pudiera ser. ¿Nos sería lícito, á propósito de esto, hacer una observacion singular, que acaso podrá no ser cierta, si bien no faltará quien la halle *ben trovata*? Parece que en los climas ardientes de Mediodia el hombre vive todo dentro de sí: su imaginacion fogosa, emanacion del astro que le abrasa, le circunscribe á un estrecho círculo de goces y placeres mas profundos y mas sentidos: sus pasiones mas vehementes le hacen menos social: el italiano, sibarita, necesita aislarse con una careta en medio de la general alegría; al andaluz enamorado bástanle, no un libro y un amigo, como decia Rioja, sino unos ojos hermosos en que reflejar los suyos, y una guitarra que tañer; el árabe impetuoso es feliz arrebatando por el desierto el ídolo de su alma á las ancas de su corcel; el voluptuoso asiático para distraerse se encierra en el haren. Los placeres grandes se ofenden de la publicidad, se deslien; parece que ante esta hay que repartir con los espectadores la sensacion que se disfruta. Nótese la índole de los bailes nacionales. En el norte de Europa, y en los climas templados, se hallarán los bailes generales casi. Acerquémonos al mediodia; veremos aminorarse el número de los danzantes en cada baile. La mayor parte de los nuestros no han menester sino una ó dos parejas: no bailan para los demas, bailan uno para otro. Bajo este punto de vista, el teatro es apenas una pública diversion, supuesto que cada espectador de por sí no está en comunicacion con el resto del público, sino con el escenario. Cada uno puede individualmente figurarse que para él, y para él solo se representa.

Otra causa puede contribuir, si esa no fuese bastante, á

la dificultad que encuentran en prosperar entre nosotros semejantes establecimientos. La mania del buen tono ha invadido todas las clases de la sociedad : apenas tenemos una clase media, numerosa y resignada con su verdadera posicion; si hay en España clase media, industrial, fabril y comercial, no se busque en Madrid, sino en Barcelona, en Cádiz &c.; aqui no hay mas que clase alta y clase baja : aquella, aristocrática hasta en sus diversiones, parece huir de toda ocasion de rozarse con cierta gente: una señora tiene su jardin público, su sociedad, su todo, en su cajon de madera, tirado de dos brutos normandos, y no hay miedo que si se toma la molestia de hollar el suelo con sus delicados pies algunos minutos, vaya á confundirse en el Prado con la multitud que costea la fuente de Apolo: al pie de su carruage tiene una calle suya, estrecha, peculiar, aristocrática. La clase media, compuesta de empleados ó proletarios decentes, sacada de su quicio y lanzada en medio de la aristocrática por la confusion de clases, á la merced de un frac, nivelador universal de los hombres del siglo XIX, se cree en la clase alta, precisamente como aquel que se creyese en una habitacion, solo porque metiese en ella la cabeza por una alta ventana á fuerza de elevarse en puntillas. Pero esta, mas afectada todavia, no hará cosa que deje de hacer la aristocracia que se propone por modelo. En la clase baja, nuestras costumbres, por mucho que hayan variado, estan todavia muy distantes de los jardines públicos. Para esta es todavia monadas exóticas y estrangeriles, lo que es ya para aquella comun y demasiado poco estrangero. Hé aqui la razon por qué hay público para la ópera y para los toros, y no para los jardines públicos.

Por otra parte, demasiado poco despreocupados aun, en realidad, nos da cierta vergüenza inesplicable de comer, de reir, de vivir en público: parece que se descompone y pierde su prestigio el que baila en un jardin al'aire libre, á la vista de todos. No nos persuadimos de que basta indagar y conocer las causas de esta verdad para desvanecer sus efectos. Solamente el tiempo, las instituciones, el olvido completo de nuestras costumbres antiguas, pueden variar nuestro oscuro caracter. ¡Qué tiene este de particular en un pais, en que le ha formado tal una larga sucesion de siglos en que se creia que el hombre vivia para hacer penitencia! ¡Qué despues de tantos años de gobierno inquisitorial! despues de tan larga esclavitud es difícil saber ser libre. Deseamos serlo, lo repetimos á cada momento; sin embargo, lo seremos de derecho mucho tiempo antes de que reine en nuestras costumbres, en nuestras ideas, en nuestro modo de ver y de vivir la verdadera libertad. Y las costumbres no se varian en un dia, desgraciadamente en un dia, ni con un decreto, y mas desgraciadamente aun, un pueblo no es verdaderamente libre mientras que la libertad no está arraigada en sus costumbres, é identificada con ellas.

No era nuestro propósito abondar tanto en materia tan delicada: volvamos, pues, al objeto de nuestro artículo. El establecimiento de los dos jardines públicos que acaban de abrirse en Madrid, indica de todos modos la tendencia enteramente nueva que comenzamos á tomar. El jardin de las Delicias, abierto ha mas de un mes en el paseo de Recoletos, presenta por su situacion topográfica un punto de recreo lleno de amenidad; es pequeño, pero bonito: un°segundo jardin mas elevado, con un estanque y dos grutas á propósito para comer, y una huerta en el piso tercero, si nos es permitido decirlo asi, forman un establecimiento muy digno del público de Madrid. Para nada consideramos mas útil este jardin que para almorzar en las mañanas deliciosas de la estacion en que estamos, respirando el suave ambiente embalsamado por las flores, y distrayendo la vista por la bonita perspectiva que presenta, sobre todo, desde la gruta mas alta; y para pasear en él las noches de verano.

El jardin de Apolo, sito en el estremo de la calle de Fuencarral, no goza de una posicion tan ventajosa, pero una vez alli el curioso reconoce en él un verdadero establecimiento de recreo y diversion. Domina á todo Madrid, y su espaciosidad, el esmero con que se ven ordenados sus árboles nacientes, los muchos bosquetes enramados, llenos por todas partes de mesas rústicas para beber, y que parecen nichos de verdura ó verdaderos gabinetes de Flora; sus estrechas calles y el misterio que promete el laberinto de su espesura, hacen deplorar la larga distancia del centro de Madrid á que se halla colocado el jardin, que será verdaderamente delicioso en creciendo sus árboles y dando mayor espesura y frondosidad.

En nuestro entender, cada uno de estos jardines merece una concurrencia sostenida; las reflexiones con que hemos encabezado este artículo deben probar á sus respectivos empresarios, que si hay algun medio de hacer prosperar sus establecimientos en Madrid es recurrir á todos los alicientes imaginables, á todas las mejoras posibles. De esta manera nos lisonjeamos de que el público tomará aficion á los jardines públicos, que tanta influencia pueden tener en la mayor civilizacion y sociabilidad del pais, y cuya conservacion y multiplicidad exige incontestablemente una capital culta como la nuestra.

REPRESENTACION

DE

TANTO VALES CUANTO TIENES.

Comedia original en tres actos y en verso, de *don Angel Saavedra.*

Humilde y cabizbajo presentaba un ingenio novel á un gran poeta, mas desvergonzado aún que poeta, un manuscrito suyo, y pedíale su parecer. Llegó el maestro á un trozo mas oscuro que otros. —¿Qué ha querido usted decir aquí? le preguntó con sorna de hombre satisfecho de sí mismo. —Señor, respondió el novel, ahí quise decir tal cosa. A lo cual respondió el desvergonzado:—Pues si tal cosa quiso usted decir, ¿por qué no la dijo usted?

Si el señor Saavedra, autor conocido, que apreciamos, y en quien reconocemos dotes muy aventajadas, quiso hacer una comedia suya, ¿por qué no huyó al emprender su obra de toda coincidencia con comedias anteriores? Tanto mas sensible es esto, cuanto que habia encontrado un argumento enteramente nuevo; y procuraremos probar esta que parece paradoja.

Creemos que el señor Saavedra tenia fuerzas mas que suficientes para crear en el teatro un argumento original:

estamos muy seguros de que ni ha imitado, ni tratado de imitar; y asi juzgamos que el no haber desentrañado bastante la idea feliz, que concibió, ha sido causa de que su obra tenga puntos de contacto con otras de otros ingenios. Verdad es que ha cumplido con la máxima látina *non nova, sed nové;* si, habiéndose apartado desde un principio de la senda trillada, se ha visto enredado en un argumento tambien trillado, hálo presentado á lo menos con novedad. Para los que creen que en el siglo XIX todo está dicho en literatura, no le quedaba otra corona que alcanzar al señor Saavedra. Falta ahora considerar si aquel principio es absolutamente cierto. Las pasiones son las mismas en todos tiempos, es verdad, y los vicios y los estravíos; buscar, pues, caracteres nuevos fuera árdua empresa. Un avaro siempre apagará de dos luces una: un usurero siempre será cruel: un enamorado siempre será sublime en la tragedia, ridículo en la comedia; pero las preocupaciones sociales varian, porque siguen la marcha de los siglos, y cada siglo tiene sus preocupaciones, como cada hombre su cara, segun ya creemos haber dicho en otra ocasion. Un supersticioso, un fanático por religion podia ser un caracter cómico hace un siglo: en el dia apenas hay público que encierre modelos suficientes para encontrar el efecto: *Tanto vales cuanto tienes* no debia ser una comedia de caracter: lo era de costumbres. Ahora bien, en el siglo XIX; siglo harto matemático y positivo; siglo del vapor; siglo en que los caminos de hierro pesan sobre la imaginacion., como un apagador sobre una luz, en que Anacreonte, con su barba bañada de perfumes, Petrarca con sus eternos suspiros, y aun Melendez con todas sus palomas, harian un triste papel, al lado, no de un Rotschild ó un Aguado, pero aun de un mediano mecánico, que supiese añadir un resorte á cien resortes anteriores; en un siglo en que se avergüenza uno de no haber inventado algun utensilio de hierro, en que no se puede hacer alarde de una pasion caballeresca, ó de una vida poética y contemplativa, sin ser señalado como un ser de otra especie por cien dedos especuladores; en un siglo para el cual el amor es un negocio, como otro cualquiera, de conveniencia y acomodo; en un siglo en que no se puede amar sin hacer reir; en que la ciencia está reducida á periódicos, la guerra á protocolos, el valor á disciplina, el talento á manufacturas, la literatura á declamaciones politicas, el teatro á decoraciones y *floriture*, no se nos diga que no hay argumentos nuevos para comedias. Moliere no podia haber agotado estos asuntos. Un filarmónico ocupado todo el dia en casar armonías y en combinar puntos; un diplomático redactando notas ambiguas; un periodista haciendo párrafos y colocando frases; un mecánico moviendo ruedas, son seres tan ridículos por lo menos como un poeta apareando consonantes que tiren de una idea, cual un juego de caballos de un carruage. En este siglo, pues, *Tanto vales cuanto tienes* prometia una inmensa originalidad. Que el hombre es interesado, ciertamente ya estaba dicho: añadir que cuando tiene dinero todos le hacen buena cara, y cuando es pobre todos le llaman pícaro, era verdad sabida en tiempo de Homero, porque está grabada en el corazon del hombre, animal perfecto, por otra parte; es verdad en una palabra que tiene olvidada todo rico, y que todo pobre tiene presente. Pero manifestar lo ridículo de un ser racional y poético, como el hombre; de un ser espiritual, que se empeña en despojarse á sí mismo de su imaginacion para limitar el círculo de sus goces; que se vuelve máquina él mismo á fuerza de hacer máquinas, y que no sabe dejar de creer en una divinidad, en un cielo, en una vida de gloria y de idealismo, sino para creer en lo que toca; de un ser siempre estremado que no puede abarcar en uno la imaginacion y la habilidad; que ha de ser todo fanático en el siglo XIV, ó todo despreocupado, árido y desnudo en el siglo XIX; de unos hombres que, como los israelitas, no saben dejar de creer en un Dios, de que son hechura, sino para creer en un becerro de oro, hechura suya; eso es lo que no está dicho, ni está hecho; eso es lo que nos atrevimos á esperar de *Tanto vales cuanto tienes;* y eso, en fin, lo que queda por hacer, si es que hay un ingenio que se salve de la irrupcion de las artes y del martilleo de las fábricas.

Si el señor Saavedra habia asido una idea tan feliz, si queria hacer una comedia enteramente original que á nada anterior se pareciese, ¿por qué no lo ha hecho, teniendo sobre todo un talento distinguido para llevarlo á cabo?

Dirásenos ahora que hay cierta injusticia en juzgar á un autor, no por lo que ha hecho, sino por lo que uno cree que debia haber hecho. Esto es verdad hasta cierto punto.

El célebre ideólogo Destut-Tracy remitió en una ocasión á un príncipe aleman una obra suya consultándole so-

bre su desempeño. Respondióle el príncipe con un largo
cartapacio en que á fuer de decirle lo que él hubiera dicho
en tales y tales casos, y lo que en tales y tales otros hubiera
dejado de decir, desbaratábale la obra, no perdonando en
ella cosa que Destut-Tracy hubiese imaginado.—Decid al
príncipe, respondió Destut-Tracy, al que traia el mensage,
que en ese caso no hubiera hecho yo mi obra, sino la
suya.

Esto podria respondernos el señor Saavedra: juzguemos
pues, su obra tal cual es suya, y no tal cual nosotros la hemos imaginado, quién sabe si equivocadamente.

Doña Rufina, viuda de un marqués, que solo le dejó al
morir una hija de ella de nupcias anteriores y su vanidad,
vive en Sevilla miseramente. Tiene un hermano, cuya
cualidad principal es un uniforme de comisario ordenador,
y un primo militar, jugador y petardista. En Indias existe
un hermano suyo, riquísimo, merced á cuyos envíos pecu-
niarios suele reponer de cuando en cuando el mal estado de
sus intereses. La hija es obsequiada por el hijo de un mercader rico. Al principiar la comedia se recibe una carta en
que el indiano avisa como debe llegar en breve, y que
piensa repartir con sus hermanos sus cuantiosos caudales.
Con este motivo doña Rufina despide afrentosamente al novio de la niña, cuyo origen plebeyo no conviene ya á su futura posicion social, y la familia toda sobre la promesa de
la carta se arroja en brazos del usurero don Simon, que al
ciento por ciento les presta un poco de dinero. De alli á poco llega el indiano don Blas, y encuentra á la familia ocupada en preparar su recibimiento. Prodígansele las finezas
y los mas escrupulosos obsequios, pero don Blas parece haberse arruinado, gracias á ciertos piratas berberiscos: esta
peripecia fatal atrae sobre la casa los insultos del usurero,
y sobre el adulado indiano la execracion y los ultrages, rota ya la máscara del interés. Solo la niña procede generosa
con el desgraciado. Sin embargo, don Blas tenia asegurados sus caudales, y precisamente uno de los comerciantes
de Cádiz, á quien arruina el reintegro de los bienes robados
por los piratas, es el padre del amante de la hija de doña
Rufina. Este viene á zanjar cuentas, al conocerse en la casa la fortuna renaciente, quieren comenzar de nuevo las
adulaciones, pero ya es tarde. Don Blas indignado rompe
con su hermana, con el comisario y con el primo militar,

dota á la niña virtuosa, casándola con su amante, y da fin
la comedia.

Si bien es cierto el principio sobre que gira esta composicion dramática, tambien es evidente que la educacion
hace disimular en la sociedad generalmente el interés, que
á todos domina mas ó menos, y que esas transiciones que
por cambios de fortuna se advierten en el teatro, pocas veces son tan bruscas, que puedan, sin faltar á la verosimilitud, encerrarse en una comedia arreglada á las unidades.
Por esto era necesario que el autor escogiese una familia de
mala educacion: doña Rufina, muger sumamente ordinaria, no puede ocultar sus sentimientos: esta ordinariez,
mirada de esta manera, no solo es muy disculpable, sino que viene á ser un mérito. El nudo es ingenioso: no
necesita don Blas fingir su ruina, supuesto que es verdadera la noticia de su robo, y que es muy verosimil que igno-
rase la familia que estaban sus bienes asegurados. Este es
el mérito principal de la comedia, pues produce un desenlace natural; igualmente ingenioso es haber hecho al amante de la hija víctima del reintegro del indiano. El carácter
del usurero está bien pintado; pero siendo episódico, ni
merece tanta importancia como se le da, ni habria inconveniente para la comedia en reducir la escena larguísima en
que hace el principal papel. Alguna languidez hemos creido notar en toda la comedia que pudiera descargarse venta-
josísimamente. No es natural que la niña, que tan generosamente se portó con su tio, sea menos generosa con su
madre, y la vea salir de la casa del modo que la arroja su
hermano, sin interceder por ella eficazmente. El argumento tiene el inconveniente de preverse su fin desde el principio; pero esto es mas culpa del asunto que del autor. Para
dar fin á nuestras observaciones, quisiéramos que el poeta
eliminase algunas frases demasiado mal sonantes en el teatro, aun suponiéndolas naturales en boca de doña Rufina; y
hubiéramos deseado que, aun dominados por el interés sus
interlocutores fuesen menos despreciables. Las debilidades
humanas interesan; pero seres friamente malos, corrompi-
dos y sin ninguna especie de sentimiento ni moralidad, solo
pueden producir tedio ú horror.

El lenguaje es castizo y puro: la versificacion generalmente buena, y aun tiene trozos de mucho mérito: hay
gracias en el diálogo, que es bastante animado; y pincela-

das verdaderamente cómicas en diversas ocasiones: citaremos en este género con placer el contraste que presenta la llegada del indiano, solo, y mal vestido, con los halagos de su hambrienta familia.

CARTA DE FÍGARO

A UN BACHILLER SU CORRESPONSAL.

Yo no sé si se acordarán todos los suscritores de nuestro decano periódico de aquel Fígaro condenado á provocar su sonrisa eternamente, tenga él ó no humor de divertirse á sí ó á los demas. Pero sí puede muy bien haber sucedido que la mayor parte de nuestros lectores no se hayan acordado mas de nosotros que nuestra ilustrada junta sanitaria de surtir de medicinas á Madrid: al menos tenemos la positiva y halagüeña seguridad de que uno siquiera ha notado la falta de nuestros cándidos párrafos, durante tan largo silencio. Este ha sido un aficionado á nuestro papel, encerrado, segun nos dice, en uno de los mas recónditos rincones de esta monarquía, á trozos regenerada, á trozos oprimida todavía por el oscurantismo, alimaña tan de moda de algun tiempo á esta parte en periódicos y alocuciones. Firmase el *bachiller*, y dirige al señor Fígaro esclusivamente su carta, reducida á un sin fin de preguntas acerca de las circunstancias; á las cuales contestariamos privadamente á no dar la funesta casualidad de que olvida nuestro bachiller lo principal, como se usa en el pais, y no nos dice el pueblo de su residencia, ni la fecha á que escribe, ni el modo de ponerle el sobre, contando sin duda demasiado con la sagacidad de las redacciones de periódicos. Careciendo, pues, de un medio seguro de hacer llegar á sus manos la respuesta, y siendo por otra parte demasiado atentos para dejar á nadie sin ella, porque al fin ni somos santos ni autoridades, que son los únicos que á todo el mundo oyen y á ninguno contestan, nos decidimos á insertar en nuestro gacetin estas letras, ciertos de que allá en la librería del pueblo donde estuviere nuestro corresponsal, se las encontrará, quedando de este modo solventada con él la deuda de urbanidad que nos obliga á contraer.

En esto no hacemos sino imitar el ejemplo de un cura catalan, cuyo caso contaremos. Debíale un eclesiástico de un pueblo de Andalucia una peseta; cantidad que, si bien no era para perdida, debia considerarse como tal, por la dificultad de hacer la remesa á tanta distancia ó de girar una letra de tan módico importe. Escribíale, pues, en vista de esto el aprovechado clérigo catalan: «Muy señor mio: con respecto á la cuenta que de la citada peseta tenemos pendiente, he discurrido que por el presente aviso puede echarla en el cepillo de ánimas de la iglesia de ese pueblo, pues yo ya la he sacado del de esta á buena cuenta; y en paz. Con lo cual queda de usted su afectísimo capellan el cura de...

Ahora bien, hé aqui nuestra contestacion al incógnito corresponsal. Mucho me huelgo, señor bachiller de este pueblo, de cuyo nombre mal pudiera acordarme, de haber recibido su carta benévola y preguntona.

Hónrame sobremanera la falta que nota de escritos mios en la Revista; pero ha de hacerse cargo de muchas cosas. Mis articulos en primer lugar no han de ser artículos de decreto que se fragüen á un dos por tres y á salga lo que saliere, sin perjuicio de enmendarlos luego ó de que nadie se cure de obedecerla. Al fin tengo mi poca ó mucha reputacion que perder. Por otra parte; acaso no sabrá vuesa merced que desde que tenemos una racional libertad de imprenta, apenas hay cosa racional que podamos racionalmente escribir. Si á esto se agrega, como vuesa merced no tendrá dificultad en agregarlo, que estamos ahora los periodistas tratando de tomar color, para lo cual tenemos que esperar á que lo tome primero el gobierno con el objeto de tomar otro distinto, puesto que él se ha quedado con la iniciativa, no se admirará de que callemos nosotros, bien asi como él calla en puntos de mas prisa y trascendencia.

Ademas, aunque los partes oficiales y los relatos de las sesiones, en sustancia no dicen nada, no dejan por eso de ser largos; nos ocupan por consiguiente las tres cuartas partes de nuestras columnas, y no nos dejan espacio para

nada. Añada vuesa merced á esas causas que yo escribo tan
despacio, que cuando estoy sobre mi bufete con la pluma
en la mano, no parece sino que estoy organizando la Milí-
cia Urbana, ó tomando providencias contra algun motin.

Por lo demas, aqui, segun usanza antigua, todo va como Dios quiere, y no puede haber cosa mejor, porque al fin
Dios no puede querer nada malo. Nuestra patria camina
á pasos agigantados hácia el fin para que aquel Señor la
crió: que es su felicidad. Por el pronto ya tenemos el uniforme de los señores Próceres, que es manto azul rastre-
ro, segun las venerandas leyes del siglo XIV, esceptuado
el terciopelo que no alcanzaron aquellos estamentos, si
bien aqui entra el modificar aquellos venerandos usos segun
las necesidades del dia: verdad igualmente aplicable al calzon de casimir, media de seda, hebilla y tahalí; de que
nada dicen Pero Lopez de Ayala, ni Zurita, ni el Centon;
pero que constituyen con la gola altibaja y demas, este nuevo anticomoderno. Tiene su correspondiente espada, su
gorro y su enagüilla de glace. Dicen que cuesta mucho;
pero mas ha costado llegar á ese punto. Si vuesa merced tiene baraja, como es de suponer, mirando al rey de
espadas, podrá formar una idea aproximada, y por en-
de verá que es bonito; y que si bastan, como es de creer,
para costearle los sesenta mil reales de procerazgo, ha de
ser curioso el ver á esos señores vestidos y hablando, todo
á un tiempo.

Igualmente sabrá vuesa merced como todas las vísperas
de alboroto, que segun parece va á ser el pan nuestro de
cada dia, se deberán afeitar como la palma de la mano todos los que tengan bigote, por ser incompatibles estos cuatro pelos con el orden y la libertad racional. Efectivamente
que muchas de sus calamidades le vienen al hombre de no
saber echar pelillos á la mar. Por esas medidas conocerá
vuesa merced que aqui no nos dormimos en las pajas.

Tal vez habrán dicho en ese villorrio que está el cólera
en Madrid. Lo que es aqui nadie lo sabe de oficio; lo que hay
no es el cólera, sino una enfermedad reinante y sospecho-
sa; tanto que esas malditas sospechas han llevado á muchos
al cementerio, en fuerza sin duda de lo cavilosos. Pero si
dicen á vuesa merced que mueren tantas y cuántas gentes
al dia, no lo crea; al dia no muere nadie, porque si asi fuese habria parte sanitario, si es que no le dan por no haber

sanidad maldita de que darle. En consecuencia si el mal
está en Madrid, la autoridad lo tiene callado, y asi que nadie lo sabe.

Tres cosas sin embargo van mejor todos los dias sin que
se eche de ver : la libertad, la salud y la guerra de Vizcaya. ¡ Tal es la reserva con que se hacen estas cosas !

¿Se sabe algo por ahí, señor bachiller, de don Carlos?
por acá todos convenimos en que está en Londres, en Francia y en Elizondo á un mismo tiempo, asi como están de
acuerdo los médicos en que el cólera no puede venir á Madrid por estar muy alto, y en que es contagioso y no epidémico, y epidémico y no contagioso. En cuanto al modo de
curarlo, ya averiguado, llenos estan los cementerios de pre-
servativos seguros, de remedios infalibles y de métodos cu-
rativos. Volviendo á don Carlos, dicen que el gobierno sabe
de fijo dónde pára; pero vaya usted á preguntárselo.

Por acá no se encuentra un procurador, ni un cajista
de imprenta, ni un médico, ni un limon, ni una sanguijuela por un ojo de la cara ; pero para eso se encuentran
mendigos á pedir de boca, basura en las calles á todas horas, y una camilla al volver de cada esquina.

¡Ah! se me olvidaba; el discurso de la corona ha gustado
generalmente; es tan bueno que es de aquellas cosas que no
tienen contestacion; á lo menos hasta ahora nadie se la ha
dado. Se asegura sin embargo que la estan pensando á toda
prisa.

Díceme que viene vuesa merced á Madrid. Si está pronto á presentar sus cuentas á Dios, venga cuanto antes. Si
viene á pretender, ó ha tenido empleo y ha sido emigrado en tiempo de la Constitucion, no hay para qué. Si es
carlista puede venir seguro de adelantar algo, que carlistas
y muchos encontrará en buenos destinos, que le favorez-
can : preguntaráme tal vez si no los quitan; ¿para qué, si
andando el tiempo ellos se irán muriendo? Si viene á oir las
discusiones estamentales, en buen hora, por lo que res-
pecta al Estamento de Procuradores ; pues en el de Próceres han encaramado al público en un caramanchon estrecho
y *cortilargucho*, segun dice la *Pata de cabra*, como si no
quisieran ser oidos. Se está alli tan mal como en el teatro
de la Cruz ó en un concierto de guitarra. Han arrinconado
igualmente en un ángulo del techo á los taquígrafos, de tal
suerte que parecen telas de araña.

Muy alto piensan hablar si desde alli les han de seguir la palabra.

No sé si me dejó algo á que contestar ; si asi fuese, en otra carta irá, pues á la hora que es, ando de prisa por tener que formar una lista de los señores Procuradores que no han llegado aun, y otra de los cordones sanitarios inútiles que hay en España, que cogerá algunos pliegos.

Quedo, pues, rogando, señor bachiller, que los facciosos de las gavillas que hace un año se estan destruyendo todos los dias completamente, no intercepten por esas *veredas* está carta, y que la administracion de correos, tan bien montada en este pais, no la incomunique para diligencias propias, ó no se la mande por América, asi como recibimos, por qué sé yo dónde, la correspondencia de Francia, merced á las victorias no interrumpidas que nos tienen espedita la carretera principal.

De vuesa merced, señor bachiller, atento servidor.

P. D.   No se le importe á vuesa merced un bledo de las venidas de don Carlos á este pais, pues que la cuadruple alianza está contratada para su conduccion fuera de la península, cuantas veces se le hallare ; porque en lo de dejarle venir, coja vuesa merced el testo y verá como nada hay tratado, ademas de que mal pudiera la cuadruple alianza sacarle de la península si él no viniera.

SEGUNDA Y ULTIMA CARTA

DE FÍGARO

AL

BACHILLER SU CORRESPONSAL DESCONOCIDO.

¿Querrá creer vuesa merced, señor bachiller, que han encontrado malicia en la primera carta que le escribí, y cuya publicidad de ninguna manera he podido evitar en esta corte? De todo tiene la culpa el empeño que manifiesta de no tener nombre conocido, ni domicilio sabido, precisamente en unos tiempos en que las cosas todas se vuelven nombres. ¿No repara vuesa merced como una cosa se llama *regeneracion*, otra *reformas*, otra *estamentos*, aquella de mas allá *libertad*, esotra *representacion nacional?* ¿qué mas? Cosa hay que se llama *seguridad individual*, y *ley*, y....

¿Qué le costaba á vuesa merced ponerse un nombre, y mas que vuesa merced no sea nada en sustancia tampoco? Asi evitaríamos el que se anduviese todo el mundo leyendo lo que le escribo y murmurando de ello de corrillo en corrillo, ni mas ni menos que si yo dijera todo lo que hay que decir, ó todo cuanto en el caso me ocurre.

Pero en esta carta, que será la última, yo le juro á vuesa merced por la racional libertad de que gozamos (y es todo un juramento), que quiero que me hagan ministro, si me consiento á mí mismo la mas leve chanza sobre cosa de gobierno, ó que por lo menos lo parezca. No sino ándeme yo en chanzas, y bregue con el censor, y prohíbame el escribir mas á mis amigos, que será arrancarme el alma, solo porque él reciba sueldo del gobierno é instrucciones, y yo del gobierno ni quiera lo uno ni necesite lo otro; y préndanme bonitamente, y quédense con el *por qué* por allá y... No señor: si vuesa merced quiere divertirse con mis cartas dígame quién es, y lo escribiré en sesion secreta; todo lo mas que puede suceder es que abran la carta; pero entonces, ya señor bachiller, que la prohiban. Esta, pues, sobre ser la última, no encerrará reflexion ni broma alguna, tanto por la razones dichas, cuanto porque Dios sabe, y si no lo sé yo, que no tengo para gracias el humor : en punto sobre todo á gobierno haré la del loco con el podenco. «Quita allá que es gobierno.» Hechos no mas en adelante; y si á los hechos lisa y llanamente contados les encuentran malicia, no estará en mí, sino en los hechos ó en el que los leyere; entonces malicia encontrarian hasta en una fusion cordial del Estamento y del ministerio.

Corren voces de que un ministro va á hacer dimision; pero no lo crea vuesa merced: esas son bromas: lo mismo estan diciendo hace dos meses de otro, y pasa un dia, y pasa otro dia, y en resumidas cuentas no pasan dias por él.

En el Estamento de Próceres ya sabrá vuesa merced que la contestacion al discurso del trono fue cosa muy bien escrita; fue un modelo de lenguaje y de elegancia castellana; es uno de los trozos mas correctos que posee la lengua.

De la de Procuradores nada tengo que contar á vuesa merced sino es que en este momento no es oportuno que use el hombre el don de la palabra con que le distinguió su divina Magestad de los demas animales. Lo que urge por ahora es que cada uno calle lo que sepa, si es que no lo quiere decir en un tomo voluminoso, que entonces, como nadie lo ha de leer, debe el hombre ser libre; pero decirlo todas las mañanas en un periódico, eso no. El don de la palabra es como todas las cosas; repetido diariamente cansa.

Los jurados no son para este momento; no hay cosa peor que jurar, y si es en vano peor que peor. En eso va de acuerdo el partido ministerial con el padre Ripalda. Se ha convenido por ahora en que los españoles somos muy brutos para decir lo que pensamos; y mas para que nos juzguen en regla.

Sabrá vuesa merced como se ha determinado que la legislacion nuestra no es absurda.

¿Querrá vuesa mérced creer que se ha lucido la Cataluña? Los señores Procuradores por aquella provincia se han plantado con 29. Llegaban á Martorell el 28, habiendo salido de Barcelona el 22, que es caminar; al llegar allí supieron lo del cólera por mas que aquí no se lo contamos á nadie, y oficiaron diciendo que eso no era regular: efectivamente, es mas facil que vaya la nacion toda á Martorell, que no que venga todo Martorell á la nacion. ¡El uno, figúrese vuesa merced, que ya iba de aqui escamado de lo de Vallecas! Eso de representar ha de ser donde á uno le coja, porque andarse de ceca en meca para dar representaciones nacionales, eso fuera ser Procurador de la legua. Si la patria tiene urgencia que se la pase; mas vale un mal Procurador de Cataluña, que cuatro buenas patrias. Un Procurador catalan, á imitacion de Garcia del Castañar, no dará por todas la grandezas de la corte ni un dedo de Martorell.

Ya sabe vuesa merced como estaban presos dos individuos sobre lo de aquella grandísima conspiracion que dicen que ha habido; como no les han encontrado delito, los han desterrado uno á Badajoz, y otro á Zaragoza: parece que han representado, pero sus representaciones son como las de Cataluña, que nadie las oye.

Segun los estados sanitarios que abora nos da la Gaceta

médica, resulta que sin haber habido cólera en Madrid, como ya dije á vuesa merced, han muerto de él unas 4000 personas y pico, sin que se pueda saber cuál es el pico. Por ahí verá vuesa merced si la enfermedad es traidora.

Ha de saber vuesa merced que en Madrid son los cordones sanitarios y las medidas de aislamiento la cosa mas mala del mundo. Por eso no se han usado. Pero á catorce leguas de Madrid no hay cosa mejor. Asi es que en Segovia se separa al enfermo de su familia: se lleva á esta á una barraca, se tapian las casas y las calles, se queman las ropas, ¡qué sé yo! ¡Hay enfermedad mas rara y mas variable! Parece un periódico. ¡Aqui epidémica! ¡Allá contagiosa! ¡Válgame Dios!

¡Mire vuesa merced el telegrafito y el consulito de Bayona y las cartas de Londres! Ahora salimos con que es don Carlos el que está en Navarra. Créase vuesa merced despues de cónsules, y de telégrafos, y de cartas de Londres.

¡Ah! ¿Sabe vuesa merced quién es ministerial?... La Abeja. Aquella Abeja... En una palabra, la Abeja.

¿Sabe vuesa merced quién es el periódico de la oposicion? La Revista. Ello nos cuesta un ojo de la cara. El gobierno, de resultas, ha recogido cuantas suscriciones y auxilios prestaba; hasta ha habido persona que ha devuelto su ejemplar particular sin leerle, que ha sido lástima. Desde entonces parece que ha tenido mano de santo, porque la suscricion sube que es un contento. ¡Cómo ha de ser! Ya sabe vuesa merced que somos buenos cristianos. Asi es que lo llevamos con bastante resignacion.

Perdone vuesa merced, porque he oido llamar á mi puerta. Acaso vengan á prenderme ó á llevarme á Zaragoza. Asi como asi no debo de estar muy cuerdo. Por lo tanto, señor bachiller, felicidades, y póngase un nombre. Cuando la misma Revista se ha puesto el suyo, bien podrá conocer que no es tiempo ya de andarse con anónimos y secretitos.

P. D. ¿Ha leido vuesa merced el Pobrecito Hablador? Yo le publicaba en tiempo de Calomarde y de Zea: ahora como ya tenemos libertad racional, probablemente no se podria publicar.

MODAS.

Deseamos con impaciencia que la absoluta desaparicion del cólera vuelva á traer al seno de esta capital las elegantes que el miedo nos ha robado, y que la animacion de una época mas feliz haga renacer la apagada coquetería de las bellas que permanecen todavia casi aisladas en medio de esta gran poblacion. Vacíos casi los teatros, desiertos los paseos, suspendidas las sociedades, ¿adónde iríamos á buscar la moda?—Solo podemos hacer algunas indicaciones generales acerca de los caprichos, mas ó menos fundados, de esa diosa del mundo, que asi avasalla los trages y peinados como los gustos y opiniones.—Es de moda, por ejemplo, en la ópera, la señora Campos; asi es que apenas hay noche que no se la aplauda. No es menos de moda el sorbete de arroz, ni menos insípido tampoco.—Está decididamente en boga reirse todos los dias de los gestos espantables del señor Género, quejarse del gobierno, y asombrarse de la inaccion de los Estamentos. Estas tres modas durarán probablemente mas que el talle largo.

Hacen furor los oficios de Próceres y Procuradores imposibilitados: es por cierto cosa furibunda. Al cabo de algun tiempo sucederá con estas imposibilidades de asistir, lo que sucedia el invierno pasado con los capotes forrados de encarnado, que no habia barbero sin capote: á este paso dentro de poco no habrá representante sin imposibilidad. Es de esperar, sin embargo, que esta moda de poco gusto y de menos patria se proscriba, como se proscribió para siempre el escote exagerado de las mugeres, al cual se parece en presentar desnudas cosas que deben siempre estar tapadas.—Empiezan á estilarse mucho los artículos de oposicion: se asegura que hacen bien á todos los cuerpos. Algunos se ven, sin embargo, que hacen tan mala cara al Estamento, como los ferronieres de metal á las señoras, que las desfiguran todas y hacen traicion á su hermosura; en este caso estan los de hechura llamada á lo sesion secreta. Lo mas raro es, que, segun parece, esos artículos salen fa-

bricados del mismo Estamento, no porque sea la mejor fábrica, sino por estar alli las primeras materias y la mano
de obra. Esa moda no nos gusta: se semeja un tanto cuanto
á la falda corta en no ser la mas decorosa.

Los artículos ministeriales, que algunos seudo-elegan-
tes quieren introducir, no se acreditan. Son como los peines
altos, que solo sirven para que se vea venir desde lejos á
quien los usa, y para dar una elevacion ridícula á la persona. Hay, sin embargo, un regular surtido al uso de los
pretendientes, en la fábrica-colmena de la Abeja, imprenta de don Tomás Jordan. Aunque es moda nueva, se venden baratos, sin duda porque la gente de gusto no los gasta. Es moda anti-nacional como los sombreros de señora:
asi es, que por mas flores que se les pongan, no se saben
llevar, con paciencia, se entiende. Estas dos modas últimas,
exageradas, como algunos las llevan, no nos parecen del
caso; los ministeriales no hacen buena figura, y los de opo-
• sicion pueden llegar á hacerla mucho peor. Con cierta medida todo es bueno.

Se siguen estilando las sesiones cortas, muy cortas, como
si dijéramos, á media pierna: en esto se dan la mano con
los vestidos de maja: asi es que se suelen dejar lo mejor en
descubierto.

En punto á calzado, solo podemos decir que lo mas comun es andarse con pies de plomo.—Con respecto á talle,
la gran moda es estar muy oprimido, tan estrecho que apenas se pueda respirar: por ahora á lo menos este es el uso;
podrá pasar pronto, si no nos ahogamos antes.—En punto á
muebles los hay nuevos todos los dias; pero allá se van con
los antiguos. Por lo que hace á adornos de mesa, sabido es
que en España no somos fuertes; bien que falta lo principal, que es que comer.

De colores, en fin, estamos poco mas ó menos como estábamos; si bien el blanco y negro son los fundamentales,
aquel mas caido, este mas subido: lo mas comun especialmente en personas de calidad, son los colores indecisos,
tornasolados, partícipes de negro y blanco, como gris ó entre dos luces; en una palabra, colores que apenas son colores; es de esperar que pronto se habrán de admitir, sin
embargo, de grado ó por fuerza, colores mas fuertes y de-
cididos, puros y sin mezcla alguna. En el ínterin chocan
tanto estos últimos, que hay personas nerviosas, que solo al

considerar que habrá que entrar en ellos, padecen y oficiar, y guardan la cama.

- - - - -

LA GRAN VERDAD DESCUBIERTA.

- - - - -

Dirán que los grandes trastornos políticos no sirven para nada. ¡Mentira! ¡atroz mentira! Del choque de las cosas y de las opiniones nace la verdad. De dos dias de discusion nace un principio nuevo y luminoso. ¿Saben ustedes lo que se ha descubierto en España, en Madrid, ahora, hace poco, hace dos dias no mas? Se ha descubierto, se ha decidido, se ha determinado que, *la ley protege y asegura la libertad individual.* Cosa recóndita, de nadie sabida, ni nunca sospechada. Han sido precisos todos los sucesos de la Granja, la caida de tres ministerios, una amnistia, la vuelta de todos los emigrados, la rebelion de un mal aconsejado príncipe, una cuadruple alianza, una guerra en Vizcaya, una jura, una proclamacion, un Estatuto, unas leyes fundamentales resucitadas en trage de Próceres, una representacion nacional, dos Estamentos, dos discusiones, una correccion ministerial, un empate y la reserva de un voto importante, que no hacia falta, para sacar del fondo del arca política la gran verdad de que la ley protege y asegura la libertad individual. Pero ahora ya lo sabemos. *Girolamo, lo sappiamo,* responderá alguno. *Sappete* un !!!! Ahora es, y no antes, cuando verdaderamente lo sabemos, y ya nunca se nos olvidará.

¡Que nos quiten esa ventaja! A un dos por tres descubrió Copérnico que la tierra es la que gira; en un abrir y cerrar de ojos descubrió Gassendi la gravedad de los cuerpos: Newton halló su prisma en un mal vidrio: Linneo encontró los sexos de las plantas entre rama y rama. Pero han sido necesarios siglos de opresion y una correccion ministerial para descubrir que la ley protege y asegura algo. Hé aqui la diferencia que hay de las verdades físicas, á las verdades políticas: aquellas suelen encontrarse detras de una mata: estas estan siglos enteros agazapadas detras de una correccion ministerial. Ábrase la discusion, discútase el punto, pronúnciese la modificacion ministerial, *et voilà la verité*, que salta como un chorro, y salpica á los circunstantes. ¡Uff!!!! «*La ley protege y asegura la libertad individual.*» Luego que esto esté escrito y sancionado, ya quisiera yo saber quién es el que no anda derecho. ¿Qué ladron vuelve á robar, qué asesino mata, qué faccion vuelve á levantar cabeza, y qué carlista, en fin, no se apea de su destino? La discusion, la discusion; hé aqui el secreto. *La ley protege*, es decir, que la ley no es cosa mala, como se habia creido hasta ahora; la ley por último, hé aqui la gran verdad escondida. Loor á la revolucion, loor á las discusiones largas y peliagudas, loor á las correcciones ministeriales, y loor en fin, para siempre, y mas loor á la gran verdad descubierta.

EL MINISTERIAL.

¿Qué me importa á mí que Locke esprima su esquisito ingenio para defender que no hay ideas innatas, ni que sea la divisa de su escuela: *Nihil est intellectu quod prius non fuerit in sensu?* Nada. Locke pudiera muy bien ser un visionario, y en ese caso ni seria el primero ni el último. En efecto, no debia de andar Locke muy derecho: ¡figúrese el lector que siempre ha sido autor prohibido en nuestra patria!... Y no se me diga que ha sido mal mirado, como cosa revolucionaria, porque sea dicho entre nosotros, ni fue nunca Locke emigrado, ni tuvo parte en la constitucion del año 12, ni empleo el año 20, ni fue nunca periodista, ni tampoco urbano. Ni menos fue perseguido por liberal; porque en sus tiempos no se sabia lo que era haber en España ministros liberales. Sin embargo, por mas que él no escribiese de ideas para España, en lo cual anduvo acertado, y por mas que se le hubiese dado un bledo de que todos los padres censores de la Merced y de la Vitoria condenasen al fuego sus peregrinos silogismos, bien empleado le estuvo. Yo quisiera ver al señor Locke en Madrid en el dia, y entonces veriamos si seguia sosteniendo, que porque un hom-

bre sea ciego y sordo desde que nació, no ha de tener por
eso ideas de cosa alguna que á esos sentidos ataña y pertenezca. Es cosa probada, que el que no ve ni oye claro á
cierta edad, ni ha visto nunca, ni verá. Pues bien, hombres
conozco yo en Madrid de cierta edad, y no uno ni dos, sino
lo menos cinco, que así ven y oyen claro como yo vuelo.
Hábleles usted, sin embargo, de ideas; no solo las tienen,
sino que ¡ojalá no las tuvieran! Y de que estas ideas son
innatas, así me queda la menor duda, como pienso en ser
nunca ministerial; porque si no nacen precisamente con el
hombre, nacen con el empleo, y sabido se está que el hombre, en tanto es hombre, en cuanto tiene empleo.

Podria haber algo de confusion en lo que llevo dicho,
porque los ideólogos mas famosos, los Condillac y Destut-
Tracy hablan solo del hombre, de ese animal privilegiado de
la creacion, y yo me ciño á hablar del ministerial, ese ser
privilegiado de la gobernacion. Saber ahora lo que va de
ministerial á hombre, es cuestion para mas despacio, sobre
todo, cuando creo ser el primer naturalista que se ocupa de
este ente, en ninguna zoologia clasificado. Los antiguos por
supuesto no le conocieron; así es que ninguno de sus autores le mienta para nada entre las curiosidades del mundo
antiguo, ni se ha descubierto ninguno en las escavaciones
de Herculano, ni Colon encontró uno solo entre todos los
indios que descubrió; y entre los modernos, ni Buffon le
echó de ver entre los racionales, ni Valmont de Vaumare
le reconoce; ni entre las plantas le coloca Jussieu, Tour-
neforf, ni de Candolle, ni entre los fósiles le clasifica Cu-
vier; ni el Baron de Humbolt, en sus largos viajes, hace
la cita mas pequeña que pueda á su existencia referirse.
Pues decir que no existe, sin embargo, sería negar la fé, y
vive Dios que mejor quiero pasar que la fé y el ministerialismo sean cosas para renegadas que para negadas, por
mas que pueda haber en el mundo mas de un ministerial
completamente negado.

El ministerial podrá no ser hombre; pero se le parece
mucho, por de fuera sobre todo: la misma fachada, el esterior mismo. Por supuesto, no es planta, porque no se cria
ni se coge; mas bien perteneceria al reino mineral, lo uno
porque el ministerialismo tiene algo de mina, y lo otro
porque se forma y crece por superposicion de capas: lo que
son las diversas capas superpuestas en el reino mineral, son

los empleos aglomerados en él: á fuerza de capas medra un mineral; á fuerza de empleos crece un ministerial, pero en rigor tampoco pertenece á este reino. Con respecto al reino animal, somos harto urbanos, sea dicho con terror suyo, para colocar al ministerial en él. En realidad, el ministerial mas tiene de artefacto que de otra cosa. No se cria, sino que se hace, se confecciona. La primera materia, la masa, es un hombre. Coja usted un hombre (si es usted ministro, se entiende, porque sino, no sale nada): sonríase-le usted un rato, y le verá usted ir tomando forma, como el pintor ve salir del lienzo la figura con una sola pincelada. Déle usted un toque de esperanza, derecho al corazon, un ligero barniz de nombramiento, y un color pronunciado de empleo, y le ve usted irse doblando en la mano como una hoja sensitiva, encorvar la espalda, hacer atras un pie, inclinar la frente, reir á todo lo que diga: y ya tiene usted hecho un ministerial. Por aqui se ve que la confeccion del ministerial tiene mucho de sublime, como lo entiende Longino. Dios dijo: *Fiat lux, et lux facta fuit*. Se sonrió un ministro, y quedó hecho un ministerial. Dios hizo al hombre á su semejanza, por mas que diga Voltaïre que fue al reves: asi tambien un ministro hace un ministerial á imitacion suya. Una vez hecho, le sucede lo que al famoso escultor griego que se enamoró de su hechura, ó lo que al Supremo Hacedor, de quien dice la biblia á cada creacion concluida: *Et vidit Deus qaod erat bonum*. Hizo el ministro su ministerial, y vió lo que era bueno.

Aqui entra el confesar que soy un sí es no es materialista, si no tanto que no pueda pasar entre las gentes del dia, lo bastante para haber muerto emparedado en la difunta que murió de hecho á catorce años, y que mató no ha mucho de derecho el ministerio de Gracia y Justicia, que fue matarla muerta. Dígolo, porque soy de los que opinan en los ratos que estoy de opinar algo sobre algo, con muchos fisiólogos y con Gal, sobre todo, que el alma se adapta á la forma del cuerpo, y que la materia en forma de hombre da ideas y pasiones, asi como da naranjas en forma de naranjo.—La materia, que en forma solo de procurador producia un discurso racional, unas ideas intérpretes de su provincia, se seca, se adultera en forma ministerial: y aqui entran las ideas innatas, esto es, las que nacen con el empleo, que son las que yo sostengo, mal que les pese á los

ideólogos. Aqui es donde empieza el ministerial á participar
de todos los reinos de la naturaleza. Es mona por una parte
de suyo imitadora; vive de remedo. Mira al amo de hito en
hito: ¿hace este un gesto? miradle reproducido como en un
espejo en la fisonomia del ministerial. ¿Se levanta el amo?
La mona al punto monta á caballo. ¿Se sienta el amo.
Abajo la mona.—Es papagayo por otra parte; palabra sol-
tada por el que le enseña, palabra repetida. Sucédele asi lo
que á aquel loro, de quien cuenta Joui, que habiendo escapado con vida de una batalla naval, á que se halló casualmente, quedó para toda su vida repitiendo lleno de terror,
el cañoneo que habia oido: ¡pum! ¡pum! ¡pum! sin nunca
salir de esto. El ministerial no sabe mas que este cañoneo.
*La España no está madura.—No es oportuno.—Pido la
palabra en contra.—No se crea que al tomar la palabra lo
hago para impugnar la peticion, sino solo sí para hacer
algunas observaciones &c. &c.* Y todo ¿por qué? porque le
suena siempre en los oidos el cañoneo del año 23. No ve mas
que el Zurriago, no oye mas que á Angulema.

Es cangrejo porque se vuelve atrás de sus mismas opiniones francamente: abeja en el chupar: reptil en el ser-
pentear: mimbre en lo flexible: aire en el colarse: agua en
seguir la corriente: espino en agarrarse á todo: aguja iman-
tada en girar siempre hácia su norte: girasol en mirar al
que alumbra: muy buen cristiano en no votar: y seméjase,
en fin, por lo mismo al camello en poder pasar largos dias
de abstinencia; asi es que en la votacion mas decidida álzase el ministerial y esclama: *Me abstengo:* pero, como
aquel animal, sin perjuicio de desquitarse de la larga abstinencia á la primera ocasion.

El ministerial anda á paso de reforma; es decir, que
mas parece que se columpia, sin moverse de un sitio, que
no que anda.

Es por último el ministerial de suyo tímido y miedoso.
Su coco es el urbano: no se sabe por qué le ha tomado miedo; pero que se le tiene es evidente: semejante á aquel loco célebre que veia siempre la mosca en sus narices, tiene
de continuo entre ceja y ceja la anarquía: y asi la anda
buscando por todas partes, como busca Guzman en la Pata de Cabra las fantasmas por entre las rendijas de las sillas.—El ministerial, para concluir, es ser que dará chasco
á cualquiera, ni mas ni menos que su amo. Todas las espe-

ranzas anteriores , sus antecedentes todos se estrellan al llegar al sillon; á cuyo propósito quiero contar un cuento á mis lectores.

Era año de calamidad para un pueblo de Castilla, cuyo nombre callaré; reunióse el ayuntamiento, y decidió recurrir á otro pueblo inmediato, en el cual se veneraba el cuerpo de un santo muy milagroso , segun las mas acordes tradiciones, en peticion de la sagrada reliquia y de algunas semillas de granos para la nueva cosecha. Hízose el pedido, que fue al punto mismo otorgado. Al año siguiente pasaba el alcalde del pueblo sano por el afligido: es de advertir, que contra todas las esperanzas, si bien la cosecha era abundante, el cielo, que oculta siempre al hombre débil sus altos fines, no habia querido terminar la plaga, sin duda porque al pueblo no le debia de convenir.—¿Cómo ha ido por esta? le preguntaba el uno al otro alcalde.—Amigo, le respondió el preguntado, con espresion doliente y afligido, la semilla asombrosa.... pero... no quisiera decírselo á usted.—¡Hombre! ¿qué?—Nada: la semilla , como digo, asombrosa, pero el santo saltó flojillo.

Los ministeriales efectivamente , amigo lector , no quisiera decirlo, pero salieron tambien flojillos.

SEGUNDA CARTA

DE UN LIBERAL DE ACÁ

Á UN LIBERAL DE ALLÁ.

Sin duda será cosa que te asombre, querido Silva Carballo d'Alburquerque, recibir mi segunda carta antes que la primera. Ya se ve, acostumbrados ahí en Portugal á proceder lógicamente y empezar siempre por el principio, me tratarás de loco, si es que no me tratas de ministerial. Pero te has de hacer varios cargos. En primer lugar, no en todas partes hay las mismas costumbres. En España solemos empezar por lo último, dejándonos lo principal en el tintero, y pensar que yo solo me he de salir del camino trillado, es pedir peras al olmo, ó, lo que es lo mismo, libertad á un ministerio; es buscar cotufas en el golfo; mas claro, por si no entiendes este refran, es buscar una sentencia de muerte en causa carlista.

Ni yo veo la necesidad de empezar siempre por el principio, sobre ser esto cosa que á cualquiera le ocurriria, y aqui no somos cualquiera: el empezar por lo último tiene la singular ventaja, que á tí no te habrá ocurrido, de aparecer las cosas acabadas desde luego. Las naciones se manejan como los sonetos; los cuales si han de ser buenos, no hay poeta mediano que no los empiece por el último verso. Agrega á esto que de hacer las cosas mal, resulta otro beneficio, cual es el de poderlas enmendar, y asi lo que no va en el libro va en la fé de erratas. A cuyo propósito viene de perilla el recordarte el cuento de nuestro Don Bartolomé, acerca del mal pintor que queria blanquear; y luego pintar su casa, y á quien un inteligente aconsejaba que mejor le estaria para su gloria pintarla primero y despues blanquearla.—En segundo lugar has de saber que mi primera carta fue malamente interceptada: y no es decir que te la enviase yo por Vizcaya, lo cual hubiera sido grave error geográfico, sino por el conducto de este malhadado periódico, que perdone la censura. Pero es de advertir, amigo, que un periódico es en el dia en punto á interceptaciones una verdadera Vizcaya. Es mas facil casi llevar un pliego al general en gefe, aunque no se sepa dónde pára, que hacer llegar al público un mal artículo. Verdad es que, si hemos de hablar claro, es mas facil saber dónde está el público que donde está Rodil: ya ves que no te lo pondero poco. Cada periódico dice que lo tiene en su casa; pero en realidad el público es como la libertad, que todos dan en decir que la tenemos, y ninguno la ve.

Interceptada, pues, mi primera carta, ¿qué otro recurso me queda que escribirte la segunda? Si yo no fuera tan escrupuloso, bien pudiera llamar segunda á la primera; pero yo, amigo, como Boileau, *J'appele un chat un chat et Rolet un fripon.*

Y asi me dejáran, como llamaria otras muchas cosas por su nombre: que á creerme autorizado como el ministerio de lo Interior á mudar los nombres á las cosas, ya puedes imaginarte que no seria por mis cartas por donde empezaria.

Vamos á otra cosa ; ¿no hay facciosos en Portugal , querido Silva? ¿Hay pais mas raro? ¿Cómo podeis vivir sin facciosos? ¿De qué hablais pues? ¿á quién perseguis? ¿de qué llenais vuestra gaceta? ¿Vivis sin partes oficiales, sin sorpresas? Raro me habian dicho que era Portugal, pero no tanto.

Dolorosa me ha sido la muerte de vuestro don Pedro, muy dolorosa , mas por aficion que le tenia , que por creer que os fuese necesario. Sin ir mas lejos, aqui no hemos tenido don Pedro, y nos hemos pasado sin él : verdad es que tambien nos pasamos sin otras cosas. ¿Es posible que en Portugal nadie tiene miedo á los liberales? ¡Lo que va de un clima á otro! Lo mismo sucede con esto que con las tarántulas, que en tierra de Tarento son ponzoñosas, y en paises mas frios no; por acá los liberales son tremendos; asi es que les tenemos, no diré un miedo cerval, pero sí un miedo ministerial. Si el liberal, sobre todo, ha emigrado, y si necesita empleo para vivir, es cosa muy perjudicial: los liberales buenos son los que no han emigrado, ni se han estado aqui, y los que no necesitan comer para vivir. Los demas llevan siempre la anarquía en el bolsillo. En Portugal por el contrario, los temibles eran los miguelistas: aqui no: aqui los carlistas son como si dijéramos de casa... pero baste en este punto.

Por las gacetas, dices, conoces que lo de Vizcaya va bien; yo lo creo: un señor Procurador bien informado ha dicho no ha mucho en el Estamento que el año pasado tenia la faccion unos dos mil hombres, y que en el dia cuenta veinte mil; me parece, pues, que no puede ir mejor; la faccion parece deuda del Estado segun crece.

Preguntarásme de dineros: en eso sí que estamos bien: ya sabes por la mucha filosofia que has estudiado , que no es mas rico aquel que tiene mas dinero, sino aquel que tiene menos deseos. Por esta regla de eterna verdad, ¿qué nacion mas rica que la nuestra? Aqui nadie desea mas de lo que tenemos: ¡mira tú si nos contentamos con poco! En realidad no falta casi nada, porque no falta mas que dinero. Pero esto se compondrá, Dios y un empréstito mediantes.

Por las discusiones del Estamento te enterarias de como la España no está bastante civilizada; en una palabra, bastante madura para instituciones mas anchas. Pero si no está madura para eso, lo está en cambio para otras cosas. Para pagar lo que se ha comido y lo que no se ha comido; para reconocer sus deudas y las agenas está en toda su sazon. Se desgaja del árbol. En punto á deudas está al nivel de las naciones mas cultas. Efectivamente, si es señal de madurez en la fruta el estar caida, convengamos en que nuestra patria está mas que madura; está pasada.

Con respecto á caminos no hay otra novedad, si es que eso se puede llamar novedad, que el seguir los mas de ellos interceptados, incluso el de las reformas. A bien que siempre nos queda espedito el del cielo, que es el gran camino, y por el cual caminamos á pasos agigantados con toda la paciencia de buenos cristianos: los demas en realidad mas son veredas, que caminos.

A propósito de veredas, ya sabrás que han nombrado á Mina para la guerra de Vizcaya. Mina hará una carrera rápida con este gobierno. Un año ha tardado no mas en ser empleado. Otro año mas, y sabe Dios adónde llegará.

El Estamento de Próceres tuvo antes de ayer una sesion: es probable que tenga otras.—Sabrás como ya se emplean por todas partes los hombres de talento. No se da un solo destino que no sea al mérito.

La Milicia Urbana ya se ha reunido, no solo una vez, sino que creo que ha sido hasta dos. Se dice que si dará ó no dará un poquito de servicio las tardes de los dias de fiesta en el teatro. Con esto ya verás qué paso lleva Zumalacárregui.

El cólera sigue haciendo en algunas provincias mas estragos que un reglamento de censura.

Mucho me alegro de que en Portugal seais tan libres y tan felices. Aqui es enteramente lo mismo.

Hasta otra, querido Silva.—*El liberal de acá.*

PRIMERA CONTESTACION

DE UN LIBERAL DE ALLA

Á UN LIBERAL DE ACÁ.

Dices, querido liberal casteçao, que me asombrará el recibir tu segunda carta antes que la primera. Te equivocaste, amigo, como es estrella vuestra en todas ocasiones: á mí en hablándoseme de ese pais no me asombra nada. Hubiérame antes parecido cosa rara haber recibido tus cartas por su orden. Ya por acá sabemos que en punto á *cartas* no jugais muy limpio.

Pero en fin, he recibido la segunda, á propósito de lo cual te diré que vengan ellas, y vengan cómo y cuando puedan, que yo luego las ordenaré, como Dios me diere á entender, á semejanza de aquel que no sabiendo mas de ortografía que muchos gobernantes de gobierno, enviaba juntos en la posdata gran número de comas y signos de puntuacion, añadiendo á su corresponsal: *por lo que hace á los puntos y las comas*, ahí van todos juntos para que usted se entretenga en ponerlos en su lugar, que yo ando de prisa.

Nótase en toda tu carta cierto mal sabor de ironía, capaz de dar vahidos al mas duro de cabeza, si se les diese á ciertas cabezas duras algo de algo. Por el rey don Sebastian te juro que no entiendo por qué os quejais tanto los liberales casteçaos. ¿Teneis vosotros vencedores y vencidos? Claro está que no; porque aunque los facciosos en algunas partes hasta ahora han podido mas, se les debia contar lo que de dos que habian reñido decia un chusco, al preguntarle quién de los dos habia podido mas.—*Claro está*, respondió, *que el que cayó debajo, puesto que tuvo al otro encima.*

Ellos han podido mas, porque en realidad siempre os tienen encima.

Insisto por otra parte en que no hay vencedores ni vencidos, como dice vuestro ministerio; para convencerse de lo cual basta echar una ojeada á los puestos respectivos que ocupaban el año 32 Calomarde y los suyos, y á los que ocupan en el dia sus sucesores: esas mudanzas no han sido haber vencedor ni vencido, sino finura de Calomarde, que ha renunciado generosamente su sillon á los que mandan en el dia.

Convengamos en que es un gran consuelo para uno que lo pasa mal, decirle al oido: lo pasa usted mal, pero hágase usted cargo de que no hay vencedores ni vencidos. En no habiendo vencedores ni vencidos, que te roben al volver de una esquina, que te salga una lupia en medio de la frente, ó una joroba en medio de las espaldas, nada te debe de importar: porque sin esos vencedores y vencidos no hay felicidad posible en la tierra, como lo hallarás escrito en todos los filósofos. Ahora con vencedores y vencidos marchas por tu camino como un coche con sus ruedas. Despachaos, pues, los liberales casteçaos á vencer á alguien, y si los carlistas no se dejan vencer, venceos por el pronto á vosotros mismos, que ese será el vencimiento que esos señores querrán dar á entender como necesario para que todo entre en caja, sobre ser esa clase de victoria la mas agradable á los ojos de Dios.

Y aunque no tuviérais en cada desgracia que os sucede el gran consuelo de reflexionar que no hay vencedores ni vencidos, no veo yo la causa de tanta afliccion. Que está el pretendiente en Vizcaya... y bien: ¿y qué es el pretendiente? Segun una feliz espresion de un diputado frances, traducida y arreglada para vosotros por un amigo tuyo y mio, nada: un faccioso mas.

Que se ha aumentado la faccion; que tenia dos mil hombres el año pasado, y que este tiene veinte mil, como me dices en tu segunda carta. Pero ¿qué es eso, amigo mio? Bien contado, nada: diez y ocho mil facciosos mas.

Que os dió gran dolor lo de Carondelet: ¡ó almas apocadas! ¿Y qué es eso bien mirado? Nada: una sorpresa mas.

¡Ay amigo, las cosas son como se quieren ver! Filosofemos un momento. Quiero suponer que volviéramos al año 32, que es todo lo peor que os podria suceder. ¿Y bien? á los ojos de la poesía ¿qué sería esto? Nada: diez años mas de despotismo; y que te ahorcasen á tí, por ejemplo. ¿Y que sería esto comparado con la inmensidad del universo? Nada: un ahorcado mas en el mundo.

Que no teneis dinero... ¿y qué es eso? Nada: una miseria mas. Que no teniendo un cuarto, habeis reconocido todo lo anterior. ¿Y qué es eso? Nada: una deuda mas. Que teneis que recurrir á un empréstito. ¿Y qué eso? ¡ó ánimas mezquinas! Nada: un empréstito mas. Que hay cólera, en fin, en varias provincias... ¿Y qué es eso últimamente? Una calamidad mas.

Ya ves que tomadas las cosas de esa manera, maldito si hay por qué afligirse. A propósito de afligirse, ¿qué hay del ministerio del Interior? Despues de haber mudado los nombres á las cosas, supongo que habrá hecho mil otras reformas de primera importancia. Escríbeme largo en ese punto, si hay de qué.

¿Cómo va de Milicia Urbana? Ya inspirará confianza á todo el mundo; ya estará toda organizada y armada; dóilo por supuesto.

Háceme reir por último en tu carta lo que del miedo que á los liberales se tiene por ahí, me dices. En cuanto á eso, y en cuanto á los muchos que han andado de carcel en carcel, y de destierro en destierro por conspiradores, asi como á los que andan sin colocacion todavía por anarquistas, concluiré esta misiva con recordarte el lema que un escribano ladino encontró en un pesado mamotreto, revolviendo el archivo de la chancillería de Valladolid. Decia asi: «*Causa formada á las monjas del convento de Santa Clara de esta ciudad, por volar, y otros escesos.*»

Asi me parece á mí que son los escesos de esos pobres liberales de Castilla, como los vuelos de las madres: con lo cual quedo á tus órdenes, esperando noticias de esa nacion privilegiada, la cual se me figura que andando siglos podrá llegar algun dia á remontarse á la altura de Portugal.

Ou señor don Sebastian Carvalhao d' Alburquerque.

LA CUESTION TRASPARENTE.

No ha dos dias que un señor orador apellidó en el Estamento de Procuradores á la cuestion de los empleos cuestion transparente, porque detras de ella, por mas que se quiera evitar, siempre se ven las personas. Nosotros pensamos lo mismo. Hay espresiones felices que nunca quedarán, en nuestro entender, bastante grabadas en la memoria. Cuánto sea el valor de estas espresiones dichas en tiempo y lugar, no necesitamos inculcárselo al lector. Felices son por lo bien ocurridas; felices por el apropósito; y felices, en fin, porque hacen fortuna. Estas espresiones, de tal suerte dispuestas y colocadas, suelen ser el cachetero de las discusiones, la última maña, la razon, en fin, sin réplica ni respuesta. Despues que un orador ha dicho en clara y distinta voz que el pretendiente es un faccioso mas, ya quisiera yo saber qué se le contesta. Cuando un orador suelta el *mal aconsejado*, el *inoportuno*, el *cimiento* y la *rama podrida*, ya quisiera yo que me dijeran hasta qué punto puede llevarse la cuestion en cuestion; y si hay oradores, si hay epitetos y adjetivos, si hay espresiones felices, hay cuestiones que no lo son menos. Una cuestion, cuando es una simple cuestion, es una cuestion y nada mas. Pero hay cuestiones de cuestiones. Las hay espesas y de suyo oscuras y enmarañadas, al trasluz de las cuales nada se ve : puédese escribir encima de ellos *non plus ultra ;* nada hay mas allá; entre estas pudiera muy bien clasificarse la de los *derechos sociales.* ¿Qué se ve al través de esta cuestion? Nada ciertamente: algun *visto*, algun *veremos*, ó por mejor decir algun *no veremos*. La de la *libertad de imprenta.* Hé aqui otra cuestion, oscura, negra como boca de lobo. Encima de ella ya se distinguen algunas prohibiciones, tal cual destierro; pero al trasluz ¿qué se ve detras? Absolutamente nada : como dice Guzman en la Pata de Cabra, solo se ve que no se ve nada. Lo de la Milicia Urbana: hé aqui una señora cuestion; esta es mas tupida que una manta. ¿Qué se ve detras? Es todo lo mas, si confusamente se divisa por encima un reglamento que se las puede apostar en enmiendas y fe de erratas al mismo diccionario geográfico. Es todo lo mas, si en la superficie se distinguen algunos miles de hombres sin fusiles, y multitud de fusiles sin hombres. Pero al trasluz nada. Semejante al retablo de maese Pedro, las pocas figuras que hay, todas estan delante. Detras ni aun Ginesillo de Parapilla y Pasamonte, que las mueve, se distingue.

Estas cuestiones, pues, oscuras y tupidas, no valen nada. Las grandes cuestiones son las *transparentes*. La de los empleos, por egemplo: hé aqui una cuestion de pura gasa. Aqui es donde se ve claro: detras de ella, no se necesita lente para echar de ver los empleos, y no tamaños como avellanas; el mas pequeño aparece á guisa de prodigio microscópico, mas grande que nuestra misma libertad; y en punto á tamaños no hay mas que ponderar; pues aun se ve mas, porque detras del empleo se ve á lo lejos (un poco mas en pequeño, es verdad) al hombre: pero se ve. ¡Qué no se divisa detras de ciertos empleos! y no á ojos vistas precisaménte, sino aun á cierra ojos. Se ven los empleados; verdad es que apenas se ven los de los tres; pero, en fin, se ve; en una palabra, se ve, que se ve algo; se ve que se verá mas; y se verá, digámoslo de una vez, lo que siempre se ha visto; los compromisos, los amigos, los parientes... es el gran punto de vista: todo se ve. ¡Fatalidad de las cosas humanas! En las otras cuestiones anhelariamos la transparencia. Y en esta en que se ve, nos hallamos precisados á esclamar: *¡Ojalá no se viera!*

¿ENTRE QUÉ GENTES ESTAMOS?

Hénos aqui refugiándonos en las costumbres: no todo ha de ser siempre política; no todos facciosos.—Por otra parte no son las costumbres el último ni el menos importante objeto de las reformas. Sirva, pues, solo este pequeño preámbulo para evitar un chasco al que forme grandes esperanzas sobre el título que llevan al frente estos renglones, y vamos al caso.

No hace muchos dias que la llegada inesperada á Madrid de un estrangero, antiguo amigo mio de colegio, me puso en la obligacion de cumplir con los déberes de la hospitalidad. Acaso sin esta circunstancia nunca hubiese yo solo realizado la observacion sobre que gira este artículo. La costumbre de ver y oir diariamente los dichos y modales que son la moneda de nuestro trato social, es culpa de que no salte su estrañeza tan facilmente á nuestros sentidos; mi amigo no pudó menos de abrirme el camino, que el hábito tenia cerrado á mi observacion.

Necesitábamos hacer varias visitas: *¡un carruage!* dijimos; pero un coche es pesado; un cabriolé será mas ligero: no bien lo habíamos dicho, ya estaba mi criado en casa de uno de los mejores alquiladores de esta corte, sobre todo, de esos que llevan dinero por los que llaman *bombés decentes*, donde encontró efectivamente uno sobrante y desocupado, que, para calcular cómo sería el maldecido, no se necesitaba saber mas. Dejó mi criado la señal que le pidieron, y dos horas despues ya estaba en la puerta de mi casa un birlocho pardo con varias capas de polvo de todos los dias y calidades, el cual no le quitaban nunca porque no se viese el estado en que estaba, y aun yo tave para mí que lo debian de sacar en los dias de aire á tomar polvo para que le encubriese las macas que tendria. Que las ruedas habian rodado hasta entonces, no se podia dudar; que rodarian siempre y que no harian rodar por el suelo al que dentro fuese de aquel inseguro mueble, eso era ya otra cuestion: que el caballo habia vivido hasta aquel punto no era dudoso; que viviria dos minutos mas, eso era precisamente lo que no se podia menos de dudar cada vez que tropezaba con su cuerpo, no perecedero, sino ya perecido, la curiosa visual del espectador. Cierto ruido desapacible de los muelles y del eje le hacia sonar á hierro como si dentro llevara medio Rastro. Peor vestido que el birlocho estaba el criado que le servia, y entre la vida del caballo y la suya no se podia atravesar concienzudamente la apuesta de un solo real de vellon: por lo mal comidos, por lo estropeados, por la vida, en fin, del caballo y el lacayo, por la completa semejanza y armonía que en ambos entes irracionales se notaba, hubiera creido cualquiera que eran gemelos, y que no solo habian nacido á un mismo tiempo, sino que á un mismo tiempo iban á morir. Si andaba el birlocho era un milagro; si

estaba parado un capricho de Goya. Fué preciso confor-
marnos con este elegante mueble: subí, pues, á él y tomé
las riendas, despues de haberse sentado en él mi amigo el
estrangero. Retiróse el lacayo cuando nos vió en tren de
marchar, y fué á subir á la trasera; sacudí mi fusta sobre el
animal, con mucho tiento por no acabarle de derrengar;
¿mas cuál fue mi admiracion, cuando siento bajar el asiento y veo alzarse las varas levantando casi del suelo al infeliz animal, que parecia un espíritu desprendiéndose de la
tierra? ¿Y qué dirán ustedes que era? que el birlocho venia sin barriguera; y lo mismo fue poner el lacayo la planta sobre la zaga, que, á manera de balanza, vino á tierra
el mayor peso, y subió al cielo la ligera resistencia del que
tantum pellis et ossa fuit.

Esto no es conmigo, esclamé; bajamos del birlocho, y á
pie nos fuimos á quejar, y reclamar nuestra señal á casa del
alquilador. Preguntamos y volvimos á preguntar, y nadie
respondia, que aqui es costumbre muy recibida: pareció
por fin un hombre, digámoslo asi, y un hombre tan mal
encarado como el birlocho: espúsele el caso, y pedíle mi señal en vista de que yo no alquilaba el birlocho para tirar de
él, sino para que tirase él de mi.—¿Qué tiene usted que
pedirle á ese birlocho y á esa jaca sobre todo? me dijo
echándome á la cara una interjecion espresiva y una boca-
nada de humo de un maldito cigarro de dos cuartos. Despues de semejante entrada nada quedaba que hablar.—Véa-
le usted despacio, le contesté sin embargo.—Pues no hay
otro, siguió diciendo; y volviéndome la espalda: ¡A París
por gangas! añadió.—Diga usted, señor grosero, le repuse,
ya en el colmo de la cólera, ¿no se contentan ustedes con
servir de esta manera, sino que tambien se han de aguan-
tar sus malos modos? ¿Usted se pone aqui para servir, ó
para mandar el público? Pudiera usted tener mas respeto
y crianza para los que son mas que él.—Aqui me echó el
hombre una ojeada de arriba abajo, de estas que arrebañan
á la persona mirada, de estas que van acompañadas de un
gesto particular de los labios, de estas que no se ven sino
entre los majos del pais.—Nadie es mas que yo, don caballero ó don lechuga; si no acomoda, dejarlo. ¡Mire usted con
lo que se viene el seor levosa! A ver, chico, saca un bombé
nuevo; ¡ahí en el bolsillo de mi chaqueta debo tener uno!—
Y al decir esto, salió una muger y dos ó tres mozos de cua-

dra; y llegáronse á oir cuatro ó seis vecinos y catorce ó quince curiosos transeuntes; y como el calesero hablaba en majo y respondia en desvergonzado, y fumaba y escupia por el colmillo, é insultaba á la gente decente, el auditorio daba la razon al calesero, y le aplaudia y soltaba la carcajada, y le animaba á seguir: en fin, solo una retirada á tiempo pudo salvarnos de alguna cosa peor, por la cual se preparaba á hacernos pasar el concurso que alli se habia reunido.

¿Entre qué gentes estamos? me dijo el estrangero asombrado. ¡Qué modos tan raros se usan en este pais!—Oh, es casual, le respondí algo avergonzado de la inculpacion, y seguimos nuestro camino. El dia habia empezado mal, y yo soy supersticioso con estos dias que empiezan mal, acaban peor.

Tenia mi amigo que arreglar sus papeles, y fue preciso acompañarle á una oficina de policia: ¡aqui verá usted, le dije, otra amabilidad y otra finura! La puerta estaba abierta y naturalmente nos entrábamos; pero no habiamos andado cuatro pasos, cuando una especie de portero vino á nosotros gritándonos:—¡Eh! ¡hombre! ¡adónde va usted! fuera.— Este es pariente del calesero, dije yo para mí; salimos fuera, y sin embargo esperamos el turno.—Vamos, adentro: ¿qué hacen ustedes ahí parados? dijo de alli á un rato para darnos á entender que ya podiamos entrar: entramos, saludamos, nos miraron dos oficinistas de arriba abajo, no creyeron que debian contestar al saludo, se pidieron mútuamente papel y tabaco, echaron un cigarro de papel, nos volvieron la espalda, y á una indicacion mia para que nos despachasen en atencion á que el Estado no les pagaba para fumar, sino para despachar los negocios:—Tenga usted paciencia, respondió uno, que aqui no estamos para servir á usted.— A ver, añadió dentro de un rato, venga eso; y cogió el pasaporte y lo miró.—¿Y usted quién es?—Un amigo del señor.—¿Y el señor? algun francés de estos que vienen á sacarnos los cuartos.—Tenga usted la bondad de prescindir de insultos, y ver si está ese papel en regla.—Ya le he dicho á usted que no sea insolente si no quiere usted ir á la carcel.

Brincaba mi estrangero, y yo le veía dispuesto á hacer un disparate.—Amigo, aqui no hay mas remedio que tener paciencia.—¿Y qué nos han de hacer?—Mucho y malo.

—Será injusto.—¡Buena cuenta! Logré por fin contenerle.
—Pues ahora no se le despacha á usted; vuelva usted mañana.—¿Volver?—Vuelva usted, y calle usted.—Vaya usted
con Dios.

Yo no me atrevia á mirar á la cara á mi amigo.—¿Quién
es ese señor tan altanero? me dijo al bajar la escalera, y tan
fino y tan... ¿Es algun príncipe?—Es un escribiente que se
cree la justicia y el primer personage de la nacion: como está empleado, se cree dispensado de tener crianza.

—Aqui tiene todo el mundo esos mismos modales segun voy viendo.—¡Oh! no; es casualidad. *C' est drôle*, iba
diciendo mi amigo, y yo diciendo: ¿Entre qué gentes estamos?

Mi amigo queria hacerse un pantalon, y le llevé á casa
de mi sastre. Esta era mas negra: mi sastre es hombre que
me recibe con sombrero puesto, que me alarga la mano y
me la aprieta; me suele dar dos palmaditas ó tres, mas bien
mas que menos, cada vez que me ve; me llama simplemente por mi apellido, á veces por mi nombre como un antiguo amigo; otro tanto hace con todos sus parroquianos, y
no me tutea, no sé por qué: eso tengo que agradecerle todavia. Mi francés nos miraba á los dos alternativamente.
mi sastre se reía; yo mudaba de colores, pero estoy seguro
que mi amigo salió creyendo que en España todos los caballeros son sastres ó todos los sastres son caballeros. Por supuesto que el maestro no se descubrió, no se movió de su
asiento, no hizo gran caso de nosotros, nos hizo esperar
todo lo que pudo, se empeñó en regalarnos un cigarro y en dárnoslo encendido él mismo de su boca; cuantas
groserías, en fin, suelen llamarse franquezas entre ciertas
gentes.—Era por la mañana: la fatiga y el calor nos habian
dado sed: entramos en un café y pedimos sorbetes.—¡Sorbetes por la mañana! dijo un mozo con voz brutal y gesto
de burla. ¡Que si quieres!—¡Bravo! dije para mí. ¿No presumia yo que el dia habia empezado bien?—Pues traiga usted dos vasos pequeños de limon...—Vaya ¡hombre! anime-
se usted; tómelos usted grandes, nos dijo entonces el mozo
con singular franqueza, si tiene usted cara de sed.— Y usted tiene cara de morir de un silletazo, repuse yo ya inco-
modado; sirva usted con respeto, calle, y no se chancee con
las personas que no conoce, y que estan muy lejos de ser
sus iguales.

Entre tanto que esto pasaba con nosotros, en un villar contiguo diez ó doce señoritos de muy buenas familias jugaban al villar con el mozo de este, que estaba en mangas de camisa, que tuteaba á uno, sobaba á otro, insultaba al de mas allá, y se hombreaba con todos: todos eran unos. ¿Entre que gentes estamos? repetia yo con admiracion. *¡C' est drôle!* repetia el francés.—¿Es posible que nadie sepa aqui ocupar su puesto? ¿Hay tal confusion de clases y personas? ¿Para qué cansarme en enumerar los demas casos que de este género en aquel bendito dia nos sucedieron? Recapitule el lector cuántos de estos le suceden al dia y le estan sucediendo siempre, y esos mismos nos sucedieron á nosotros. Hable usted con tres amigos en una mesa de café: no tardará mucho en arrimarse alguno que nadie del corro conozca, y con toda franqueza meterá su baza en la conversacion. Vaya usted á comer á una fonda, y cuente usted con el mozo que ha de servirle como pudiera usted contar con un comensal. El le bordará á usted la comida con chanzas groseras; él le hará á usted preguntas fraternales y amistosas... él... Vaya usted á una tienda á pedir algo.—¿Tiene usted tal cosa?—No señor; aqui no hay.—¿Y sabe usted dónde la encontraria?—¡Toma! ¡qué sé yo! Búsquela usted. Aqui no hay.—¿Se puede ver al señor de tal? dice usted en una oficina.—Y aqui es peor, pues ni siquiera contestan *no*: ¿ha entrado usted? como si hubiera entrado un perro.—¿Va usted á ver un establecimiento público?—Vea usted qué caras, qué voz, qué espresiones, qué respuestas, qué grosería.—Sea usted grande de España; lleve usted un cigarro encendido. No habrá aguador ni carbonero que no le pida la lumbre, y le detenga en la calle, y le manosee y empuerque su tabaco, y se le vuelva apagado. ¿Tiene usted criados? Haga usted cuenta que mantiene unos cuantos amigos, ellos llaman por su apellido seco y desnudo á todos los que lo sean de usted, hablan cuando habla usted, y hablan ellos... ¡Señor! ¡señor! ¿entre qué gentes estamos? ¿Qué orgullo es el que impide á las clases ínfimas de nuestra sociedad acabar de reconocer el puesto que en el trato han de ocupar? ¡Qué trueque es este de ideas y de costumbres!

Mi francés habia hecho todas estas observaciones, pero no habia hecho la principal; faltábale observar que nuestro páis es el pais de las anomalías: así que, al concluirse el dia, amigo, me dijo, yo he viajado mucho: ni en Europa, ni en América, ni en parte alguna del mundo he visto menos aristocracia en el trato de los hombres; este es el pais adonde yo me vendria á vivir; aqui todos los hombres son unos: se cree estar en la antigua Roma. En llegando á París voy á publicar un opúsculo en que pruebe que la España es el pais mas dispuesto á recibir...

—Alto ahí, señor observador de un dia, dije á mi estrangero interrumpiéndole: adivino la idea de usted, las observaciones que ha hecho usted hoy son ciertas: la observacion general empero que de ellas deduce usted es falsa: esa es una anomalía como otras muchas que nos rodean, y que solo se podrian esplicar entrando en pormenores que no son del momento: este es desgraciadamente el pais menos dispuesto á lo que usted cree, por mas que le parezcan á usted todos unos. No confunda usted la debilidad de la senectud con la de la niñez: ambas son debilidad; las causas son no obstante diferentes; esa franqueza, esa aparente confusion y nivelamiento estraordinario no es el de una sociedad que acaba, es el de una sociedad que empieza; porque yo llamo empezar....—¡Oh! sí, sí entiendo.—¡C' es drôle! ¡C' est drôle! repetia mi francés.

—Ahí verá usted, repetia yo, entre qué gentes estamos.

DOS LIBERALES,

ó

LO QUE ES ENTENDERSE.

PRIMER ARTÍCULO.

Entre las personas que me hacen demasiado favor, sin duda, en ocuparse en los articulejos que he solido dar á luz durante mi corta existencia periodística, algunos hay que me dirigen diariamente amistosas reconvenciones sobre lo perezosa que se ha hecho mi pluma de algun tiempo á esta parte. Esto es lo que llamaria yo de buena gana no saber de la misa la media, si no temiese ofender á los que con su aprecio me honran y distinguen: no entraré en aclaraciones acerca del particular, porque acaso no me bastára el querer satisfacerlas: solo les diré, que llamarme perezoso equivale á reconvenir á un cojo de ambas piernas, porque no ande. Si esto no basta, ya no sé qué decir: ¡ojalá no sobre! Les podré añadir, que por una rara combinacion de circunstancias que mis lectores no entenderán, y que yo entiendo demasiado, nunca escribo yo mas artículos que cuando ellos no ven ninguno, de suerte que en vez de decir *Fígaro no ha escrito este mes*, fuera mas arrimado á la verdad decir el mes en que no hubiesen visto un solo *Fígaro* al pie de un artículo, ¡cuánto habrá escrito *Fígaro este mes!* Parece la cosa digna de esplicacion; pero, amigo lector, como de esas cosas suceden que no se esplican, y como de esas cosas se esplicarian que no se entenderian.

Sentadas estas bases, basta por toda satisfaccion saber que tengo un criado montañés, que á fuer de quererme, se toma conmigo raras libertades: lo mismo es ver que he escrito como cosa de un cuarto de hora, que es todo lo mas que él me permite, porque blasona de cuidarse mucho de mi bienestar, éntrase en mi cuarto gruñendo entre dientes como criado viejo; tiende la vista descortesmente sobre mi papel, mirándole solo con un ojo á causa de no tener otro: ¡Hola! dice, ¡oposicioncita! ¿Eh? ¡Basta, señor, basta! y unas veces derribando el tintero sobre el escrito, llénamelo de borrones, y otras, que son las mas, asiendo de un apagador, encájalo por montera sobre el candelero y apaga la luz. Yo no sé con quién diablos ha servido el tal montañés; pero él jura que esto me conviene; verdad es que me conoce, y sabe que si no me fuera á la mano estaria escribiendo todavia, porque como él dice, la materia no es corta, y la intencion no es buena. El montañes tiene ascendiente sobre mí, sin que yo lo pueda remediar, por consiguiente no hay echarle de casa: conténtome, pues, con decir, cada vez qué me corta el hilo de mis eternos discursos;

Dios le dé salud,
Dios le dé salud,
á aquel montañés
que apagó la luz.

Cantaba yo por lo bajo este refran (porque por lo alto no me atrevo á cantar) esta mañana misma, contemplando con las lágrimas en los ojos y á oscuras el estrago que habia hecho en mi bufete la última visita de mi montañés, cuando vuelve este á entrar con el correo en la mano: es de advertir que yo llamo correo á toda carta que recibo, por la simple razon de que segun está en el dia el servicio de correos, resulta ser igual enviar una carta por la balija pública, ó llevarla uno mismo: entro pues con mi correo de Madrid, y entre algunas apuntaciones que me envian mis corresponsales, las cuales asi me guardaré yo de publicarlas, como se guardará el censor de permitirlas, encuéntrome con dos cartas evidentemente de liberales, puesto que cada uno trae su hoja de servicios al margen: ambos de buena fé, amantes ambos del bien de su pais. Y como se reduzcan ellas á darme cuatro consejos que tengo bien merecidos por los muchos desmanes que he cometido en punto á escribir, y por los que pienso seguir cometiendo en cuanto pueda, trasladarélas al curioso lector, si es que ha quedado lector curioso en España despues de todo lo que se ha leido en la larga fecha que llevamos de completa libertad intelectual. (Sea dicho con licencia de Dios y de la conciencia.)

Dice el uno:—Señor Fígaro: gracias á Dios, impertérrito escritor, que ha dado usted algun descanso á su pluma: no le negaré á usted que sus artículos me han solido hacer reir alguna vez; pero siempre tuve en medio de eso deseos vehementes de dar á usted un consejo. Yo, señor Fígaro, soy liberal desde chiquito, asi como hay otros chiquitos desde liberales; anduve en lo del año 12, asunto de grandes controversias; que salvé, pues, la patria de la dependencia francesa, no hay para qué decirlo; que vino el rey, todo el mundo lo sabe; ¡ojalá nadie lo supiera! y que fui luego á Melilla, eso lo sé yo, y basta. Vino el año 20 y vine yo; es decir, que vinimos todos. Cómo se manejó aquello, pues la cosa fué sonada, ya habrá llegado á oidos de usted, porque le tengo por liberal de esta nueva cria. Fue el caso no habernos entendido, que á entendernos otro gallo nos cantára; pero ¿qué quiere usted? la inteligencia no fue el don de que anduvo mas pródigo el Ser supremo: en cambio nos dió memoria de firme, para nuestra desdicha, y voluntad, la cual podemos tener todo lo mala posible. ¡Tal es el hombre! Pero si nosotros no nos entendimos parece que nos entendió Angulema ; y aun nos tradujo y nos refundió de tal suerte, que quedamos peor parados que comedia antigua en manos de poeta moderno. ¿Y quién tuvo la culpa? La libertad de imprenta. Claro está. Y sino lo probaré. Las naciones del Norte vieron que la chispa eléctrica corria demasiado, suscitaron aqui el partido descontento, y alzáronse las guerrillas. Ya ve usted que esto es claro, ¡la libertad de imprenta!

Dieron dinero y auxilios, y la faccion creció. Verdad es que la faccion no sabia leer. Pero si no hubiera sido por la libertad de imprenta la faccion no hubiera crecido.

Acaloráronse los ánimos, y de puro no saber leer ni escribir, no nos pusimos de acuerdo. ¡Ya ve usted! La libertad de imprenta!

Entró Angulema, y ¿quién le dió sus bayonetas? La libertad de imprenta.

Hubo desgraciadamente defeccion, torpeza ó mala fé en nuestro ejército, y á Cadiz con la maleta. ¡La libertad de imprenta!

Acabose todo, publicose el gran manifiesto impreso. ¡La libertad de imprenta! y buenas noches.

Aquí entró la emigracion, y de la emigracion el escarmiento. Ya ve usted, pues, si unido de esta suerte á esta causa, puedo yo no ser liberal de veras.

Hoy es, y esta es la primera vez que hemos venido los emigrados, sin venir ningun año particular. Nacimos el año 12, nos fuimos con el 14, volvimos con el 20, y escapamos con el 23. Ahora nos hemos venido sin fecha: como ratones arrojados de la despensa por el gato, hemos ido asomando el bocico poco á poco, los mas atrevidos antes, los mas desconfiados despues, hasta que hemos visto que el campo es nuestro.

No comprendiendo nosotros mismos nuestra venida, á cada paso creemos ver de nuevo el gato.

Ahora bien, nuestro gato es la anarquía, porque el otro que habia en la casa se escaldó para siempre. ¿Y le parece á usted justo, señor Fígaro, que yo y otros como yo, que hemos tenido la gloria y la fortuna de escapar de dos fechas en contra y de dos emigraciones, que hemos vuelto, y que á causa de nuestros antecedentes y de nuestros talentos (perdone usted el galicismo, que me lo traje de Francia) nos hemos encontrado al frente de las cosas con muy buenos destinos, vayamos á incurrir en los mismos tropiezos de antes? No señor: hemos hecho *amande honorable*. El andar deprisa los jóvenes, solo tendrá por resultado atropellarnos á los viejos: por consiguiente queremos orden. Bien comprendo que querrán andar deprisa aquellos emigrados que no han encontrado destinos, porque, andando ellos los toparán. Lo mismo digo de los liberales que quedaron por aqui, y los de la nueva cria. Estos al fin pueden decir: *Hos ego versiculos feci, tulit alter honores*. Si no tienen otra cosa todavia, por fuerza han de tener prisa. Pero nosotros, señor Fígaro, los que hemos llegado á mesa puesta...

Nosotros no tenemos mas norte que lo pasado: nosotros vemos la anarquía, exista ó no: nosotros nos hemos enmendado: volvamos de nuestros errores y evitaremos á toda costa la libertad de imprenta y toda clase de libertad; la república nos acecha, el gorro nos amenaza, la guillotina nos amaga, y nuestro libro consultor es el año 23, y sobre todo el 92.

He dicho todo esto porque descando el bien para mi patria, y que evitemos los escollos pasados, creo que debemos ir poco á poco y unirnos cordialmente los que tenemos los destinos y los que no los tienen. Entendámonos por fin de esta manera. Ya ve usted que soy hombre que me pongo en todo, me he puesto en mi destino, y ahora me pongo en la razon.

Por lo tanto, los artículos de usted que tienden á una oposicion directa, los artículos de usted, que quieren poner en ridículo nuestra lentitud, solo pueden dar armas á nuestros enemigos. Aqui no hay mas divisa que Isabel II. Y en cuanto á escribir, escribir nuestros mismos defectos para que los corrijamos, es disparate, porque no por eso los hemos de corregir: debe alabarse todo lo que hagamos, siquiera para no dar que reir á nuestra costa á los carlistas, y le advierto caritativamente, que si persiste en el camino de esa oposicion que ha manifestado, haremos correr la voz de que todos los que hacen esa oposicion nos quieren precipitar de nuevo y quieren reproducir el año 23; hasta diremos que estan vendidos á don Carlos, y no faltará quien lo crea, pues aqui para todo hay creyentes, y lo que aqui no se cree, ya es preciso que sea increible.

Con lo cual queda de usted su afectísimo liberal escarmentado, y con competente destino &c.

DOS LIBERALES,

ó

LO QUE ES ENTENDERSE.

SEGUNDO ARTÍCULO.

Al sentar la pluma en el papel para este segundo articulo, que en nuestro número 122 del jueves dejamos prometido, mal pudiera dejar de recordar cierto lance ocurrido no ha muchos años á un buen cómico francés. Habia empezado su carrera dramática con no muy buenos auspicios; y esto en tales términos, que nunca le dejaba el público llegar al fin de la representacion. Escarmentado el hombre de estudiar papeles en balde, y deseoso de mudar públicos, tomó la rara resolucion de no dar en cada parte mas de una representacion, y de no estudiar nunca mas que el primer acto del papel que á su cargo tomaba. Transcurrió asi algun tiempo felizmente; pero hubo de llegar un dia á un pueblo, donde fuese por casualidad, fuese por alguna causa en él sobrenatural, no solo no le silbó el público desde los primeros versos, como le solia acontecer, sino que descendieron los aplausos sobre él, como el maná sobre los israelitas. Pero bajó el telon acabado el primer acto, y nuestro cómico, no habiendo estudiado el segundo, se vió precisado á salir y decir: «Señores, no hallándome acostumbrado á la acogida benévola que este ilustrado público acaba de hacerme, me veo en la triste precision de anunciar el segundo acto para mañana, á causa de no haberlo estudiado.» Con lo cual recibió la acostumbrada silba, entonces por haberlo hecho bien.

Los que hayan leido el principio de mi anterior artículo habrán comprendido ya el cuentecillo; á los que no, les diré francamente que al ver por fin impreso un artículo mio en el *Observador* del jueves, cosa á que no estaba ya acostumbrado, me hallé en el mismo, mismísimo caso que el cómico silbado. No presumiendo que habia de imprimirse nunca ni aun la primera parte de mi artículo, quedéme *in pectore* con la segunda.

Hé aquí la causa de su detencion en publicarse; supuesto sin embargo, que me he visto tan agradablemente sorprendido, vuelvo á hojear mi correo, encuentro la continuacion, y tal cual es allá sale la siguiente carta del otro liberal, si no lo han mis lectores por enojo.

«Yo, señor Fígaro, con permiso del gobierno, soy liberal de padre á hijo, porque en mi casa este fue mal de familia. Mala herencia me dejaron; pero sobre no haber otra, quien lo hereda no lo hurta. A saber yo hurtar otro gallo me cantara, y no tendria necesidad de ser hoy en el dia liberal, que antes pudiera ser lo que me diese la gana; y así podria irme á Francia con el dinero y la maldicion del público, como tomar á mi cargo un buen destino de donde pudiera seguir haciendo de las mias, que el dinero llama dinero.

El hecho es que no hay nada de esto, y que en mi casa no hay mas que dos cosas : mi opinion liberal, con la cual me doy á todos los diablos, y una silla en la cual me siento.

Yo fui de los primeros que tomaron las armas contra los franceses en tiempo de la independencia : á un mismo tiempo casi acabó la guerra y la Constitucion. Entonces no estrañé yo que no me diese premio el recien llegado; pero llegó el año 20, y por mas que peroré en todos los cafés de Madrid, por mas patriotismo que lucí en listas públicas y motines, no pude ser nunca mas que empleado en loterias. Yo fui Miliciano Nacional, yo pedí regencia... yo... qué sé yo lo que hice. Pero mi suerte era trabajar siempre para otros. En la guerra de la independencia trabajé, como todos, para S. M.; y dejemos este cuento, que es cuento de cuentos. En la Constitucion trabajé para que se hiciesen ministros unos cuantos, y para que se hiciesen ricos otros pocos. Esta es la suerte de los que vamos de buena fé. Hasta en mi empleo de loterias, al cabo, ¿qué hacia? Trabajar porque les cayese á otros.—El año 23 se fue á Cádiz la patria, y yo me fui con ella. Llegué roto y descalzo : hice prodigios en el Trocadero: la cosa se puso de pésima data, y cada pedazo de la patria tomó por donde pudo. Pedazo hubo que no paró hasta América. Solo yo, sin patria, que se

me habia ido entre las manos, y sin empleo, que se encargó un realista de regentar en Madrid durante mi ausencia;
sin dinero, porque yo no habia hecho mas que motines
mientras que otros habian hecho pacotilla, volvíme á Madrid, donde me pasé-en la carcel muy buenos meses por
haber sido liberal.—Los diez años, no hablemos de ellos.
¡Ojalá hubiera sido emigrado! Con solo este deseo se podrá
formar idea de mi situacion.

Ocurre lo de la Granja, y viendo un resquicio por donde salvar la patria, hágome *cristino* de aquellos primeros
que en secreto casi se armaron en Madrid. A poco el ministro famoso que no queria innovaciones peligrosas, debió
encontrar malo que hiciéramos la innovacion de ser *cristi-
nos*, y salimos desterrados yo y otros pocos.

Vuelvo del destierro á fuerza de empeños, y amanece
el dia 27 de octubre. Los realistas amenazan á Madrid. Lleno de patriotismo salgo á salvar la patria en peligro, desar-
mo cuantos puedo, á riesgo de mi vida; pero pasa el peligro,
ceden los rebeldes, y una autoridad á quien presento mis
trofeos me prende porque la patria no necesita de mis servicios, y porque ando armado sin autorizacion. Hé aqui lo
que es la suerte de los hombres. Si los realistas aprietan
mas, soy un héroe aquel dia: cedieron pronto, y fui un
desobediente, un perturbador. Si ellos hubieran vencido,
me hubieran ahorcado. Mi partido fue mas generoso, se
contentó con prenderme.

Salgo, por fin, de la carcel, y mi entusiasmo siempre
en pie. Al fin los liberales, digo para mí, hemos de ser
premiados algun dia. Me presento á alistarme en las filas
de la Urbana, y me dicen que habiendo perdido mis pocos
bienes el año 23, no ofrezco garantías. ¡Qué bien hicieron
los realistas en dejarnos sin camisa! Si nos dejan algo hubiéramos podido armarnos contra ellos. — En el ínterin
nace el Estatuto y las leyes fundamentales. Me presento á
reclamar mi destino; pero, amigo, las leyes fundamentales
no dicen nada de loterías: llévese el diablo las invenciones
modernas. Por mas que he registrado crónicas y partidas,
nada he encontrado: me he convencido, pues, de que las
loterias es una innovacion. Mi empleo, pues, nada tiene
que ver con la monarquía: no apoyándose mi reclamacion
en las leyes fundamentales, es considerada como sin fundamento.

Amplíase entre tanto la Milicia, y al fin entro en ella. Me ofrezco á la patria para lo de Vizcaya, creyendo hacer falta. ¡Error! Nadie hace falta allí. Aprendo el ejercicio, y y como no nos reunimos, ¿querrá usted creer, señor Fígaro, que todavia no conozco la cara de mis compañeros?

Pero no importa; ocurren no sé qué conspiraciones, y préndenme por anarquista. Se indaga, se busca; lo único que se ha descubierto es que yo he estado en la carcel. El peligro, pues, no era para la patria, sino para mí.

Este es mi estado, señor Fígaro. Con todo sigo siendo liberal: asi es, que no me llega la camisa al cuerpo.

En atencion á estos datos, suplico á usted que se sirva no dejar dormir su pluma en ese camino de la oposicion, en que ha marchado con tanta gloria; en la inteligencia de que si usted afloja, yo y los mios haremos correr por todas partes la voz de que se ha vendido usted al ministerio.

Esto no marcha, y solo una oposicion sostenida puede salvarnos. A ellos, pues, señor Fígaro, y dóblelos usted á sátiras si quiere conservar el aprecio de su seguro servidor.= *El liberal progresivo, y sin destino.*

Esas son las dos cartas: las dos son liberales; las dos de hombres de buena fé, que solo desean el bien de la patria.—Si escribo en liberal, dirán unos que estoy vendido á don Cárlos. Si escribo en ministerial, dirán otros que estoy vendido al ministerio. ¡Si al menos se supiese quién paga mejor!

¡Gracias á Dios, por fin, que ya estamos de acuerdo; gracias á Dios que nos entendemos!!!

LA VIDA DE MADRID.

Muchas cosas me admiran en este mundo: esto prueba que mi alma debe pertenecer á la clase vulgar, al justo medio de las almas; solo á las muy superiores, ó á las muy estúpidas les es dado no admirarse de nada. Para aquellas no hay cosa que valga algo, para estas no hay cosa que valga nada. Colocada la mia á igual distancia de las unas y de las otras, confieso que vivo todo de admiracion, y estoy tanto mas distante de ellas cuanto menos concibo que se pueda vivir sin admirar. Cuando en un dia de esos, en que un insomnio prolongado, ó un contratiempo de la víspera preparan al hombre á la meditacion, me paro á considerar el destino del mundo; cuando me veo rodando dentro de él con mis semejantes por los espacios imaginarios, sin que sepa nadie para qué, ni adónde; cuando veo nacer á todos para morir, y morir solo por haber nacido; cuando veo la verdad igualmente distante de todos los puntos del orbe, donde se la anda buscando, y la felicidad siempre en casa del vecino á juicio de cada uno; cuando reflexiono que no se le ve el fin á este cuadro halagüeño, que segun todas las probabilidades tampoco tuvo principio; cuando pregunto á todos y me responde cada cual quejándose de su suerte; cuando contemplo que la vida es un amasijo de contradicciones, de llanto, de enfermedades, de errores, de culpas y de arrepentimientos, me admiro de varias cosas. Primera, del gran poder del Ser supremo, que haciendo marchar el mundo de un modo dado, ha podido hacer que todos tengan deseos diferentes y encontrados, que no suceda mas que una sola cosa á la vez, y que todos queden descontentos. Segunda, de su gran sabiduria en hacer corta la vida. Y tercera, en fin, y de esta me asombro mas que de las otras todavia, de ese apego que todos tienen sin embargo á esta vida tan mala. Esto último bastaria á confundir á un ateo, si un ateo, al serlo, no diese ya claras muestras de no tener su cerebro organizado para el convencimiento; porque solo un Dios y un Dios Todopoderoso podia hacer amar una cosa como la vida.

Esto, considerada la vida en general, donde quiera que la tomemos por tipo; en las naciones civilizadas, en los paises incultos, en todas partes, en fin. Porque en este punto, me inclino á creer que el hombre variará de necesidades; y se colocará en una escala mas alta ó mas baja; pero en cuanto á su felicidad nada habrá adelantado. Toda la diferencia entre el hombre ilustrado y el salvage estará en los términos de su conversacion. Lord Wellington hablará de los wighs, el indio nomade hablará de las panteras; pero iguales penas le acarreará á aquel el concluir con los primeros, que á este el dar caza á las segundas. La civilizacion le hará variar al hombre de ocupaciones y de palabras; de suerte, es imposible. Nació víctima, y su verdugo le persigue enseñándole el dogal, así debajo del dorado arteson, como debajo de la rústica techumbre de ramas. Pero si se considera luego la vida de Madrid, es preciso cerrar el entendimiento á toda reflexion para desearla...

El jóven que voy á tomar por tipo general, es un muchacho de regular entendimiento, pero que posee sin embargo mas doblones que ideas, lo cual no parecerá inverosimil si se atiende al modo que tiene la sabia naturaleza de distribuir sus dones. En una palabra, es rico sin ser enteramente tonto. Paseábame dias pasados con él, no precisamente porque nos estreche una grande amistad, sino porque no hay mas que dos modos de pasear, ó solo ú acompañado. La conversacion de los jóvenes mas suele pecar de indiscreta que de reservada: así fué, que á pocas preguntas y respuestas nos hallamos á la altura de lo que se llama en el mundo franqueza, sinónimo casi siempre de imprudencia. Preguntóme qué especie de vida hacia yo, y si estaba contento con ella. Por mi parte pronto hube despachado : á lo primero le contesté: «Soy periodista; paso la mayor parte del tiempo, como todo escritor público, en escribir lo que no pienso y en hacer creer á los demas lo que no creo. ¡Como solo se puede escribir alabando! Esto es, que mi vida está reducida á querer decir lo que otros no quieren oir.» A lo segundo, de si estaba contento con esta vida, le contesté, que estaba por lo menos tan resignado como lo está con irse á la gloria el que se muere.

¿Y usted? le dije. ¿Cuál es su vida en Madrid? Yo, me repuso, soy muchacho de muy regular fortuna ; por consiguiente no escribo. Es decir.... escribo.... ayer escribí una esquela á Borrel para que me enviase cuanto antes un pantalon de *patincour* que me tiene hace meses por allá. Siempre escribe uno algo. Por lo demas, le contaré á usted.

Yo no soy amigo de levantarme tarde ; á veces hasta madrugo; dias hay que á las diez ya estoy en pie. Tomo té, y alguna vez chocolate; es preciso vivir con el pais. Si á esas horas ha parecido ya algun periódico, me lo entra mi criado, despues de haberle ojeado él: tiendo la vista por encima; leo los partes, que se me figura siempre haberlos leido ya; todos me suenan á lo mismo: entra otro, le cojo, y es la segunda edicion del primero. Los periódicos son como los jóvenes de Madrid, no se diferencian sino en el nombre. Cansado estoy ya de que me digan todas las mañanas en artículos muy graves todo lo felices que seriamos si fuésemos libres, y lo que es preciso hacer para serlo. Tanto valdria decirle á un ciego que no hay cosa como ver.

Como á aquellas horas no tengo ganas de volverme á dormir, dejo los periódicos: me rodeo al cuello un echarpe, me introduzco en un surtú, y á la calle. Doy una vuelta á la Carrera de San Gerónimo, á la calle de Carretas, del Príncipe, y de la Montera; encuentro en un palmo de terreno á todos mis amigos que hacen otro tanto, me paro con todos ellos, compro cigarros en un café, saludo á alguna asomada, y me vuelvo á casa á vestir.

¿Está malo el dia? el capote de barragan: á casa de la marquesa hasta las dos: á casa de la condesa hasta las tres; á tal otra casa hasta las cuatro: en todas partes voy dejando la misma conversacion: en donde entro oigo hablar mal de la casa de donde vengo, y de la otra á donde voy: esta es toda la conversacion de Madrid.

¿Está el dia regular? A la calle de la Montera. A ver á La Gallarde ó á Tomás. Dos horas, tres horas, segun. Mina, los facciosos, la que pasa, el sufrimiento y las esperanzas.

¿Está muy bueno el dia? A caballo. De la puerta de Atocha á la de Recoletos, de la de Recoletos á la de Atocha. Andado y desandado este camino muchas veces, una vuelta á pie. A comer á Genieys, ó al Comercio: alguna vez en mi casa; las mas fuera de ella.

¿Acabé de comer? A Solito. Allí dos horas, dos cigarros, y dos amigos. Se hace una segunda edicion de la conversacion de la calle de la Montera. ¡Oh! y felizmente esta semana no ha faltado materia. Un poco se ha ponderado, otro poco se ha... Pero en fin, en un pais donde no se hace nada, sea lícito al menos hablar.

—¿Qué se da en el teatro? dice uno.

—Aquí, 1.º, sinfonía: 2.º, pieza del célebre Scribe: 3.º, sinfonía: 4.º, pieza nueva del fecundo Scribe: 5.º, sinfonía: 6.º, baile nacional: 7.º, la comedia nueva en dos actos, traducida tambien del ingenioso Scribe: 8.º, sinfonía: 9.º....

—Basta, basta; ¡santo Dios!

—Pero, chico, ¿qué lees ahí? si ese es el Diario de ayer.

—Hombre, parece el de todos los dias.

—Si, aqui es *Guillermo* hoy.

—¿*Guillermo?* ¡Oh, si fuera ayer! ¿Y allá?

—Allá es el teatro de la Cruz. Cualquier cosa.

—A mí me toca el turno aqui. ¿Sabe usted lo que es tocar el turno?

—Sí, sí, respondo á mi compañero de paseo; á mí tambien me suele tocar el turno.

—Pues bien, subo al palco un rato. Acabado el teatro, si no es noche de sociedad, al café otra vez á disputar un poco de tiempo al dueño. Luego á ninguna parte. Si es noche de sociedad, á vestirme; gran tualeta. A casa de E... Bonita sociedad; muy bonita. Ello si, las mismas de la sociedad de la víspera, y del lunes, y de.... y las mismas de las visitas de la mañana, del Prado, y del teatro, y... pero lo bueno, nunca se cansa uno de verlo.

—¿Y qué hace usted en la sociedad?

—Nada; entro en la sala; paso al gabinete; vuelvo á la sala; entro al acarté; vuelvo á entrar en la sala; vuelvo á salir al gabinete; vuelvo á entrar en el ocarté....

—¿Y luego?

—Luego á casa, y ¡buenas noches!

Esta es la vida que de sí me contó mi amigo. Despues de leerla y de releerla, figurándome que no he ofendido á nadie, y que á nadie retrato en ella, é inclinándome casi á creer que por esta no tendré ningun desafio, aunque necios conozco yo para todo, trasládola á la consideracion de los que tienen apego á la vida.

BAILE DE MÁSCARAS.

BILLETES POR EMBARGO.

Desgraciadamente para la empresa de teatros, que no se cansa de hacer en obsequio del público todos los sacrificios que estan al alcance de una especulacion que con tantas dificultades tiene que luchar, el tiempo no ha favorecido

la entrada del segundo. Solo á esta causa podemos achacar
la poca concurrencia, si es que no se quiere seguir la opinion de los que aseguran que no es Madrid pueblo que
pueda resistir tres meses de carnaval. Acaso han empezado
los bailes demasiado pronto, si bien nosotros tenemos entendido que para embromarse y engañarse los hombres unos á
otros todos los meses son buenos. Sea de esto lo que quiera,
el hecho es que el teatro del Príncipe ha presentado, sobre
todo en este segundo baile, en que se han procurado corregir los leves defectos notados en el primero, un aspecto de
lujo y de hermosura poco comun en bailes de esta especie;
y es de esperar que el sentido comun venza por fin la resistencia que ideas ridículas de intempestiva aristocracia parecen oponer todavía entre nosotros á la igualdad y publicidad que reina en esta diversion, aun en tiempos en que dicen que la libertad tiende sus alas protectoras sobre todas
las clases indistintámente.

Solo una cosa encontramos notable y digna de ser al público referida en estos bailes del teatro hasta ahora; cosa
que contaremos, pero como es conocido el cuidado que
siempre en nuestros artículos ponemos de huir de toda inculpacion de personalidad, y como por repetidas órdenes,
instrucciones censoriales y reglamentos, todavía vigentes,
no le es permitido á la libertad de imprenta decir todo lo
que piensa, la contaremos sencillamente, y sin darle color,
con la natural malignidad que suelen encontrar en nuestros
escritos los benévolos lectores. Al referir un hecho, sucedido en Madrid, en estos tiempos y á vista de todo el que lo
haya querido ver, no podemos hacernos culpables de nada;
si la cosa hace reir por sí, no estará la malicia en nosotros,
sino en la cosa.

Sabido es, y ojalá no lo fuera, que el excelentísimo
ayuntamiento tiene en cada teatro de esta ilustrada capital de esta renegada patria, un palco, palco que por mas
señas vale por dos; localidad que en la contrata del gobierno con el empresario de teatros ha sido conservada
para el uso de los señores capitulares.

Llegada sin embargo la época de los bailes de máscaras
parece que el señor corregidor de esta muy heróica villa pasó al empresario un bando, ó sea instruccion, relativa á varias medidas de policía interior de estas funciones, en la cual
no dejó de tocarse la grave cuestion de si los señores ca-

pitulares, cuyo número parece montar á setenta y cinco, deberian ó no tener entrada á las funciones. Pareció in-dudable que tenian derecho á su palco, pero no tan in-dudable que lo tuviesen igualmente á entrar en el salon y disfrutar en él y en las demas localidades dispuestas *ad hoc* por el empresario, á fuerza de dinero suyo. El em-presario creyó cumplir con lo que la justicia exigia dando pase á los señores setenta y cinco para su palco; pero no satisfaciendo esto á dichos señores setenta y cinco, parece que se recrecieron disturbios y reyertas de graves conse-cuencias para la república. Nuestro corregidor, cuya ilus-tracion seria dificil poner en duda, ofició al empresario para que se diesen á los setenta y cinco señores otros tan-tos billetes, es decir, setenta y cinco. Pero montando se-senta y cinco billetes, á razon de 25 reales por cada uno, á la cantidad de 1885 reales de vellon, desfalco notable en la entrada de cada noche, y pudiendo estos billetes ser luego regalados y no servir aun para su uso primitivo, dado caso que éste fuese de justicia, el empresario no só-lo se negó á darlos, sino que elevó la cuestion al se-ñor gobernador civil, y con ánimo, segun creemos, de seguirlo elevando en todo caso hasta la última potencia posible, y de no ceder de su derecho sino á la fuerza.

En tan apuradas circunstancias, yendo y viniendo dias, llegábase el dia del baile, y en el ínterin que se decidia si los señores setenta y cinco capitulares, por represen-tar la villa de Madrid, la cual ha cedido en una contrata particular los teatros á una empresa, deben disfrutar ó no gratis de todas las funciones que en el local puede dar la empresa, incluso alumbrado, alfombra, mesas de juego, ambigú y demas; en el ínterin, repetimos, que esto se decidia, se presentó en el despacho de los billetes el al-guacil mayor, con su correspondiente escribano y demas alguaciles menores, y embargó dichos setenta y cinco bi-lletes, para dichos setenta y cinco capitulares, prévia la competente protesta del despachador de ceder á la fuerza, y el competente recibo del competente escribano. Ignoramos cuáles puedan ser las decisiones ulteriores que sobre esta cuestion, que pudiéramos llamar de los setenta y cinco, re-caigan, ni es esto de nuestra incumbencia, ni nos adelan-taremos á dar nuestro voto en el particular, si bien nadie ha dicho que no le podemos tener como cada vecino de esta villa, á quien representan los setenta y cinco capitulares.

Solo sí contaremos un caso que nada tiene que ver con lo que llevamos contado, y al referir el cual protestamos contra toda alusion. Es capítulo aparte: táchesenos, si se quiere, de confundir unas materias con otras: en un periódico no pueden venir las materias muy separadas aunque uno quiera; pero no se nos tache de malignos, que esta fuéra inculpacion á la cual no podriamos resistir.

El caso era que en un pueblo solia salir en un dia señalado todos los años una procesion, no sabemos á qué propósito, la cual tenia de costumbre inmemorial designada la carrera que debia seguir. Ocurrió un año, antes del tiempo de la procesion, tapiar é incomunicar cierta calleja, por la cual solia pasar aquella; y convertida ya la calleja en callejon sin salida, fué preciso variar la carrera que la solemnidad ambulante llevaba. Alborotóse empero el pueblo, y sobre todo los vecinos de la calleja, que querian disfrutar del paso de la Vírgen; y tanta fué la grita y la zalagarda, que fue indispensable la intervencion del alcalde, el cual oidas las partes, que fué cosa rara, decretó: «*En atencion á lo que se me ha dicho por una y otra parte, y á pesar de estar hecha la calleja callejon sin salida, mando y ordeno que se guarden los usos y costumbres, y que vaya la procesion por la calleja.*»

LA CALAMIDAD EUROPEA [1].

Muchas y grandes han sido las calamidades con que la Providencia en sus secretos fines quiso afligir en distintas épocas al hombre. Ya desde un principio pudo conocer el

---

[1] Todo el mundo recuerda la espulsion del señor Burgos del Estamento de ilustres Próceres. Aquel acto, legal ó ilegal, y el párrafo del artículo citado mas abajo, y publicado en los periódicos de la época por el destituido, son datos mas que suficientes para la inteligencia de este escrito, que entonces no vió la luz por circunstancias independientes de la voluntad del autor.

mas lego la desgracia que presidia á la creacion de este mísero globo. El que vió en los primeros tiempos que fué preciso arrancar al hombre de su propia costilla la muger, ó habia de tener poco olfato, ó debia ya decir para su capote (permítaseme el anacronismo) que habia de venir presto abajo nuestra felicidad. Asi fue; habló una serpiente; la muger dió oidos al primer advenedizo, fragilidad que desgraciadamente se ha transmitido de siglo en siglo; cortóse la manzana del árbol del bien y del mal, que por lo visto solo tenia el mal para nosotros, hincóle el diente el crédulo esposo, y vínose abajo á renglon seguido todo el edificio del primaveral paraiso. Primera calamidad, y no la mas floja. Hénos aqui ya habitando la tierra, merced á la picía del primer hombre: nace el segundo mortal, y segunda picia: lo primero que hace es matar al tercero: hé aqui una raza maldita, y la segunda calamidad. Con tan galanos principios no debió de ser dificil augurar los fines. El primer homicidio no debia de ser el último. Endurécese el hombre en el mal, sucédele un vicio á otro, un crímen abona el anterior, y pónese la cosa tan de mala data, que cansado y arrepentido el Hacedor, lluévele encima al hombre, y pónelo perdido. ¡Dia de agua! Ni sirven ramas, ni valen altos montes. Se abren las cataratas del cielo, derrámase el líquido abundante, ahógase todo bicho, y hé aqui la tercera calamidad.

Vuelve el hombre á poblar, y ya de aqui en adelante imposible fuera poner orden en las calamidades. No bien sale del reciente escarmiento, lánzase de nuevo al crímen: olvida su dios y su religion; de nada ha servido el diluvio; el Criador lo conoce, y vista la ineficacia del agua, aqui prueba con Sodoma y Gomorra la virtud del fuego: igual resultado. Allá convierte en sal al curioso. Acá confunde en Babel las lenguas insolentes, y vuélvese la torre una cazuela de un teatro de Madrid. Tiempo perdido. Desde entonces todos hablan y ninguno se entiende; pero no por eso se ha mejorado nuestra condicion. Caiga agua, baje fuego, venga sal, lluevan lenguas sobre nosotros; el hombre insolente todo lo aprovecha. Inventa barcos, y anda sobre el agua; recoge la lumbre, y caliéntase á ella; toma la sal, y échala en el puchero; aprende las lenguas, y corre á enseñarlas por el equitativo estipendio de treinta reales al mes....

¿Quién tendria desde entonces el vano proyecto de seguir en su curso las calamidades del hombre? Poco antes de llegar á la tierra de promision, adora el becerro de oro, figura simbólica del siglo XIX, que habia de adorar el oro, aunque fuese en un becerro; en Jericó hace añicos todos los cántaros de la provincia; en Egipto adora la cebolla, ídolo por cierto de muy mal tono; en el Indostan tributa honores al sol y al fuego; en la India occidental, que tenia mas de occidental que de India, adora la luna entera; mas económico en Asia, adora media luna no mas; en África reverencia á los bichos ponzoñosos; en Europa rinde culto á sus grandes ladrones y asesinos, y erige altares á sus tiranos; aqui se hunde la Atlántida, preparando á navegantes con su hundimiento descubrimientos fatales; ábrense volcanes por todas partes, vomitando lumbre sobre él; las tempestades aqui, la peste alli, la guerra de nacion en nacion, las preocupaciones do quiera, la muger en todas partes; todo es error y desgracia, todo crimen y confusion el mundo; todo es, en fin, calamidades.

Dejemos, pues, á un lado las del mundo para ocuparnos solo de las de Europa.

Nace apenas la sociedad europea, y surgiendo de ella Elena, lánzase aquella contra el Asia en mil frágiles barquillos á llevar á las playas troyanas el hierro y la destruccion. *Nótese que la primera calamidad europea emanó de la importancia dada á la fidelidad de una muger.*

El adultèrio, el asesinato y el incesto reciben á su vuelta á los vencedores argivos. Cien repúblicas en seguida, ansiosas de libertad, se aherrojan mutuamente, y un ejército de persas viene hasta Maraton á sembrar el luto en la sociedad europea. *Nótese que la segunda calamidad es una intervencion estrangera.*

Dos bandoleros famosos, Remo y Rómulo, echan los cimientos de la ciudad universal, que con las armas en la mano avasalla despues y esclaviza á la Europa entera. *Nótese que el principio de la tercera calamidad fueron dos ladrones públicos.*

El Norte vomita sobre el Mediodia bordas innumerables de vándalos y godos, que mudan á sangre y fuego la faz de la malhadada Europa. *Nótese que la cuarta calamidad vínole á Europa del Norte.*

El hijo de Dios habia descendido ya á morir en la tierra

por los hombres; una religion nueva alzaba sus bienhecho-
ras cruces por todas partes; mas de cien hijos espúreos, saliendo del rio principal, como sangrías de licor ponzoñoso,
inundan el mundo de sectas parciales: los hijos de un inno-
vador atrevido se arrojan de Asia á Europa con el alfange
en la una mano y el Koran en la otra: numerosas cruzadas
se levantan por la religion, y encienden la guerra general:
nuevas sectas derraman luego la sangre alemana, y poco
despues la inglesa y la francesa. La reaccion, sangrienta,
como la accion, establece tribunales horribles, y cada pueblo, durante siglos enteros, aqui por la guerra civil, alli
por la conquista de otro hemisferio, es una ara inmensa cubierta de mártires; los hombres son mitad víctimas, mitad
sacrificadores. *Obsérvese que la quinta calamidad le vino al
hombre de la preocupacion religiosa, de la supersticion,
del fanatismo.*

Sobre la sangre humeante de los *autos de fé* nace la política, y con ella el soñado equilibrio de los reinos; guerras
de sucesion, guerras de familia suceden á las guerras reli-
giosas; pueblos enteros perecen víctimas de guerras personales de sus reyes, y de etiquetas palaciegas. *Adviértase que
la sesta calamidad le vino á la Europa de la importancia
dada al apellido de sus pretendidos dueños absolutos.*

Vencedores estos contemplan como instrumentos á sus
súbditos; pero cansados al fin los pueblos, caen en la cuenta
de sus derechos, y un grito unánime de libertad resuena en
el universo. La Europa le acoge, y responde á él; se abre
una lucha sangrienta de principios; una revolucion espantosa traspasa todos los límites posibles; un coloso nace de
ella á detenerla; vencido empero el coloso, la libertad vuelve á desplegar sus alas: desde entonces los hombres siguen
vertiendo anchos rios de sangre para reconquistar de la rutina el derecho mas sencillo y claro de todos; su propia voluntad. *Nótese que la séptima calamidad nos viene de haber conferido nuestros poderes sin restriccion, sin prenda,
sin garantía; de haber dejado prescribir un derecho.*

Hemos llegado á la octava calamidad europea. ¿Pues cuál
otra horrible calamidad nos amenaza? ¿Otro cólera? Si el
hombre nació para morir, la peste es una muerte cualquiera. Mayor es la calamidad que nos amaga: mas terrible la
prueba á que nos sujeta la Providencia. ¿Algun reglamento? Eso sería una gota mas en el mar. ¿Algun empréstito?

El deber es calamidad solo para quien ha de pagar , ó para quien presta. ¿Otra invasion de rusos? Mas todavía. ¿Qué sería una invasion de rusos? algunos años de despotismo. Para pueblos tan acostumbrados, para pueblos donde hay aun quien pelee por él , nada. Es volver la tortilla. No faltaria quien la comiera.

La gran calamidad europea, la calamidad de las calamidades , hé aqui como la hallamos consignada en un comunicado que en un periódico leemos.

«Que conmigo se haga una injusticia (nos dice un personage, un tanto cuanto atropellado en las formas), puede ser un triunfo para mis enemigos; pero en el caso presente, la violencia usada hácia mí es un desastre para todos, es una brecha abierta en el corazon de nuestras instituciones, es una calamidad nacional ; ¿y quién sabe si no podrá hacerse una calamidad europea? Los trastornos que podrian resultar de tan evidente violacion de los principios conservadores de nuestro régimen, podrian ir mas allá de los Pirineos.»

Hé aqui bien clara la gran calamidad, que entre tanto que lo es para la Europa , lo es indudablemente para el que escribe. La cosa en verdad no es insignificante como muchos creen; bien pudiera ser trascendental; pero lo que ni nosotros habiamos presumido, ni nuestros lectores tampoco, es que esto podria trastornar el mundo. Curiosos por demas de lo que nos podria acontecer, hemos recorrido, como ha visto el lector, la historia del mundo y de sus calamidades. Hemos temblado por nosotros y por la Europa. ¿Obrará este accidente como el robo de Elena? ¿Será Troya nuestra patria? ¿Tendrá los resultados del levantamiento de Remo y Rómulo? ¿ Será la voz del destituido el grito de Lutero? ¿Imperará á los mares como el *quos ego* de Virgilio? ¿Será su desgracia , justa ó injusta , legal ó ilegalmente llevada á cabo , el Waterloo de nuestra pequeña libertad? ¿Qué parte del mundo se hundirá? ¿Obrará como un diluvio , como un castigo del cielo, ó como una calamidad puramente humana?

¡Ah! ¡plegue al cielo apartar de nosotros tan terribles infortunios! *¡Lejos, pobre España, lejos de nosotros el profeta y la profecia!!!* (1)

(1) Poco despues despareció efectivamente el profeta , y la profecia todavía no ha parecido.

TERCERA CARTA

DE UN LIBERAL DE ACA

Á UN LIBERAL DE ALLÁ.

Dos cartas he recibido tuyas, querido Silva, la una en letra de molde por el conducto de esta estafeta pública, y secreta la otra en que nos haces á los liberales de acá estupendos cargos. No tiene la primera contestacion, ó al menos á mí no me ocurre, lo cual es lo mismo, puesto que he de ser yo quien la ha de dar. Tiénela sí la segunda, y larga; tanto que pudiera ocupar con ella mas pliegos que ocupó la memoria de marina presentada en las Cortes, mas tiempo que dura una faccion, y mas terreno que el que reconoce cuándo y cómo quiere Zumalacárregui, sin darte por eso mas fruto ni mas sustancia que el que pueden dar de sí todas esas cosas juntas.

¿Me preguntas si es gobierno representativo lo que tenemos? No entiendo yo muchas veces tus preguntas. Todo es aquí representativo. Cada liberal es una pura y viva representacion de los trabajos y pasion de Cristo, porque el que no anda azotado, anda crucificado. Luego, no hay oficina en que no se encuentren representaciones de algun quejoso: hay por otra parte muchos que estan representando á cada paso sobre lo mucho que no se hace y lo poco que se deshace; verdad es que no se cuida mas de estas representaciones que de las teatrales; pero, ¿son ó no son representaciones? Cada español por otra parte representa un triste papel en el drama general, y toda nuestra patria misma está á dos dedos de representar el cuadro del hambre.... Todo es, pues, pura representacion; venirnos, pues, con la pregunta truhanesca de si estamos ó no en un sistema representativo, es burlarse de uno en sus barbas y preguntarle á un borracho si bebe vino. Desengáñate de una vez, y acaba de creer á pies juntillas, no solo que vivimos bajo un réjimen representativo, aunque te engañen las apariencias, sino que todo esto no es mas que una pura representacion, á la cual, para sér de todo punto igual á una del teatro, no le faltan mas que los silbidos, los cuales, si se ha de creer en corazonadas y en síntomas y señales anteriores, no deben andar muy lejos, ni de hacerse esperar mucho, segun la mareta sorda que se empieza ya á sentir.

Añades que no somos libres. Menos entiendo yo esto que lo otro. Gozamos de la mas ámplia libertad posible; y en esto te juro que hemos llegado á tal altura de tolerancia y despreocupacion, que ninguna nacion culta ni inculta rayó jamás tan alto. Y voy á darte la prueba. Suponte por un momento aunque te pese hasta el figurártelo, que eres español. No te aflijas, que esto no es mas que una suposicion. Que eres español, y que dices para tu capote, por ejemplo: «yo quiero ser carlista.» Enhorabuena: coges tu fusil y tu canana, y ancha Castilla; nadie te lo estorba; que te cansas de la faccion y que te vas á tu casa, nadie te dice una palabra, con tal que tantas cuantas veces lo hagas, uses de la fórmula de decir que te acoges á algun indulto de los últimos que hayan salido, ó de los primeros que vayan á salir. Ya ves tú que esto no cuesta trabajo. Que te levantas un dia de mal humor, y que conspiras como carlista, ó que te defiendes en tu cuartel á balazos ó con cualquiera otro medio inocente: vas á Filipinas y ves tierras, y siempre aprendes geografía.

Verdad es, que si como te habia de dar por conspirar en favor de los diez años, te da por conspirar en favor de los tres, hay una diferencia, y que entonces no necesitas salir al campo ni tirar un tiro para que te prendan, sino que te vienen á prender á tu misma casa, que es gran comodidad; pero amigo, no se cogen truchas á bragas enjutas, y algo le ha de costar á uno ser liberal. Y luego que eso te sucederá si eres tonto, porque nadie te manda ser liberal; tú puedes ser lo que te dé la gana. Añade á eso que libertad completa no la hay en el mundo, que eso es un disparate. Asi es, que cuando yo digo que somos libres, no quiero yo decir por eso que podemos ser liberales á banderas desplegadas y salir diciendo por las calles *viva la libertad*, ú otros despropósitos de esta especie; ni que podemos dar en tierra con los empleados de Calomarde que quedan en su destino, lo cual tampoco seria justo, porque yo no creo que porque los haya empleado este ú aquel dejen por eso de necesitar un sueldo. ¡Pobrecillos! Nada de eso: quiero decir, que podemos gritar en dias solemnes ¡*Viva el Estatuto!* y podemos estarnos cada uno en su casa, y callar á todo siempre y cuando nos dé la gana. Si esto no es libertad, venga Dios y véalo. Lo mismo es esto que lo que acerca de la libertad de imprenta me añades. ¿Y quién duda que tenemos libertad de imprenta? Que quieres imprimir una esquela de convite; mas, una esquela de muerte; mas todavia, una targeta con todo tu nombre y tu apellido, bien especificado: nadie te lo estorba. Ahí verás cuán equivocados vivís, y cuán peligroso es creerse de los informes que da cualquiera. Que eres poeta, y que llega un dia de S. M. y háces una oda: alli puedes alabar todo lo que pasa, y puedes decir que todo va bien en buenos ó malos versos, que toda esa libertad te dejan. Y tambien puedes decirlo en prosa, y puedes no decirlo de ninguna manera, si eres hombre de sentido comun, y nadie se mete contigo. Que quieres publicar un periódico, nada mas facil. Vas, y ¿qué haces? Lo primero reunes seis mil reales de renta, que esto en España todos nacen con ellos, y sino los encuentras á la vuelta de una esquina. Lo segundo, entregas veinte mil reales en depósito: que no los tienes; tambien los encuentras al momento. Aqui todo el mundo te convida con una talega á primera vista. Y estos veinte mil reales son sagrados, como todos los depósitos, como los de Gremios &c. &c. El dia de mañana, ó al otro, por ejemplo, te los vuelven. Pides luego tu licencia, que te la niegan, ó que no tienes las cualidades necesarias... no publicas tu periódico. Y está muy bien, porque si no eres empleado de nombramiento real, ó no eres mayorazgo de seis mil reales de renta, ó no eres abogado del colegio, que es lo que hay que ser en España, ¿qué has de publicar en tu periódico, sino tonterias y oscurantismo? Pero que eres apto, no por tus luces ó tu patriotismo, sino por tus reales ó tus pedimentos del colegio (de otra parte no), y que te dan tu licencia; te ponen tu censor correspondiente, que te deja decir todo, por supuesto, y Huévete suscripcion encima, porque eso sí, el pais es amigo de leer, y es una viña para especulaciones, sobre todo literarias.

Rectifica, pues, amigo Silva, tus ideas con respecto á España, y cree no solo que vivimos bajo un régimen representativo, sino que somos libres mas que ninguna na-

cion del mundo, y que tenemos ámplia libertad de imprenta.

Una vez convencido de estas tres bases fundamentales,
tratará de convencerte de esas otras menudísimas dudas
que abrigas acerca de la prosperidad de la España, que no
le va en zaga en nada á Portugal,—*El liberal de acá.*

P. D.   La cuadrupla alianza sigue produciendo saluda-
bles efectos.

LO QUE NO SE PUEDE DECIR,

NO SE DEBE DECIR.

Hay verdades de verdades, y á imitacion del *diplomá-*
tico de Scribe podriamos clasificarlas con mucha razon en
dos: la verdad que no es verdad, y... Dejando á un lado las
muchas de esa especie que en todos los ángulos del mundo pasan convencionalmente por lo que no son, vamos á
la verdad verdadera, que es indudablemente la conteni-
da en el epígrafe de este capítulo.

Una cosa aborrezco, pero de ganas, á saber; esos hombres naturalmente turbulentos que se alimentan de oposicion, á quienes ningun gobierno les gusta, ni aun el que
tenemos en el dia; hombres que no dan tiempo al tiempo,
para quienes no hay ministro bueno, sobre todo desde que
se ha convencido con ellos en que Calomarde era el peor de
todos; esos hombres que quieren que las guerras no du-
ren, que se acaben pronto las facciones, que haya libertad
de imprenta, que todos sean Milicianos Urbanos.... Vaya
usted á saber lo que quieren esos hombres. ¿No es un horror?

Yo no. Dios me libre. El hombre ha de ser docil y sumiso, y cuando está sobre todo en la clase de los súbditos,
¿qué quiere decir esa petulancia de juzgar á los que le go-
biernan? ¿No es esto la débil y mezquina criatura pidiendo
cuentas á su Criador?

La ley, señor, la ley. Clara está y terminante: impresa

y todo: no eś decir que se la dan á uno de tapadillo. Ese es
mi norte. Cójame Zumalacárregui, si se me ve jamás se-
pararme un ápice de la ley.

Quiero hacer un artículo, por ejemplo: no quiero que
me lo prohiban, aunque no sea mas que por no hacer dos
en vez de uno. ¿Y qué hace usted? me dirán esos pertur-
badores que tienen siempre la anarquía entre los dedos para soltársela encima al primer ministro que trasluzcan,
¿qué hace usted para que no se lo prohiban?

¡Qué he de hacer, hombres exigentes! Nada: lo que debe hacer un escritor independiente en tiempos como estos
de independencia. Empiezo por poner al frente de mi artículo, para que me sirva de eterno recuerdo: «Lo que no
se puede decir, no se debe decir.» Sentada en el papel esta
provechosa verdad, que es la verdadera, abro el reglamento
de censura: no me pongo á criticarlo: ¡nada de eso! no me
compete. Sea reglamento ó no sea reglamento, cierro los
ojos, y venero la ley, y la bendigo que es mas. Y continúo:

Artículo 12. *No permitirán los censores que se inser-
ten en los periódicos:*

*Primero: artículos en que viertan máximas ó doctrinas
que conspiren á destruir ó alterar la religion, el respeto á
los derechos y prerogativas del trono, el Estatuto Real, y
demas leyes fundamentales de la monarquía.*

Esto dice la ley. Ahora bien: doy el caso que me ocur-
ra una idea que conspira á destruir la religion. La callo,
no la escribo, me la como. Este es el modo.

No digo nada del respeto á los derechos y prerogativas
del trono, el Estatuto &c. &c. ¿Si les parecerá á esos hombres de oposicion que no me ocurre nada sobre esto? Pues
se equivocan; ni cómo he de impedir yo que me ocurran
los mayores disparates del mundo. Ya se ve que me ocurriria entrar en el examen de ese respeto, y que me ocurriria investigar los fundamentos de todas las cosas mas fundamentales. Pero me llamo aparte, y digo para mí: ¿No
está clara la ley? Pues punto en boca. Es verdad que me
ocurrió; pero la ley no condena ocurrencia alguna. Ahora; en cuanto á escribirlo, ¿no fuera una necedad? No pasaria. Callo, pues; no lo pongo, y no me lo prohiben. Hé
aqui el medio sencillo, sencillísimo. Los escritores, por
otra parte, debemos dar el ejemplo de la sumision. O
es ley, ó no es ley. Mal haya los descontentadizos. ¡Mal

baya esa funesta oposicion! ¿No es buena manía la de oponerse á todo, la de querer escribirlo todo?

Que no pasan las *sátiras é invectivas* contra la autoridad; pues no se ponen tales sátiras ni invectivas. Que las prohiben, aunque se *disfracen* con *alusiones* ó *alegorías*, Pues no se disfrazan. Asi como asi ¡no parece sino que es cosa facil inventar las tales alusiones y alegorías!

Los *escritos injuriosos* estan en el mismo caso, aun cuando vayan con *anagramas* ó en otra cualquiera forma, *siempre que los censores se convenzan de que se alude á personas determinadas.*

En buen hora; voy á escribir ya; pero llego á este párrafo y no escribo. Que no es injurioso, que no es libelo, que no pongo anagrama. No importa; puede convencerse el censor de que se alude, aunque no se aluda. ¿Cómo haré, pues, que el censor no se convenza? Gran trabajo: no escribo nada; mejor para mí; mejor para él; mejor para el gobierno: que encuentre alusiones en lo que no escribo. Hé aqui, hé aqui el sistema. Hé aqui la gran dificultad por tierra. Desengañémonos: nada mas facil que obedecer. Pues entonces, ¿en qué se fundan las quejas? ¡Miserables que somos!

Los *escritos licenciosos*, por ejemplo. ¿Y qué son escritos licenciosos? ¿Y qué son costumbres? Discurro, y á mi primera resolucion; nada escribo; mas facil es no escribir nada, que ir á averiguarlo.

Buenas ganas se me pasan de injuriar á *algunos soberanos y gobiernos estrangeros.* ¿Pero no lo prohibe la ley? Pues chiton.

Hecho mi examen de la ley, voy á ver mi artículo; con el reglamento de censura á la vista, con la intencion que me asiste, no puedo haberlo infringido. Examino mi papel; no he escrito nada, no he hecho artículo, es verdad. Pero en cambio he cumplido con la ley. Este será eternamente mi sistema; buen ciudadano, respetaré el látigo que me gobierna, y concluiré siempre diciendo:

Lo que no se puede decir, no se debe decir.

REVISTA DEL AÑO 1834.

No sé por qué capricho estraordinario, y en oposicion con mis hábitos antiguos, el 31 de este diciembre que espira hubo de asaltarme el sueño mucho mas pronto de lo que acostumbra ; no diré si fue porque leí ese dia mas artículos de periódico de los que puede resistir mi débil naturaleza, ó si fui á alguna representacion nueva, de esas en que el autor y los actores hacen todo lo que pueden, y en que suele uno no poder con lo que hacen. Lo único que puedo asegurar, juzgando por los resultados, es que reclinado en una poltrona moderna me entregué á Morfeo con la misma seguridad y descuido que un juez en la audiencia, ó que una autoridad no responsable en dias de calamidad. No sé el tiempo que habria transcurrido desde el momento que hice tan completa abnegacion de mí mismo, cuando se me antojó ver un anciano venerable, que por su reló de arena y su luz hube de reconocer por el tiempo; envuelto en una nube, como pudiera un majo en su capa, porque es sabido que esta clase de visiones siempre aparecen entre nubes, aparecia indicarme con el dedo dos puertas, una enfrente de otra, en la una de las cuales se leía *pasado*, y en la otra *futuro*. Parecióme entonces que salia de su seno un ser mas jóven que él en verdad, pero semejante á aquellos hombres, que todos conocemos, en quienes la decrepitud y la muerte ha seguido muy de cerca á su nacimiento. En su frente se leía en letras gruesas 1834. Seguíanle, y fueron pasando ante mis ojos deslumbrados, doce mancebos, en cada uno de los cuales se veían sobre sus diversos atributos el nombre de un mes. Al pasar cada uno de ellos ante el primer venerable personage, que iba á acabar con su existencia, hacianle profundo acatamiento, lo cual me recordó á los hombres que siempre estan mas comedidos con quien peor los trata. Figuróseme que le daban cuenta exacta de su corta y efímera vida, y el anciano iba reasumiendo los datos en un gran libro lleno de borrones y de enmiendas. Segun las mentiras que en ese libro se aciertan de lejos á divisar, dije para mí, debe de ser el libró de la *historia*. Asi era efectivamente.

Pasados en revista los doce mancebos, y oidas sus revelaciones, á tiempo que iba á poner el último el pie en el lintel de una de las dos puertas, fué preciso escuchar la relacion que, en descargo sin duda de su conciencia, hizo al tiempo el segundo personage, y de la cual, si mal no me acuerdo, hube de recoger los siguientes fragmentos.

«Al nacer, comenzó el buen viejo, que se veía morir, despues de tan corta vida, encontré al mundo poco mas ó menos como mis predecesores: reyes por todas partes mandando pueblos, pueblos por todas partes dejándose mandar por reyes. Engaños y falsedades, donde quiera, charlatanismo en todas partes, crédulos ó ignorantes siempre erigiendo el edificio de su poder....

Encontré á España empezando á despertar de un sueño como el de Endimion, aparte la diferencia del número de los años. En política un manifiesto; barrera entre el despotismo y la libertad, existia oponiendo diques á todas las corrientes; yo te desbaraté, y la corriente de la libertad, sin verse espedita aun, halló rendijas y aberturas por donde penetrar é ir poco á poco fertilizando los campos. En mis primeros momentos de vida, en tiempo de máscaras por mas señas, llamé al poder á un hombre todo esperanzas de estos de quienes se dice simplemente que prometen; pero no me estaba reservado ver en mi corta vida realizadas las promesas, y dudo que las vean mis sucesores cumplidas. Durante mi tiempo ha nacido un monstruo, el *miedo á la anarquía*; monstruo, como el terror, pánico; él ha perseguido á mis hijos predilectos; él ha alargado la vida á los hijos de mis diez antepasados.....

Sin embargo, una representacion nacional ha venido á sentarse en los escaños públicos de dos Estamentos, que he venerado, y en cuya naturaleza antico-moderna no he hecho alto. Lo he tomado como me lo han dado. La posteridad no dirá que no he sido filósofo: todo lo contrario: he tomado las cosas conforme han venido: he visto abolido el voto de Santiago, pequeño paso, y como este otros tan menudos que ni los recuerdo. Grande, nada he visto sino la paciencia. He visto celebrarse un gran tratado. diplomático: no he visto sus resultados.

Encontré á mi advenimiento algunos facciosos: al morir me hallo en el apuro del que muere muy rico; en este particular; no sé los que dejo.

He mirado estrellarse en las provincias reputaciones antiguas, como la espuma del mar en las rocas.

Una calamidad tan espantosa como esa, ha hecho y hará por mucho tiempo memorable mi existencia; un azote del cielo ha devastado el suelo. El cólera morbo se ha llevado lo que ha perdonado la guerra civil.

En punto á ciencias no he visto nada: en literatura, he visto una ó dos producciones nuevas; he visto dos dramas históricos, de que no sé si hablarán tanto como yo mis sucesores.

En artes tampoco he visto gran cosa. El año 34 será célebre por sus calamidades; nadie empero le verá jamás en el libro de los adelantos humanos para España; es de temer que no sea yo el último á quien se haga ese reproche.

Al dejar mi corto reinado, déjolo peor que lo encontré, y ojalá que el remedio estuviera tan cerca como mi fin. Debo advertir que he vivido amordazado, y que muero todavia sin voz. Pero esto me fuera imposible decir cuanto he visto; pero solo declararé que me hubiera estado mejor haber nacido ciego.

Mi fin se acerca por momentos. ¡Ojalá que mis sucesores puedan dar mejor cuenta de sus dias, ojalá que no vean tantos como yo perdidos, ó manchados!»

Al decir estas últimas palabras, abriéronse de repente entrambas puertas con nunca oido estrépito. El tiempo estendió su hoz destructora sobre las trece cabezas, y se hundieron rápidamente en el interior del *pasado*, que volvió á cerrarse en el mismo instante. La puerta de lo *futuro* se abrió entonces.... un velo denso me impidió ver su interior distintamente.... en aquel punto doce terribles campanadas me indicaron las doce de la noche, desperté y aun ví dos cosas entre sueños: un enorme letrero en la puerta de lo *futuro*, que empezaba á desaparecer á mis ojos despiertos, el cual decia: *año* 1835. La cosa segunda que vi fue que al hacer este sueño no habia hecho mas que un plagio impudente á un escritor de mas mérito que yo. Di las gracias á Jony, me acabé de despertar, y me preparé á ver en el próximo y naciente 1835 una segunda edicion de los errores de 1834. Ojalá que la esperiencia desmienta mi funesto pronóstico.

LA SOCIEDAD.

Es cosa generalmente reconocida que el hombre es *animal social*, y yo, que no concibo que las cosas puedan ser sino del modo que son, yo, que no creo que pueda suceder sino lo que sucede, no trato por consiguiente de negarlo. Puesto que vive en sociedad, social es sin duda. No pienso adherirme á la opinion de los escritores mal humorados que han querido probar que el hombre habla por una aberracion, que su verdadera posicion es la de los cuatro pies, y que comete un grave error en buscar y fabricarse todo género de comodidades, cuando pudiera pasar pendiente de las bellotas de una encina el mes, por ejemplo, en que vivimos. Hánse apoyado para fundar semejante opinion en que la sociedad le roba parte de su libertad, sino toda: pero tanto valdria decir que el frio no es cosa natural, porque incomoda. Lo mas que concederemos á los abogados de la vîda salvage es que la sociedad es de todas las necesidades de la vida la peor: eso sí. Esta es una desgracia, pero en el mundo feliz que habitamos casi todas las desgracias son verdad: razon por la cual nos admiramos siempre que vemos tantas investigaciones para buscar esta. A nuestro modo de ver no hay nada mas fácil que encontrarla: alli donde está el mal, alli está la verdad. Lo malo es lo cierto. Solo los bienes son ilusion.

Ahora bien; convencidos de que todo lo malo es natural y verdad, no nos costará gran trabajo probar que la sociedad es natural, y que el hombre nació por consiguiente social; no pudiendo impugnar la sociedad, no nos queda otro recurso que pintarla.

De necesidad parece creer que al verse el hombre solo en el mundo, blanco inocente de la intemperie y de toda especie de carencias, trate de unir sus esfuerzos á los de su semejante para luchar contra sus enemigos, de los cuales el peor es la naturaleza entera; es decir, el que no puede evitar, el que por todas partes le rodea; que busque á su hermano (que asi se llaman los hombres unos á otros por burla sin duda) para pedirle su auxilio: de aqui podria deducirse que la sociedad es un cambio mutuo de servicios recíprocos. Grave error es todo lo contrario: nadie concurre á la reunion para prestarle servicios, sino para recibirlos de ella: es un fondo comun donde acuden todos á sacar, y donde nadie deja, sino cuando solo puede tomar en virtud de permuta. La sociedad es, pues, un cambio mutuo de perjuicios recíprocos. Y el gran lazo que la sostiene es por una incomprensible contradiccion aquello mismo que parecería destinado á disolverla; es decir, el egoismo. Descubierto ya el estrecho vínculo que nos reune unos á otros en sociedad, escusado es probar dos verdades eternas, y por cierto consoladoras, que de él se deducen: primera, que la sociedad, tal cual es, es imperecedera, puesto que siempre nos necesitaremos unos á otros: segunda, que es franca, sincera y movida por sentimientos generosos; y en esto no cabe duda, puesto que siempre nos hemos de querer á nosotros mismos mas que á los otros.

Averiguar ahora si la cosa pudiera haberse arreglado de otro modo, si el gran poder de la creacion estaba en que no nos necesitásemos, y si quien ponia por base de todo el egoismo, podia haberle sustituido el desprendimiento, ni es cuestion para nosotros, ni de estos tiempos, ni de estos paises.

Felizmente no se llega al conocimiento de estas tristes verdades sino á cierto tiempo; en un principio todos somos generosos aun, francos, amantes, amigos... en una palabra, no somos hombres todavía; pero á cierta edad nos acabamos de formar, y entonces ya es otra cosa: entonces vemos por la primera vez, y amamos por la última. Entonces no hay nada menos divertido que una diversion; y si pasada cierta edad se ven hombres buenos todavia, esto está sin duda dispuesto asi para que ni la ventaja cortísima nos quede de tener una regla fija á que atenernos, y con el fin de que puedan llevarse chasco hasta los mas esperimentados.

Pero como no basta estar convencidos de las cosas para convencer de ellas á los demas, inútilmente hacia yo las anteriores reflexiones á un primo mio que queria entrar en el mundo hace tiempo, jóven, vivaracho, inesperto, y por consiguiente alegre. Criado en el colegio, y versado en los autores clásicos, traía al mundo llena la cabeza de las virtudes que en los poemas y comedias se encuentran. Buscaba

un Pilades; toda amante le parecia una Safo, y estaba seguro de encontrar una Lucrecia el dia que la necesitase.
Desengañarle era una crueldad. ¿Por qué no habia de ser
feliz mi primo unos dias como lo hemos sido todos? Pero
ademas hubiera sido imposible. Limitéme, pues, á tomar
sobre mí el cuidado de introducirle en el mundo, dejando á
los demas el de desengañarle de él.

Despues de haber presidido al cúmulo de pequeñeces
indispensables, al lado de las cuales nada es un corazon recto, una alma noble, ni aun una buena figura, es decir, despues de haberse proporcionado unos cuantos fraques y cadenas, pantalones colan y mi-colan, reloj, sortijas y media
docena de onzas siempre en el bolsillo, primeras virtudes en
sociedad, introdújelo por fin en las casas de mejor tono. Un
poco de presuncion, un personal escelente, suficiente ato-
londramiento para no quedarse nunca sin conversacion, un
modo de bailar semejante al de una persona que anda sin
gana, un bonito frac, seis apuestas de á onza en el *ecarté*, y
todo el desprecio posible de las mugeres, hablando con los
hombres, le granjearon el afecto y la amistad verdadera de
todo el mundo. Es inútil decir que quedó contento de su
introduccion. «Es encantadora, me dijo, la sociedad. ¡Qué
alegría! ¡Que generosidad! ¡Ya tengo amigos, ya tengo
amante!!!» A los quince dias conocia á todo Madrid: á los
veinte no hacia caso ya de su antiguo consejero: alguna
vez llegó á mis oidos que afeaba mi filosofia y mis descabelladas ideas, como las llamaba: *preciso es que sea muy
malo mi primo* (decia) *para pensar tan mal de los demas;*
á lo cual solia yo responder para mí: *preciso es que sean
muy malos los demás, para haberme obligado á pensar tan
mal de ellos.*

Cuatro años habian pasado desde la introduccion de mi
primo en la sociedad: habiale perdido ya de vista, porque
yo hago con el mundo lo que se hace con las pieles en verano; voy de cuando en cuando, para que no entre el olvido
en mis relaciones, como se sacan aquellas tal cual vez al
aire para que no se albergue en sus pelos la polilla. Habia,
sí, sabido mil aventuras suyas de estas que, por una contradiccion inesplicable, honran mientras solo las sabe todo
el mundo en confianza, y que desacreditan cuando las llega
á saber alguien de oficio: pero nada mas. Ocurrióme en
esto noches pasadas ir á matar á una casa la polilla de mi

relacion; y á pocos pasos encontreme con mi primo. Parecióme no tener todo el buen humor que en otros tiempos le habia visto; no sé si me buscó él á mí, si le busqué yo á él; solo sé que á pocos minutos paseábamos el salon de bracero, y alimentando el siguiente diálogo:

—¿Tú en el mundo? me dijo.

—Sí, de cuando en cuando vengo: cuando veo que se amortigua mi odio, cuando me siento inclinado á pensar bien, cuando empiezo á echarle menos, me presento una vez, y me curo para otra temporada. Pero ¿ tú no bailas ?

—Es ridículo: ¿quién va á bailar en un baile?

—Sí por cierto... ¡si fuera en otra parte!... Pero observo desde que falto á esta casa multitud de caras nuevas... que no conozco...

—Es decir, que faltas á todas las casas de Madrid.:. porque las caras son las mismas; las casas son las diferentes; y por cierto que no vale la pena de variar de casa para no variar de gente.

—Asi es, respondí, que falto á todas. Quisiera por lo tanto que me instruyeses... ¿Quién es, por ejemplo, esa joven?... linda por cierto... Baila muy bien... parece muy amable...

—Es la baroncita viuda de...*** Es una señora que á fuerza de ser hermosa y amable, á fuerza de gusto en el vestir ha llegado á ser aborrecida de todas las demas mugeres. Como su trato es harto facil, y no abriga mas malicia que la que cabe en veinte y dos años, todos los jóvenes que la ven se creen con derecho á ser correspondidos; y como al llegar á ella se estrellan desgraciadamente los mas de sus cálculos en su virtud (porque aunque la ves tan loca al parecer, en el fondo es virtuosa), los unos han dado en llamar coqueteria su amabilidad, los otros por venganza le dan otro nombre peor. Unos y otros hablan infamias de ella; debe por consiguiente á su mérito y á su virtud el haber perdido la reputacion ¿Qué quieres esa es la sociedad!!!

—¿Y aquella de aquel aspecto grave, que se remilga tanto cuando un hombre se la acerca? Parece que teme que la vean los pies segun se baja el vestido á cada momento.

—Esa ha entendido mejor el mundo. Esa responde con bufidos á todo galan. Una casualidad rarísima me ha hecho descubrir dos relaciones que ha tenido en menos de un año: nadie las sabe sino yo: es casada; pero como brilla poco su lujo, como no es una hermosura de primer orden, como no se pone en evidencia, nadie habla mal de ella. Pasa por la muger mas virtuosa de Madrid. Entre las dos se pudiera hacer una maldad completa: la primera tiene las apariencias, y esta la realidad. ¿Qué quieres? ¡en la sociedad siempre triunfa la hipocresía!!! Mira; apartémonos: quiero evitar el encuentro de ese que se dirige hácia nosotros: me encuentra en la calle y nunca me saluda; pero en sociedad es otra cosa: como es tan desairado estar de pie, sin hablar con nadie, aqui me habla siempre. Soy su amigo para estos recursos, para los momentos de fastidio: tambien en el Prado se me suele agregar cuando no ha encontrado ningun amigo mas íntimo. Esa es la sociedad.

—Pero observo que huyendo de él nos hemos venido al *ecarté*. ¿Quién es aquel que juega á la derecha?

—¿Quién ha de ser? Un amigo mio íntimo, cuando yo jugaba. Ya se vé; ¡perdia con tan buena fé! Desde que no juego no me hace caso. ¡Ay! este viene á hablarnos.

Efectivamente, llegósenos un jóven con aire marcial y muy amistoso. ¿Cómo le tratan á usted?... le preguntó mi primo.

—Pícaramente; diez onzas he perdido. ¿Y á usted?

—Peor todavia; á Dios.

Ni siquiera nos contestó el perdidoso.—Hombre, si no has jugado, le dije á mi primo, ¿cómo dices?...

—Amigo, ¿qué quieres? Conocí que me venia á preguntar si tenia suelto. En su vida ha tenido diez onzas; la sociedad es para él una especulacion: lo que no gana lo pide...

—Pero ¿y qué inconveniente habia en prestarle? Tú que eres tan generoso...

—Sí, hace cuatro años; ahora no presto ya hasta que no me paguen lo que me deben; es decir, que ya no prestaré nunca. Esa es la sociedad. Y sobre todo, ese que nos ha hablado...

—¡Ah! es cierto; recuerdo que era antes tu amigo íntimo: no os separábais.

—Es verdad; y yo le queria; me lo encontré á mi entrada en el mundo; teníamos nuestros amores en una misma casa, y yo tuve la torpeza de creer simpatía lo que era comunidad de intereses. Le hice todo el bien que pude, ¡inesperto de mí! Pero de allí á poco puso los ojos en mi bella, me perdió en su opinion, y nos hizo reñir: él no logró nada; pero desbarató mi felicidad. Por mejor decir, me hizo feliz; me abrió los ojos.

—¿Es posible?

—Esa es la sociedad: era mi amigo íntimo. Desde entonces no tengo mas que amigos; íntimos, estos pesos duros que traigo en el bolsillo: son los únicos que no venden: al reves, compran.

—¿Y tampoco has tenido mas amores?

—¡Oh! eso sí: de eso he tardado mas en desengañarme. Quise á una que me queria sin duda por vanidad, porque á poco de quererla me sucedió un fracaso que me puso en ridículo, y me dijo que no podia arrostrar el ridículo; luego quise frenéticamente á una casada: esa sí, creí que me queria solo por mí; pero hubo hablillas, que promovió precisamente aquella fea que ves allí, que como no puede tener amores, se complace en desbaratar los agenos; hubieron de llegar á oidos del marido, que empezó á darla mala vida: entonces mi apasionada me dijo que empezaba el peligro y que debia concluirse el amor; su tranquilidad era lo primero. Es decir, que amaba mas á su comodidad que á mí. Esa es la sociedad.

—¿Y no has pensado nunca en casarte?

—Muchas veces; pero á fuerza de conocer maridos, tambien me he desengañado.

—Observo que no llegas á hablar á las mugeres.

—¿Hablar á las mugeres en Madrid? Como en general no se sabe hablar de nada, sino de intrigas amorosas, como no se habla de artes, de ciencias, de cosas útiles, como ni de política se entiende, no se puede uno dirigir ni sonreir tres veces á una muger; no se puede ir dos veces á su casa sin que digan: *fulano hace el amor á mengana.* Esta espresion pasa á sospecha, y dicen con una frase por cierto bien poco delicada: *¿si estará metido con fulana?* Al dia siguiente esta sospecha es ya una realidad, un compromiso. Luego hay mugeres, que porque han tenido una desgracia ó una flaqueza, que se ha hecho pública por este hermoso sistema de sociedad, estan siempre acechando la ocasion de encontrar cómplices ó imitadoras que las disculpen, las cuales ahogan la vergüenza en la murmuracion. Si hablas á una bonita, la pierdes; si das conversacion á una fea, quieres atrapar su dinero. Si gastas chanzas con la parienta de un ministro, quieres un empleo. En una palabra, en esta sociedad de ociosos y habladores nunca se concibe la idea de que puedas hacer nada inocente, ni con buen fin, ni aun sin fin.

Al llegar aqui no pude menos de recordar á mi primo sus espresiones de hacia cuatro años: *Es encantadora la sociedad: ¡qué alegria! ¡qué generosidad! ¡ya tengo amigos, ya tengo amante!!!*

Un apreton de manos me convenció de que me habia entendido. ¿Qué quieres? me añadió de alli á un rato; nadie quiere creer sino en la esperiencia: todos entramos buenos en el mundo, y todo andaria bien si nos buscáramos los de una edad; pero nuestro amor propio nos pierde: á los veinte años queremos encontrar amigos y amantes en las personas de treinta, es decir, en las que han llevado el chasco antes que nosotros, y en los que ya no creen: como es natural le llevamos entonces nosotros, y se le pegamos luego á los que vienen detras. Esa es la sociedad; una reunion de víctimas y de verdugos. ¡Dichoso aquel que no es verdugo y víctima á un tiempo! ¡pícaros, necios, inocentes!!! ¡Mas dichoso aun, si hay escepciones, el que puede ser escepcion!!!

UN PERIÓDICO NUEVO.

Noble Espagne, où la litterature, est reduite à la liberté du monologue de Figaro.

T. Soulié. La librerie á Paris.
Livre des Cent-et-un.

¿Por qué no pone usted un periódico suyo? ¿Cuándo sale Fígaro? ¡Es idea peregrina! Ya he visto en los demas periódicos la publicacion del permiso para el periódico nuevo. ¿Saldrá por fin en febrero, en marzo? ¿Cuándo? ¿Nos hará usted reir, por supuesto?

Hé aqui las preguntas que por todas partes se me dirigen, que me cercan, me estrechan, me comprometen, y á las cuales me veo mas apurado para responder, que se ven hace tres dias... Iba á hacer una mala comparacion; y si me la habia de suprimir algun amigo de estos que miran de continuo por mi tranquilidad, suprimomela yo.

¿Por qué no he de publicar un periódico tambien? he dicho efectivamente para mí. En todos los paises cultos y despreocupados la literatura entera, con todos sus ramos y sus diferentes géneros, ha venido á clasificarse, á encerrarse modestamente en las columnas de los periódicos. No se publican ya infolios corpulentos de tiempo en tiempo. La moda del dia prescribe los libros cortos, si han de ser libros. Y si hemos de hablar en razon, si solo se ha de escribir la verdad, si no se ha de decir sino lo que de cierto se sabe, convengamos en que todo está dicho en un papel de cigarro. Los adelantos materiales han ahogado de un siglo á esta parte las disertaciones metafisicas, las divagaciones científicas; y la razon, como se clama por todas partes, ha conquistado el terreno de la imaginacion, si es que hay razon en el mundo que no sea imaginaria. Los hechos han desterrado las ideas. Los periódicos, los libros. La prisa, la rapidez, diré mejor, es el alma de nuestra existencia, y lo que no se hace de prisa en el siglo XIX, no se hace de ninguna manera; razon por la cual es muy de sospechar que no hagamos nunca nada en España. Las diligencias y el vapor han reunido á los hombres de todas las distancias: desde que el espacio ha desaparecido en el tiempo, ha desaparecido tambien en el terreno. ¿Qué significaria, pues, un autor formando á pie firme un libro, detenido él solo en medio de la corriente que todo lo arrebata? ¿Quién se detendria á escucharle? En el dia es preciso hablar y correr á un tiempo, y de aqui la necesidad de hablar de corrido, que todos desgraciadamente no poseen. Un libro es, pues, á un periódico, lo que un carromato á una diligencia. El libro lleva las ideas á las estremidades del cuerpo social con la misma lentitud, tan á pequeñas jornadas como este lleva la gente á las provincias. Asi solo puede esplicarse la armonía, la indispensable relacion que existe entre la ilustracion del siglo y la escasez de los libros nuevos. De otra suerte seria preciso inferir que la civilizacion mata las artes y las letras. Y decimos las artes, porque aquella misma rapidez de existencia ha lanzado sobre el terreno de la pintura la litografia, y ha levantado al lado de las antiguas moles de arquitectura gótica de los tiempos lentos, las modérnas construcciones de las ratoneras que por casas habitamos en el dia.

Convencidos de que el periódico es una secuela indispensable, si no un síntoma de la vida moderna, esperarian tal vez aqui nuestros lectores una historia de esta invencion; una séria disertacion sobre los primeros periódicos, y acerca de si debieron ó no su primer pombre á una moneda veneciana que limitaba su precio. Nada de eso. Solo diremos que los primeros periódicos fueron *gacetas:* no nos admiremos, pues, si fieles á su origen, si reconociendo su principio, los periódicos han conservado la aficion á mentir, que los distingue de las demas publicaciones desde los tiempos mas remotos; en lo cual no han hecho nunca mas que administrar una herencia. Es su mayorazgo; respetamos este como los demas, pues que estamos á esta altura todavia.

Inapreciables son las ventajas de los periódicos: habiendo periódicos, en primer lugar, no es necesario estudiar, porque á la larga, ¿qué cosa hay que no enseñe un periódico? Sabe usted por un periódico la hora á que empieza el teatro, y algunas veces la funcion que se representa, es decir, siempre que la funcion que se representa es la misma que se anuncia: esto, al fin, sucede algunas veces. Por los periódicos sabe usted de dia en dia lo que sucede en Navarra, cuando sucede algo; verdad es que esto no es todos los dias; pero para eso muchas veces sabe usted tambien lo que no sucede: no se sabe ciertamente la pérdida del enemigo, pero esa siempre debe ser mucha; y en cambio se sabe que llegó la noche, porque la noche llega siempre; no es como la libertad, ni como las cosas buenas, que no llegan nunca; y se sabe que los caballos de los facciosos corren mas que los nuestros, puesto que siempre deben aquellos su salvacion á su velocidad. Asi se supiera dónde diantres los van á buscar. Esta investigacion seria de grande utilidad para mejorar nuestras crias. Por un periódico sabe usted que hay Cortes reunidas para elevar sobre el *cimiento* el edificio de nuestra libertad. Por ellos se sabe que hay dos Estamentos, es decir, ademas del de Procuradores, otro de Próceres. Por los periódicos sabe usted, *mutatus mutandis*, es decir, quitando unas cosas y poniendo otras; lo que hablan los oradores, y sabe usted, como por ejemplo ahora, cuándo una discusion es tal discusion, y cuándo es meramente *conversacion*, para repetir la frase feliz de un orador.

¿A quién debe aquel orador de café, que perora sobre la intervencion estrangera, sus vastos conocimientos acerca de las intenciones de Luis Felipe, sino á los periódicos? ¿Dónde habria aprendido aquella columna de la Puerta del Sol, que hace la oposicion de corrillo en corrillo, lo que es un tory y un wihg, y un reformista, y lo que puede una alianza, sobre todo si es cuadrupla, y una *resistencia*, sobre todo si es una? ¿Dónde aprenderia, siendo español, lo que es un progreso? ¿En qué libro encontraria lo que quiere decir un *ministro responsable*, y una *ley fundamental*, y una *representacion nacional*, y una *fantasma*? ¿En qué universidad podria aprender la sutil distincion que existe entre las *fantasmas que matan y las que no matan?* Distincion por cierto sumamente importante para nosotros pobres mortales, que somos los que hemos de morir.

Convengamos, pues, en que el periódico es el grande archivo de los conocimientos humanos, y que si hay algun medio en este siglo de ser ignorante, es no leer un periódico.

Estas y otras muchas reflexiones, las cuales no espongo todas, por ser siempre mucho mas lo que callo que lo que digo, me movieron á ser periodista; pero no como quiera periodista atenido á sueldos y voluntades agenas, sino periodista por mí y ante mí.

Dicho y hecho, concibamos el plan. El periódico se titulará *Figaro*, un nombre propio; esto no significa nada y á nada compromete, ni á *observar*, ni á *revistar*, ni á ser *eco de nadie*, ni á *chapar flores*, ni á *compilar*, ni á maldita de Dios la cosa. Encierra solo un tanto de malicia, y eso bien sé yo que no me costará trabajo. Con solo contar nuestras cosas lisa y llanamente, ellas llevan ya la bastante sal y pimienta. Hé aqui una de las ventajas de los que se dedican á graciosos en nuestro pais: en sabiendo decir lo que pasa, cualquiera tiene gracia, cualquiera hará reir. Sea esto dicho sin ofender á nadie.

El periódico tratará... de todo. ¿Qué menos? pero como no ha de ser ni tan grande como nuestra paciencia, ni tan corto como nuestra esperanza, y como han de caber mis artículos, no pondremos las reales órdenes. Por otra parte, no gusto de afligir á nadie; por consiguiente no se pondrán los reales nombramientos: menos gusto de estar siempre diciendo una misma cosa; por lo tanto fuera los partes oficiales. Estoy decidido á no gastar palabras en balde; mi periódico ha de ser todo sustancia; asi, cada sesion de Cortes vendrá en dos líneas; algunos dias en menos; como de esas veces no ocupará nada.

Artículos de *política*. Los habrá. Estos, en no entendiéndolos nadie, estamos al cabo de la calle. Y eso no es dificil, sobre todo quien no los ha de entender es el censor. Oposicion: eso por supuesto. A mí, cuando escribo, me gusta siempre tener razon.

De *Hacienda*. Largamente, pero siempre en broma; para nosotros será un juego esto; no nos faltará á quien imitar. Los asuntos de cuentas solo son serios para quien paga; pero para quien cobra...

De *Guerra*. Tambien daremos artículos, y en abundancia: buscaremos primero quien lo entienda y quien sepa hablar de la materia; por lo demas saldremos del paso, si no bien, mal: nunca serán los artículos tan pesados como el asunto.

De *Interior*. Hasta los codos. Desentrañaremos esto: y tanto queremos hablar de esta materia, que no nos detendremos en enumerar lo que se ha hecho; solo hablaremos de lo que falta por hacer.

De *Estado*. Aqui nos estenderemos sobre el *statu quo* y sobre el Estatuto, y nos quedaremos estendidos; ni moveremos pie ni pata.

De *Marina*. Esto es mas delicado. ¿Ha de ser Fígaro el único que hable de eso? No me gusta ahogarme en poca agua.

De *Gracia y Justicia*. He dicho muchas veces que no soy ministerial: haré por lo tanto justicia seca. ¡Ojalá que me dejen tambien hacer gracias!

De *literatura*. En cuanto se publique un libro bueno le analizaremos; por consiguiente, no seremos pesados en esta seccion.

De *teatro español*. No diremos nada mientras no haya nada que decir. Felizmente va largo.

De *actores*. Aqui seremos malos de buena fé; seremos actores hablando de actores.

De *música*. Buscaremos un literato que sepa música, ó un músico que sepa escribir: entre tanto, Fígaro se compondrá como se han compuesto hasta el dia los demas periódicos. Felizmente pillaremos al público acostumbrado; y él y nosotros estamos iguales.

Modas. En esta seccion hablaremos de empréstitos, de intrigas, de favor... en una palabra, lo que corre... á la *derniere* siempre.

De *costumbres*. Por supuesto: malas: lo que hay: escribiremos como otros viven sobre el pais. Fígaro hablará bajo este título, de paciencia, de tinieblas, de mala intencion, de atraso, de pereza, de apatía, de egoismo. En una palabra, de nuestras costumbres.

Anuncios. Queriendo hacer lo mas corta posible esta parte del periódico, solo anunciará las funciones buenas, los libros regulares, las reformas, los adelantos, los descubrimientos. Ni se pondrán las pérdidas, ni menos todo lo que se vende entre nosotros. Esto sería no acabar nunca.

Hé aqui el periódico de Fígaro. Ya está concebida la idea. Sin embargo, no es eso todo. Es preciso pedir licencia; pero para pedir licencia es preciso poder presentar fianzas. Si yo las tuviera no seria yo el que me pusiera á escribir tonterías para divertir á otros, ó *tener empleo con sueldo*... Pero si tuviera empleo, y gefe, y horas fijas, y once, y espedientes, y la cesantía al ojo, no tendria yo humor de escribir periódicos... ó *ser catedrático*... pero si fuera catedrático sabria algo, y entonces no servia para periodista...

Está decidido que no sirvo para pedir licencia. Otro al canto; un testaférreo; un sueldo al testaférreo; seguridades contra seguridades, fianza, depósito, licencia, en fin. Hé aqui ya á Fígaro con licencia: no esa licencia tan temida, esa licencia fantasma, esa licencia que nos ha de volver al despotismo, esa licencia que está detras de todo, acechando siempre el instante, y el ministro, y el.... No, sino licencia de imprimirse á sí mismo.

Ya no falta mas que imprenta. Corro á una....—Aqui es imposible: no hay letra.—Corro á otra: aqui, le diré á usted francamente, no hay prensas.—A otra: aqui no queremos periódicos, hay que trabajar de noche. Dios ha hecho la noche para dormir.—Si, pero no el impresor, contesto

furioso.—¿Qué quiere usted? Luego es trabajo en que no
se gana: como no hay cajistas en España, piden un sentido.
se hacèn valer; el público no quiere pagar caro, el oficial
no quiere trabajar barato.—¿Con que es imposible imprimir un periódico?—Poco menos, señor; y si acaso se lo
imprimen á usted, será caro y mal. Pondrán unas letras
por otras.—Eso ¡pardiez! no será imprimir mi periódico,
sino otro del cajista.—Pues eso, señor, sucederá; en habiendo un dia de formacion no tendrá usted cajistas; y si
usted se enfada algun dia por una errata, le dejarán plantado, y si no se enfada tambien.

¿Es posible? ¿Con que no hay Fígaro? ¡Oh! Habrá Fígaro, habrá Fígaro! Venceremos las dificultades.... ¡Ah! se
me olvidaba. ¡Papel! A una fábrica, á otra, á otra.... Este
es chico, este caro, este grande, este moreno, este con
demasiada cola....—Mire usted, como usted le quiere no le
hay, me dicen por fin. Es preciso mandarlo hacer.—Pues
lo mando hacer: para dentro de ocho dias.—Señor la fábrica está á sesenta leguas; hay que hacer los moldes, y luego el papel, y luego secarlo, y si llueve.... y luego traer-
lo.... y el ordinario echa quince dias ó veinte.... y...—¿Y
no hay quien le eche á usted á los infiernos?.... grito desesperado. ¡Pais de obstáculos!

Es preciso resignarse, esperar... Al fin lo habrá todo...
demasiado va á haber luego... esta es la idea que me detiene, por fin, que cuando haya editor, redactores, impresor,
cajistas, papel... entonces tambien habrá censor... Eso sí,
eso siempre lo hay..... ni hay que mandarle hacer, ni hay
que esperar....—Aqui acabo de perder la cabeza, enciérro-
me en mi casa, ¡voto va! Pues ha de haber Fígaro, sí señor, por lo mismo ha de haber Fígaro, y ha de hablar de
todo, absolutamente de todo.

Diciendo esto llego á mi casa, me siento á mi bufete
para tomar disposiciones.—¿Qué hace usted? le digo á mi
escribiente, de mal humor.—Señor, me responde, estoy
traduciendo, como me ha mandado usted, este monólogo de
su tocayo de usted, en el *mariage* de Fígaro de Beaumarchais, para que sirva de epígrafe á la coleccion de sus artículos que va usted á publicar.—¿A ver cómo dice?

«Se ha establecido en Madrid un sistema de libertad que
se estiende hasta á la imprenta; y con tal que no hable en
mis escritos, ni de la autoridad, ni del culto, ni de la po-

lítica, ni de la moral, ni de los empleados, ni de las corpo-
raciones, ni de los cómicos, ni de nadie que pertenezca á
algo, pueda imprimirlo todo libremente, prévia la inspeccion y revision de dos ó tres censores. Para aprovecharme
de esta hermosa libertad anuncio un periódico...

—Basta, esclamo al llegar aqui mi escribiente, basta; eso
se ha escrito para mí; cópielo usted aqui al pie de este artículo: ponga usted la fecha en que eso se escribió...—1784.
—Bien. Ahora la fecha de hoy.—22 de enero de 1835.—
Y debajo. — *Figaro.*

LA POLICIA.

Asi como hay en el mundo hombres buenos, tambien
hay cosas buenas: no citaremos nombres propios en la primera clase, por no ofender á la mayoria; pero en la segunda preciso será citar si queremos que nos crean. Cosa buena por ejemplo es la prévia censura, y para algunos no solo buena sino escelente. Que manda usted, y que manda
usted mal, dos cosas que pueden ir juntas. ¿Pues no es cosa buena y rebuena que nadie pueda decirle á usted una
palabra? Que manda usted, y que no manda usted mal,
pero que es usted hombre de calma; y como habia usted de
mandar algo bueno, no manda usted nada, ni bueno, ni malo. ¿Pues no es un placer verdaderamente que si hay algun
escritorzuelo atrevido que sale á decir *esto no marcha*, salga por otra parte el censor que usted le pone y le escriba en letra gorda y desigual al pie del folleto «*esto no puede
correr?*» Vaya si es cosa buena. Que es usted un sugeto de
luces por otra parte, amigo del gobierno, y que tiene usted
poco sueldo, ó no tiene usted ninguno, como suele suceder. Vaya si es cosa buena que le den á usted 20,000 rs. de
sueldo, ú opcion á los primeros que vaquen, solo por poner
esto no puede correr, que al cabo es decir una verdad como
un templo... Cosa buena es y muy buena. Replicáronnos
los que viven de disputar que la tal prévia censura no es
igualmente buena para el que escribió el artículo que no

puede correr, ni para el país que de él pudiera sacar provecho; pero en primer lugar, que al sentar nosotros la proposicion de que hay cosas buenas, no hemos dicho para quién y en segundo añadiremos que ese es el destino de las cosas de este mundo, en las cuales no hay una sola buena. para todos. Paises hay donde se cree que la perfeccion consiste en que las cosas sean buenas para los mas; pero tambien hay paises donde se cree en brujas, y no por eso son las brujas mas verdaderas. Dejemos por consiguiente este punto, que entra en el número de los muchos que no son oportunos todavia para nosotros, y convengamos únicamente en que hay cosas buenas.

Sabido esto, pocas hay que se puedan comparar con la policía. Por de pronto su orígen está en la naturaleza; la policía se debe al miedo, y el miedo es cosa tan natural, que poco ó mucho, no hay quien no tenga alguno; y esto sin contar con los que tienen demasiado, que son los mas. Todos tenemos miedo: los cobardes á todo: los valientes á parecer cobardes: en una palabra, el que mas hace es el que mas lo disimula, y esto no lo digo yo precisamente; antes que yo lo ha dicho Ercilla, en dos versos, por mas señas, que si bien pudieran ser mejores, dificilmente podrian ser mas ciertos.

El miedo es natural en el prudente,
Y el saberlo vencer es ser valiente.

Preclaro es, pues, el orígen de la policía. No nos remontaremos á las edades remotas para encontrar apoyos en favor de la policía. Trabajo inútil fuera, pues ya nos lo dan hecho; un orador ha dicho que en todos los paises la ha habido *con este ó aquel nombre,* y es punto sabido y muy sabido que la habia en Roma y en el consulado de Ciceron: no se sabe si con este ó con aquel nombre, no precisamente con su subdelegado al frente y sus celadores al pie; pero ello es que la habia, y si la habia en Roma, es cosa buena: si á esto se añade que la hay en Portugal, y que el pueblo da á sus individuos el nombre de *Morcegos,* ya no hay mas que saber.

Venecia ha sido el estado que ha llevado á mas alto grado de esplendor la policía; pues ¿qué otra cosa era el famoso tribunal pesquisidor de aquella república? A ella se de-

bia la hermosa libertad que se gozaba en la reina del Adriá-
tico, y que con colores tan balagüeños nos ha presentado un
literato moderno en la escena, y un célebre novelista en su
Bravo. La inquisicion no era tampoco otra cosa que una policía religiosa; y si era buena la inquisicion, no hay para qué
disputarlo. Aqui se prueba lo que ha dicho el orador citado, de que siempre ha existido en todos los paises *con este
ó aquel nombre.*

Otra prueba de que es cosa buena la policía es su existencia, no solo en Roma y en Portugal, sino tambien en
Austria; y sobre todo, en la parte de Italia sujeta á aquel
imperio, donde es delito á los ojos de la policía haber á las
manos un papel francés. Asi son los italianos tan felices, asi
se hacen lenguas del emperador de Austria. Oígase otro
ejemplo. Ahí está la Polonia, que debe su actual felicidad
¡vaya si es feliz! á la policía rusa. Que la policía es, pues,
una institucion liberal, se deduce claramente de su existencia en Austria y en Polonia; y si nos venimos mas acá, veremos que en Francia la instaló Bonaparte, uno de los amigos mas acérrimos de la libertad; y tanto, que él tomó para
sí toda la que pudo coger á los pueblos que sujetó; y á España, por fin, la trajo el célebre conquistador del Trocadero
el año 23, y fue lo que nos dió en cambio y permuta de la
Constitucion que se llevó; prueba de que él creía que valia
tanto por lo menos la policía como la Constitucion.

Pues luego, si ha hecho bienes al pais, no hay para qué
ponerlo en cuestion.

A la policía debió el desgraciado Miyar su triste fin; y
como ha dicho muy bien otro orador, á la policía se debió
sin duda alguna aquella inocente treta por la cual se sonsacó
de Gibraltar á un célebre patriota para acabarlo en territorio español, con toda nobleza y valentía. Pero ¿á qué mas
ejemplos? de cuantos liberales han muerto judicialmente
asesinados en los diez años, acaso no habrá habido uno que
no haya tenido algo que agradecer á esa brillante institucion.
Ahora bien, continuador el año 35 y heredero universal,
como se ha pretendido, de los diez años, mal pudiera re-
busar herencia tan legítima: asi hemos visto á nuestra policía recientemente hacer prodigios en punto á conspiraciones.

La policía se divide en política y en urbana. Y es cosa tan
buena una como otra. Por la primera, supongamos que sabe

usted que se habla en un café, en una casa, ó que no se habla, pero que tiene usted un enemigo; ¿quién no tiene un enemigo? Va usted á la policía, y con contar el caso, y con añadir que en la casa tienen pacto con *Isabelinos*, y que detras del *viva de ordenanza* está tapada la anarquía, hace usted prender á su enemigo. ¿Pues no es cosa escelente? Luego, para cualquier carrera se necesita saber algo, suponiendo que no haya favor ó parentesco; para médico, por ejemplo, alargar la enfermedad; para abogado, embrollar el asunto; para militar, ir á Vizcaya... para cura, todos sabemos ya lo que se necesita saber, y por ese estilo; pero para ser de policía, basta con no ser sordo. ¡Y es tan fácil no ser sordo! Ahora, si fuera preciso hacerse el sordo, ya era otra cosa: era preciso saber entonces casi tanto como para ser ministro.

Por otra parte decia un ilustre amigo nuestro, que la España se habia dividido siempre en dos clases; antes que prenden á gentes que son prendidas: admitida esta distincion, no se necesita preguntar si es cosa buena la policía.

Acerca de los premios destinados á la delacion, y para cuyos gastos será sin duda gran parte de los millones del presupuesto, esto es indispensable: primero, porque uno no ha de delatar de balde, y segundo, porque no se cogen truchas &c., refran que pudiéramos convertir en *no se cogen anarquistas*, &c. En una palabra, ó se ha de prender, ó no se ha de prender: si se ha de prender, es preciso que haya quien delate; y si ha de haber delatores, estos han de comer, porque tripas llevan pies. Por consiguiente, no solo es cosa buena la policía, sino tambien los ocho millones.

En los Estados-Unidos y en Inglaterra no hay esta policía política; pero sabido es en primer lugar el desorden de ideas que reina en aquellos paises; alli puede uno tener la opinion que le dé la gana; por otra parte, la libertad mal entendida tiene sus estremos, y nosotros leyendo en el gran libro abierto de las revoluciones, como ha dicho muy bien otro orador, debemos aprender algo en él, y no seguir las mismas huellas de los paises demasiado libres, porque vendriamos á parar al mismo estado de prosperidad que aquellas dos naciones. La riqueza vicia al hombre, y la prosperidad le hace orgulloso por mas que digan.

La otra policía es urbana. Esta es todavía mas cosa buena que la otra. Entre las ventajas que produce nos contentaremos con los pasaportes, con los cuales va usted adonde quiere y adonde le dejan. Paga usted su peseta, y ya sabe usted que tiene pasaporte. Suponga usted que á imitacion de Inglaterra no hubiera pasaportes. En verdad que no se concibe cómo se puede ir de una parte á otra sin pasaporte: si fuera sin caminos, sin canales, sin carruages, sin posadas, ¡vaya! ¡pero sin pasaportes! Por el mismo consiguiente saca usted su carta de seguridad, y ya está usted seguro, de haber gastado dos reales; pero en cambio hay otro que desde que usted los tiene de menos los tiene de mas. De modo, que para este, sobre todo, la carta de seguridad es cosa buena, tan buena por el pronto como dos reales. Hay cosas mejores, es verdad, pero siempre es cosa buena.

Probada, pues, hasta la evidencia la bondad de la policía, ¿cómo pudiéramos no agregarnos al voto de los 50 señores Procuradores que han perdido la última votacion? Poco vale por cierto nuestra opinion; no somos desgraciadamente ni procuradores ni inviolables, pero en cambio tendremos policía por lo menos; pagaremos en compañía de nuestros compatriotas ocho millones para que nos averiguen nuestras conversaciones, nuestros pensamientos, nuestros... y si algun dia la policía nos prende, como es probable, por anarquistas, esclamaremos con justo entusiasmo: *¡Buena cárcel nos mamamos! ¡Pero buen dinero nos cuesta!*

POR AHORA.

En nuestro último artículo, en que defendiamos la policía, dejamos ligeramente apuntado que hay *cosas buenas* en el mundo; y probamos hasta la evidencia, como solemos, que una de ellas es la policía. Como no nos pasa por la imaginacion que uno solo de nuestros lectores se haya resistido á nuestras razones, tratamos de probar hoy otra verdad mas indisputable todavía, á saber; que sentado el principio de que hay cosas buenas, hay *palabras* que parecen *cosas*, es decir, que hay *palabras buenas.*

A primera vista parece que buenas deben ser todas las palabras, puesto que sirven todas para hablar, ó sea para gastar conversacion, que es el fin que parecemos proponernos; esto es un error sin embargo, y error grave. Palabras hay malas, profundamente malas por sí mismas, y sin necesidad de accesorios, que forman por sí solas oracion y sentido, por mas que suelan ellas no tener sentido comun. Palabras que valen mas que un discurso, y que dan que discurrir; cuando uno oye por ejemplo la palabra *conspiracion*, cree estar viendo un drama entero, y aunque no sea nada en realidad. Cuando uno oye la palabra *libertad*, sola ella, solita, cree uno estar oyendo una larga comedia. Cuando uno oye la palabra *imprenta*, ¿no cree ver detras la censura, el imposible vencido, la cuadratura del círculo, la gran quisicosa? ¿No hay quien ve en ella el abismo, la anarquía, aquel qué sé yo, que nadie sabe esplicar ni comprender? Cada una de estas palabras son verdaderas linternas mágicas: el mundo todo pasa al través de ellas. Una vez encendidas todo se ve dentro.

Estas palabras que encierran por sí solas una significacion entera y determinada son malas generalmente: las buenas son aquellas que no dicen nada por sí, como por ejemplo: *prosperidad*, *ilustracion*, *justicia*, *regeneracion*, *siglo*, *luces*, *responsabilidad*, *marchar*, *progreso*, *reforma*, &c. &c. Estas no tienen un sentido fijo y decisivo: hay quien las entiende de un modo, hay quien las entiende de otro, hay, por fin, quien no las entiende de ninguno. Estas son buenas, porque blandas como cera, adáptanse á todas las figuras; estas son, en fin, el alimento de toda conversacion. Con ellas no hay discurso que no se pueda sostener, no hay cosa que no se pueda probar, no hay pueblo á quien no se pueda convencer. Estas son las palabras que parecen cosas.

Ahora bien, cuando dos de estas palabras insignificantes y maleables se llegan á encontrar en el camino una de otra, únense al momento y se combinan por una rara afinidad filológica; y entonces no toman por eso mayor sentido; todo lo contrario, juntas suelen querer decir menos todavía que separadas: entonces estas palabras buenas, suelen convertirse en lo que vulgarmente llamamos *buenas palabras*.

Hé aquí las reflexiones que teniamos presentes al sentar en el papel el titulillo de este artículo. Nadie nos negará que la palabra *por* quiere decir poco cuando va sola; pues de la

palabra *ahora*, no decimos nada. Hé aqui, pues, dos palabras escelentès, y combínense como se combinen. Júntese
el *por* con el *que*, y resultará el *porque*. Siempre se ha dicho
que el *porque* de las cosas es inaveriguable; por consiguiente
no quiere decir nada. Póngase el *ahora* en *oracion*, y digamos, por ejemplo: *¿Qué hay ahora? ¿Qué se hace ahora?*
Nada. Ambas son, pues, palabras nulas, y buenas por consiguiente. Combínense ahora juntas y digamos: *por ahora*,
y se verá el efecto peregrino de la suma de todas las nulida-
des.

Pocas palabras hay tan buenas, tan útiles en el dia, tan
en boga; pocas palabras buenas que puedan tan fácilmente convertirse en *buenas palabras*. ¿A qué nos contesta usted con el *por ahora?* Es la espada de Alejandro, que corta
todo nudo gordiano; es la panacea universal que templa todos los dolores. Buena jornada habiamos echado, si no pudiéramos contestar à todo; *por ahora*.

¿Cuánto no suaviza esta frase toda mala contestacion?
Por mejor decir, no hay con ella mala contestacion posible,
y todo aquel que sepa lo que es una repulsa seca, sabrá
apreciar cuánto valen las buenas palabras. Son el vino que
se mezcla con el agua para quitarle su crudeza. Ejemplo.
No, quiere decir que *no*. Pero si en vez de decir *no*, dice
usted *por ahora no*, aunque usted quiera decir lo mismo,
si habla usted sobre todo con un tonto, como suele suceder,
ha dicho usted una gran cosa. ¿Y qué cuesta decir dos palabras mas?

Convencidos hombres muy ilustrados de esta verdad,
¿cómo pudieran no usarlas continuamente?

Lluevan sobre ellos en buen hora demandas y peticiones,
renuévese la tabla de los derechos: clamen por todas partes
tribuna y periódicos por la libertad de imprenta; no le responderán á usted con un *no* seco, sino que *por ahora no
conviene*. Pida usted mas garantías; abógue usted por una
verdadera seguridad individual; porque tal ó cual estado es
absurdo. *Lo vemos*, responderán, y lo que es mas *con dolor*; empero *por ahora* no es oportuno. Para que un pueblo
esté bien gobernado, para que sea feliz, es preciso que se
difunda la *ilustracion*; para que un pueblo sea libre, es
preciso que sepa mucho... y esté bastantemente ilustrado...
véase sino *Grecia y Roma*; aquellos eran pueblos libres...
¡pero lo que se sabia allí! ¡qué pueblos tan ilustrados! ¿Qué

tiene que ver la España del siglo XIX con la *Grecia de Li-curgo* y la *Roma de Numa?*

Venga usted á decirme que el sistema judicial no es gran cosa. Que cada uno multa como le da la gana , y juz-ga como le parece. Pero eso es *por ahora* no mas. Deje usted que llegue aquel dia raro , aquel dia particular , que ha de ser el decisivo ; el dia , en fin, de la oportunidad, el dia que nos convenga pasarlo bien, que ese dia será otra cosa.

Que hay confusion de poderes, de palabras y de cosas: que no nos entendemos ; que es una verdadera Babel ; que no andamos un paso, un solo paso; pero eso es *por ahora.* Todavia no conviene que nos entendamos. Es preciso buscar el momento oportuno. Pues qué , ¿ no hay mas que entenderse cualquier dia del año, cualquier año del siglo?

¿Y quién es el encargado , preguntarán ustedes, de conocer el momento? ¿quién es ese sabio sagaz y penetrante. que ha de conocer cuándo nos conviene ser iguales, ser libres, poder hablar, ser, en una palabra, felices? ¿dónde está la línea divisoria entre la inoportunidad y la oportunidad? ¿quién es el ilustrado encargado de medir nuestra ilustracion?

Por ahora, amigo lector, no se columbra todavia á ese sabio : responderemos : ni nosotros hemos hecho ánimo de responder *por ahora* á todas las preguntas, ni nos dejarán responder tampoco *por ahora*; aunque quisiéramos. Limitámonos *por ahora* á probar que como hay cosas buenas entre nosotros, hay palabras que parecen cosas, y *palabras buenas* que nos dan por *buenas palabras.* Que las voces *por ahora,* son las primeras de ese género, y si bien se mira , bastante hemos dicho *por ahora.*

LITERATURA.

POESIAS DE DON JUAN BAUTISTA ALONSO.

Los hombres son raros en verdad. De cuatro veces tres no se entienden unos á otros; y de tres cuatro no se entienden á sí mismos. Diria uno oyendo ese prolongado clamor que pide libertad de imprenta diariamente: «Este es el pais de la imprenta, de los libros... de los periódicos...» Solemne chasco se llevaria quien tales consecuencias dedujese. Es preciso entendernos: ese clamor de libertad de imprenta, tan continuo, tan incesante, tan justo, puede tener dos principios: puede considerarse como un derecho meramente político reclamado por un pueblo víctima, que hace el último esfuerzo para romper la cadena; y puede mirarse tambien como un órgano meramente literario, exigido por un pueblo ansioso de ilustracion. En el primer caso la imprenta es el baluarte de la libertad civil, en el segundo el paladion de los conocimientos humanos. Desgraciadamente, si se contempla despacio el cuadro de nuestra ilustracion científica, literaria y artística, esta ánsia de libertad de imprenta no se puede achacar á la cooperacion de ambos principios reunidos, cooperacion que seria la perfeccion; no. Es preciso contentarse con reconocerle la primera causa por órigen; y esto pinta bastante nuestra situacion. Pedimos libertad de imprenta, no para lucirnos, sino para quejarnos, como anda buscando la voz para gritar el que abrumado por una horrible y miedosa pesadilla, tiene embargada el habla por el sueño. Busquemos en España desgraciados y oprimidos, ¿pero literatos?

A estas tristes reflexiones da lugar cada publicacion original que levanta la cabeza de cuando en cuando, mostrándose, como á hurtadillas, entre nosotros. Es la voz que resuena en el desierto: ni un eco hay que responda, ni un oido que la albergue, ni un pueblo que la escuche. Montes de arena, hoy aqui, mañana alli: y un huracan violento. Nada mas.

Si bien luce algun ingenio todavia de cuando en cuando, nuestra literatura sin embargo no es mas que un gran brasero apagado, entre cuyas cenizas brilla aun pálida y oscilante tal cual chispa rezagada. Nuestro siglo de oro ha pasado ya, y nuestro siglo XIX no ha llegado todavia.

En poesía estamos aun á la altura de los arroyuelos murmuradores, de la tórtola triste, de la palomita de Filis, de Batilo y Menalcas, de las delicias de la vida pastoril, del caramillo y del recental, de la leche y de la miel, y otras fantasmagorías por este estilo. En nuestra poesía á lo menos no se hallará malicia: todo es pura inocencia. Ningun rumbo nuevo, ningun resorte no usado. Convengamos en que el poeta del año 35, encenagado en esta sociedad envejecida, amalgama de oropeles y de costumbres perdidas; presa él mismo de pasioncillas endebles, saliendo de la fonda ó del villar, de la ópera ó del sarao, y á la vuelta de esto empeñado en oir desde su bufete el cefirillo suave que juega enamorado y malicioso por entre las hebras de oro ó de ébano de Filis, y pintando á la Gesner la deliciosa vida del otero (invadido por los facciosos), es un ser ridículamente hipócrita, ó furiosamente atrasado. ¿Qué significa escribir cosas que no cree ni el que las escribe, ni el que las lee?

Empero no quisiéramos que se interpretara en mal del libro que analizamos esta série de reflexiones generales, que tienden solo á probar, no el atraso particular de tal ó cual poeta, sino el general atraso de nuestra poesía. Mal pudiéramos por otra parte acriminar á nadie de seguir demasiado estrictamente el camino mas trillado; no todos tienen espíritu suficiente para sacudir las cadenas de la rutina; ni la antigua escuela que nos abruma aun por todas partes con su acompasada monotonía nos permite otra cosa. Antes de inventar nos es forzoso olvidar, y esta es una doble tarea de que no son todos capaces, acaso cuando le ocurre á cada cual olvidar: es tarde ya para él. Todo va despacio entre nosotros, ¿por qué ha de ir de prisa solo la poesía?

Colocándonos, pues, en la época á que corresponden estas poesías, examinemos el libro en venta, no ya comparando á nuestro autor con lord Byron ó Lamartine, puesto que su género es tan distinto que difícilmente se le pudieran hallar puntos de contacto.

El tomo del señor Alonso se compone de *odas*, segun la antigua clasificacion, y bajo este rótulo se encierran verdaderos *discursos*, mas ó menos filosóficos, elegíacos ó pindáricos, en que el poeta desarrolla buena porcion de dotes aventajadísimas: consta el volúmen ademas de romances, de sonetos, de letrillas, anacreónticas y canciones.

La coleccion del señor Alonso comienza con una oda titulada: *Que la instruccion es la mejor y la mas durable de las riquezas.* Sin convenir de ninguna manera en este principio, encontramos en la tal composicion buen juicio, y esa misma instruccion que el autor llama riqueza, y que nosotros menos poetas sin duda, llamaremos solo instruccion á secas.

La oda elegíaca que sigue está salpicada de poesía por todas partes: es á la muerte de una jóven hermosa recien casada. Imágenes atrevidas, símiles felicísimos, sentimiento alguna vez. Despues de haber dicho que

> *Cintia á su Delio mira*
> *y entre sus brazos sonriendo espira,*

añade el poeta Alonso:

> *Asi en oscuro templo*
> *donde el silencio sepulcral domina*
> *la agonizante lámpara vislumbra*
> *sus moribundos trémulos reflejos,*
> *mientras su luz se ahuyenta*
> *en desiguales partes soñolienta;*
> *Y al consumir oculta*
> *entre las sombras de la negra noche,*
> *último resto del fulgor dudoso,*
> *el tibio gérmen de su triste vida,*
> *fugaz vigor adquiere*
> *y súbita creciendo alumbra y muere.*

Quítensele á esas estrofas algun adjetivo inútil, y cierta oscuridad que resulta de la violenta colocacion del tercer verso de la segunda, y es un rasgo de primer orden.

Como imitacion de San Juan de la Cruz, la oda á la profesion religiosa de la señorita madrileña tiene todo el mérito de hallarse bien tomado el tono de esta clase de composiciones: hay uncion, hay aquel dialecto figurado y simbólico que han usado todos los poetas de este género.

Dice el poeta á la muerte de una niña:

> *Impune hiere el bárbaro asesino,*
> *y tranquila se goza en sangre humana*
> *retiñendo el puñal de muerte lleno;*
> *y asesinando vive*
> *alumbrándole el sol, que alumbra al bueno.*

Esta estrofa parece de Cienfuegos; su mismo atrevimiento, su novedad, su amargura misma.

Parécenos sin embargo que el género filosófico no es el sol de Austerlitz para el señor de Alonso: le comparáramos de buena gana en esta circunstancia con Melendez, de quien las odas y los discursos, salvo alguna escepcion como el de *las artes y las estrellas*, no son lo que le da inmortalidad.

El género del señor Alonso es el género mismo de Melendez, el bucólico; tiene composiciones enteras dignas de Batilo; sabe revestirse perfectamente del candor pastoril, de aquel dialecto juguetón, de aquel tono que huele á tomillo, segun la feliz espresion de un académico, que tambien hay académicos felices en ocurrencias.

> *Iremos á la fuente*
> *y alli la sed fogosa apagaremos*
> *en su fresca corriente,*
> *y el bien que nos debemos*
> *sin miedo y sin testigos gozaremos.*
>
> .   .   .   .
>
> *¿A qué envidiar cortadas*
> *las frutas en los cestos cortesanos,*
> *si aqui penden colgadas*
> *en árboles galanos*
> *que desde el suelo alcanzarán las manos?*

Hé aqui al poeta en su terreno. Cuando se entrega á su verdadera inspiracion, nada huelga en él, nada le falta. Ya no hay aquella dureza, aquella confusion de epitetos superabundantes, aquella especie de oscuridad, aquella afectada profundidad, aquel lujo pampanoso de poesia y de ruido que se advierte en sus primeras composiciones. Las dos estrofas citadas son un modelo; es difícil hacer nada mas acabado que la segunda, felicísima imitacion de Virgilio.

¿Cómo no citar aqui, cual la reina del tomo, la composicion á la *vida feliz*, desempeñada en primorosas quintillas? Es de lo mejor que hay escrito en castellano, y en cualquiera lengua. ¡Qué sencillez tan elocuente! ¡qué giros tan castizos, tan elegantes! ¡qué verdad, qué pureza, qué encanto singular! Júzguela el lector por sí mismo, y una vez leido ese lindo rasgo de poesia, le aconsejamos que en lugar de pasar á leer ninguna otra composicion, la vuelva á leer segunda vez, y no salga de ella jamás.

Como modelo de facilidad en la versificacion, las *quejas del moro* es romance inimitable; y en punto á romances, aunque son buenos el retrato de Rosana, el del cumpleaños de la señora doña María de los Dolores Armijo de Cambronero, el de Anfriso á Dalmiro, campea sobre todos el de *El consejo.* Es todo un romance y todo un consejo. ¡Qué pura intencion! ¡qué verdad! ¡qué noble indignacion contra el seductor Fabio! ¡qué interés tan noble por la inocente Elisa! ¡cómo corre la pluma en él! ¡cómo se desahoga la vena del poeta!

Facilmente conocerá el lector que ya puestos á citar, citariamos de buen talante infinitas bellezas mas por ese mismo estilo que brillan en la coleccion; con tanto mas placer, cuanto que amigos del poeta, quisiéramos no vernos obligados á poner al lado del elogio conquistado la merecida crítica. Pero conocemos demasiado al señor Alonso y sus severos principios de virtud, para ofenderle con una parcialidad indigna del escritor público. Al notar los defectos de su obra, como lo hemos hecho, repetiremos su axioma: *Amicus Plato, sed magis amica veritas.*

En resúmen, el señor de Alonso tiene en general el mérito de ser original, y en estos tiempos no es poco. No se puede comparar con Rioja, con Herrera, con Garcilaso; no es precisamente Melendez, ni Cienfuegos; no es Quintana; no es... es un poeta *sui generis;* el señor Alonso es Alonso. Es superior, como hemos dicho, en el género bucólico, Su versificacion es en general buena, casi siempre armoniosa. No es muy correcto, y esto no porque le creamos incapaz de correccion; pero ha hecho mal en no pulirse mas, como él mismo dice en su prólogo, por falta de *humor y de paciencia.* Hubiera podido espurgar algun tanto sus poesías, suprimir alguna composicion, y acortar muchas. Poeta franco y libre, suelta la rienda á su inspiracion y escribe demasiado. El talento no ha de servir para saberlo y decirlo todo, sino para saber lo que se ha de decir de lo que se sabe. Esa superabundancia de vena suele dañar al efecto, desliendo demasiado ideas que, ligeramente apuntadas, resaltarian doble; porque en las artes de imaginacion suele querer decir de mas lo que se dice de menos. Manifiesta instruccion y filosofia, si no abusára á veces de la primera, y si no afectase demasiado la segunda. Conoce su lengua, y aun creemos que pueda deber al cultivo de la poesia esas disposiciones oratorias que hemos oido elogiar en él aplicadas al foro.

Damos el parabien al señor Alonso por los laureles que acumula sobre su cabeza con la publicacion de sus poesías, y nos le damos á nosotros mismos por haber tenido ocasion de hacer pública justicia al mérito del señor Alonso.

CARTA DE FÍGARO

Á SU ANTIGUO CORRESPONSAL.

Ya se vé que te escribo poco, amigo mio; pero ¿qué quieres? me he propuesto no escribirte sino cuando suceda por acá alguna cosa buena, cuando haya alguna buena noticia, ó cuando las novedades que ocurran sean tan grandes que valgan la pena de escribir sobre ellas cuatro párrafos de sustancia y de gusto. Cosa buena no ocurre, ni viene buena noticia de ninguna parte; y por lo que hace á novedades, todas las de por acá son viejas. A mí se me figura siempre que he visto ya en otra parte todas nuestras novedades; y debe de consistir en que las unas son plagios, las otras imitaciones, y las demas repeticiones de nosotros mismos. Siempre vamos por el mismo camino, y lo que es peor, al mismo parage. Hay sin embargo quien asegura que esta vez no vamos por ningun camino, ni á ninguna parte; si esto fuese cierto, ya sería el caso muy diferente.

Me preguntas ¿qué era eso que andábamos buscando aquí y que no se encontraba? Por esas señas apenas sé lo que me quieres decir. Todo... Me he figurado, al fin, si me querrias hablar del ministerio. Pero si era eso, ¿á qué tanto misterio? Ya no estamos en tiempo de Calomarde; ahora se puede hablar claro y sin rodeos todo lo que se piensa, cuando se piensa. Aqui se habla mal de muchos ministros, y se los nombra y todo: á nadie han preso todavia por eso, lo cual es muy de alabar, y prueba por lo menos que no se quieren cometer injusticias.

En punto á ministerio te diré que es cierto que hemos andado buscando ministros. Tú sabes el cuento de Diógenes

y la linterna. Poco mas ó menos se ha hecho aqui buscando
un hombre. Parece que no es nada el ser ministro. Pues es
algo. Antes, ¡vaya! Pero ahora con esto de que el ministro
ha de saber hablar, y se ha de vestir limpio, y qué sé yo
cuántas cosas... Sucede que no se atreven á quitar un ministro, porque, amigo, ¿dónde van por otro? Hombres
para ministros no nacen todos los dias; y si *nacieran*, como
decia muy bien el señor presidente del consejo de ministros en una lindísima elegia,

Solo al tocarlos yo se marchitáran,

porque esa es la suerte de todas las cosas de nuestro pais.
Pero por fin el hombre ya parece que se ha encontrado, y
está provisto el ministerio de la Guerra.

Hace un año, poco mas, decia el gobierno (que entonces era Cea) que para acabar con don Carlos no se necesitaban *liberales ni innovaciones*. Pasó el tiempo, y fue preciso echar mano de *liberales y de innovaciones*, lo menos
que se pudo, es verdad; pero al fin fue preciso. Que tuvimos ya nuestro poco de liberales, y nuestro poquito de
innovacion; siguieron los que entraron con el mismo cantar: *nosotros lo acabaremos*, dijeron; *pero ni hace falta
Mina, ni...* Pues hizo falta *Mina*, hizo falta *Valdés...* Y
hará falta todo.

Pues un espejo de lo que ha sucedido en Guerra ha sido
Gracia y Justicia. De renuncia en renuncia vinimos á parar en fin al señor Dehesa. Yo no le conocia, ni tú tampoco; pero eso no prueba nada. Me dirás á eso que tú no has
dicho que pruebe algo; entonces estamos de acuerdo. En
Interior ha sido otra cosa; alli no costó nada el hacer la mudanza, si se esceptúa lo que costó decidirse á ella, y han
puesto al señor Medrano. Con respecto á sus doctrinas,
bien conocidas son; no hay sino coger los periódicos y
echarse á adivinar en las sesiones que dan los taquígrafos
lo que deben haber dicho los oradores, y por ahí te pones
al corriente en un momento.

Lo que es la Hacienda sigue lo mismo, y el Estado *in statu
quo*. La Marina sin novedad, que por cierto es lástima. La
cuadruple alianza parece que tiene olvidada su cláusula de
sacar al Pretendiente del territorio de la Peninsula. A eso
dirán que ya han cumplido, y que lo han sacado otra vez...

No es para todos los dias andar como pala de horno, sacando y metiendo á S. A. en la Península. Que se salga él si quiere, y si no que lo deje; lo demas no es tener maldita la formalidad.

Los presupuestos van en boga. El Conservatorio de Música no ha podido sacar un maravedí á la nacion. Primero se contentó con 600,000 reales, luego ya pidió 400,000, despues subió hasta 80,000. Pero nada. Sin embargo, á él se le dan dos cominos de todo eso. Anoche se cantó alli la *Norma*, y se asegura que siguen cantando. Siempre se ha dicho que el *español cuando canta, ó rabia ó no tiene blanca*. Mira tú lo que es: yo era de opinion de que le hubieran votado alguna friolera.

Ya vamos mudando los nombres á las cosas. En verdad que hasta ahora no estamos mas que en las calles; pero por alguna parte se ha de empezar. Ya los mudaremos todos, si Dios quiere.

Los teatros siguen abiertos la cuaresma; eso sí, las comedias con este régimen, ó lo que sea, pelechan. Y á propósito de comedias; te diré que aquellos veinte y ocho carlistas que se habian cogido en la costa cantábrica han resultado ser veinte y siete. Parece que habia sido un yerro de cuenta.

La fusion sigue en boga por todas partes: dentro de poco conseguirán que se junten el agua y el aceite. Pero ¡qué químicos, amigo, qué químicos! Asi nos refundiéramos como nos fundimos.

A propósito, tambien se me olvidaba la gran novedad, la verdadera novedad del dia. *La Revista y el Mensagero* se han fundido, es decir, se han casado. Si ha sido casamiento por amor ó por interes no te lo diré; pero yo creo que se querian; ya sabes que hace tiempo que se conocian; dónde se han visto, y dónde se han tratado, nadie lo sabe, porque al fin los padres siempre han andado por distinto lado, pero los chicos son el diablo: ello es que de la noche á la mañana nos hemos encontrado hecha la boda. La novia ha llevado casa puesta, coche y buen dote; y el novio sobre un capital decente muy buenas dotes. Él es un poco brusco y exigente; nada de transigir: hombre al fin: ella, que si fue coqueta, que si no fue coqueta. Pero es lo que ha dicho el Mensagero: *lo que no es en mi año, no es en mi daño*. Por otra parte, vaya usted á buscar una muger que no sea coqueta, y que no haya hecho cara á... ¡Delirios! ó no casarse, ó apechugar con ellas como son.

La boda fue ayer, y hoy podemos decir con Desmahis:

> *La jeune épouse de la veille*
> *Tout á la fois pále et vermeille*
> *Avait encor l' air etonné;*
> *Et tout ensemble heureuse et sage,*
> *Laissait lire sur son visage*
> *Le plaisir qu'elle avait donné.*

Yo creo que harán buen menage, porque al fin, pienso como Voltaire:

> *Point de milieu; l'hymen et ses liens*
> *Sont les plus grands où des maux où des biens.*

Y mas creo, que no tendrá que reproducir nunca la Revista la queja aquella de la señora que se querellaba de su marido ante los tribunales, diciendo: *Mi marido es gran músico, buen escribano, singular contador, salvo que no multiplica.*

Con esto, y con añadirte que en Navarra no hay novedad, y que se acabará probablemente la sesion sin presentarse la ley de ayuntamientos, y sin lograr una buena ley de imprenta, ya me parece que te digo bastante. Si á esto añades que estas semanas pasadas nos han robado en Madrid hasta por las calles, ¡tantos ladrones ha habido! no te queda mas que saber.—Tuyo.

———◆◆◆———

EL HOMBRE-GLOBO.

———◆◆◆———

La física ha clasificado los cuerpos, segun el estado en que los pone el mayor ó menor grado de calórico que contienen, en sólidos, líquidos y gaseosos. Asi el agua es sólido en el estado de hielo, líquido en el de fluidez, y gas en el de la ebulicion. Es ley general de los cuerpos la gravedad ó la atraccion que ejerce sobre ellos el centro comun; es natural que esta atraccion se ejerza mas fuertemente en los que reunen en menor espacio mayor cantidad de las moléculas que los componen; que estos por consiguiente tengan mas gravedad específica, y ocupen el puesto mas inmediato al centro. Asi es, que en la escala de las posiciones de los cuerpos, los sólidos ocupan el puesto inferior, los líquidos el intermedio, y los gaseosos el superior. Una piedra busca el fondo de un rio; un gas busca la parte superior de la atmósfera. Cada cuerpo está en contínuo movimiento para obedecer á la ley que le obliga á buscar el puesto, variable, que corresponde al grado de intensidad que adquiere ó que pierde. La nube, conforme se condensa, baja, y cuando se liquida, cae; este mismo cuerpo puesto al fuego, se dilata, y cuando se evapora y se gasifica, sube.

No trato de instalar un curso de física, lo uno porque dudo si tengo la bastante para mí, y lo otro porque estoy persuadido de que mis lectores saben de ella mas que yo; no hago mas que sentar una base de donde partir.

Igual clasificacion á esta que ha hecho la ciencia de los fenómenos en los cuerpos en general, se puede hacer en los hombres en particular. Probemos.

Hay hombres sólidos, líquidos y gaseosos. El hombre sólido es ese hombre compacto, recogido, obtuso, que se mantiene en la capa inferior de la atmósfera humana, de la cual no puede desprenderse jamás. Solo el contacto de la tierra puede sostener su vida; es el Anteo moderno, y usando de un nombre atrevido, el *hombre-raiz*, el *hombre-patata*: arrancado el terron que le cubre, deja de ser lo que es. Es el sólido de los sólidos. Toda la ausencia posible de calórico le mantiene en un estado tal de condensacion, que ocupa en el espacio el menor sitio posible; gravita estraordinariamente; empuja casi hácia abajo el suelo que le sostiene; está con él en contínua lucha, y le vence y le hunde. Le conocerán ustedes á legua : su frente achatada se inclina al suelo, su cuerpo está encorvado, su propio pelo le abruma, sus ojos no tienen objeto fijo, ven sin mirar, y en consecuencia no ven nada claro. Cuando una causa, agena de él, le conmueve, produce un son confuso, bárbaro y profundo, como el de las masas enormes, que se desprenden en el momento del deshielo en las regiones polares. Y como en la naturaleza no falta nunca, ni en el hielo, cierto grado de calórico, él tambien tiene su alma particular; es su grado de calórico; pero tan poca cosa, que no desprende luz; es un fuego fátuo entre otros fuegos fátuos; sirve para confundirle y estraviarle mas; el *hombre-sólido*, por lo tanto en religion, en política, en todo, no ve mas que un laberinto, cuyo hilo jamas encontrará; un caos de fanatismo, de credulidad, de errores. No es siquiera la linterna apagada; es la linterna que nunca se ha encendido, que jamàs se encenderá: falta dentro el combustible. El *hombre-sólido* cubre la faz de la tierra; es la costra del mundo. Es la base de la humanidad, del edificio social. Como la tierra sostiene todos los demas cuerpos, á los cuales impide que se precipiten al centro, asi el *hombre-sólido* sostiene á los demas que se mantienen sobre él. De esta especie sale el esclavo, el criado, el ser abyecto; en una palabra, el que nunca ha de leer y saber esto mismo que se dice de él. No raciocina, no obra, sino sirve. Sin *hombres-sólidos* no habria tiranos; y como aquellos son eternos, estos no tendrán fin. Es la muchedumbre inmensa que llaman pueblo, á quien se fascina, sobre el cual se pisa, se anda, se sube: cava, suda, sufre. Alguna vez se levanta, y es terrible, como se levanta la tierra en un terremoto. Entonces dicen que abre los ojos. Es un error. Tanto valdria llamar ojos de la tierra á las grietas que produce un volcan. Ni mas ni menos que una piedra, no se mueve de su sitio si no le dan un empellon; de la aldea donde nació (si es que el *hombre-sólido* nace, yo creo que al nacer no hace mas que variar de forma); del café donde le pusieron á servir sorbetes; del callejon donde limpia botas; del buque donde carga las velas ó les toma rizos, del regimiento donde dispara tiros; de la cocina donde adereza manjares; de la esquina donde carga baules; de la calle donde barre escorias; de la máquina donde teje medias; del molino donde hace harina; de la reja con que separa terrones. Es el primer instrumento adherido siempre á los demas instrumentos.

El *hombre-líquido* fluye, corre, varia de posicion; vuela á ocupar el vacio, tiene ya mayor grado de calórico; serpentea de contínuo encima del *hombre sólido*, y le moja, le gasta, le corroe, le arrastra, le vuelca, le ahoga. En momentos de revolucion él es el empujado; pero se amontona, sale de su cauce, y como el torrente que arrastra árboles y piedras, lo trastorna todo aumentando su propia fuerza con las masas de *hombre-sólido* que lleva consigo. Pero así como el torrente no sabe la fuerza que le impele, ni si hace al correr daño ó provecho, así el *hombre-líquido* al moverse no es mas que un instrumento menos imperfecto, que subleva instrumentos mas ignorantes; pero lleno ya de pretensiones, mete ruido, desafía al cielo, enuncia una voz, produce eco. Esta es una diferencia esencial del sólido al líquido para nuestro asunto; la piedra no suena sino cuando la impelen á rodar; el agua murmura solo corriendo y existiendo. La clase media de la humanidad, asi tambien, va siempre murmurando. Un golpe dado en un cuerpo sólido le arranca un pedazo; el golpe dado ya en el líquido encuentra resistencia, produce ondas, imprime movimiento. Hé aquí otra observacion. El golpe dado al pueblo simplemente es solo perjudicial para él: el que se da en la clase media suele salpicar al que le da.

El *hombre-líquido* tiene un alma menos compacta, y en ella mas grados de calórico, pero alma de imitacion; como todo líquido, remeda al momento la forma del vaso donde está; en pequeña cantidad se le da la figura que se quiere, en gran porcion toma la que puede. El *hombre-líquido* es la clase media; le conocerán ustedes tambien al momento; su movimiento contínuo le delata; pasa de un empleo á otro, va á ocupar los vacíos de las vacantes: hoy en una provincia, mañana en otra, pasado en la corte; pero por fin, como todo líquido, encuentra el mar, donde se pára y se encarcela; no le es dado correr mas. Hoy es arroyo, mañana rio caudaloso. Igual. Hoy es meritorio, mañana escribiente, pasado oficial; su instinto es crecer; rara vez separarse del suelo; si se alza momentáneamente, vuelve á caer.

Dada una idea rápida y general del *hombre-sólido* y del *hombre-líquido*, pasemos al objeto de nuestro artículo, al *hombre-gas*. De las dos especies referidas está lleno el mundo; no se ve otra cosa. Pero como para la formacion de la tercera se necesita un grado altísimo de calórico, hay regiones enteras que carecen del suficiente para formarla.

Hé aquí nuestra desgracia; siguiendo el camino que nos señala nuestra nueva metafísica, estamos, por ahora, en las regiones árticas del pensamiento. Lo probaré.

El *hombre-gas,* llegado á adquirir la competente dilatacion, se alza por sí solo donde quiera que está, y se sobrepone á ocupar el puesto que le corresponde en la escala de los cuerpos; lléga hasta la altura que su intensidad le permite, y se detiene en ella; no hay obstáculos para él, porque si pudiera haberlos, romperia, como el vapor, la caldera, y escaparia. Ponedle en una aldea; él vencerá la distancia y llegará á la capital; tirará el arado; pondrá un pie en el *hombre-sólido,* otro en el *líquido,* y una vez arriba: «*Yo mando,* esclamará, *no obedezco.*» Tales son las leyes de la naturaleza. Una vez comprendido este principio general de física, mis lectores conocerán al *hombre-gas* á primera vista. Su frente es altiva, sus ojos de águila, su fuerza irresistible, su movimiento el del tapon de una botella de Champagne. Pero para dar al gas una forma no hay mas medio que el de encerrarle en un continente que la tenga. Nada, pues, mas natural que el que demos á esta especie el nombre de *hombre-globo*: solo asi podemos hacerle perceptible á nuestros sentidos.

De todos nuestros lectores es conocida la historia de los globos desde las primeras molgolfieras hasta el último esperimento de la direccion, emprendido y malogrado últimamente en París: todos saben que hay gases de gases, y que los hay específicamente mas ligeros que otros; pero no todos se habrán parado á considerar detenidamente hasta qué punto podemos vanagloriarnos en nuestro pais de la perfeccion de los gases que artificialmente necesitamos producir para nuestras ascensiones. Yo creo que nuestra vanidad no debe hacernos perder la cabeza, si queremos reparar en su equívoca calidad.

Es claro que en tiempos pasados la atmósfera en que podia elevarse el *hombre-globo* entre nosotros, era sumamente limitada: los que mas se habian podido separar del suelo habian hecho consistir todo su esfuerzo en llegar á los escalones del trono, y si un *hombre-globo* llegaba á ser entonces ministro, habia hecho toda la ascension que se podia de él esperar: uno solo conocieron nuestros físicos mas esperimentados que consiguió remontarse en aquella época hasta las mas altas cornisas del coronamiento del real palacio; pero sea por falta de direccion una vez en el aire, sea por haber calculado mal la intensidad de su gas, una ráfaga violenta bastó para romper el globo, y el aire se lo llevó hasta caer todo agujereado á orillas del Tiber, donde yace todavía mal parado: culpa acaso tambien de no haber hecho uso de para-caidas, aunque, como dice muy bien don Simplicio de Bobadilla, *para-caídas* no hay com*ó un globo roto.*

Pero cuando posteriormente se han visto en casi todos los paises elevarse muchos á alturas desmesuradas, y mantenerse mas ó menos tiempo en ellas, no se concibe nuestra casi total ausencia de *hombres-globos* que se elevan verdaderamente, sino atribuyéndolo á desgracia del pais mismo. Los Estados-Unidos tuvíeron un *hombre-globo* que subió cuanto pudo, y manejando diestramente su válvula, descendió cómo y cuándo le plugo; de Francia hicieron mil su ascension, que estan todavia en altura, haciendo la admiracion de los espectadores; la Suecia mira uno en su pináculo todavía; y si el mayor de todos fué á parar hasta Santa Elena, es preciso confesar que hay descensos gloriosos, como retiradas honrosas.

Ahora bien, observemos al *hombre-globo* en nuestro pais. El año 8 empezaron á quererse henchir multitud de mongolfieras; pero estábamos indudablemente al principio de la invencion, y no debieron de tener gas mejor que el humo de paja, porque los unos dieron al traste con su globo en el estrecho, los otros quisieron sostenerse en tierra firme; pero han ido poco á poco deshinchándose, y una ráfaga ha acabado con unos, otra con otros.

El año 20 quisieron repetir el esperimento; pero por lo visto no habian aprendido nada nuevo: no contaron nuestros *hombres-globos* con el aire del norte, que los envolvió, pegó fuego á unos que cayeron miserablemente donde pudieron, y arrebató á otros á caer de golpe y porrazo en paises remotos y estrangeros. Raro fue el que cayó suavemente. Pero adelanto positivo para la ciencia no hubo ninguno.

Hé aquí sin embargo á nuestros *hombres-globos* probando de nuevo otra ascension; pero escarmentados ya nuestros antiguos y derretidos Icaros, tienen miedo hasta al gas que los ha de levantar: y en una palabra, nosotros no vemos que suban mas alto que subió Rozzo. Para nosotros todos son Rozzos.

Vean ustedes sin embargo al *hombre-globo* con todos sus caractéres. ¡Qué ruido antes! *¡La ascension! Va á subir. ¡Ahora, ahora si va á subir!* Gran fama, gran prestigio. Se les arma el globo; se les confia: ved cómo se hinchen,

¿Quién dudará de su suficiencia? Pero como casi todos nuestros globos, mientras estan abajo entre nosotros asombra su grandeza, y su aparato y su fama. Pero conforme se van elevando, se les va viendo mas pequeños; á la altura apenas de Palacio, que no es grande altura, ya se les ve tamaños como avellanas, ya el *hombre-globo* no es nada: un poco de humo, una gran tela, pero vacía, y por supuesto, en llegando arriba, no hay direccion. ¡Es posible que nadie descubra el modo de dar direccion á este globo!

Entre tanto el *hombre-globo* hace unos cuantos esfuerzos en el aire, un viento le lleva aquí, otro allá, descarga lastre.... ¡inútiles afanes! al fin viene al suelo: solo observo que estan ya mas duchos en el uso del para-caidas: todos caen blandamente, y no lejos: los que mas se apartan van á caer al Buen—Retiro.

Pero, señor, me dirán, ¿y ha de ser siempre esto asi? ¿No les basta á esos hombres de esperiencias? ¿Serán ellos los últimos que se desengañen de sí mismos?

Hé ahí una respuesta que yo no sabré dar. Yo no veo la ciencia desesperada, creo que acaso habrá por ahí escondidos otros *hombres-globos*; pero si los hay, ¿por qué no obedecen á las leyes de la naturaleza? Si su gas tiene mas intensidad, ¿cómo no se elevan por sí solos, cómo no se sobreponen á los otros?

Esta investigacion me conduciria muy lejos. Mi objeto no ha sido mas que pintar el *hombre-globo* de nuestro pais: un artículo de física no puede ser largo: si fuera de política seria otra cosa. Haré mi última deduccion, y concluiré: los Rozzos, que hasta ahora han hecho pinitos á nuestra vista, parece que ya se han elevado cuanto elevarse pueden. ¡Otros al puesto, esperimentos nuevos! Si por el camino trillado nada se ha hecho, camino nuevo.

Esto la razon sola lo indica. Si hay un *hombre-globo*, que salga, y le daremos las gracias; mas cuenta con engañarse en sus fuerzas: recuerde que primero hay que subir, y luego hay que dar direccion; y como dice Quevedo, *ascender á rodar es desatino; y el que desciende de la cumbre, ataja* observe que puede sucederle lo que á los demas, que conforme se vaya elevando se vaya viendo mas pequeño. Si no le hay, lastimoso es decirlo, pero aparejemos el *para-caidas.*

LA ALABANZA,

que me prohiban este.

Suponiendo que se escriba con principios, se puede escribir despues con varios fines. O se escribe para sí, ó se escribe para otros. Descifremos bien esto. Lo que se escribe en un libro de memorias se escribe evidentemente para sí. De modo que un *souvenir* es un monólogo escrito. No diré precisamente que sea necio el decirse uno las cosas á sí mismo, porque al cabo, ¿dónde habian de encontrar ciertos hombres un auditorio indulgente si no hablasen consigo mismos? Lo que diré es que yo nací con buena memoria. ¡Ojalá fuera mentira! Y tengo reparado que las cosas que una vez me interesan, tarde ó jamás se me olvidan; por lo tanto nunca las apunté; y las que no me interesaron siempre juzgué que no valian la pena de apuntarlas. Por otra parte, de diez cosas que en la vida suceden las nueve son malas, sin que esto sea decir que la otra sea enteramente buena. Razon demas para no apuntar. ¡Cuánto mas filosófico y mas consolador sería sustituir al *souvenir* otro repertorio de anotaciones llamado *olvido! Cosas que debo olvidar,* pondria uno encima: figúrese el lector si el tal librico necesitaria hojas, y si podria uno estar ocioso un solo instante, una vez comprometido á llenar sus páginas de buena fé. Siempre he abundado en la idea de que se hacen generalmente las cosas al reves: el *souvenir* es una idea inversa; en este sentido nunca he escrito para mí.

Continuemos echando una ojeada sobre los que escriben para sí.

El que escribe un memorial escribe sin duda para sí. Generalmente nadie lee los memoriales, sino el que los escribe, que es el único á quien importan; la prueba de esto es que cuando el empleo se ha de dar, ya está dado antes de hacer el memorial; y cuando hay que hacer el memorial, es señal de que no hay que contar con el empleo. Apelo á los señores que estan colocados y á los que se han de colocar. Es, pues, mas necio escribir un memorial, que un *souvenir*. En este sentido tampoco he escrito nunca para mí.

El que escribe un informe, un consejo, un parecer, escribe para sí; la prueba es que generalmente siempre se pide el consejo despues de tomada la determinacion, y que cuando el informe no gusta se desecha.

El que escribe á una querida escribe para sí, por varias razones; por lo regular rara vez se encuentran dos amantes en igual grado de pasion; por consiguiente el calor del uno es griego para el otro, y viceversa. Ademas, desde el momento en que dejamos de querer á nuestra amada, dejamos de escribirla. Prueba de que no escribiamos para ella.

Los autores han dicho siempre en sus prólogos, y se lo han llegado á creer ellos mismos, que escriben para el público; no sería malo que se desengañasen de este error. Los no leidos y los silbados escriben evidentemente para sí: los aplaudidos y celebrados escriben por su interes, alguna vez por su gloria; pero siempre para sí.

¿Quién es, pues, me dirán, el que escribe para otro? Lo diré. En los paises en que se cree que es dañoso que el hombre diga al hombre lo que piensa, lo cual equivale á creer que el hombre no debe saber lo que sabe, y que las piernas no deben andar, en los paises donde hay censura, en esos paises es donde se escribe para otro, y ese otro es el censor. El escritor que, lleno ya un pliego de papel, lo lleva á casa de un censor, el cual le dice que no se puede escribir lo que él lleva ya escrito, no escribe ni siquiera para sí. No escribe mas que para el censor. Este es el único hombre en que yo disculparia que escribiese un libro de memorias, y hasta que escribiese un memorial. A mayores fonterías puede obligar una prohibicion.

Estoy muy lejos de querer decir que yo haya escrito nunca para otro, en este sentido, porque, aunque es verdad que he tenido relaciones con varios señores censores, por otra parte muy beneméritos, puedo asegurar, que en cuanto he escrito nunca he puesto una sola palabra para ellos, nó porque no crea que no son muy capaces de leer cualquier cosa, sino porque siempre acaban por establecerse entre el censor y el escritor etiquetillas fastidiosas y dimes y diretes de poca monta, y á decir verdad soy poco amigo de cumplimientos. Los de los censores me hacen el mismo efecto que e

le hacian al portugués los del casteçao. El cuento es harto
sabido para repetirlo. Esto sería no escribir para nadie.

Bien determinado como estoy á no escribir jamás para el
censor, he tratado siempre de no escribir sino la *verdad*,
porque al fin, he dicho para mí, ¿qué censor habia de prohibir la *verdad*, y qué gobierno ilustrado, como el nuestro,
no la habia de querer oir? Asi es, que si en el reglamento
de censura se prohibe hablar contra la religion, contra las
autoridades, contra los gobiernos y los soberanos estrangeros, y contra otra porcion de materias, es porque se ha presumido con mucha razon, que era imposible hablar mal de
esas cosas, diciendo verdad. Y para mentir mas vale no escribir. Todo esto es claro; es mas que claro; casi es justo.

Lo que está permitido es alabar, sin que en eso haya lí-
mite ninguno; porque es probado que en la alabanza ni puede haber demasía, sobre todo, para el alabado, ni puede dejar de haber verdad y justicia. Por esta razon yo me he propuesto alabarlo siempre todo, y á este principio debo la gran
publicidad que se ha permitido á mis débiles escritos. Sistema que seguiré siempre, y que hoy mas que nunca seguiré,
porque efectivamente no hay motivo para otra cosa.

Al decidirme á este plan tuve presente otra consideracion, por mejor decir, un principio de moral incontestable
en todos los tiempos y paises. El hombre no debe hacer cosa
que no pueda confesar y publicar altamente. Es asi que no
puede decir ningun escritor qué se le ha prohibido un artículo por la censura, porque eso lo prohibe la ley, y la ley
no puede ser mala; luego ¿cómo habia yo de escribir artículos que se me pudiesen prohibir? Ni los he escrito, ni los
he de escribir, ni lo dijera, si por algun evento los hubiera
escrito, ni yo lo quiero decir, ni me dejáran tampoco, aunque yo quisiera. No hay medio. Por eso hago bien en no
querer.

Persuadir ahora de las ventajas que me trae el no escribir para otro, y el alabar constantemente cuanto veo, paréceme un tanto inútil. Y tienen mis alabanzas lo que tienen
pocas, y es, que no me han valido ningun empleo; no porque yo no pudiera servir para él, sino porque ellos que no
lo dan, y yo que no lo recibo, hemos querido sin duda que
mis alabanzas sean del todo independientes.

De esta independencia nace el desembarazo con que he
alabado francamente en distintas ocasiones, ora el amor de

familia con que se ha solido colocar á los deudos y amigos de
los gobernantes, cosa que ha variado ya enteramente; ora la
prudente lentitud con que se han entregado y se entregan
las armas á nuestros amigos; ora la oportunidad é idea con
que se vistió á los señores Próceres, y en momentos de aprie-
to, fundados en que mas da el *duro que el desnudo;* ora la
perspicacia con que se han descubierto varias conspiraciones, y se ha salvado á la patria amenazada; ora la prevision
con que se evitó que se interpretase mal la primera acome-
tida del cólera; ora la precipitacion con que se ha llevado á
su término la guerra civil; ora... pero ¿á qué mas? yo no
he dejado cosa apenas que no haya alabado; y si algo me he
dejado, por mi vida que me pesa, y téngolo de alabar hoy.

Por todo lo que llevo dicho hay pocas cosas que me in-
comoden tanto como el oir el contínuo clamoreo de esas gentes quejumbrosas, á quienes todo cuanto se hace, ó parece
mal, ó parece por lo menos poco. Aqui me irrito, y les respondo: ¿Poco, eh? Vamos á ver: ¿cuántos meses llevamos?—¿De qué? me preguntan.—¿De qué? De que... de...
Estatuto Real.—No llega á un año.—Y en poco menos de
un año, aqui es la mia, se han reunido dos estamentos; se
han mudado dos ministros de la guerra; se han visto tres
ministros de lo interior; no se ha visto mas que un ministro
de estado, pero se le ha oido mas que si hubieran sido tres.
Se ha visto un ministro de hacienda, y la hacienda tambien,
y como dice el refran, *hacienda, tu dueño te vea;* y si no se
ha visto marina, eso poco importa, que nada dice de marina el refran. En menos de un año se ha abolido el voto de
Santiago; ha habido tambien sus sesiones de Próceres alguna vez; y si en menos de un año se ha puesto la faccion sobrado pujante, tambien en menos de un año han penetrado los primeros talentos de España, que era preciso, por
fin, hacer un esfuerzo. En menos de un año ¡qué de generales famosos no se han estrellado! ¡Qué de facciosos no se
han perdonado! ¡Qué de gracias no se han dicho por varios
insignes oradores! ¡Cómo en menos de un año ha dicho el
uno un chascarrillo, y cómo le han contestado con otro y
con otros! ¡Qué de insultillos ocultos del procurador al ministro, y del ministro al procuradór!

*Cien veces ciento
mil veces mil.*

¡Cuánta serenidad, pues, en menos de un año, para ocuparse en apuros de la patria hasta de los mas pequeños dimes y diretes! ¡Cuánta conversacion! Temístocles le decia á su general: *¡Pega, pero escucha!* Cada uno de nuestros oradores es un Temístocles; con tal que le dejen hablar, él le dirá tambien á la guerra civil, al Pretendiente, á toda calamidad: *Pega, pero escucha.* ¿Qué mas cosas querrian ver esas gentes, qué mas sobre todo querrian oir en poco menos de un año?.

No hay prevision, me decia uno dias pasados.—¡No hay prevision! esclamé. Esto ya es mala fé. Y todo ¿por qué? Porque han sucedido cuatro lances desgraciados, que á pesar de haberse sabido no se pudieron prevenir. Pero esto ¿qué importa? A buen seguro que en cuanto acabó de suceder lo de Correos bien se puso un centinela avanzada en medio de la Puerta del Sol, que antes no le habia; el cual se está alli las horas muertas, viendo si viene algo por la calle de Alcalá. ¡Qué vuelvan ahora los del 18! ¿Y no hay prevision?

¡Maldicientes! Lo mismo que el entusiasmo. Mil veces he oido decir que han apagado el entusiasmo. ¿Y qué? Pongamos que sea cierto. ¿No se acaba de decidir ahora que se haga entusiasmo nuevo? ¿No se va á escribir á todos los señores gobernadores que fomenten el espíritu público y que hagan entusiasmo á toda prisa? ¿Y no lo harán por ventura? Y escelente y de la mejor calidad. El año pasado no hacia falta el entusiasmo; como que la faccion era poca y el peligro ninguno nos ibamos bandeando sin entusiasmo y sin espíritu público; y luego, que entonces estaba la anarquía cosida siempre á los autos del entusiasmo, y ahora ya no. Y el entusiasmo de ahora ha de ser un entusiasmo moderado, un entusiasmo frio y racional, un entusiasmo que mate facciosos, pero nada mas: entusiasmo, señor, de quita y pon, y entusiasmo en una palabra, sordo-mudo de nacimiento: entusiasmo que no cante, que no alborote el cotarro; que no se vuelva la casa un gallinero. Y este es el bueno, el verdadero entusiasmo. No, si no volvamos á las canciones patrióticas. ¿Qué trajo la ruina del sistema? Unas veces dicen que fué la libertad de imprenta, otras que fue... No señor, hoy estamos de acuerdo en que fueron las canciones. ¿Y esto no será de alabar?

Yo alabaré siempre; yo defenderé: reniego de la oposicion. ¿Qué quiere decir la oposicion?

Hé aquí un artículo escrito para todos, menos para el censor. La ALABANZA, en una palabra: ¡QUE ME PROHIBAN ESTE!

UN REO DE MUERTE.

Cuando una incomprensible comezon de escribir me puso por primera vez la pluma en la mano para hilvanar en forma de discurso mis ideas, el teatro se ofreció primer blanco á los tiros de esta que han calificado muchos de mordaz maledicencia. Yo no sé si la humanidad bien considerada tiene derecho á quejarse de ninguna especie de murmuracion, ni si se puede decir de ella todo el mal que se merece; pero como hay millares de personas seudo-filantrópicas, que al defender la humanidad parece que quieren en cierto modo indemnizarla de la desgracia de tenerlos por individuos, no insistiré en este pensamiento. Del llamado teatro, sin duda por antonomasia, dejéme suavemente deslizar al verdadero teatro: á esa muchedumbre en contínuo movimiento, á esa sociedad donde sin ensayo ni prévio anuncio de carteles, y donde á veces hasta de balde y en balde se representan tantos y tan distintos papeles.

Descendí á ella, y puedo asegurar que al cotejar este teatro con el primero, no pudo menos de ocurrirme la idea de que era mas consolador este que aquel : porqué al fin, seamos francos, triste cosa es contemplar en la escena la coqueta, el avaro, el ambicioso, la celosa, la virtud caida y vilipendiada, las intrigas incesantes, el crimen entronizado á veces y triunfante; pero al salir de una tragedia para entrar en la sociedad puede uno esclamar al menos: *aquello es falso; es pura invencion; es un cuento forjado para divertirnos;* y en el mundo es todo lo contrario; la imaginacion mas acalorada no llegará nunca á abarcar la fea realidad. Un rey de la escena depone para irse á acostar el cetro y la corona, y en el mundo el que la tiene duerme con ella, y sueñan con ella infinitos que no la tienen. En las tablas se puede silbar al tirano; en el mundo hay que sufrirle; allí so le va á ver como una cosa rara, como una fiera que se enseña por dinero; en la sociedad cada preocupacion es un rey; cada hombre un tirano; y de su cadena no hay librarse; cada individuo se constituye en eslabon de ella; los hombres son la cadena unos de otros.

De estos dos teatros sin embargo, peor el uno que el otro, vino á desalojarme una frase que lo ocupó todo. La política. ¿Quién hubiera leido un lijero bosquejo de nuestras costumbres, torpe, y débilmente trazado acaso, cuando se estaban dibujando en el gran telon de la política escenas, si no mejores, de un interes ciertamente mas próximo y positivo? Sonó el primer arcabuz de la faccion, y todos volvimos la cara á mirar de dónde partia el tiro : en esta nueva representacion, semejante á la fantasmagórica de Mantilla, donde empieza por verse una bruja, de la cual nace otra y otras, hasta *multiplicarse al infinito*, vimos un faccioso primero, y luego vimos *un faccioso mas*, y en pos de él poblarse de facciosos el telon. Lanzado en mi nuevo terreno esgrimí la pluma contra las balas, y revolviéndome á una parte y otra, di la cara á dos enemigos ; al faccioso de fuera, y al justo medio, á la parsimonia de dentro. ¡Débiles esfuerzos! El monstruo de la política estuvo en cinta y dió á luz lo que habia mal engendrado ; pero tras este debian venir hermanos menores, y uno de ellos, nuevo Júpiter, debia destronar á su padre. Nació la censura, y béme aqui poco menos que desalojado de mi última posicion. Confieso francamente que no estoy en armonía con el reglamento; respétole y le obedezco; hé aqui cuanto se puede exigir de un ciudadano: á saber, que no altere el orden; es bueno tener entendido que en política se llama *orden* á lo que existe, y que se llama *desorden* este mismo *orden* cuando le sucede otro *orden* distinto; por consiguiente es perturbador el que se presenta á luchar contra el orden existente con menos fuerzas que él; el que se presenta con mas, pasa á *restaurador*, cuando no se le quiere honrar con el pomposo título de *libertador*. Yo nunca alteraré el orden probablemente, porque nunca tendré la locura de creerme por mí solo mas fuerte que él : en este convencimiento, infinidad de artículos tengo solamente rotulados, cuyo desempeño conservo para mas adelante; porque la esperanza es precisamente lo único que nunca me abandona; pero al paso que no los escribiré, porque estoy persuadido de que me los habian de prohibir (lo cual no es decir que me los han prohíbido, sino todo lo contrario, puesto que yo no los escribo), tengo placer en hacer de paso esta advertencia, al refugiarme, de cuando en cuando, en el único terreno que deja libre á mis correrías el temor de ser rechazado en posiciones mas avanzadas. Ahora bien, espero que despues de esta prévia inteligencia no habrá lector que me pida lo que no puedo darle: digo esto porque estoy convencido de que ese pretendido acierto de un escritor depende mas veces de su asunto y de la predisposicion feliz de sus lectores que de su propia habilidad. Abandonado á esta sola, considérome débil, y escribo todavía con mas miedo que poco mérito, y no es ponderarlo poco, sin que esto tenga visos de afectada modestia.

Habiendo de parapetarme en las costumbres, la primera idea que me ocurre es que el hábito de vivir en ellas, y la repeticion diaria de las escenas de nuestra sociedad, nos impide muchas veces pararnos solamente á considerarlas, y casi siempre nos hace mirar como naturales cosas que en mi sentir no debieran parecérnoslo tanto. Las tres cuartas partes de los hombres viven de tal ó cual manera porque de tal ó cual manera nacieron y crecieron; no es una gran razon; pero esta es la dificultad que hay para hacer reformas: hé aquí por qué las leyes dificilmente pueden ser otra cosa que el índice reglamentario y obligatorio de las costumbres: hé aqui por qué caducan multitud de leyes que no se derogan: hé aqui la clave de lo mucho que cuesta hacer libre por las leyes á un pueblo esclavo por sus costumbres.

Pero nos apartamos demasiado de nuestro objeto: volvamos á él: este hábito de la pena de muerte, reglamentada y judicialmente llevada á cabo en los pueblos modernos con un abuso inesplicable, supuesto que la sociedad al aplicarla no hace mas que suprimir de su mismo cuerpo uno de sus miembros, es causa de que se oiga con la mayor indiferencia el fatídico grito que desde el amanecer resuena por las calles del gran pueblo, y que uno de nuestros amigos acaba de poner atinadísimamente por estribillo á un trozo de poesía romántica.

Para hacer bien por el alma
Del que van á ajusticiar.

Ese grito, precedido por la lúgubre campanilla, tan in-

mediata y constantemente como sigue la llama al humo,
y el alma al cuerpo; este grito que implora la piedad religiosa en favor de una parte del ser que va á morir, se confunde en los aires con las voces de los que venden y reven-
den por las calles los géneros de alimento y de vida para los
que han de vivir aquel día. No sabemos si algun reo de
muerte habrá hecho esta singular observacion, pero debe
ser horrible á sus oidos el último grito que ha de oir de la
coliflorera que pasa atronando las calles á su lado.

Leida y notificada al reo la sentencia, y la última venganza que toma de él la sociedad entera, en lucha por cierto desigual, el desgraciado es trasladado á la capilla, en
donde la religion se apodera de él como de una presa ya
segura: la justicia divina espera alli á recibirle de manos
de la humana. Horas mortales trascurren alli para él:
gran consuelo debe de ser el creer en un Dios, cuando es
preciso prescindir de los hombres, ó por mejor decir,
cuando ellos prescinden de uno. La vanidad sin embargo
se abre paso al través del corazon en tan terrible momento, y es raro el reo que pasada la primera impresion, en
que una palidez mortal manifiesta que la sangre quiere
huir y refugiarse al centro de la vida, no trata de afec-
tar una serenidad pocas veces posible. Esta tiránica sociedad exige algo del hombre hasta en el momento en
que se niega entera á él; injusticia por cierto incomprensible; pero reirá de la debilidad de su víctima. Parece
que la sociedad, al exigir valor y serenidad en el reo de
muerte con sus constantes preocupaciones se hace justicia á sí misma, y estraña que no se desprecie lo poco que
ella vale y sus fallos insignificantes.

En tan críticos instantes, sin embargo, rara vez des-
miente cada cual su vida entera y su educacion; cada cual
obedece á sus preocupaciones hasta en el momento de ir á
desnudarse de ellas para siempre. El hombre abyecto, sin
educacion, sin principios, que ha sucumbido siempre cie-
gamente á su instinto, á su necesidad, que robó y mató
maquinalmente, muere maquinalmente. Oyó un eco sordo
de religion en sus primeros años, y este eco sordo, que no
comprende, resuena en la capilla, en sus oidos, y pasa
maquinalmente á sus labios. Falto de lo que se llama en el
mundo honor, no hace esfuerzo para disimular su temor, y
muere muerto. El hombre verdaderamente religioso vuel-

ve sinceramente su corazon á Dios, y este es todo lo menos infeliz que puede el que lo es por última vez. El hombre educado á medias, que ensordeció á la voz del deber y de la religion, pero en quien estos gérmenes existen, vuelve de la continua afectacion de despreocupado en que vivió, y duda entonces y tiembla. Los que el mundo llama impios y ateos, los que se han formado una religion acomodaticia, ó las han desechado todas para siempre, no deben ver nada al dejar el mundo. Por último, el entusiasmo político hace veces casi siempre de valor; y en esos reos, en quienes una opinion es la preocupacion dominante, se han visto las muertes mas serenas.

Llegada la hora fatal entonan todos los presos de la cárcel, compañeros de destino del sentenciado, y sus sucesores acaso, una salve en un compas monótono, y que contrasta singularmente con las jácaras y coplas populares, inmorales é irreligiosas, que momentos antes componian juntamente con las preces de la religion el ruido de los patios y calabozos del espantoso edificio. El que hoy canta esa salve se la oirá cantar mañana.

En seguida, la cofradía vulgarmente dicha de la Paz y Caridad recibe al reo, que vestido de una túnica y un bonete amarillos, es trasladado atado de pies y manos sobre un animal, que sin duda por ser el mas útil y paciente, es el mas despreciado, y la marcha fúnebre comienza.

Un pueblo entero obstruye ya las calles del tránsito. Las ventanas y balcones estan coronados de espectadores sin fin, que se pisan, se apiñan, y se agrupan para devorar con la vista el último dolor del hombre. ¿Qué espera esa multitud? diria un estrangero que desconociese las costumbres. ¿Es un rey el que va á pasar; ese ser coronado, que es todo un espectáculo para un pueblo? ¿Es un dia solemne? ¿Es una pública festividad? ¿Qué hacen ociosos esos artesanos? ¿Qué curiosea esta nacion? Nada de eso. Ese pueblo de hombres va á ver morir á un hombre. ¿Dónde va?—¿Quién es?—¡Pobrecito!—Merecido lo tiene.— ¡Ay! si va muerto ya.—¿Va sereno?—¡Qué entero va!

Hé aquí las preguntas y espresiones que se oyen resonar en derredor. Numerosos piquetes de infantería y caballería esperan en torno del patíbulo. He notado que en semejante acto siempre hay alguna corrida: el terror que la situacion del momento imprime en los ánimos causa la mitad del desorden: la otra mitad es obra de la tropa que va á poner orden. ¡Siempre bayonetas en todas partes! ¿Cuándo veremos una sociedad sin bayonetas? ¡No se puede vivir sin instrumentos de muerte! Esto no hace por cierto el elogio de la sociedad ni del hombre.

No sé por qué al llegar siempre á la plazuela de la Cebada mis ideas toman una tintura singular de melancolía, de indignacion y de desprecio. No quiero entrar en la cuestion tan debatida del derecho que puede tener la sociedad de mutilarse á sí propia : siempre resultaria ser el derecho de la fuerza , y mientras no haya otro mejor en el mundo, ¿ qué loco se atreveria á rebatir ese ? Pienso solo en la sangre inocente que ha manchado la plazuela; en la que la manchará todavia. ¡Un ser que como el hombre no puede vivir sin matar , tiene la osadía , la incomprensible vanidad de presumirse perfecto!

Un tablado se levanta en un lado de la plazuela: la tablazon desnuda manifiesta que el reo no es noble. ¿Qué quiere decir un reo noble? ¿ Qué quiere decir garrote vil? Quiere decir indudablemente que no hay idea positiva ni sublime que el hombre no impregne de ridiculeces.

Mientras estas reflexiones han vagado por mi imaginacion , el reo ha llegado al patíbulo : en el dia no son ya tres palos de que pende la vida del hombre; es un palo solo: esta diferencia esencial de la horca al garrote me recordaba la fábula de los carneros de Casti, á quienes su amo proponia, no si debian morir , sino si debian morir cocidos ó asados. Sonreíame todavia de este pequeño recuerdo , cuando las cabezas de todos, vueltas al lugar de la escena, me pusieron delante que habia llegado el momento de la catástrofe: el que solo habia robado acaso á la sociedad, iba á ser muerto por ella: la sociedad tambien da ciento por uno: si habia hecho mal matando á otro , la sociedad iba á hacer bien matándole á él. Un mal se iba á remediar con dos. El reo se sentó por fin. ¡Horrible asiento! Miré el reloj: las doce y diez minutos: el hombre vivia aun... De allí á un momento una lúgubre campanada de San Millan, semejante al estruendo de las puertas de la eternidad que se abrian, resonó por la plazuela; el hombre no existia ya: todavia no eran las doce y once minutos.—«La sociedad, esclamé, estará ya satisfecha: ya ha muerto un hombre.»

UNA PRIMERA REPRESENTACION.

En los tiempos de Iriarte y de Moratin, de Comella y del abate Cladera, cuando divididas las pandillas literarias se asestaban de librería á librería, de corral á corral ; las burlas y los epígramas, la primera representacion de una comedia (entonces todas eran comedias ó tragedias) era el mayor acontecimiento de la España. El buen pueblo madrileño, á cuyos oidos no habian llegado aun, ó de cuya memoria se habian borrado ya las encontradas voces de *tiranía* y *libertad*, hacia entonces la vista gorda sobre el gobierno. S. M. cazaba en los bosques del Pardo, ó reventaba mulas en la trabajosa cuesta de la Granja; en la corte se intrigaba, poco mas ó menos como ahora, si bien con un tanto mas de hipocresía; los ministros colocaban á sus parientes y á los de sus amigos; esto ha variado completamente; la clase media iba á la oficina ; entonces un empleo era cosa segura, una suerte hecha; y el honrado, el héroico pueblo iba á los toros á llamar *bribon* á boca llena á Pepe-hillo y Pedro Romero cuando el toro no se queria dejar matar á la primera. Entonces no habia mas guerra civil que los famosos bandos y parcialidades de *chorizos* y *polacos*. No se sospechaba siquiera que podia haber mas derecho que el de tirar varias cáscaras de melon á un *marcillero*, y el de acompañar la silla de manos de la Rita Luna, de vuelta á su casa desde el teatro, lloviendo dulces sobre ella. En aquellos tiempos de tiranía y de inquisicion habia sin embargo mas libertad; y no se nos tome esto en cuenta de paradojas; porque al fin se sabia por dónde podia venir la tempestad, y el que entonces la pagaba era por poco avisado. En respetando al rey, y á Dios, respeto que consistia mas bien en no acordarse de ambas magestades, que en otra cosa, podia usted vivir seguro sin carta de seguridad, y viajar sin pasaporte. Si usted queria escribir, imprimia y vendia cuanto á las mientes se le viniese, y ahí estan si no las obras de Saavedra, las del mismo Comella, las de Iriarte, las de Moratin, las poesías de Quintana, que escritas en nuestros dias no podrian probablemente ver en muchos años la luz pública.

Entonces ni habia espías, ni menos policía: no le ahorca-
ban á usted hoy por liberal y mañana por carlista, ni al
dia siguiente por ambas cosas: tampoco habia esta comezon
que nos consume de ilustracion y prosperidad: el que tenia un sueldo se tenia por bastante ilustrado, y el que se
divertia alegremente se creia todo lo próspero posible. Y
esto pesado en la balanza de las compensaciones es algo sin
duda.

Habia otra ventaja, á saber; que si no queria usted ca-
var la tierra, ni servir al rey en las armas, cosas ambas
un si es no es incómodas; si no queria usted quemarse las
cejas sobre los libros de leyes ó de medicina; si no tenia usted ramo ninguno de rentas donde meter la cabeza, ni hermana bonita, ni muger amable, ni madre que lo hubiese
sido; si no podia usted ser page de bolsa de algun ministro
ó consejero, decia usted que tenia una estupenda vocacion;
vistiendo el tosco sayal tenia usted su vida asegurada, y
dejando los estudios, como fray Gerundio, se metia usted
á predicador. El oficio en el dia parece tambien haber perdido algunas de sus ventajas.

Por nuestros escritos conocerán nuestros lectores que
no debimos nosótros alcanzar esos tiempos bienaventurados. Pero ¿quién no es hijo de alguien en el mundo? ¿Quién
no ha tenido padres que se lo cuenten?

Entonces en el teatro se escuchaban pocas silbas, y el
ilustrado público, menos descontentadizo era á la par mas
indulgente. Lo que por aquellos tiempos podia ser una
primera representacion, lo ignoramos completamente; y
como no nos proponemos pintar las costumbres de nuestros
padres, sino las nuestras, no nos aflije en verdad demasiado
esta ignorancia.

En el dia una primera representacion es una cosa im-
portantísima para el autor de... ¿de qué diremos? Es tal la
confusion de los títulos y de las obras, que no sabemos cómo
generalizar la proposicion. En primer lugar hay lo que se
llama *comedia antigua*, bajo cuyo rótulo general se com-
prenden todas las obras dramáticas anteriores á Comella;
de capa y espada; de intriga, de gracioso, de figuron, &c. &c.; hay en segundo el drama, dicho melodrama,
que fecha de nuestro interregno literario, traduccion de la
Porte Saint Martin como el Valle del Torrente, el Mudo
de Arpenas, &c. &c.: hay el drama sentimental y terrorí-

fico, hermano mayor del anterior, igualmente traduccion, como la Huérfana de Bruselas; hay despues la comedia dicha clásica de Moliere y Moratin, con su versito asonantado, ó su prosa casera; hay la tragedia clásica, ora traduccion, ora original, con sus versos pomposos y su correspondiente hojarasca de metáforas y pensamientos sublimes de sangre real; hay la piececita de costumbres, sin costumbres, traduccion de Scribe; insulsa á veces, graciosita á ratos, ingeniosa por aqui y por alli; hay el drama histórico, crónica puesta en verso, ó prosa poética, con sus trages de la época y sus decoraciones *ad hoc*, y al uso de todos los tiempos, hay, por fin, si no me dejo nada olvidado, el drama romántico, nuevo, original, cosa nunca hecha ni oida, cometa que aparece por primera vez en el sistema literario con su cola y sus colas de sangre y de mortandad, el único verdadero; descubrimiento escondido á todos los siglos y reservado solo á los Colones del siglo XIX. En una palabra, la naturaleza en las tablas, la luz, la verdad, la libertad en literatura, el derecho del hombre reconocido, la ley sin ley.

Hé aqui que el autor ha dado la última mano á lo que sea: ya lo ha cercenado la censura decentemente; ya la empresa se ha convencido de que se puede representar, y de que acaso es cosa buena.

Entonces los periodistas, amigos del autor, saben por casualidad la próxima representacion, y en todos los periódicos se lee entre las noticias de facciosos derrotados completamente, la cláusula que sigue:

«Se nos ha asegurado ó sabemos. (*el sabemos no se aventura todos los dias*) que se va á poner en escena un drama nuevo en el teatro de... (por lo regular del Príncipe). Se nos ha dicho que es de un autor conocido ya *ventajosamente* por obras literarias de un mérito incontestable. Deben desempeñar los principales papeles nuestra célebre señora Rodriguez y el señor Latorre. La empresa no ha perdonado medio alguno para ponerlo en escena con toda aquella brillantez que requiere su argumento; y tenemos *fundados motivos* (la amistad, nadie ha dicho que no sea un motivo, ni menos que no sea fundado) para asegurar que el éxito corresponderá á las esperanzas, y que por fin el teatro español &c. &c.» y asi sucesivamente.

Luego que el público ha leído esto, es preciso ir al café

del Príncipe: allí se da razon de quién es el autor, de cómo
se ha hecho la comedia, de por qué la ha hecho, de que
tiene varias alusiones sumamente picantes, lo cual se dice
al oido: el café del Príncipe, en fin, es el memorialista, el
valenciano del teatro.

¿Ha visto usted eso del drama que trae la Revista?—
¿Qué drama es ese?—No sé.—Sí, hombre, si es aquel que
estaba componiendo...—¡Ah! sí. ¡Hombre, debe ser bueno!—Preciso.—¿Cómo se titula?—¡FULANO!—¿A secas?—No sé si tiene otro título.—Es regular.—¿Cuántos
actos?—Cinco creo.—No son actos, dice otro.—¿Cómo? ¿no
son actos?—Sí son actos, pero... yo no sé.—¡Ah! sí.—¿Y
muere mucha gente?—¡Por fuerza! dicen que es bueno.

¡Gustará! dicen en otro corrillo.—Hombre, eso como
este público es así... yo no me atreveria... pero mi opinion
es que ó debe alborotar, ó le tiran los bancos.—¡Hola!—No
hay medio. Hay cosas atrevidas; ¡pero qué escenas! Figúrese usted que hay uno que es hijo de otro.—¡Oiga!—Pero
el hijo está enamorado... Déje usted: yo no me acuerdo si
es el hijo ó el padre el que está enamorado. Es igual. El caso
es que luego se descubre que la madre no es madre: no; el
padre es el que no es padre; pero hay un veneno, y luego
viene el otro, y el hijo ó la madre matan al padre ó al hijo.—¡Hombre! Eso debe ser de mucho efecto.—¡Yo lo
creo! Y hay una tempestad y una decoracion oscura, tétrica, romántica... en fin, con decirle á usted que la dama,
ayer en el ensayo no podia seguir hablando.—¡Ui!!!!

Si la cosa es por otro estilo, aunque ahora no hay cosas
por otro estilo:—Es bonita, dicen, solo que es pesada; pero
á mí me hizo reir mucho cuando la leí; es clásica por supuesto; pero no hay accion; no sucede nada.

El autor entre tanto se las promete felices, porque en
los ensayos han convenido los actores (que son muy inteligentes) que hay una escena que levanta del asiento: solo
se teme que el galan, que ha creido que el papel no es para
su caracter, porque no es de bastante bulto, le haga con ti-
bieza: y el segundo gracioso no ha entendido una palabra
del suyo: no hay forma de hacérselo entender. Por otra
parte, una dama está un poquillo ofendida porque la protagonista, que nació demasiado pronto, tiene mas años de los
que ella quiere aparentar. Y los segundos papeles estan en
malas manos, porque como aqui no hay actores...

Esto, sin embargo, los ensayos siguen su curso natural: el autor se consume porque los actores principales no dicen su papel en el ensayo, sino que lo rezan entre dientes.—Un poco mas energía, se atreve á decir el autor, en ademan de pedir perdon.—No tenga usted cuidado, le responden; á la noche verá usted.—Con esto apenas se atreve á hacer nuevas advertencias; si las hace, suele atraerse alguna risilla escondida; verdad es que á veces el autor suele entender de representar menos todavia que el actor.

—¿Qué saco yo en la cabeza? le pregunta una joven. ¿Diadema?—No es necesario.—Como soy...—No importa, se va usted á acostar cuando sucede el lance.—Es verdad.

—¿Y yo, qué saco en las piernas?—La época, el calzon ajustado, pie y brazó acuchillados.—Es que no tengo.—Si tienes, dice un compañero, el calzon que te sirvió para Dido.—Ya; pero eso debe ser otra época.—No importa, le pones cuatro lazos, y es eso.

Yo saco peluca rubia, dice el gracioso.—¿Por qué rubia?—No tengo mas que rubias; todas las hacen rubias.—Bien; asi como así la escena es en Francia.—¡Ah! ¡entonces!... los franceses son rubios.—¿Y calva, por supuesto?—No, hombre, no: si no tiene usted mas que cincuenta años.—Es que todas mis pelucas tienen calva.—Entonces saque usted lo que usted quiera.

Yo necesito un retrato, ¿qué saco? dice otro.—No, un medallon: cualquier cosa: desde fuera no se ve.

Arreglado ya lo que cada uno saca, se conviene en que las decoraciones harán efecto, porque se han anunciado como nuevas: la del pabellon de la *Espiacion*, en poniéndole cuatro retratos, es romántica enteramente, y si se añaden unas armas, no digo nada; un gabinete de la edad media; la de tal otra comedia en abriéndole dos puertas laterales, y en cerrándole la ventana, es el cuarto de la dama.

Si hay comparsas se arma una disputa sobre si se deben afeitar ó no; si tienen que afeitarse es preciso que se les den dos reales mas; ¿se han de poner limpios de balde? Para conciliar el efecto con la economía, se convienen en que los cuatro que han de salir delante se afeiten; los que estan en segundo término, ó confundidos en el grupo, pueden ahorrarse las navajas. Si deben salir músicos, es obra de roma-

nos encontrarlos; porque es cosa degradante soplar en un
serpenton, ó dar porrazos á un pergamino á la vista del
público; cuando van por la calle ó de casa en casa, entonces nadie los ve.

Por fin, ha llegado la noche: merced á los anuncios de
los periódicos y de los carteles, en los cuales se previene
al público que si se tarda en los entresetos es porque hay
que hacer, y que como la funcion es larga, no admite intermedio ni sainete; merced á estas inocentes estratagemas,
se acaban los billetes al momento, y á la tarde estan á dos,
tres duros las lunetas. El autor ha tomado los suyos, y los
amigos, que han comido con él, le tranquilizan, asegurán-
dole que si el drama fuera malo se lo hubieran dicho francamente en las repetidas lecturas que se han hecho prévia-
mente en casa de éste ó de aquel. Todo lo contrario: se han
estasiado: y no es decir que no lo entiendan. El buen ingenio anda aquel dia distraido; no responde con concierto á
cosa alguna; reparte algunos apretones de manos, lo mas
espresivos posibles, á cuenta de aplausos, y está muy modesto; se cura en salud; refuerza alguna sonrisa para contestar á los muchos que llegan y le dicen embromándole,
sin temor de Dios: *Con que hoy es la silba; voy á comprar
un pito.*

¡Las seis! es preciso asistir al vestuario.— ¡Qué tal estoy!—Bien: parece usted un verdadero abate; dése usted
mas negro en esa megilla; otra raya; es usted mas viejo.
Usted sí que está perfectamente, señora, y cierto que daria los mejores trozos de mi comedia por ser el galan de
ella, y hacer el papel con usted. Se me figura que está frio
el segundo galan.—¡Ah! no; ya lo verá usted; ahora está
bebiendo un poco de ponche para calentarse.— ¿Sí; eh?
¡Magnífico! No se le olvide á usted aquel grito en aquel
verso.—No se me olvida, descuide usted; aturdiré el teatro.—Sí, un chillido sentido: como que ve usted al otro
muerto. Con que salga como en el penúltimo ensaye me
contento. Alborota usted con ese grito. ¡A mí me estremeció usted, y soy el autor!...

—¡La orden! ¡La orden! gritan á esta sazon.

—¿Cómo la orden? esclama el autor asustado. ¿La han
prohibido?— No señor, es la orden para empezar; habrá
venido S. A.

Suena una campanilla. ¡Fuera, fuera! y salen precipitádamente de la escena aquella multitud de pies que se ven debajo del telon.

¡Cuidado con los arrojes, señor autor! dice un segundo apunte cogiéndole de un brazo.—¿Qué es eso?—Nada; los arrojes son cuatro mozos de cordel que hacen subir el telon, bajando ellos colgados de una cuerda. Se oye un estruendo espantoso: se ha descorrido la cortina, y el ingenio se refugia á un rincon de un palco segundo, detras de su familia, ó de sus amigos, á quienes mortifica durante la representacion con repetidas interrupciones. Tiene toda la sangre en la cabeza, suda como un cavador, cierra las manos, hace gestos de desesperacion cuando se pierde un actor. Si lo dije, si no sabe el papel.—¿Silban?—¿Qué murmullo es ese?—Bien, bien: este aplauso ha venido muy bien ahí: esto va bien; ese trozo tenia que hacer efecto por fuerza.—¡Bárbaros! ¿Por qué silban? Si no se puede escribir en este pais: luego la estan haciendo de una manera... Yo tambien la silbaria.

En el auditorio son otras las espresiones fugitivas. ¡Vaya! Ya tenemos el telon bajando y subiendo.—¡Bravo! se han dejado una silla.—Mire usted aquel comparsa. ¿Qué es aquello blanco que se le ve?—¡Hombre! ¡en esa sala han nacido árboles!—¿Lo mató? ¡Ah! ¡ah! ¡ah! Si morirá el apuntador.—Pues, señor, hasta ahora no es gran cosa.—Lo que tiene es buenos versos.

Entretanto la condesita de** entra al segundo acto dando portazos para que la vean; una vez sentada no se luce el vestido: los *fashionables* suben y bajan á los palcos: no se oye: el teatro es un infierno: luego parece que el público se ha constipado adrede aquel dia. ¡Qué toser, señor, qué toser!

Llegó el quinto acto, y la mareta sorda empieza á manifestarse cada vez mas pronunciada: á la última puñalada el público no puede mas, y prorumpe por todas partes en ruidosas carcajadas: los amigos defienden el terreno; pero una llave decide la cuestion: sin duda no es la llave con que encerraba Lope de Vega los preceptos; y cae el telon entre la magestuosa algazara y con toda la pompa de la ignominia.

No sé qué propension tiene la humanidad á alegrarse del mal ageno; pero he observado que el público sale mas alegre y decidor, mas risueño y locuaz de una representacion silbada: el autor entretánto sale confuso y renegando de un público tan atrasado: no estan todavia los españoles, dice, para esta clase de comedias: se agarra otro poco á las intrigas, otro poco á la mala representacion, y de esta suerte ya puede presentarse al dia siguiente en cualquier parte con la conciencia limpia.

Sus amigos convienen con él, y en su ausencia se les oye decir:—Yo lo dije; esa comedia no podia gustar; pero ¿quién se lo dice al autor? ¿Quién pone el cascabel al gato? —Yo le dije que cortara lo del padre en el segundo acto: aquello es demasiado largo; pero se empeñó en dejarlo.

He observado sin embargo que los amigos literatos suelen portarse con gran generosidad; si la comedia gusta, ellos son los que como inteligentes hacen notar los defectillos de la composicion, y entonces pasan por imparciales y rectos: si la comedia es silbada, ellos son los que la disculpan y la elogian; saben que sus elogios no la han de levantar, y entonces pasan por buenos amigos. En el primer caso dicen:—Es cosa buena, ¿cómo se habia de negar? No tiene mas sino aquello, y lo otro, y lo de mas allá... ya se ve las cosas no pueden ser perfectas.

En el segundo dicen.—Señor, no es mala; pero no es para todo el mundo: hay cosas demasiado profundas: tiene bellezas: sobre todo hay versos muy lindos.

Pero la parte indudablemente mas divertida es la de oir, acercándose á los corrillos, los votos particulares de cada cual: este la juzga mala porque dura tres horas; aquel porque mueren muchos; el otro porque hay gente de iglesia en ella; el de mas allá porque se muda de decoraciones: esotro porque infringe las reglas: los contrarios dicen, que solo por estas circunstancias es buena. ¡Qué Babilonia, Santo Dios! ¡Qué confusion!

Al dia siguiente los periódicos... Pero ¿quién es el autor? ¿Es un principiante, un desconocido? ¡Qué nube! ¿Es algo mas? ¡Qué reticencias! ¡Qué medias palabras! ¡Qué exacto justo medio!

¡Despues de todo eso, haga usted comedias!!!

LA DILIGENCIA.

Cuando nos quejamos de que *esto no marcha*, y de que la España no progresa, no hacemos mas que enunciar una idea relativa: generalizada la proposicion de esa suerte, es evidentemente falsa; reducida á sus límites verdaderos, hay un gran fondo de verdad en ella.

Asi como no notamos el movimiento de la tierra, porque todos vamos envueltos en él, asi no echamos de ver tampoco nuestros progresos. Sin embargo, ciñéndonos al objeto de este artículo, recordaremos á nuestros lectores que no hace tantos años carecíamos de multitud de ventajas, que han ido naciendo por sí solas y colocándose en su respectivo lugar; hijas de la época, escuelas indispensables del adelanto general del mundo. Entre ellas, es acaso la mas importante la facilitacion de las comunicaciones entre los pueblos apartados: los tiranos, generalmente cortos de vista, no han considerado en las diligencias mas que un medio de transportar paquetes y personas de un pueblo á otro: seguros de alcanzar con su brazo de hierro á todas partes, se han sonreido imbécilmente al ver mudar de sitio á sus esclavos: no han considerado que las ideas se agarran como el polvo á los paquetes y viajan tambien en diligencia. Sin diligencias, sin navíos, la libertad estaria todavia probablemente encerrada en los Estados-Unidos. La navegacion la trajo á Europa; las diligencias han coronado la obra: la rapidez de las comunicaciones ha sido el vínculo que ha reunido á los hombres de todos los paises : verdad es que ese lazo de los liberales lo es tambien de sus contrarios; pero ¿qué importa? La lucha es asi general y simultánea; solo asi puede ser decisiva.

Hace pocos años, si le ocurria á usted hacer un viaje, empresa que se acometia entonces solo por motivos muy poderosos, era forzoso recorrer todo Madrid, preguntando de posada en posada por medios de transporte. Estos se dividian entonces en coches de colleras, en galeras, en carromatos, tal cual tartana y acémilas. En la celeridad no habia diferencia ninguna: no se concebia cómo podia un hom-

bre apartarse de un punto en un solo dia mas de seis ó siete leguas; aun asi era preciso contar con el tiempo y con la
colocacion de las ventas: esto, mas que viajar, era irse
asomando al pais, como quien teme que se le acabe el mundo al dar un paso mas de lo absolutamente indispensable.
En los coches viajaban solo los poderosos: las galeras eran
el carruage de la clase acomodada; viajaban en ellas los
empleados que iban á tomar posesion de su destino, los
corregidores que mudaban de vara: los carromatos y las
acémilas estaban reservadas á las mugeres de militares, á
los estudiantes, á los predicadores cuyo convento no les
proporcionaba mula propia. Las demas gentes no viajaban;
y semejantes los hombres á los troncos, alli donde nacian,
alli morian. Cada cual sabia que habia otros pueblos que
el suyo en el mundo, á fuerza de fé; pero viajar por instruccion y por curiosidad, ir á Paris sobre todo, eso ya suponia un hombre superior, estraordinario, osado, capaz
de todo: la marcha era una hazaña, la vuelta una solemnidad: y el viajero al divisar la venta del Espíritu Santo, esclamaba estupefacto: *¡Qué grande es el mundo!* Al llegar
á Paris despues de dos meses de medir la tierra con los pies,
hubiera podido esclamar con mas razon: *¡Qué corto es el
año!*

A su vuelta ¡qué de gentes le esperaban, y se apiñaban
á su al rededor para cerciorarse de si habia efectivamente
París, de si se iba y se venia, de si era, en fin, aquel mismo
el que habia ído, y no su ánima que volvia sola! Se miraba con admiracion el sombrero, los anteojos, el baul, los
guantes, la cosa mas diminuta que venia de París. Se to-
caba, se manoseaba, y todavía parecia imposible. ¡Ha ido á
Paris! ¡ha vuelto de Paris!! ¡Jesus!!!

Los tiempos han cambiado estraordinariamente: dos
emigraciones numerosas han enseñado á todo el mundo el
camino de Paris y Londres. Como quien hace lo mas, hace
lo menos, ya el viajar por el interior es una pura baga-
tela, y hemos dado en el estremo opuesto: en el dia se
mira con asombro al que no ha estado en Paris; es un punto menos que ridículo. ¿Quién será él, se dice, cuando no
ha estado en ninguna parte? Y efectivamente, por poco liberal que uno sea, ó está uno en la emigracion, ó de vuelta de ella, ó disponiéndose para otra: el liberal es el sím-
bolo del movimiento perpetuo, es el mar con su eterno

flujo y reflujo. Yo no sé cómo se lo componen los absolu-
tistas; pero para ellos no se han establecido las diligencias;
ellos esperan siempre á pie firme la vuelta de su Mesías;
en una palabra, siempre son de casa; este partido no tiene
mas movimiento que el del caracol; toda la diferencia está
en tener la cabeza fuéra ó dentro de la concha. A propósito,
¿la tiéne ahora dentro ó fuera?

Volviendo empero á nuestras diligencias, no entraré
en la esplicacion minuciosa y poco importante para el público de las causas que me hicieron estar no hace muchos
dias en el patio de la casa de postas, donde se efectúa la salida de las diligencias llamadas *reales*, sin duda por lo que
tienen de efectivas. No sé qué tienen las diligencias de comun con su Magestad; una empresa particular las dirige,
el público las llena y las sostiéne. La misma duda tengo
con respecto á los *villares;* pero como si hubiera yo de es-
tender ahora en el papel todas mis dudas no haria gran
diligencia en el artículo de hoy, prescindiré de digresiones, y diré en último resultado, que ora fuese á despedir
á un amigo, ora fuese á recibirle, ora en fin con cualquier otro objeto, yo me hallaba en el patio de las diligencias.

No es facil imaginar qué multitud de ideas sugiere el
patio de las diligencias: yo por mi parte me he convencido
que es uno de los teatros mas vastos que puede presentar
la sociedad moderna al escritor de costumbres.

Todo es alli materiales, pero hechos ya y elaborados: no
hay sino ver y coger. A la entrada le llama á usted ya la
atencion un pequeño aviso que advierte pegado en un pos-
te, que nadie puede entrar en el establecimiento público
sino los viajeros, los mozos que traen sus fardos, los depen-
dientes y las personas que vienen á despedir ó recibir á los
viajeros: es decir, que alli solo puede entrar todo el mundo.
Al lado numerosas y largas tarifas indican las líneas, los iti-
nerarios, los precios: aconsejaremos sin embargo á cualquiera que reproduzca, al ver las listas impresas, la pregunta de aquel palurdo que iba á entrar años pasados en
el botánico con chaqueta y palo, y á quién un dependiente decia:—No se puede pasar en ese trage: ¿no ve el cartel
puesto de ayer?—Sí señor, contestó el palurdo, pero... ¿eso
rige todavía?

Lea, pues, el curioso las tarifas y pregunte luego: verá

como no hay carruages para muchas de las líneas indica-
das; pero no se desconsuele, le dirán la razon.—*¡Como los
facciosos estan por akí, y por allí, y por mas allá!!!*... Esto siempre satisface: verá ademas como los precios no son
los mismos que cita el aviso; en una palabra, si el curioso
quiere proceder por orden, pregunte y lea despues, y si
quiere atajar, pregunte y no lea. La mejor tarifa es un dependiente; podrá suceder que no haya quien dé razon; pero en ese caso puede volver á otra hora, ó no volver si no
quiere.

El patio comienza á llenarse de viajeros y de sus familias y amigos: los unos se distinguen facilmente de los otros.
Los viajeros entran despacio: como muy enterados de la hora, estan ya como en su casa: los que vienen á despedirles,
si no han venido con ellos, entran de prisa y preguntando:
—¿Ha marchado ya la diligencia? Ah, no; aquí está todavía. Los primeros tienen capa ó capote, aunque haga calor; echarpé al cuello y gorro griego ó gorra si son hombres: si son mugeres gorro ó papalina, y un enorme ridículo; allí va el pañuelo, el abanico, el dinero, el pasaporte, el
vaso de camino, las llaves, ¡qué mas sé yo!

Los acompañantes, portadores de menos aparato, se presentan vestidos de ciudad, á la ligera.

A la derecha del patio se divisa una pequeña habitacion;
agrupados allí los viajeros al lado de sus equipages, piensan
el último momento de su estancia en la poblacion: media
hora falta solo: una niña, ¡qué jóven, qué interesante! apoyada la megilla en la mano, parece exhalar la vida por los
ojos cuajados en lágrimas: á su lado el objeto de sus miradas procura consolarla, oprimiendo acaso por última vez su
lindo pie, su trémula mano.... «Vamos, niña, dice la madre, robusta é impávida matrona, á quien nadie oprime
nada, y cuya despedida no es la primera ni la última, ¿á
qué vienen esos llantos? No parece sino que nos vamos del
mundo.»

Un militar que va solo examina curiosamente las compañeras de viaje: en su aire determinado se conoce que ha
viajado y conoce á fondo todas las ventajas de la presion
de una diligencia. Sabe que en diligencia el amor sobre todo hace mucho camino en pocas horas. La naturaleza en los
viajes, desnuda de las consideraciones de la sociedad, y muchas veces del pudor, hijo del conocimiento de las personas,

queda sola y triunfa por lo regular. ¿Cómo no adherirse á
la persona á quien nunca se ha visto, á quien nunca se volverá acaso á ver, que no le conoce á uno, que no vive en su
círculo, que no puede hablar ni desacreditar, y con quien
se va encerrado dentro de un cajon dos, tres dias con sus
noches? Luego parece que la sociedad no está allí: una diligencia viene á ser para los dos sexos una isla desierta; y
en las islas desiertas no sería precisamente donde tendria-
mos que sufrir mas desaires de la belleza. Por otra parte,
¡qué franqueza tan natural no tiene que establecerse entre
los viajeros! ¡qué multitud de ocasiones de prestarse mú-
tuos servicios! ¡cuántas veces al dia se pierde un guante, se
cae un pañuelo, se deja olvidado algo en el coche ó en la
posada! ¡cuántas veces hay que dar la mano para bajar ó subir! Hasta el rápido movimiento de la diligencia parece un
aviso secreto de lo rápida que pasa la vida, de lo precioso
que es el tiempo; todo debe ir de prisa en diligencia. Una
salida de un pueblo deja siempre cierta tristeza que no es
natural al hombre: sabido es que nunca está el corazon mas
dispuesto á recibir impresiones que cuando está triste: los
amigos, los parientes que quedan atras dejan un vacío inmenso. ¡Ah! ¡la naturaleza es enemiga del vacío!

Nuestro militar sabe todo esto: pero sabe tambien que
toda regla tiene escepciones, y que la edad de quince años
es la edad de las escepciones; pasa, pues, rápidamente al
lado de la niña con una sonrisa, mitad burlesca, mitad
compasiva.—Pobre niña, dice entre dientes: lo que es la
poca edad; si pensará que no se aprecian las caras bonitas
mas que en Madrid: el tiempo le enseñará que es moneda
corriente en todos paises.

Una bella parece despedirse de un hombre de unos cuarenta años: el militar fija el lente: ella es la que parte; hay
lágrimas, sí; pero ¿cuándo no lloran las mugeres? las lágrimas por sí solas no quieren decir nada; luego hay cierta
diferencia entre estas y las de la niña: una sonrisa de satisfaccion se dibuja en los labios del militar. Entre las ternezas de despedida se deslizan algunas frases, que no son reñir enteramente, pero poco menos: hay cierta frialdad,
cierto dominio en el hombre. ¡Ah! es su marido.—Se puede querer mucho á su marido, dice el militar para sí, y
hacer un viaje divertido.

—¡Voto va! ya ha marchado, entra gritando un original

cuyos bolsillos vienen llenós de salchichon para el camino, de frasquetes ensogados, de petacas, de gorros de dormir, de pañuelos, de chismes de encender... ¡Ah! ¡ah! este es un verdadero viajero: su muger le acosa á preguntas:—¿Se ha olvidado el pastel?—No, aqui le traigo:—¿Tabaco?—No, aqui está.—¿El gorro?—En este bolsillo.—¿El pasaporte?— En este otro.

Su esclamacion al entrar no carece de fundamento; faltan solo minutos, y no se divisa disposicion alguna de viaje. La calma de los mayorales y zagales contrasta singularmente con la prisa y la impaciencia que se nota en las menores acciones de los viajeros; pero es de advertir que estos al ponerse en camino alteran el orden de su vida para hacer una cosa estraordinaria; el mayoral y el zagal por el contrario hacen lo de todos los dias.

Por fin, se adelanta la diligencia, se aplica la escalera á sus costados, y la vaca recibe en su seno los paquetes: en menos de un minuto está dispuesta la carga, y sálen los caballos lentamente á colocarse en su puesto. Es de ver la impasibilidad del conductor á las repetidas solicitudes de los viajeros:—A ver, esa maleta; que vaya donde se pueda sacar.—Que no se moje ese baul.—Encima ese saco de noche. —Cuidado con la sombrerera.—Ese paquete; que es cosa delicada. Todo lo oye, lo toma, lo encajona, á nadie responde; es un tirano en sus dominios.—La hoja, señores, tienen ustedes todos sus pasaportes? ¿estan todos? Al coche, al coche.

El patio de las diligencias es á un cementerio, lo que el sueño á la muerte, no hay mas diferencia que la ausencia y el sueño pueden no ser para siempre; no les comprende el terrible *voi ch'intrate lasciate ogni speranza,* de Dante.

Se suceden los últimos abrazos, se renuevan los últimos apretones de manos; los hombres tienen vergüenza de llorar y se reprimen, y las mugeres lloran sin vergüenza.

—Vamos, señores, repite el conductor: y todo el mundo se coloca. La niña, anegada en lágrimas, ese entre su madre y un viejo achacoso que va á tomar las aguas: la bella casada entre una actriz que va á las provincias, y que lleva sobre las rodillas una gran caja de cartón con sus preciosidades de reina y princesa, y una vieja monstruosa que lleva encima un perro faldero, que ladra y muerde por el pronto como si viese al aguador, y que hará probablemente algunas otras gracias por el camino. El militar se arreja de mal humor en el cabriolé, entre un francés que le pregunta:—¿Tendremos ladrones? y un fraile corpulento, que con arreglo á su voto de humildad y de penitencia, va á viajar en estos carruajes tan incómodos. La rotonda va ocupada por el hombre de las provisiones; una robusta señora que lleva un niño de pecho y un bambino de cuatro años, que salta sobre sus piernas para asomarse de continuo á la ventanilla; una vieja verde, llena de años y de lazos, que arregla entre las piérnas del suculento viajero una caja de un loro, ó hinca el codo para colocarse en el costado de un abogado, el cual hace un gesto, y vista la mala compañía en que va, trata de acomodarse para dormir, como si fuera ya juez. Empaquetado todo el mundo se confunden en el aire los ladridos del perrito, la tos del fraile, el llanto de la criatura; las preguntas del francés, los chillidos del bambino, que arrea los caballos desde la ventanilla, los sollozos de la niña, los juramentos del militar, las palabras enseñadas del loro, y multitud de frases de despedida.—A Dios—hasta la vuelta—tantas cosas á Pepe:—envíame el papel que se ha olvidado—que escribas en llegando.—Buen viaje.

Por fin suena el agudo rechinido del látigo, la mole inmensa se conmueve, y estremeciendo el empedrado, se emprende el viaje, semejante en la calle á una casa que se desprendiese de las demas con todos sus trastos é inquilinos á buscar otra ciudad en donde empotrarse de nuevo.

EL DUELO.

Muy incrédulo sería preciso ser para negar que estamos en el siglo de las luces y de la mas estremada civilizacion: el hombre ha dado ya con la verdad, y la razon mas severa preside á todas las acciones y costumbres de la generacion del año 1835.

Dejaremos á un lado, por no ser hoy de nuestro asunto, la perfeccion á que se ha llegado en punto á religion y á política, dos cosas esencialísimas en nuestra manera actual de existir, y á que los pueblos dan toda la importancia que indudablemente se merecen. En el primero no tenemos preocupacion ninguna, no abrigamos el mas mínimo error; y cuando decimos con orgullo que el hombre es el ser mas perfecto, la hechura mas acabada de la creacion, solo añadimos á las verdades reconocidas otra verdad mas innegable todavia. Hacemos muy bien en tener vanidad. Si hemos adelantado en política, dígale la estabilidad que alcanzamos, la fijacion de nuestras ideas y principios: no solo sabemos ya cuál es el buen gobierno, el único bueno, el verdadero secreto para constituir y conservar una sociedad bien organizada, sino que lo sabemos establecer y lo gozamos con toda paz y tranquilidad. Acerca de sus bases estamos todos acordes, y es tal nuestra ilustracion, que una vez reconocida la verdad y el interes político de la sociedad, toda guerra civil, toda discordia viene á ser imposible entre nosotros; asi es que no las hay. Que hubiese guerra en los tiempos bárbaros y de atraso, en los cuales era preciso valerse hasta de la fuerza para hacer conocer al hombre cuál era el Dios á quien habia de adorar, ó al rey á quien habia de servir.... nada mas natural. Ignorantes entonces los mas, y poco ilustrados, no fijadas sus ideas sobre ninguna cosa, forzoso era que fuese presa de multitud de ambiciosos, cuyos intereses estaban encontrados. Empero ahora, en el siglo de la ilustracion, es cosa bien difícil que haya una guerra en el mundo. Asi es que no las hay. Y si las hubiera seria en defensa de derechos positivos, de intereses materiales, no de un apellido, no del nombre de un ídolo. La prueba de esto mismo es bien fácil de encontrar. Esa poca de guerra, *que empieza ahora*, en nuestras provincias, es indudablemente por derechos claros y bien entendidos: sobre todo, si alguno de los partidos contendientes pudiese ir á ciegas en la lid, é ignorar lo que defiende, no seria ciertamente el partido mas ilustrado, es decir, el liberal. Este bien sabe por lo que pelea; pelea por lo que tiene, por lo que le han concedido, por lo que él ha conquistado.

En un siglo en que ya se ven las cosas tan claras, y en que ya no es fácil abusar de nadie, en el siglo de las luces, una de las cosas sobre que está mas fijada la pública opinion, es el honor, quisicosa que, *en el sentido que en el dia le damos*, no se encuentra nombrada en ninguna lengua antigua. Hijo este *honor* de la edad media y de la confluencia de los godos y los árabes, se ha ido comprendiendo y perfeccionando á tal grado, á la par de la civilizacion, que en el dia no hay una sola persona que no tenga su honor á su manera: todo el mundo tiene honor.

En los tiempos antiguos, tiempos de confusion y de barbarie, el que faltando á otro abusaba de cualquier superioridad que le daban las circunstancias ó su atrevimiento, se infamaba á sí mismo, y sin hablar tanto de honor quedaba deshonrado. Ahora es enteramente al reves. Si una persona baja ó mal intencionada le falta á usted, usted es el infamado. ¿Le dan á usted un bofeton? Todo el mundo le desprecia á usted, no al que le dió. ¿Le faltan á usted su muger, su hija, su querida? Ya no tiene usted honor. ¿Le roban á usted? Usted robado queda pobre, y por consiguiente deshonrado. El que le robó, que quedó rico, es un hombre de honor. Va en el coche de usted y es un hombre decente, caballero. Usted se quedó á pie, es usted gente ordinaria, canalla. ¡Milagros todos de la ilustracion!

En la historia antigua no se ve un solo ejemplo de un duelo. Agamenon injuria á Aquiles, y Aquiles se encierra en su tienda, pero no le pide satisfaccion: Alcibiades alza el palo sobre Temístocles, y el gran Temístocles, segun una espresion de nuestra moderna civilizacion, queda como un cobarde.

El duelo, en medio de la duracion del mundo, es una invencion de ayer: cerca de seis mil años se ha tardado en comprender que cuando uno se porta mal con otro, le queda siempre un medio de enmendar el daño que le ha hecho, y este medio es matarle. El hombre es lento en todos sus adelantos, y si bien camina indudablemente hácia la verdad, suele tardar en encontrarla.

Pero una vez hallado el desafío, se apresuraron los reyes y los pueblos, visto que era cosa buena, á erigirlo en ley, y por espacio de muchos siglos no hubo entre caballeros otra forma de enjuiciar y sentenciar el combate. El muerto, el caido era el culpable siempre en aquellos tiempos: la cosa no ha cambiado por cierto. Siguiendo, empero, el curso de nuestros adelantos, se fueron haciendo cabida los jueces en la sociedad, se levantó el edificio de los tribunales con su séquito de escribanos, notarios, autos, fiscales y abogados, que dura todavia y parece tener larga vida, y se convino en que los *juicios de Dios* (asi se habia llama-

do á los desafíos jurídicos, merced al empeño de mezclar
constantemente á Dios en nuestras pequeñeces) eran cosa
mala. Los reyes entonces alzaron la voz en nombre del Altísimo, y dijeron á los pueblos: «no mas juicios de Dios; en
lo sucesivo nosotros juzgaremos.»

Prohibidos los juicios de Dios, no tardaron en prohibir-
se los duelos; pero sí las leyes dijeron: no os batireis, los
hombres dijeron: no os obedeceremos; y un autor de muy
buen criterio asegura que las épocas de rigorosa prohibicion han sido las mas señaladas por el abuso del desafío.
Cuando los delitos llegan á ser de cierto bulto, no hay pena
que los reprima. Efectivamente, decir á un hombre: no te
harás matar, pena de muerte, es provocarle á que se ria
del legislador cara á cara; es casi tan ridículo como la pena
de muerte establecida en algunos países contra el suicidio;
sábia ley que determina que se quite la vida á todo el que se
mate, sin duda para su escarmiento.

Se podria hacer á propósito de esto la observacion general de que solo se han obedecido en todos tiempos las leyes que
han mandado hacer á los hombres su gusto; las demas se
han infringido y han acabado por caducar. El lector podrá
sacar de esto alguna consecuencia importante.

Efectivamente, al prohibir los duelos en distintas épocas, no se ha hecho mas que lo que haria un jardinero que
tirase la fruta queriendo acabarla; el árbol en pie todos los
años volveria á darle nueva tarea.

Mientras el honor siga entronizado donde se le ha puesto; mientras la opinion pública valga algo, y mientras la ley
no esté de acuerdo con la opinion pública, el duelo será
una consecuencia forzosa de esta contradiccion social. Mientras todo el mundo se ria del que se deje injuriar impunemente, ó del que acuda á un tribunal para decir: «me han
injuriado» será forzoso que todo agraviado elija entre la
muerte y una posicion ridícula en sociedad. Para todo corazon bien puesto la duda no puede ser de larga duracion;
y el mismo juez que con la ley en la mano sentencia á pena capital al desafiado indistintamente ó al agresor, deja
acaso la pluma para tomar la espada en desagravio de una
ofensa personal.

Por otra parte, si se prescinde de la parte de preocupacion mas ó menos visible ó sublime del pundonor, y si se
considera en el duelo el mero hecho de satisfacer una cuen-

ta personal, diré francamente que comprendo que el asesino no tenga derecho á quitar la vida á otro, por dos razones: primera, porque se la quita contra su gusto siendo suya: segunda, porque él no da nada en cambio.

Los duelos han tenido sus épocas y sus fases enteramente distintas: en un principio se batian los duelistas á muerte, á todas armas, y tras ellos sus segundos: cada injuria producia entonces una escaramuza. Posteriormente se introdujo el duelo á primera sangre; el primero le comprendo sin disculparle; el segundo ni le comprendo ni le disculpo; es de todas las ridiculeces la mayor; los padrinos ó testigos han sucedido á los segundos, y su incumbencia en el dia se reduce á impedir que su mala fe abuse del valor ó del miedo. Al arma blanca se sustituye muchas veces la pistola, arma de cobarde, con que nada le queda que hacer al valor sino morir; en que la destreza es infame si hay superioridad, é inútil si hay igualdad.

La libertad empero, sino es la licencia de mi imaginacion, me ha llevado mas lejos de lo que yo pretendia ir: al comenzar este artículo no era mi objeto esplorar si las sociedades modernas entienden bien el honor, ni si esta palabra es algo individuo de ellas y amamantado con sus preocupaciones, no seré yo quien me ponga de parte de unas leyes que la opinion pública repugna, ni menos de parte de una costumbre que la razon reprueba. Confieso que pensaré siempre en éste particular como Rousseau, y los mas rígidos moralistas y legisladores, y obraré como el primer calavera de Madrid. ¡Triste lote del hombre el de la inconsecuencia!

Mi objeto era referir simplemente un hecho de, qué no ha muchos meses fuí testigo ocular; pero como yo no presencié, digámoslo asi, mas que el desenlace, mis lectores me perdonarán si tomo mi relacion *ab ovo*.

Mi amigo Cárlos, hijo del marqués de... era heredero de bienes cuantiosos, que eran en él al reves que en el mundo, la menos apreciable de sus circunstancias. Adorado de sus padres, que habian empleado en su educacion cuanto esmero es imaginable, Cárlos se presentó en el mundo con talento, con instruccion, con todas esas superfluidades de primera necesidad, con una herencia capaz de asegurar la fortuna de varias familias, con una figura á propósito para hacer la de muchas mugeres, y con un carácter destinado á constituir la de todo el que de él dependiese.

Pero desgraciadamente la diferencia que existe entre
los necios y los hombres de talento suele ser solo que los
primeros dicen necedades, y los segundos las hacen: mi
amigo entró en sociedad, y á poco tiempo hubo de enamorarse; los hombres de imaginacion necesitan mugeres
muy picantes ó muy sensibles, y esta especie de mugeres
deben de ser mejores para agenas que para propias. La jóven Adela era sin duda alguna de las picantes: hermosa á sabiendas suyas, y con una conciencia de su belleza acaso
harto pronunciada, sus padres habian tratado de adornar-
la de todas las buenas cualidades de sociedad; la sociedad
llama buenas cualidades en una muger lo que se llama alcance en una escopeta y tino en un cazador; es decir, que
se habia formado á Adela como una arma ofensiva con todas las reglas de la destruccion: en punto á la coquetería
era una obra acabada, y capaz de acabar con cualquiera;
muy poco sensible, en realidad, podia fingir admirablemente todo ese sentimentalismo, sin el cual no se alcanza en el
dia una sola victoria; cantaba con una languidez mortal; le
miraba á usted con ojos de víctima espirante, siendo ella el
verdugo; bailaba como una sílfida desmayada: hablaba con
el acento del candor y de la conmocion; y de cuando en
cuando un destello de talento ó de gracia venia á iluminar
su tétrica conversacion, como un relámpago derrama una
ráfaga de luz sobre una noche oscura.

¿Cómo no adorar á Adela? Era la verdad entre la mentira, el candor entre la malicia, decia mi amigo al verla
en el gran mundo; era el cielo en la tierra.

Los padres no deseaban otra cosa: era un partido brillante, la boda era para entrambos una especulacion; de
suerte que lo que sin razon de estado no hubiera pasado de
ser un amor, una calamidad, pasó á ser un matrimonio.
Pero cuando el mundo exige sacrificios los exige completos, y el de Cárlos lo fue; la víctima debia ir adornada al
altar. Negocio hecho: de allí á poco Cárlos y Adela eran
uno.

He oido decir muchas veces que suele salir de una coqueta una buena madre de familias: tambien suele salir de
una tormenta una cosecha: yo soy de opinion que la muger que empieza mal, acaba peor. Adela fue un ejemplo de
esta verdad: medio año hacia que se habia unido con santos vínculos á Cárlos; la moda exigia cierta separacion,

cierto abandono. ¿Cuánto no se hubiera reido el mundo de un marido atento á su muger? Adela por otra parte estaba demasiado bien educada para hacer caso de su marido. ¡La sociedad es tan divertida y los jóvenes tan amables! ¿Qué hace usted en un rigodon si le oprimen la mano? ¿Qué contesta usted si le repiten cien veces que es interesante? Si tiene usted visita todos los dias, ¿cómo cierra usted sus puertas? Es forzoso abrirlas, y por lo regular de par en par.

Un jóven del mejor tono fue mas asíduo y mañoso, y Adela abrazó por fin las reglas del gran mundo: el jóven era orgulloso, y entre el cúmulo de adoradores de camino trillado parece despreciar á Adela; con mugeres coquetas y acostumbradas á vencer, rara vez se deja de llegar á la meta por ese camino. ¡Adela no queria faltar á su virtud... pero Eduardo era tan orgulloso!!! Era preciso humillarlo: esto no era malo; era un juego; siempre se empieza jugando. Como se acaba no lo diré; pero así acabó Adela como se acaba siempre.

La mala suerte de mi amigo quiso que entre tanto marido como llega á una edad avanzada diariamente con la venda de himeneo sobre los ojos, él solo entreviese primero su destino, y lo supiese despues positivamente. La cosa desgraciadamente fue escandalosa, y el mundo exigia una satisfaccion. Cárlos hubo de dársela. Eduardo fue retado, y llamado yo como padrino, no pude menos de asistir á la satisfaccion.

A las cinco de la mañana estábamos los contendientes y los padrinos en la puerta de... de donde nos dirigimos al teatro frecuente de esta especie de luchas. Esta no era de aquellas que debian acabar con su almuerzo. Una muger habia faltado, y el honor exigia en reparacion la muerte de dos hombres. Es incomprensible, pero es cierto.

Se eligió el terreno, se dió la señal, y los dos tiros salieron á un tiempo: de allí á poco habia espirado un hombre útil á la sociedad. Cárlos habia caido, pero habian quedado en pie su muger y su honor.

Un año hizo ayer de la muerte de Cárlos: su familia, sus amigos le lloran todavía.

¡Hé aqui el mundo! ¡hé aqui el honor! ¡hé aqui el duelo!

EL ALBUM.

El escritor de costumbres no escribe esclusivamente para esta ó aquella clase de la sociedad, y si le puede suceder el trabajo de no ser de ninguna de ellas leido, debe de figurarse al menos, mientras que su modestia ó su desgracia no sean suficientes á hacerle dejar la pluma, que escribe imparcialmente para todos. Ni los colores que han de dar vida al cuadro de las costumbres de un pueblo ó de una época pudieran por otra parte tomarse en un cálculo determinado y reducido; la mezcla atinada de todas las gradaciones diversas es la que puede únicamente formar el todo, y es forzoso ir á buscar en distintos puntos las tintas fuertes y las medias tintas, el claro oscuro, sin los cuales no habria cuadro.

La cuna, la riqueza, el talento, la educacion, á veces obrando separadamente, obrando otras de consuno, han subdividido siempre á los hombres hasta lo infinito, y lo que se llama en general la sociedad es un amálgama de mil sociedades colocadas en escalon, que solo se rozan en sus fronteras respectivas unas con otras, y las cuales no reune en un todo compacto en cada pais sino el vínculo de una lengua comun, y de lo que se llama entre los hombres patriotismo ó nacionalismo. Hay mas puntos de contacto entre una reunion de *buen tono* de Madrid y otra de Londres ó de París, que entre un habitante de un cuarto principal de la calle del Príncipe y otro de un cuarto bajo de Avapies, sin embargo de ser estos dos españoles y madrileños.

Sabiendo esto el escritor de costumbres no desdeña muchas veces salir de un brillante *rout*, ó del mas elegante sarao, y prévia la conveniente transformacion de trage, pasar en seguida á contemplar una escena animada de un mercado público, ó entrar en una simple horchatería á ser testigo del modesto refresco de la capa inferior del pueblo, cuyo carácter trata de escudriñar y bosquejar.

¡Qué de costumbres diversas establecidas en una atmósfera, que en otra inferior, ni aun sabiéndolas se comprenderian! El título de este artículo, sin ir mas lejos, es dadero griego para la inmensa mayoría que compone este pueblo. No harán, pues, un gesto de desagrado nuestras elegantes lectoras cuando nos vean esplicar la significacion de nuestro título: esta esplicacion no es ciertamente para ellas; pero nosotros no tenemos la culpa si su estraordinaria delicadeza y si su civilizacion llevada al estremo, que forma de ellas un pueblo aparte, y pueblo escogido, nos pone en el caso de empezar para traducir hasta las palabras de su elegante vocabulario, cuando queremos dar cuenta al público entero de los usos de su impagable sociedad.

El que la voz *album* no sea castellana es para nosotros, que ni somos ni queremos ser *puristas*, objecion de poquísima importancia ; en ninguna parte hemos encontrado todavia el pacto que ha hecho el hombre con la divinidad ni con la naturaleza de usar de tal ó cual combinacion de sílabas para esplicarse ; desde el momento en que por mútuo acuerdo una palabra se entiende, ya es buena : desde el punto en que una lengua es buena para hacerse entender en ella, cumple con su objeto, y mejor será indudablemente aquella cuya elasticidad le permite dar entrada á mayor número de palabras exóticas, porque estará segura de no carecer jamás de las voces que necesite : cuando no las tenga por sí, las traerá de fuera. En esta parte diremos de buena fé lo que ponia Iriarte irónicamente en boca de uno que *estropeaba* la lengua de Garcilaso :

> «*Que si él habla lengua castellana,*
> *Yo hablo la lengua que me da la gana.*»

Pasando por alto este inconveniente, el *Album* es un enorme libro, en cuya forma es esencial condicion que se observe la del papel de música. Debe de estar, como la mayor parte de los hombres, por de fuera, encuadernado con un lujo asiático, y por dentro en blanco: su carpeta, que será mas elegante si puede cerrarse á guisa de cartera, debe ser de la materia mas rica que se encuentre, adornada con relieves del mayor gusto, y la cifra ó las armas del dueño: lo mas caro, lo mas inglés, eso es lo mejor: razon por la cùal seria muy dificil lograr en España uno capaz de competir con los estrangeros. Solo el conocido y el hábil *Alegria* podria hacer una cosa que se aproximase á un *album* decente. Pero en cambio es bueno advertir que una de las

circunstancias que debe tener, es que se pueda decir de él:
«Ya me han traido el *album* que encargué á Londres.»
Tambien se puede decir en lugar de Londres, Paris; pero
es mas vulgar, mas trivial. Por lo tanto, nosotros aconsejamos á nuestras lectoras que digan *Londres*: lo mismo cuesta una palabra que otra; y por supuesto que digan de todas
suertes que se lo han enviado de fuera, ó que lo han traido
ellas mismas cuando estuvieron allá la primera, la segunda,
ó cualquiera vez, y aunque sea obra de *Alegria*.

¿Y para qué sirve, me dirá otra especie de lectores, ese
gran librote, esa especie de misal, tan rico y tan enorme,
tan estrangero y tan raro? ¿De qué trata?

Vamos allá. Ese librote es, como el abanico, como la
sombrilla, como la targeta, un mueble enteramente de uso
de señora, y una elegante sin *album* seria ya en el dia un
cuerpo sin alma, un rio sin agua, en una palabra, una especie de Manzanares. El *album*, claro está, no se lleva en
la mano, pero se transporta en el coche; el *album* y el *coche*
se necesitan mútuamente: lo uno no puede ir sin lo otro; es
el agua con el chocolate; el *album* se envia ademas con el
lacayo de una parte á otra. Y como siempre está yendo y
viniendo, hay un lacayo destinado á sacarle; el lacayo y el
album es el ayo y el niño.

¿De qué trata? No trata de nada; es un libro en blanco.
Como una bella conoce de rigor á los hombres de talento en
todos ramos, es un libro el *album* que la bella envia al hombre distinguido para que este estampe en una de sus inmensas hojas, si es poeta, unos versos, si es pintor un dibujo,
si es músico, una composicion, &c. En su verdadero objeto
es un repertorio de la vanidad: cuando una hermosa, por
otra parte, le ha dispensado á usted la lisonjera distincion
de suplicarle que incluya algo en su *album*, es muy natural
pagarle en la misma moneda; de aqui el que la mayor parte
de los versos contenidos en él suelen ser variaciones de distintos autores sobre el mismo tema de la hermosura y de la
amabilidad de su dueño. Son distintas fuentes donde se mira
y se refleja un solo Narciso. El *album* tiene una virtud singular, por la cual deben apresurarse á hacerse con él todas las elegantes que no lo tengan, si hay alguna á la sazon en Madrid: hemos reparado que todas las dueñas de
album son hermosas, graciosas, de gran virtud y talento, y amabilísimas: así consta á lo menos de to-

dos estos libros en blanco , conforme ván tomando color.

Cómo el caso es tener un recuerdo, propio, intrínseca-
mente de la persona misma, es indispensable que lo que se
estampe vaya de puño y letra del autor; un *album* , pues,
viene á ser un *panteon* donde vienen á enterrarse en calidad de préstamos adelantados hechos á la posteridad una
porcion de notabilidades; á pesar de que no todos los hombres de mérito de un *album* lo son igualmente en las edades
futuras. Y como por una distincion de esquisito precio , la
amistad participa del privilegio del mérito, de poner algo
en el *album*, y como se puede ser muy buen amigo y no tener ninguna especie de mérito, un *album* viene á ser frecuentemente , mas bien que un panteon , un cementerio,
donde estan enterrados, tabique por medio , los tontos al
lado de los discretos , con la única diferencia de que los segundos honran al *album* , y este honra á los primeros.

Sabido el objeto del *album*, cualquiera puede conocer la
causa á que debe su origen: el orgullo del hombre se empeña en dejar huellas por todas partes; en rigor las pirámi-
des famosas ¿qué son sino la firma de los Faraones en el
gran *album* de Egipto? Todo monumento es el *fac simile*
del pueblo que le erigió, estampado en el grande *album* del
triunfo. ¿Qué es la historia sino el *album* donde cada pueblo viene á depositar sus obras?

La Alhambra está llena de los nombres de viajeros ilustres que no han querido pasar adelante sin enlazar con aquellos grandes recuerdos sus grandes nombres; esto que es
lícito en un hombre de mérito, confesado por todos, es risible en un desconocido, y conocemos un súgeto que se ha
puesto en ridículo en sociedad por haber estampado en las
paredes de la venerable antigüedad de que acabamos de hablar , debájo del letrero puesto por Chateaubriand : «Aqui
estuvo tambien Pedro Fernandez el dia tantos de tal año.»
Sin embargo, la accion es la misma, por parte del que la hace.

Hé aquí cómo motiva el origen de la moda del *album*
un autor francés, que escribia como nosotros un artículo
de costumbres acerca de él el año 11, época en que comenzó á hacer furor esta moda en Paris.

El origen del *album* es noble, santo, magestuoso. San
Bruno habia fundado en el corazon de los Alpes la cuna de
su orden; dábase alli hospitalidad por espacio de tres dias á
todo viajero. En el momento de su partida se le presentaba

un registro, invitándole á escribir en él su nombre, el cual iba acompañado por lo regular de algunas frases de agradecimiento, frases verdaderamente inspiradas. El aspecto de las montañas, el ruido de los torrentes, el silencio del monasterio, la religion grande y magestuosa, los religiosos humildes y penitentes, el tiempo despreciado, y la eternidad siempre presente, debian de hacer nacer bajo la pluma de los huéspedes que se sucedian en la augusta morada altos pensamientos y delicadas espresiones. Hombres de gran mérito depositaron en este repertorio cantidad de versos y pensamientos justamente célebres. El *album* de la gran cartuja es incontestablemente el padre y modelo de los *albums*.

Esta aficion, recien nacida, cundió estraordinariamente; los ingleses asieron de ella; los franceses no la despreciaron, y todo hombre de alguna celebridad fue puesto á contribucion: el valor por consiguiente de un *album* puede ser considerable; una pincelada de Goya, un capricho de David, ó de Vernet, un trozo de Chateaubriand, ó de Lord Byron, la firma de Napoleon, todo esto puede llegar á hacer de un *album* un mayorazgo para una familia.

Nuestras señoras han sido las últimas en esta moda como en otras, pero no las que han sabido apreciar menos el valor de un *album*: ni es de estrañar: el libro en blanco es un templo colgado todo de sus trofeos; es su *lista civil*, su presupuesto, ó por lo menos el de su amor propio. Y en rigor, ¿qué es una bella sino un *album*, á cuyos pies todo el que pasa deposita su tributo de admiracion? ¿Qué es su corazon muchas veces sino *album*? Perdónenos la atrevida comparacion; ¡pero dichoso el que encuentra en esta especie de *album* todas las hojas en blanco! ¡Dichoso el que no pudiendo ser el primero (no pende siempre de uno el madrugar) puede ser siquiera el último!

El *album* no se llama nunca el *album*, sino mi *album*; esto es esencial. En rigor las señoras no han tomado de él mas que la parte agradable: todos los inconvenientes estan de parte de los que han de quitarle hoja á hoja la calidad de *blanco*. ¡Qué admirable fecundidad no se necesita para grabar un cumplimiento, por lo regular el mismo, y siempre de distinto modo, en todos los *albums* que vienen á parar á manos de uno! Luego ¡hay tantas mugeres á quienes es mas facil profesar amor que decirselo! ¡Cuánta habilidad no es menester para que comparados despues estos diversos depósitos no pueda picarse ningun amor propio! ¡Qué delicadeza para decir galanterías, que no sean mas que galanterías á una hermosa, de la cual solo se conoce el *album!*

Si este es el mueble indispensable de una muger de moda, tambien es la desesperacion del poeta, del hombre de mérito, del amigo. Siempre se espera mucho del talento, y nunca es mas difícil lucirle que en semejantes ocasiones.

Nosotros para tales casos, si en ellos nos encontrásemos, reclamaríamos siempre toda indulgencia, y no concluiremos este artículo sin recordar á las hermosas que cada una de ellas no tiene mas que un *album* que dar á llenar, y que cada poeta suele tener á la vez varios á que contribuir.

Las antigüedades de Mérida.

PRIMER ARTICULO.

Hace mucho tiempo creo haber dado cuenta á mis lectores de cierta inconstancia y versatilidad, bases de mi carácter, el cual podria muy bien venir á ser el de no tener ninguno: yo no sé si hace demasiada falta el carácter para vivir; pero en caso de duda bien se podrian encontrar no lejos de nosotros multitud de ejemplares de gentes, que no teniendo ninguno conocido, no solo aciertan á vivir, sino que estan sanas y gordas, y aun cómodamente establecidas.

Ahora bien, aquella comezon singular, aquel mi prurito de mudar de casa, que puse en conocimiento del público en uno de mis artículos, titulado las *Casas nuevas*, cuyo título recuerdo porque no estoy muy seguro de que se acuerde todo el mundo de mis artículos tan bien como yo, debia llegár á ser con el tiempo, segun ya entonces se anunciaba, síntoma de mas grave importancia. Aficion naciente entonces, creíala contentar yo siempre, inocente de mí, con pasar de un barrio de Madrid á otro, de una calle á su vecina, de un piso al que encima ó debajo tenia. Pero sucedió con ella lo que con toda aficion mal reprimida: de idea pasagera pasó á idea fija, y no cortado el mal en su principio, debia llegar á ser una pasion devoradora, de mudar de sitio; pasion que indudablemente me hubiera llevado al sepulcro, como todas las pasiones vehementes, á no verse satisfecha.

Felizmente el mundo es grande, mucho mas grande que yo, y es de esperar por mi fortuna que sea todavia mas grande que mi pasion de amovilidad. ¿Qué hago yo en Madrid, esclamé una mañana, despues de haberle rodado en todas direcciones, en este Madrid, tan limitado como todas nuestras cosas, en el cual no puede uno echarse á la calle un dia con ánimo de andar sin encontrarse á los cuatro pasos con la puerta de Atocha, ó la de Alcalá, con el campo de los Moros, ó la Pradera de los Guardias? ¿En este Madrid, que solo se puede comparar en eso nuestra libertad, dentro de la cual no puede uno aventurarse á moverse sin tropezar en una traba? ¿Qué hago en Madrid? me dije. Primero es preciso saber si hay alguien que haga algo en Madrid: todo es chico en Madrid: no quepo en el teatro; no quepo en el café; no quepo en los empleos; todo está lleno, todo obstruido, refugiado, escondido, empotrado en un rincon de la Revista Española... j'etouffe. Fuera, pues, de Madrid: no bien lo habia dicho, un mozo llevaba ya debajo del brazo el equipage de Figaro, mas ligero que unas poesias fugitivas. Un lente para observar á los hombres, recado de escribirr para bosquejarlos, y mi mal ó buen humor para reirme de los mas de ellos. Omnia mea mecum porto.

El carruage marchaba lentamente; sin embargo, no era carruage del gobierno, y tardé en perder de vista el delicioso empedrado, las desiguales cúpulas de los numerosos conventos, que semejantes al espectro descrito por Virgilio, hunden su planta en los abismos y esconden su cabeza en las nubes, ocupándolo todo. De cuando en cuando volvia la cabeza á mirar atras, no como Hector hácia su Andrómaca, sino que me parecia oir todavia fuera de puertas el ruido de los abogados y poetas del café del Príncipe; resonaba en mis oidos la canturia monótona de nuestros actores cómicos; oia las silbas dadas á nuestros ingenios clásicos y románticos; perseguíame la deuda interior como un remordimiento; sin embargo, yo no la habia arreglado: las reformas eran las únicas que no me perseguian, ellas debian ser sin duda las perseguidas.

El ruido se iba por fin apagando, y Castilla entre tanto desarrollaba á mi vista el árido mapa de su desierto arenal, como una infeliz mendiga despliega á los ojos del pasagero

su falda raida y agujereada en ademan de pedirle con qué
cubrir sus macilentas y desnudas carnes. Un gemido sordo,
pero prolongado, habia sustituido al ruidoso murmullo de
la ciudad populosa : era la contribucion que resonaba por
el yermo. *Felicidad*, decia el segundo con acento irónico,
para el que sabia oirle : *miseria*, decia el primero con acento de verdad y de desesperacion.

No eran ciertamente los pueblos los que podian estor-
barme en el camino ; viajando por España se cree uno á
cada momento la paloma de Noé, que sale á ver si está ha-
bitable el pais; y el carruage vaga solo, como el arca, en
la inmensa estension del mas desnudo horizonte. Ni habitaciones, ni pueblos. ¿ Dónde está la España ?

Tres dias rodamos por el vacío: hácia el fin del cuarto
una esplanada sin límites se desenvolvió á mis ojos, y se di-
bujaban en el fondo pálido de un cielo nebuloso los confusos
y altísimos vestigios de una magnífica poblacion. ¿Hay hombres por fin allí? me pregunté. No; los ha habido. Eran las
ruinas de la antigua *Emerita-Augusta*.

La humilde Mérida, semejante á las aves nocturnas,
hace su habitacion en las altas ruinas. Es un hijo raquítico,
que apenas alienta, cobijado por la rica faldamenta de una
matrona decrépita. Es un niño dormido en brazos de un
gigante.

Mérida es indudablemente una de las poblaciones, mejor diremos, uno de los recuerdos mas antiguos de nuestra
España. Sus fundadores eligieron un terreno fértil, un clima productor, y un rio cuyas aguas, pérfidamente mansas
como la sonrisa de una muger, debian regar una campiña
deleitosa. Convencidos de las ventajas de su posicion, los
dominadores del mundo la llevaron al mas alto grado de
esplendor, y es fama conservada por los mas de nuestros
autores, que ha tenido un millon de habitantes. Erigida en
colonia romana, y gozando de todos los fueros é inmuni-
dades de tal, fue la segunda ciudad del imperio, y el sitio
del descanso á que aspiraban los famosos guerreros
cansados del aplauso de la victoria.

La caida del imperio, las irrupciones de los vándalos y
de los godos, la dominacion de árabes, han pasado como un
trillo sobre la frente de Mérida, y no han sido bastantes á
allanar y nivelar su suelo, incrustado de colosales bellezas
romanas. Las habitaciones han desaparecido carcomidas

por el tiempo; pero las altas ruinas al desplomarse han desigualado la llanura, y han formado, reducidas á polvo, un segundo suelo artificial y enteramente humano sobre el suelo primitivo de la naturaleza. Se puede asegurar que no hay una piedra en Mérida que no haya formado parte de una habitacion romana: nada mas comun que ver en una pared de una choza del siglo XIX un fragmento de mármol ó de piedra, labrado, de un palacio del siglo I. Zaguanes hemos visto empedrados con lápidas y losas sepulcrales: y un labrador, creyendo pisar la tierra, huella todos los dias con su rústica suela el *aqui yace* de un procónsul, ó la advocacion de un Dios. Trozos de jaspe de un trabajo verdaderamente romano no tienen aqui otro museo que una cuadra, y sirven de pesebre al bruto que acaban de desuncir del arado. Diariamente el azadon de un estremeño tropieza en su camino con los manes de un héroe, y es comun allí el hallazgo de una urna cineraria, ó de un tesoro numismático, coetáneo de los emperadores. Lo que es mas asombroso, gran número de cosecheros se sirven aun en sus bodegas de las mismas tinajas romanas, que se conservan empotradas en sus suelos, y cuyo barro duradero, impuesto de tres capas diferentes superpuestas y admirablemente unidas, parece desafiar todavia al tiempo por mas siglos de los que lleva vividos. Las vasijas mismas que se construyen en el pais tienen una forma elegante, y participan de un carácter respetable de su antigüedad que dificilmente puede ocultarse á la perspicacia de un arqueólogo.

Una vez en Mérida, y rodeado de ruinas, la imaginacion cree percibir el ruido de la gran ciudad, el son confuso de las armas, el *hervir vividor* de la inmensa poblacion romana. ¡Error! Un silencio sepulcral y respetuoso no es interrumpido siquiera por el *aqui fue* del hombre reflexivo y meditador.

Las antigüedades de Mérida.

SEGUNDO Y ÚLTIMO ARTICULO.

Mi primer cuidado en Mérida fue hacerme con un *Cicerone;* pero no ofreciéndome alicientes la entrevista con ningun *literato* del pais, ni queriendo que me contase nin-

gun pedante lo que acaso sabria yo mejor que él, despues
de haber buscado inútilmente en aquel museo del tiempo
alguna historia de las antigüedades ó de la misma ciudad,
solo traté de sorprender la tradicion popular en su curso, y
atúveme á un estremeño que se me presentó, como el hombre mas instruido del comun del pueblo, acerca de las bellezas de Mérida, y que haria por tanto oficio de enseñarlas.

Mi *Cicerone* era una verdadera ruina, no tan bien conservada como las romanas; sus piernas se plegaban en arco,
como si el peso de la cabeza hubiese sido por mucho tiempo oneroso á la base del edificio; sus brazos pendian tambien como dos arcos laterales cuyo pie hubiesen carcomido
dos ramales de un rio, que hubiesen lamido por muchos
años los costados del hombre. La cara hubiera dado lugar á las mas graves investigaciones de una academia:
semejante á una moneda largo tiempo enterrada, y tomada á trechos del orin y de la tierra, sus facciones estaban
medio borradas, y ora parecian letras en estilo lapidario,
ora vistas á otra luz semejaban algo un rostro humano maltratado por la intemperie ó la incuria de sus guardianes. La
fecha no se conocia, y aquel fragmento podia ser de varias
épocas. Su desigual cabello, blandamente meneado por el
viento, remedaba esa yerbecilla que por entre las cornisas
y coronamiento de una torre antigua hace nacer la humedad; sus dientes eran almenados, y la posicion inclinada
del cuerpo todo, fuera al parecer del centro de gravedad,
le hacia parecer una pared que comienza á cuartearse, cuyas grietas hubiesen sido la boca y los ojos, y me trajo á la
memoria la célebre torre de Pisa.

Tal se me representó á mí al menos mi *Cicerone*: tal me
pintaba mi imaginacion cuanto en Mérida veia.

—¿De qué año es usted, buen hombre? No pude menos
de preguntarle.—Tres duros y medio, señor, me contestó,
en estilo monetario, queriéndome decir que tenia tantos
años como reales aquellas medallas.—Pardiez, no le hubiera creido tan del dia. ¿Y usted es el que suele enseñar
á los viajeros las otras ruinas de esta ciudad?
—Sí señor... estoy algo enterado...
—¿Y vienen muchos viajeros?...
—Estrangeros, sí señor. Ingleses sobre todo, y se han
sofido llevar algunas cosas. Pintan aquí, y dibujan, y escriben, y qué sé yo... nos muelen á preguntas... parecen lo-

cos los ingleses. Pero españoles, señor, pocos: los mas pasan sin preguntar; como no vengan de estancia al pueblo...

—Mérida ha sido gran ciudad, interrumpí al hombre de la tradicion, poniéndonos en camino para recorrer las antigüedades, y siguiendo yo á la que me servia de guia.

—¡Oh! Sí señor. La historia dice que tenia ochenta puertas, y que cada puerta estaba guardada por cuatrocientos soldados de á pie y ciento *de caballería*; tenia cuatro palacios magníficos en los cuatro ángulos, que eran de cuatro *príncipes* muy ricos.

—¿Y estas ruinas son muy antiguas?

—¡Vaya!

—¿De los romanos todas?

—¡Qué! mas antiguas, señor, mucho mas; de los moros, y de los godos, y de los..., qué sé yo de cuánta casta de gentes... mucho antes que los romanos.

—¡Hola! Perfectamente.

En esto llegábamos al puente, verdadera obra romana: colocado sobre uno de los puntos en que presenta el rio mayor latitud, mas de sesenta ojos espaciosos le dan una longitud que se pierde de vista: él solo es una historia de las dominaciones que han pasado por nuestro suelo: solo las dos cabezas, en una estension regular, se conservan puras é intactas: remendado lo demas á trechos, ora por los godos, ora por los árabes, la distinta forma de los espolones, el color de la piedra y su diversa labor, revelan las fechas de las composturas: la mas moderna es la mayor, y se hizo á costa de los tributos rendidos por los pueblos de cincuenta leguas á la redonda. Nuestras pobres piedras, unidas con hierro y argamasa, declaran toda la debilidad de nuestros medios, al lado de los pedruscos romanos, cuya única trabazon consiste en su colocacion, y que durarán todavia mas que las nuestras.

Perdíase mi fantasía en la investigacion de los tiempos; romano ya enteramente, figurábaseme ver el Dios tutelar del rio, que levantando la espalda colosal, repelia indignado la mísera traba que la moderna arquitectura osaba enlazar á la antigua sobre sus ondas, cuando la voz de mi *Cicerone*, semejante á un aire colado, me sacó de mi estupor, y volviéndome hácia un nicho de ladrillo, levantado sobre el trozo mas romano del puente, en el cual se divisaba una pequeña é informe efigie de yeso, me dijo:

—Este, señor, es San Antonio.

—¡Muy poderosa es una religion, esclamé, cayendo de mas alto que la catarata del Niágara, que ha podido colocar esa efigie de yeso sobre este puente romano! ¡El agua se ha llevado los dioses; sus piedras han durado mas que ellos; y nuestro yeso dura mas que ellos y sus piedras!

Dos acueductos magníficos enriquecian de aguas á Mérida: otro moderno parece elevado entre los antiguos como una parodia de piedra, como una insolencia, como un insulto y una befa hecha al poder caido: sin embargo, las ruinas son las triunfantes; arcos colosales y gigantes asombran la vista: alli todo es obra del hombre, que ha hecho hasta la piedra; no son ya trozos cortados de una cantería: el hombre ha cogido la tierra y el guijo, lo ha amasado entre sus manos como harina, y ha hecho una mole indestructible, una argamasa compacta, á la cual el tiempo ha dado la última mano, prestándole al mismo tiempo color, y sobre la cual salta en pedazos el pico de hierro: el poder del hombre se estrella en su propia obra.

Uno de los dos acueductos romanos parecia no tener otro objeto que formar un gran depósito de aguas destinado á una *neumaquia*, gran diversion de un gran pueblo, para quien era solo obra del deseo el crear un mar en medio de la tierra.

—Este es, me dijo gravemente mi *Cicerone* al llegar á la *neumaquia*, casi terraplenada por el tiempo, este es el baño de los moros.

—Gracias, buen hombre, le respondí lleno de agradecimiento. ¿Y como cuántos moros cabrian en este baño? le pregunté.

—¡Uf! ¡Figúrese usted! me dijo con aire de respeto y voz solemne, como aterrado del número de los moros, y de la capacidad del baño.

El trozo mejor conservado es el circo; las ruinas han designado el terreno sin embargo, elevándolo sobre su antiguo nivel hasta el punto de enterrar varias de las puertas que le daban entrada; pero se distinguen todavía enteras muchas de las divisiones destinadas á las fieras y á los reos y atletas; la gradería, perfectamente buena á trechos, parece acabarse de desocupar, y cree uno oir el crujido de las clámides y las togas barriendo los escalones.

—Esta era, me dijo mi *Cicerone*, la plaza de los toros; por alli salia el toro, me añadió, indicándome una puerta medio terraplenada, y por aqui, concluyó en voz baja y misteriosa, enseñándome la jaula de una fiera, entraban el Viático cuando el toro heria á alguno de muerte.

Una ruidosa carcajada que no fui dueño de contener resonó por el ancho y destrozado circo, y pasamos á ver el anfiteatro, peor conservado, el hipodromo, apenas reconocible por la meta, y de alli nos dirigimos hácia la *via romana*, vulgo en el pais *calzada romana;* aqui es tradicion que debe de haber muchos sepulcros: se han hallado efectivamente algunos. Sabida es la costumbre de los romanos de colocar los sepulcros á orillas de los caminos, por la cual ellos solian en sus epitafios dirigir la palabra á los pasageros.

Nosotros, al heredar las frases hechas y las locuciones enteras de su lenguaje, sin heredar sus costumbres, hemos tenido que hacer metafóricas sus espresiones propias; asi, cuando hablamos de las cenizas de un muerto, que nosotros no quemamos, y cuando en un epitafio apostrofamos un viajero que no ha de ver á orillas del camino nuestro sepulcro, cometemos segun los hablistas una belleza, llamada figura retórica, y segun mi entender una tontería, que pudiera llamarse *decir una cosa por otra.*

A la parte opuesta de Mérida suélense encontrar sepulcros de niños, á juzgar por sus dimensiones.

El arco de Trajano colocado en el centro de la actual poblacion está en buen estado, y lo que me asombró fue encontrar en dos nichos laterales de su parte interior dos estátuas de mármol blanco, de un trabajo acabado y del gusto griego mas puro, considerablemente maltratadas, en verdad, pero muy capaces de lucir como dos trozos antiguos de primer orden : y digo que esto me asombró por dos razones; primera, porque en Madrid creo haber visto un museo de escultura estraordinariamente pobre: segunda, porque la posteridad de los romanos se advierte en acabar de desmoronar á pedradas la obra de algun Fidias del imperio.

A un tiro de bala de Mérida existe una capilla dedicada á Santa Olalla, patrona de la que fue *colonia romana*, llamada *el hornillo de la Santa*, por haber sido martirizada alli : está construida con fragmentos de un templo de Marte : el viajero no se cansa de admirar los relieves, los trozos de columnas : aquel pequeño monumento se me representaba un hombre de una estatura colosal, á quien el tiempo y los achaques hubiesen encorvado y reducido á la altura de un enano. Dentro se ve ó se adivina la efigie de Santa Olalla, y en la portada de la ermita se lee en letras gruesas la inscripcion siguiente:

-MARTI SACRUM
VETILLA PACULLI.

La idea que este contraste presenta, imagínela el lector; estas letras parecen haber sido de bronce, pero habiendo saltado el metal, solo ha quedado el hueco de ellas, y este hace el mismo efecto que el cóncavo vacío de los ojos en una calavera.

En la ciudad hay otros restos de igual importancia; entre ellos es de citar la casa del conde de los Corvos, construida de moderno ladrillo y cal, entre los huecos que han dejado las magníficas y desmesuradamente altas columnas de un templo de Diana, de pie todavía y empotradas en ella; el conjunto presenta la diforme idea de un vivo alado á un cadáver: aquella suma de dos épocas tan encontradas forma un verdadero matrimonio, en que los consortes parecen estar riñendo contínuamente.

El *conventual* es otra ruina, pero mas moderna; colocado á la cabeza del puente, ofrece el aspecto de un edificio grandioso, y sus murallas siguen largo trecho la direccion del rio; parece haber sido una fortaleza gótica; posteriormente perteneció á los templarios, y se arruinó en poder de los caballeros de Santiago.

Sobre una alta columna romana, que se levanta en medio de una plaza, domina una efigie de Santa Olalla mirando al oriente. Al llegar aqui y concluir nuestro paseo, se acercó á mi mi *Cicerone*, y me dijo con notable fervor: —Repare usted, señor: esta es otra vez Santa Olalla; yo no me acuerdo qué año hubo en Mérida una peste muy mortífera; la Santa miraba entonces á poniente; hiciéronle grandes rogativas, y una mañana amaneció vuelta al oriente y cesó la peste; desde entonces mira á esa parte, y ya no se teme la peste en Mérida.

Efectivamente, parece que desde entonces no ha vuelto ningun azote de esa especie á afligir á la antigua colonia romana, si se esceptúa el cólera; y eso, todo el mundo sabe, que no es peste; con lo cual queda en pie la tradicion, y la Santa siempre vuelta.

No concluiré este artículo, por largo que sea ya, sin hacer mencion del último descubrimiento que ha llamado la atencion de los meridenses, si se puede hablar asi de unos hombres que viven entre sus ruinas tan ignorantes de ellas como los buhos y vencejos que en su compañía las habitan.

Cavando un labrador su corral, encontró recientemente debajo de su miserable casa el pavimento de una habitacion, indudablemente romana, hecho de un precioso mosáico, en el cual asombra tanto la obra de la apariencia como el lujo que revela. Piedrecitas iguales de media pulgada de diámetro, y de colores hábilmente combinados, forman figuras simbólicas, cuya inteligencia no es facil; algunas tienen un carácter egipcio, lo cual puede hacer sospechar si habrá pertenecido la casa á algun sacerdote ó arúspice; á la cabeza de la pieza se descubre, pero no se descifra, una inscripcion en letras latinas, y á los dos lados parece prolongarse el precioso mosáico á otras habitaciones no descubiertas todavía.

La autoridad de Mérida parece haber dado parte convenientemente al gobierno; pero no habiéndose dispuesto nada todavía, el dueño de la casa reclama que se le deje usar de su terreno como mejor le convenga, ó que se le compre; en el interin, no habiendo fondos destinados á continuar esta importante escavacion, y habiendo quedado á la intemperie el pavimento descubierto hasta la presente, el polvo, el agua llovediza y el desmoronamiento de la tierra circunstante, echa á perder diariamente el peregrino hallazgo, lleno ya de quebraduras y lagunas; sin embargo, bastaria una cantidad muy pequeña para construir un cobertizo y comprar la choza, ya que no fuese para continuar la escavacion.

Mérida, la antigua *Emerita-Augusta*, posesora de tantos tesoros numismáticos, olvidada de ellos, y olvidada ella misma, es en el dia una poblacion de cortísima importancia; puéblanla apenas mil vecinos, y de su grandeza pasada solo le quedan suntuosas ruinas y orgullosos recuerdos. Despues de haber saludado á las unas con supersticioso respeto, y de haber enlazado los otros con vanidad al nombre español que llevo, proseguí mi viaje, lleno de aquella impresion sublime y melancólica que deja en el ánimo por largo espacio la contemplacion filosófica de las grandezas humanas, y de la nada de que salieron, para volver á entrar en ella mas tarde ó mas temprano.

FIN DEL TOMO SEGUNDO.

ÍNDICE DEL SEGUNDO TOMO.